教育部人文社会科学研究青年基金项目
"中国近代传统特色产业教育体系自适应发展研究"
（项目编号：19YJC880105）

江西省教育科学"十四五"规划项目
"近代以降江西陶瓷职业教育发展中的政策逻辑、关键挑战与路径抉择研究"
（项目编号：22ZD034）

中国

近代传统特色产业教育体系

自适应演化研究

邢鹏 著

ZHONGGUO

JINDAI CHUANTONG TESE CHANYE JIAOYU TIXI

ZISHIYING YANHUA YANJIU

江西高校出版社

JIANGXI UNIVERSITIES AND COLLEGES PRESS

图书在版编目（ＣＩＰ）数据

中国近代传统特色产业教育体系自适应演化研究/
邢鹏著. --南昌:江西高校出版社,2023.10（2025.1 重印）
ISBN 978 - 7 -5762 -3931 -7

Ⅰ.①中…　Ⅱ.①邢…　Ⅲ.①特色产业—教育
体系—研究—中国—近代　Ⅳ.①G521.9

中国国家版本馆 CIP 数据核字（2023）第 109287 号

出 版 发 行	江西高校出版社
社 　 　 址	江西省南昌市洪都北大道 96 号
总 编 室 电 话	(0791)88504319
销 售 电 话	(0791)88522516
网 　 　 址	www.juacp.com
印 　 　 刷	三河市京兰印务有限公司
经 　 　 销	全国新华书店
开 　 　 本	700mm×1000mm　1/16
印 　 　 张	19.75
字 　 　 数	300 千字
版 　 　 次	2023 年 10 月第 1 版 2025 年 1 月第 2 次印刷
书 　 　 号	ISBN 978 - 7 -5762 -3931 -7
定 　 　 价	78.00 元

赣版权登字 -07 -2023 -428

元代民间航海家汪大渊在其《岛夷志略》中写道："瓷虽小道,而与国运世变亦隐隐相关焉。"该论述简要表明我国瓷业在当时虽异于传统儒家"修身、齐家、治国、平天下"之大道,但该产业的兴亡却关联着国家的兴替与社会的变迁。随着社会的发展,该类产业产量相对减小且影响力亦不复当年,所以时常被世人忽视。自汉唐以来,我国茶、丝、瓷等手工业产品就已在国际贸易中大放异彩,只是到了近代,随着农耕文明的势减和工业文明的崛起,诞生了资产阶级和知识分子相融合的新一类群体,在他们的世界观和价值观的促使下,给我们描绘了他们眼中的近代世界和中国。由于近代社会变迁的原因复杂多样,且各具特色,所以就给笔者探究近代中国传统特色产业教育体系的自适应发展埋下了伏笔。

中国近代传统特色产业教育体系自适应演化研究肇始于笔者对中国近现代陶瓷教育史的研究。基于地域优势和学校平台优势,笔者较为顺利地系统地考察了江西、江苏、浙江、湖南、广东和河北等地的陶瓷教育情况,在整理了一手资料后发觉,近代的陶瓷教育在其教育活动、理念和制度方面有着鲜明特征。在完成了《中国近现代陶瓷教育史》的撰写后,笔者开始尝试将上述要素进行横向类比。在选择类比的对象上,笔者将目光聚焦到茶业与丝业这两项中国传统特色产业上。一是因为茶、丝、瓷三者均为我国传统特色产业,也是陆上丝绸之路和海上丝绸之路的主要国际贸易品,有着超乎寻常的国际商品价值和文化价值。二是该类产品在一定程度上均属于手工业类,有着较为明显的农业衍生型或依附型的特征,即便是制瓷工序最具资本主义化的景德镇瓷业,在近代依然呈现出较强的农本性,即瓷业工人在经营瓷业获利后,第一时间不是想方设法扩大再生产,谋取更大的利益,而是将获得的薄利积攒起来回到故乡买田置房。在近代以前,景德镇瓷业工人绝大多数来自周围县乡和临近省份的农民。在他们的思想认识中,瓷业生产虽能获利,但毕竟是"打工经济",具有一定的寄托性,也就是说,相较而言不如农田经济实在、稳定。这也是景德镇瓷业商业活动中很少有规上企业的原因所在,而且这种现象发展至今仍具有较显著的痕迹。

经过对比分析研究发现,我国近代茶、丝、瓷三业在其发展动力和发展方式与手段上有着较为普遍的相似性。例如,社会变迁是促使它们跳出舒适区的直接动力,发展方式从农业的依附型到工业的后发外生型,手段上充分利用了教育、政治、经济和文化的功能,尤其是将教育与实业相结合成为救国救民的一种重要载体,是该时期茶、丝、瓷产业教育发展的特色,既是被迫无奈之举,亦是探索创新之举。为了进一步明晰我国近代传统特色产业教育如何在当时的背景下艰难地自我蜕变,笔者主要从"传承与发展:中国古代社会传统特色产业教育概观""冲突与对抗:近代中外贸易格局变化与传统特色产业发展的路径演变""探索与模仿：传统教育体系的解构与特色产业教育的多元探索""冲突与妥协：西风东渐下实业教育思想的耦合与实业教育模式的构建""觉醒与自立：传统教育观念的再革新与职业教育的探索实践"等方面进行了文献梳理、历史考察、田野调查、对比研究和简要的数理统计，以期能为读者呈现出一个较为完整的近代茶、丝、瓷产业教育体系自适应发展的图景。

笔者在撰写的过程中，参考、借鉴和引用了国内外许多专家学者的专著、论文和研究报告等文献，在此对上述学者致以衷心的感谢。由于时间及笔者的水平所限，书中难免存在不足之处，敬请各位方家、读者提出宝贵的意见和建议。

著　者

2023 年 8 月

目 录 CONTENTS

第一章 绪 论

第一节 选题的背景、目的和意义

一、选题背景

（一）坚定文化自信的需要

党的二十大报告指出：中华优秀传统文化源远流长、博大精深，是中华文明的智慧结晶，其中蕴含的天人合一、自强不息、厚德载物等，是中国人民在长期生产生活中积累的宇宙观、天下观、社会观、道德观的重要体现，同科学社会主义价值观主张具有高度契合性。我们必须坚定历史自信、文化自信，坚持古为今用、推陈出新，把马克思主义思想精髓同中华优秀传统文化精华贯通起来、同人民群众日用而不觉的共同价值观念融通起来，不断赋予科学理论鲜明的中国特色。具体而言，我们的文化自信来自旧石器时期的打制石器，来自新石器时期的精致陶器及其精美纹案，来自汉马王堆的素纱襌衣，来自古代四大发明……也就是说，我们的文化自信源自中华民族五千多年文明历史所孕育的各个历史时期优秀传统文化的聚合，她是有所具指的，是可感、可读、可触、可用和可传承创新的。茶叶、丝绸和瓷器作为中国古代著名的三大特产和三大对外贸易拳头产品，分别被西方人称为神奇的东方树叶、华丽的赛里斯、白色的金子，由它们形成的文化也被誉为最具代表性的中国优秀传统文化。进入近代以来，囿于清廷体制和文化的制约，导致国家在政体、科技、经济、教育等诸多方面显著落后于西方列强。基于此，我国一些先觉志士率先发起了一场思想和行动上的革新，即思想上由被动审视到主动反思再到自我觉醒，行动上由主动借鉴到自觉翻译再到工业实践。在民族生死之际，国家存亡之秋，一批赓续着中华优良传统文化的先贤们，将民族与国家危难系于己身，以"苟利国家生死以，岂因祸福避趋之"的民族大义，以"去留肝胆两昆仑"的浩然正气，以"我以我血荐轩辕"的决心与担当生动地诠释了中华儿女不惧强权、自强不息的民族本色。就茶叶、丝绸和瓷器教育来讲，三者教育体系的构建并不是所谓的国外工业教育强加于身的结果，更多的是源自自强不息、开放包容、兼容并蓄的中国传统优秀文化，在景德镇的制瓷史上就印刻着"匠从八方来,器成天下走""行于九域,施及外洋"的开放包容的文化烙印。然而,关于中国近代传统特色产业教育体系自适应演化方面的研究文献却并不多见,基于此,本书对该方面的内容进行了探索性研究。

(二)坚定优先发展教育事业的需要

习近平总书记在2018年9月10日召开的全国教育大会上明确提出,中国教育要坚守九个坚持,其中一项就是要坚持优先发展教育事业。与之相呼应、配合的是坚持扎根中国大地办教育和坚持以人民为中心发展教育。上述三个坚持,表明了国家重视教育、发展教育的决心,同时也为优先发展教育事业给出了方向,即扎根祖国大地,围绕民生发展教育。这与爱国企业家、教育家张謇的"教育以普及为本,普及以生计为先"的观点不谋而合。人民是历史的创造者,也是国家进步的基石。人民安居乐业,国家才能四海升平,所以就业历来是国家民生工程中的头等大事。如何才能让更多的人民就业、乐业,如何才能实现全民脱贫致富奔小康,如何实现乡村振兴、城乡融合的大好局面,优先发展教育事业是最为根本的选择,而优先发展中国传统特色产业教育事业更加聚焦全民小康、乡村振兴的战略目标。一是茶叶、丝绸和瓷器产业属于劳动密集型产业,随着审美需求扁平化态势发展,越来越多的私人订制类产品会成为一个不可遏制的趋势,这一点在互联网经济中已经得到充分的证实;二是产品的个性化发展促使对于相关人才的需求增加,进而促使相关教育事业的需求增加。梳理研究该教育体系,为我国传统特色产业教育改革与发展提供些许经验。

(三)基于区域经济高质量发展的需要

经济高质量发展是一项复杂的系统工程,想要全面推进其发展,必然需要将其逐步分解到不同区域。换言之,区域经济高质量发展作为全国经济高质量发展的组成部分,发展水平优劣直接决定了全国经济高质量发展状况。决定区域经济高质量发展的要素很多,诸如技术创新、产业结构改革、经济发展方式等。人力资源是推动经济社会发展的第一资源,教育是促进个人全面发展的第一动力,所以在上述诸多因素中起到核心基础作用的莫过于教育,这也是国内外战略家非常重视本国教育质量的原因所在。随着国家经济发展内循环战略的出台,区域经济高质量发展的任务与目标也日益明确,由早期探索式非均衡性经济发展到当下的均衡性协调发展,这中间既有国家和人民的强烈意志,更有中华文明五千年的文化基因效应。在这顺乎世道潮流的背景下,如何实现这一战略目标,具体到各个区域,其抓手是否切实深入到地域经济发展的根本需求方面,其切入点是否精准聚焦到地方产业发展的痛点、难点与堵点。研究我国传统特色产业发展的历史变迁与演化情况,进而总结其发展的具体模式及其教育体系构建的一般规律,能为当下的区域经济发展提供启迪。

二、研究目的和意义

(一)主要研究目的

本课题通过对近代我国传统特色产业教育体系自适应演化的内因、外因以及与之相关诸要素之间的矛盾博弈与耦合等方面进行系统的分析研究,以期得出我国近代传统特色产业教育体系在"数千年未有之变局"的历史空间下,如何成功地将传统与现代、本土艺徒式教育与"泰西"院校式教育进行有机融合,又是如何构建了具有本土化特征的"基地办学、厂校合一"和"工艺相济、科艺结合"的行业特色办学模式等。该教育体系的创建对我国近代传统特色产业的"现代化"发挥了哪些历史性的功用,在"实业救国""产业救国""科教救国"方面起到了哪些历史性作用,对当下行业和职业教育的转型发展有哪些启示与借鉴,是本课题研究的主要目的。

(二)课题研究意义

本课题的研究既有一定的理论意义,也有较为重要的实践意义。

一是理论创新价值。首先,本课题拟提出博弈与耦合理论,来研究和阐述我国近代特色产业教育体系的自适应演化过程,这方面的研究在我国近代传统特色产业发展史上少见。其次,引入传统特色产业教育的"自适应"理论。"自适应"原本是指生物能够依据环境、对象的改变而改变自己的习性及特征,以适应环境、对象的干扰,从而获得更加有益自身发展的一种本能反应,这在一定程度上类似于进化论的概念。我国传统特色行业教育自古有之,随着时代的发展,传统特色教育逐步借鉴、融合和吸收了现代工业化背景下的现代教育内容,发展成为具有自身特色的教育体系。本课题通过对大量的档案文献及访谈资料的梳理归纳和总结,以期概括出传统特色行业各个历史阶段教育自适应发展的特征,并厘清该时期内不同阶段的产业教育与相关要素之间的外在关联和内在关系,最终揭示属于我国传统特色产业教育的自主演化逻辑。最后,构建传统特色产业教育体系化理论。目前我国的传统特色产业教育基本上依附在普通的学校教育体系内,没有相对独立的教育体系,这对于特色产业教育的发展是不利的。本课题拟从特色产业教育本身来探讨和构建属于其自身的教育体系，该体系不仅涵盖了职业学校、科研院所、行业协会、社会团体等机构中的特色产业教育，还将构建传统特色教育的高级部分，即专门性"职业大学"；并研究分析它们之间如何通过特色产业这一载体与政府、企业一起实现"共赢"的本土化模式。

二是本课题研究的实际应用价值。长期以来，我国一直把发展教育摆在重要的战略地位。党的二十大报告中明确指出：我们要坚持教育优先发展、科技自立自强、人才引领驱动，加快建设教育强国、科技强国、人才强国，坚持为党育人、为国育才，全面提高人才自主培养质量。在科教兴国的战略思想指导下，统筹职业教育、高等教育、继续教育协同创新，推进职普融通、产教融合、科教融汇，优化职业教育类型定位。所以，如何完善职业教育和培训体系，深化产教融合、校企合作，如何加快一流大学和一流学科建设，实现职业高等教育内涵式发展是摆在广大教育工作者面前的一道必答题。面对教育结构性矛盾更加突出，同质化倾向严重，毕业生就业难和就业质量低，人才培养结构和质量尚不适应经济结构调整和产业升级要求等实际问题，社会各界人士积极地进行了理论探索与多元实践。本课题选择我国近代传统特色产业教育自适应演化这一领域，上不仅契合我国大国自信、大国工匠精神的需要，下更切实关乎政治、经济、教育和产业的诉求，社会需要什么样的职业技术教育，政府需要什么样的局面，产业需要什么样的人才，它们之间又需要怎样的良性互动，"他组织"何时开始介入"自组织"并发挥符合历史规律性的作用等，对这些问题的深入探究，不仅可以从整体上宏观把握我国近代传统特色产业及其教育的特征和趋势，还可以从近代产业教育"现代化"演变的博弈与耦合中总结其一般性规律。这些特征、趋势和规律不仅可以鉴示当下我国行业教育转型中所面临的办学特色、专业建设、就业质量等问题，更可以为当下的行业教育与行业经济的发展、创新、突破、共赢提供历史借鉴，发挥其实际应用价值。

第二节　国内外研究现状

传统特色产业教育自适应演化是近代教育环境突变的情况下做出的本能性应变，是其在外部和内部条件共同作用下，以人才培养为核心的教育诸要素在不同的教育形态之间所发生应变的过程和结果。传统特色产业教育自适应演化不等同于教育变革、教育转型等，它是教育的结构形态、运转模型和教育观念自主自觉性的转变，是从一种形态向另一种形态的自我应对，是一种进化的表现。教育自适应演化可以发生在不同社会形态的进化中，表现为教育社会属性的进化，如从农业社会向工业社会的教育自适应演化等；也可以发生在同一社会中，表现为教育自身性质的转换，如从精英教育向大众教育的自适应演化等。目前，国内外学术界主要从以下几个方面进行传统特色产业教育体系自适应演化的研究。

一、对传统特色产业教育体系自适应演化的宏观理论探讨

张之洞撰写的《劝学篇》（1898），第一次较为系统、全面地阐述了我国近代教育中所面临的"中西"与"体用"等方面的概念、内涵及其哲学范畴；随后，黄炎培发表于《教育杂志》上的《学校教育采用实用主义之商榷》（1913），从理论上论证了教育与生活、学校与社会相联系的必要性与可能性；结合我国普通教育、实业教育的实际情况，具体地提出了改革各科教学内容和教学方法，以及实用主义教育的方案；邹恩润编译的《职业教育研究》（1923），是目前国内较早研究职业教育的专著，主要介绍美国的职业教育理论和实践内容，视角宏观，叙事翔实。这些学术著作为我国近代传统特色产业教育的自适应演化做出了初步的理论探讨，提供了行动指南。随后，沈觐鼎、邹俊章、庞藻等行业教育家先后在《建设》《科学》等期刊上发表《中国茶叶改良私见》（1919）、《陶业之重要与陶学之急宜发展》（1930）、《整顿豫绸初步方略》（1929）等文章，以行业专家和教育家的角度，急切呼吁传统特色产业及其教育亟须改良，并一致认为"我国传统产业之落后，不在技术之不精，而在学术之未讲"，从行业的视角指出发展我国传统产业，首先要改革传统产业教育。尹良莹编著的《中国蚕业史》（1931）将中国蚕业发展历程分为上、中、下三编进行分册概述。上编纵述蚕业之历史，中编横述蚕业之分布，下编推论蚕业之将来，对民国蚕业论述较为全面，其中对于解决我国蚕业根本问题有着明确的建议，认为蚕业教育及其教育的普及是解决我国蚕业衰败问题的根本。茶叶专家吴觉农先生在其《中国茶业复兴计划》（1935）中指出，中国近代茶业衰落的根源归结为国内缺乏统一的茶业组织且不能利用科学方法改善茶质以迎合国外的嗜好，并指出茶叶专门人才的培养是解决上述问题的关键环节。在钱天达撰写的《中国蚕丝问题》（1936）中，对于中国蚕丝业过去失败的原因，作者并未将其武断地归结为某个方面的缺陷与不足,又或是某个群体的缺陷与不作为,而是从国内、国外两大宏观层面进行分析;在国内原因中,又从生产、贸易、消费、其他四个微观层面进行个别分析,在分析逻辑上较为合理。对于蚕丝业的复兴,作者更是提出改良生产、发展对外贸易、注意内销三大建议,具有较高的操作性和可行性。陈慈玉著的《近代中国的机械缫丝工业(1860—1945)》(1989)选取了无锡、四川及广东三个中心区域作为研究重点,探讨19世纪后半期以来至20世纪前半期机械缫丝工业发展过程中所遭遇的难题以及政府和民间所扮演的角色,其中对于缫丝业与农村蚕丝业的关联及世界丝价对中国农村的反作用的论述较为精辟,作者对江苏省立女子蚕业学校对于蚕业改良的重要作用着重进行了描述。徐新吾主编的《中国近代缫丝工业史》(1990)以编写蚕桑丝史料为主,提及江浙地区的蚕桑改良时,对杭州蚕学馆及江苏女子蚕业学校的工作较为认同。朱新予编写的《中国丝绸史(通论)》(1992)以断代的形式,从历史学、考古学、文献学、经济学、教育学等学科角度对各个朝代蚕业生产的技术水平和社会经济背景进行逐一的、多维度的考量。其中对浙江蚕学馆的创建及其成绩给予了较为详细的考察与记载,同时对清末有关蚕桑丝绸的科技著作进行了考评,尤其是该书记载的中国历代蚕桑丝绸著述书目,对后来者研究学习蚕业改良内容有着重要的指导意义。王翔撰写的《近代中国传统丝绸业转型研究》(2005)从鸦片战争后的中国丝业情况开始谈起,力图展现中国蚕业在内外因共同作用下艰难转型的过程。作者将蚕桑改良有所发展的原因归结为蚕业教育和科技工作者的倡导与推进、广大蚕农对蚕业改良事业的相应与配合、政府对蚕业改良事业的重视与支持三类,与史实较为相符。彭南生在其《中间经济:传统与现代之间的中国近代手工业(1840—1936)》(1998)中将我国近代陶瓷业归属于传统与现代之间的中间经济,这一概念将商品数量有限、流通范围小、生产水平低的传统手工业与"半工业化"手工业进行了分离,从而有效地构建出由传统手工业向近代机器工业演进的发展脉络;在此脉络中对发挥了重要作用的行业教育进行了较为深刻的剖析。他认为体现旧式手工业劳动管理形式重要内容的学徒制度延续下来,并发生了一些微变,实现了由职业技能培训向劳动用工制度转化的功能性转变;明确指出近代手工业中以学徒制度为核心的劳动管理形式的实质还是宗法性管理,从而使得传统工业制度向现代工业制度的转型更加艰难。吴玉伦的博士论文《清末实业教育制度研究》(2006)从两个维度对清末实业教育制度进行考察:一是以制度的演进脉络为线索,梳理制度的孕育、形成和补充、调整过程;二是以办学和教学活动为线索,分析制度对实践的规范、约束和指导作用及实际的运行成效。本书主要围绕实业教育的施教机构,对实业教育制度规定的各层次、活动和办学成效进行考察。考察对象分农业学堂、工业学堂、商业学堂、各类型教学组织的教学铁路学堂、矿务学堂、商船学堂、艺徒学堂等,并对清末女子实业教育进行综述。内容包括各类学堂与相应实业领域的关系,各自的兴学概括、基本规模、课程特点、教学成果和不足等。王为东的博士论文《中国近代职业教育法制研究》(2006)主要围绕中国近代职业教育法制的萌芽、发展、静态分析、运行、发展评析及其借鉴五部分进行研究分析,并总结出对今天有价值的借鉴之处。浙江大学编著的《中国蚕业史》(2010)论述时段横跨蚕业起源至 2006 年,涵盖古今的蚕业通史及蚕业教育、科学研究的专题史,在深度及广度上位于同类著作的领先地位。张晓东、吴文华合著的《民国时期职业教育研究》(2015)从宏观角度分析研究民国时期职业教育的发展基础、职业方针政策、职业教育发展过程中存在的问题,并通过各省市职业教育案例进行论证,最后围绕职业教育与普通教育之间的关系、职业教育师资问题、职业教育与建教合作问题、毕业生就业出路问题和职业教育的实践教学问题进行研究。赖江坤撰写的《华茶改良视角下的晚清中国茶业教育》(2022)一文认为 19 世纪 80 年代后晚清华茶对外贸易的发展出现由盛转衰的趋势,促使晚清社会华茶改良思潮和实践的出现。由于华茶改良亟须大量茶业专业技术人才,故而直接推动了晚清中国茶业教育的兴起及发展。在 1909 年至 1911 年间,清朝官府陆续在各主要产茶省份筹设茶务讲习所,力图实现教育兴茶,奈何未及落实举办而清王朝即告倾覆,导致晚清中国茶业教育的发展止于中途,未能实现华茶改良的夙愿。当然,这期间也有反对的声音,如邵祖恭著的《反职业教育论》(1934),就对当时如火如荼的职业教育发出批评之声。

二、对传统特色产业教育体系自适应演化的具象研究

本研究包括传统特色产业的办学特色、办学模式、专业建设等方面。其中,以针对行业院校发展过程中的专业结构调整和改革问题进行研究的文章较多。例如:罗振玉撰写的《各省十年间教育之计划》(1906)提出要设立丝茶研究所,并且坚定地认为中国丝茶一向为出产大宗,现在已经衰退,不能与各国竞争,根本原因在于缺乏相应人才。廖承琳、李延华撰写的《近代中国早期实业学堂举要:杭州蚕学馆》(2002)主要围绕浙江杭州蚕学馆的办学历程、成绩及影响进行研究,并对其办学思想和特征进行总结,同时也指出了对当今的实业、经济和教育的借鉴意义。李龙等人撰写的《民国时期中国蚕业的教育科研情况》(2006)对我国民国时期蚕业教育的相关机构进行了较为全面的整理,其中对各省女子蚕业学校的资料的梳理较为翔实。除了学校外,该文还记述了我国当时创立的各级各类"蚕桑改良会""蚕丝公司""实验所蚕桑系""蚕丝试验场""蚕丝改良场""生丝检验所""蚕桑研究所"等蚕业改良研究机构的创办概况,是一篇具有图示性的蚕业研究文章。李正安著的《制陶传习与系统施教——中国高校陶瓷设计教育研究》(2008)以我国陶瓷设计教育为中心,对新中国成立以前的陶瓷设计教育进行了简要概括,探析了我国几种主要陶瓷设计教育形式的历史演变,提出了学堂陶瓷教育、混合型陶瓷教育与独立性陶瓷教育的分类观点,并对学堂陶瓷教育的得失进行了分析。蒋国宏的博士论文《江浙地区的蚕种改良研究(1898—1937)》(2008)对浙江蚕学馆的创建及江苏女子蚕业学校的设立进行了历史考察和肯定性评价。林小梅在其硕士论文《民国时期祁门红茶改良研究(1932—1941年)》(2008)中对祁门红茶区的茶业教育进行了文献梳理研究,记述了从1932年到1941年祁门茶业改良场举办高级技术人员训练班和技工训练班的情况,并整理了该时期高级技术人员训练班的课程设置情况。任平的博士论文《晚清民国时期职业教育课程史论》(2010)从职业教育思想、职业教育课程目标、职业教育课程内容、职业教育课程实施、职业教育课程评价等几个维度对晚清民国时期的职业教育课程进行了历史考察;在此基础上,结合我国当前职业教育课程改革的状况,提出了职业教育的师资培养是职业教育课程实施之本、构建具有中国特色的职业教育课程理论是职业教育课程的魂之所在、企业参与是实施职业教育课程的有效途径等几个方面的启示。马蕾的硕士论文《1900—1920年中国社会挽救华茶的努力》(2010)简要介绍了我国近代茶业教育的产生及发展概况,通过介绍湖北、安徽等地茶业教育的创办情况,提出我国近代社会挽救华茶的主要贡献是其课程内容安排的系统化。胡明的博士论文《民国苏南蚕业生产改进研究(1912—1937)》(2011)对苏南蚕业教育与蚕业改进之间的关系进行了论证,除了对蚕业学校的论证外,还对苏南民众的蚕业教育进行了梳理与考察。胡明撰写的《江苏女子蚕业学校与民国苏南蚕业改进》(2011)以江苏省立女子蚕业学校为研究对象,指出该校以改进蚕业生产为己任,把先进的蚕业生产技术引进苏南地区;在开展学校蚕丝教育的同时,积极利用蚕业学校在技术和人才上的优势,在苏南蚕区建立蚕丝改进指导所,引导蚕农开展蚕丝生产合作,改良蚕种,推广先进的育蚕、制丝技术。文章指出女子蚕业学校的改进实践,对苏南乃至全国蚕丝生产技术的改进都起到了不可忽视的促进作用。郑乃章等人撰写的《近代陶瓷科学技术在景德镇的传播》(2013)回顾了清代中晚期后中国陶瓷技术从全盛走向停滞和西方近代陶瓷科学产生的历史,分析了近代陶瓷科学技术在景德镇传播的历程,界定了景德镇古陶瓷技术与其现代陶瓷技术的分界。文章指出,从清末到20世纪50年代,经过50余年的艰苦奋斗,近代陶瓷科学技术才在景德镇陶瓷业中得以传播和推广应用;在这个历程中,一批近代陶瓷教育的先驱们起着巨大的作用。张志强、刘文祥撰写的《浅析民国时期江西省立茶叶职业学校》(2015)对江西省立茶叶职业学校的创办、发展、办学情况以及办学特色进行分析,探讨茶校的创办对当时职业教育以及社会经济发展的意义。方光禄撰写的《安徽省立第一茶务讲习所有关问题的探讨》(2015),经多种文献综合互证,证实安徽省立第一茶务讲习所于1917年在屯溪高枧开学。该所面向社会招生,介绍了其教学内容及办学特征。苏轩的博士论文《中国近代纺织学科建制化研究》(2015)对我国近代兴办最早的纺织教育机构——蚕学馆进行了历史考察和研究,指出我国近代纺织学科建制由此发端;并提出我国早期开办的纺织教育参照西方的课程、实习安排,聘请国外教师及有海外留学经历的归国学生任教。随后我国近代兴建了多所纺织教育机构,培养出大批纺织专门人才,这些人才为共同交流纺织学术而建立了多个纺织共同体,并通过出版纺织期刊的方式在纺织业界和学术界进行更广泛的交流。王晨的博士论文《中国合众蚕桑改良会研究(1918—1937)》(2016)围绕我国近代民间蚕业组织合众蚕桑改良会进行研究。该组织作为近代中外蚕业改良合作中的代表性组织,长期致力于蚕种的引进、制造、蚕业教育及蚕业改良技术推广。因生产原料的好坏是中国蚕业兴旺的源头所在,可以说,合众蚕桑改良会的相关活动是近代中国蚕业转型的重要推动力之一。在它的身上,集中了一般民众、政府、商界人士及外国人士对中国近代蚕业发展的认识与构想。而该组织的发展与演进的曲折历程,也是一个传统国家向近代转型过渡时在某个领域、某一具体事物中的微观写照。该改良运动是在中外、政府、知识分子、商人、农民等群体的不同角度的诉求下,进行的一场以"实业救国"为口号的蚕桑产业改良运动,其路线为思想意识改良—技术改良—税赋改良—管理改良—

教育改良。教育主体的出现体现了该会在蚕业整体生态认识程度上的日臻成熟,是西方农科教一体的现代农业理念在中国自适应转化过程中的集中反映,也是该会为适应国内外经济与产业新变化的重大举措。李松杰撰写的《近代景德镇瓷业与社会变迁研究(1903—1949)》(2016)提出就近代景德镇瓷业发展而言,传统的制瓷业培训模式已经无法满足新式瓷业发展的需要,所以创建新式学堂、培育新式制瓷人才是瓷业改革中不可或缺的一个环节。首先,产品式样守旧,创新困难重重,从而无法得到市场认可,贸易量减少。其次,机械化制瓷技术的传入,而景德镇传统瓷业生产模式无法提供送样的生产人才。最后,瓷器制作方式的转变,呼唤新型制瓷人才。邓惠兰、王尚平发表的《最早的"校厂合一"办学模式——浅析抗战时期江西省立陶业学校》(2017)以江西省立陶业学校为研究对象,对江西省立陶业学校和省内唯一一家省营瓷厂(萍乡瓷厂)相互辅助、共渡难关的事迹进行了总结,即陶校与萍乡瓷厂一体化办学,共用师资、共享技术、共育人才,开创了"校厂合一"的职教办学模式。文章指出正是这种独特的办学模式树立了中国陶瓷职业教育之典型,使萍乡地区一跃成为全国陶瓷重要生产基地之一,实现了教育救国、工业救国之目的。姚丹的硕士论文《民国江西茶业改良研究》(2019)详细介绍了"江西省立制茶科初级实用职业学校"创办的缘由、经过以及取得的成效,尤其对该校的教学方针、目标、内容和成果进行了归纳总结,具有一定的借鉴价值。樊汇川、石云里撰写的《近代中国茶学建制化历程》(2019)指出,我国茶学建制化是在晚清民国时期不断深化、渐次完成的,主要体现在四个方面:由生产、科研兼顾的茶业改良场一类的示范机构逐步发展出专业茶叶科学研究机构;围绕着茶业改良和茶学研究,创办了十余种茶学期刊,发表了大量研究成果,普及推广了现代茶学知识;专业人才的培养方面,从最初的讲习所、职业学校逐步发展到大学科系,为茶业现代化培养了学术和应用型人才;随着茶业研究会、茶务学会等不同程度的带有学术性学会特征的早期组织逐渐发展成熟,最终促使全国茶叶学会和部分省份分会的成立。茶学建制化的完成标志着茶叶科学在中国成为一门独立学科,对我国茶业的后续发展有着深刻影响和重要意义。上述研究虽以近代国内知名传统产业学校为研究对象,涉及传统特色产业学校教育模式及其内容,但对于近代我国传统特色产业教育自适应演化的内在历史逻辑疏于论及。

三、对我国近代传统产业教育自适应演化的历时性研究

在科技史和考古学不断发展的当下,结合我国传统产业教育的历史发展轨迹和特征,进行历时性演变研究的学术研究相对充实。例如:陈椽编著的《茶业通史》(1984)虽未直接对我国近代茶业教育进行分析研究,但对我国近代茶业贸易及贸易过程中产生的一系列国内外剥削性条规进行了剖析,对本研究具有一定的启发意义。张骏撰写的《中国近代陶瓷教育的先驱——张浩先生创办陶业学校之经过概述》(1985)主要围绕清末留日学习窑业第一人张浩先生归国创办陶瓷教育的事迹进行研究,详细介绍了中国陶业学堂的创办情况和发展情况。陈宗懋主编的《中国茶经》(1992)专门列出一节"茶学教学"对我国近代茶业教育进行阐述,通过对我国茶学教学的诞生和现代茶学教学的发展两部分的整理,概括了我国近现代以来茶学教育的简要情况。朱自振编著的《茶史初探》(1996)在茶业教育方面主要围绕清末民初我国的振兴茶业组织和派员出国情况,清末民初茶业科学技术的普及和推广,抗战前我国茶业和茶叶科技的改革发展及战后茶业科技的凝滞等方面展开,只是将茶业教育融入茶业科技改良中进行阐述,略显单薄。王庄穆主编的《民国丝绸史(1912—1949年)》(1995)对我国丝绸业发展历史做了系统的叙述。内容包括养蚕、缫丝、织绸、教学、科研等各方面的实况介绍。全书分民国时期的丝绸业概况、民国初期至抗战前的丝绸业、抗战时期的丝绸业、抗战后至1949年的丝绸业、民国时期的柞丝绸业几个部分,是一部丝绸史料丰富的纪实书籍。张建雄撰写的《略论中国近代的丝绸教育》(1996)介绍了我国近代丝绸教育的概况,探讨了近代丝绸教育的特点:有明确的办学宗旨——传授国外先进科技知识,振兴中国蚕桑丝绸业;采用理论与实践相结合的教学方法;应用先进的教材和教学设备;重视提高教师的素质。同时,该文对中国近代丝绸教育史进行评价,指出它不但具有历史意义,而且对当前的纺织丝绸教育具有一定的启示和借鉴意义。陶德臣撰写的《中国近现代茶学教育的诞生和发展》(2005)将中国近现代茶学教育分为三个明显发展阶段,即清朝末年的诞生时期、民国时期的发展时期、新中国成立以后的繁荣时期。每个时期均有不同的特征,同时特征之间又有内在的必然联系,最终建构了我国近现代茶学教育的体系化。徐定华、关勤撰写的《工程教育:从蚕学馆到理工大学》(2008)以蚕学馆的发展历程为研究对象,概述了该校工程教育的五个发展阶段,分析各阶段工程教育的服务面向定位、人才培养目标定位以及人才培养特征。李富强的博士论文《中国蚕桑科技传承模式及其演变研究》(2010)分为中国蚕桑科技传承模式研究和中国蚕桑科技传承模式演变研究两个部分。文章主要阐述了 19 世纪中叶到 20 世纪前半叶，开始出现专业蚕桑科技传承机构——蚕桑学校，蚕桑科技农业推广模式逐渐代替了劝课农桑传承模式，家庭传承模式开始式微，手工作坊技术传承逐渐过渡到工厂中的车间传承。传承内容逐渐由传统的经验农学范畴过渡到实验农学范畴，蚕桑科技传承趋于专业化、标准化、系统化。李松杰、练崇潮撰写的《近代中国陶瓷教育的嬗变和传承》(2011) 主要围绕中国陶业学堂的创办与发展展开，力图通过有识之士创办新型陶瓷教育学校来促进近代中国陶瓷业的转型这一思路进行历史考察和研究。杨吉安撰写的《留学生与民国江西陶瓷教育的近代化》(2014) 指出民国江西的陶瓷教育从一开始就与留学生分不开，在创立学校、充当专业课程主要师资力量、建立近代陶瓷课程体系等方面均受到留学生的深刻影响，从而有效推进了民国江西的陶瓷教育由传统向近代转变。高国金、盛邦跃撰写的《晚清蚕桑局的兴衰与变迁》(2017) 主要梳理了甲午战争之后，蚕政兴起，府州县蚕桑局沿用传统劝课形式，省级蚕桑局在组织经营、官绅参与、西方技术等领域呈现新特点。新政以来，蚕桑局在技术、群体、经营、教育等领域普遍出现近代化转型。该文梳理晚清各地相继创设七十多所蚕桑局的兴衰变迁，以阐释传统劝课蚕桑形式向近代技术推广模式转变的历史进程。邢鹏撰写的《浅析江西省近现代学校式陶瓷教育演变——以景德镇陶瓷大学为个案》(2017) 主要对近代江西陶瓷学校教育中的关键节点和问题进行研究，如中国陶业学堂具体创办于哪一年、中国陶业学堂名称的由来、当时的校址为什么选址在鄱阳、中国陶业学堂与景德镇陶瓷学院的渊源如何、其办学传统是否一脉相承等问题展开调查研究。此外，还有一些研究地方特色产业的专门史，虽然它们对相关教育内容研究较少，但在贸易、经济等方面有着有益的支撑价值，如江思清著的《景德镇瓷业史》(1936)、尹良莹著的《四川蚕业改进史》(1947)、朱新予主编的《浙江丝绸史》(1985)、贾大泉与陈一石著的《四川茶业史》(1989)、陈爱新著的《广西茶业史》(1992) 等。

四、国外学者对我国近代传统产业教育体系自适应演化的研究

随着国际化进程的逐步展开，一些国外学者开始关注我国特色产业教育的演化，他们重点分析和研究我国传统产业教育诞生的社会环境及其影响。例如：英国学者康发达撰写了《蚕务条陈》(1889)，他主张我国蚕业改良应仿照日本、奥地利等国家的成功做法，设立蚕务总局，用口授浅近及有式可睹之法，使人学习养蚕合宜之理，同时还要培养学生，使其谙习各事，以便日后派往养蚕最重要的地区指导改良。限于时代原因,康氏提出的培养蚕业学生多指在内地或通商口岸从事丝业之人,以及从事丝业经手之人,其培养学生的目的是充当坐办人员。日本学者黑田政宪撰写了调查报告《清国视察谈》(1911),作者对我国湖北、四川等地进行了多方面的考察,主要考察了四川的特色产业与教育情况,其中对四川陶瓷教育进行了较为详细的考察,并为之做出了一定贡献。美国学者考活、布士维著的《南中国丝业调查报告书》(1925)围绕广东蚕桑业改良提出了"局外人"的建议,即择地、设场、兴学、推广等措施。英国学者卡梅伦在其《中国的维新运动(1898—1912)》(1931)一书中指出:政府政策的波动和一些地方官员对新式学堂的抵制和冷漠,以及新式学堂学生在政治上的不妥协,妨碍了晚清的实业教育改革。法国学者巴斯蒂在其《20世纪初中国的教育改革概况》(1971)一书中指出,清末在建立近代学堂制度方面所取得的成功是近代士绅与清政府及地方官员合作的结果。但她却旗帜鲜明地指出,清末彻底放弃中国传统教育体制、完全引进西方教育制度的做法极大地阻碍了社会的进步。这是因为在近代学堂制度之前,普通的农家子弟还有书可读,而之后却使得许多农家子弟无力上学。美国学者吉尔伯特·罗兹曼在其《中国的现代化》(1988)一书中指出,接受现代知识是社会改造过程中必不可少的第一步,然而中国清末的顽固派却视提倡西学的人为名教罪人、士林败类。清末我国的教育现代化过程进展缓慢,与守旧派的所作所为不无关系。当然也有一些国外学者从具体的特色产业角度出发,针对某一传统特色产业进行深入的分析研究。比如:日本学者北村弥一郎编写的《清国窑业调查报告书》(1908)记载了作者实地考察景德镇、德化、石湾三地的窑业概况,对上述产瓷区的地理位置、地势地貌、人口、营业体系、原料和制瓷工艺等内容进行了详细记载,尤其是在制瓷工艺方面采用图文并茂和对比分析(中国和日本)的方式进行记载,在当时可谓是一份较为详细的调查报告;美国学者威廉·乌克斯著的《茶叶全书》(2011)将近代中国茶叶与印度、锡兰等国的茶业种植技术、焙制技术、经营与管理等方面进行了对比研究,并提出中国茶叶生产亟须改进的建议;英国学者埃德蒙·德瓦尔在其《白瓷之路》(2017)一书中以现代人之他者视角再次审视景德镇瓷业,其中对景德镇瓷工与学徒的辛酸经历进行了西方视角的论述。但遗憾的是,由于对中国传统文化及国情的了解不够深入,所以对于深刻影响我国近代传统特色产业教育发展的外部和内部动力源及其主要矛盾,以及分析各个动力的相互作用方式及其历史逻辑的内容有浅尝辄止的意味。

除了上述文献外,还有一些历史文献资料汇编类的著作为本研究的顺利展开提供了较大的帮助,如李文治编的《中国近代农业史资料》(1957)、舒新城编的《中国近代教育史资料》(1961)、彭泽益编的《中国近代手工业史资料》(1962)、姚贤镐编的《中国近代对外贸易史资料》(1962)、陈学恂主编的《中国近代教育史教学参考资料》(1987)、钱曼倩与金林祥主编的《中国近代学制比较研究》(1996)、陈景磐与陈学恂主编的《清代后期教育论著选》(1997)、陈元晖主编的《中国近代教育史资料汇编》(2007),等等。

第三节　主要理论基础与研究方法、研究内容与创新点

一、理论基础

(一)特色产业理论

特色就是竞争力,特色产业是指区域经济在形成发展过程中,基于自然禀赋、技术汇聚、文化特性等主要因素,构建形成了具有竞争优势和比较优势的产业。这类产业一般以地域资源为基础,以独特的技术赋能为核心,以特殊的样式形态和品质为标识,以市场经济运营为手段,从而形成地域明显、技术精良、品质形态独特的标志性产品及相对完整、可持续性的产业链。目前关于特色产业的理论集中在四个方面:一是产业集群理论。该理论认为由于地理资源与地理空间的差异导致产业经济发展的差异,由于商品的流通导致增长极的出现,也就是优势产业的诞生。优势产业的诞生逐渐形成产业集聚化发展,从而带动整个区域经济的发展。该理论的代表性人物有英国经济学家阿弗里德·马歇尔、德国经济学家阿尔弗雷德·韦伯、法国经济学家弗朗索瓦·佩鲁、美国经济学家迈克尔·波特等。我国在该方面的研究是在20世纪70年代,以王缉慈、魏心镇、周世宽等为代表。二是区域比较优势理论。该理论是指一个地域相对于其他地域的有利发展条件,这里的要素条件一般分为普通要素和高级要素,普通要素如自然资源、地理资源、资金资源、教育资源、劳动力资源等看得见的要素,高级要素如新观念、新技术、新知识、企业品牌意识、品牌文化、管理理念等。该理论指出,在知识经济时代,产业集聚群经济发展中高级生产要素功用愈发明显,低级生产要素功用愈发式微。三是竞争优势理论。该理论认为一个

区域有没有综合竞争优势完全取决于区域内产业中有没有核心竞争优势,该核心优势的关键是优势产业的确立与打造。但由于区域经济发展往往是一种整体性的比较,所以区域优势时常表现为一种潜在的优势,或者是一种高级生产要素与普通生产要素的融合度问题。四是反梯度理论。顾名思义,反梯度理论由梯度理论反推演而来。在常规的区域经济发展中,根据经济、技术等要素的差异,一般区域经济发展优势产业往往要集中优势力量发展最有条件形成核心优势势能的产业,从而形成区域优势,该理论则反向思考,认为可由经济发展的需要来决定。

(二)比较教育学理论

比较教育学理论一方面扎根于普通教育学,另一方面扎根于社会科学的更加广阔的领域,主要解释教育制度及其组织机构范围内的各种现象。其早期具体化的过程是将国外的教育与国内的教育或者不同国别的教育进行研究,以期得出二者或者多者之间的异同;在分析得出不同研究对象之间的差异后,再去寻找产生这种差异的原因,进而发现本质性的问题,解决问题,减少差距,甚至有所创新。比较教育学理论一经提出便受世界教育界人士青睐,但也有学者指出,教育研究要"合于中国的国情与需要""教育研究别替东洋人拉洋车"等,甚至还有学者直指"为什么现在的教育不适合中国的社会经济背景"。针对这个问题,学者们在比较教育学理论历史演进与启示、边缘与中心新进展、科学性与本土化等方面做出了积极探索与回应。本课题研究对象属于不同产业间的教育范畴,其教育目的、意义、价值、内容、方法、管理等内容既有相似之处亦有差异。这种差异形成的原因既有共性的社会变革问题,又有自身技术演进和产业特定文化惯性问题。本课题借助比较教育学中"跨域性"、"跨文化性"和"多元性"间的"比较"与"借鉴"等学科性质和特点,在我国近代传统特色产业教育体系自适应演化过程中发挥着理论指引与先验性作用。

(三)平民教育理论

这里的"平民"是指已过学龄时期而不识字的男女,或已识字而缺乏常识的男女。面对积贫积弱的近代社会,时人晏阳初提出当时社会落后的原因在于"愚、穷、弱、私"四大社会疾患,针对上述顽疾晏阳初开出了"除文盲、作新民"的拯救良方,他决定通过从下而上的方式和道路拯救危难中的华夏,并从"文艺、生计、卫生、公民"四个方面进行平民教育。其理论逻辑分四步进行:一是以文艺教育培养知识力解决愚的问题;二是以生计教育培养生产力解决穷的问题;三是以卫生教育培养强健力解决弱的问题;四是以公民教育培养团结力解决私的问题。实践路径采取三结合的方式进行,即学校、社会、家庭三结合。具体操作方面则详述了十大信条:(1)要深入民间;(2)和平民共同生活,打成一片,同时要向平民诚心学习;(3)共同计划,共同工作;(4)从他们所知开始,用他们已有来改造;(5)以表证来教习,从实干来学习;(6)不是装饰陈列,而是示范模型;(7)不是零零碎碎,而是整个体系;(8)不是枝枝节节,而是通盘规划;(9)不迁就社会,应改造社会;(10)不是救济,而是发扬。传统特色产业教育大都脱胎于或依赖于农业,与基层平民有着直接的关系。该理论对于研究我国近代传统特色产业教育体系自适应演化具有较强的指导意义。

(四)张謇实业教育思想

张謇是我国近代杰出的实业家、教育家,其实业教育思想对我国实业与教育的关系创新和模式的创建具有重大贡献。首先是其"父教育而母实业"式的"产教城"融合理论。教育与产业之间既彼此独立又互相依赖,张謇指出"有实业而无教育,则业不昌""不广实业,则学又不昌"。张謇从区域振兴的视角审视教育、产业与城市的有机融合,探索了从发展区域经济的视角谋划实业与教育,继而从实业与教育互为表里的角度探索发展成就彼此的路径,提出了"父教育而母实业"的产教融合理念。值得一提的是,张謇的产教融合理念诞生的前提是区域振兴,所以该理论的完整表达应是"产教城"融合。其次是"学必期于用,用必适于地"的校地合作人才培养模式。张謇在推进校地合作过程中紧紧抓住"用"这个基本结合点,将地方、学校和学生三个主体紧密连接为一体。于地方而言,聘用有用人才是地方的核心价值诉求;于学校而言,为社会培养有用的人才是其初心和使命;于学生而言,成为社会有用的人才是他们的基本诉求。因此,"用"贯穿于三个主体活动过程的始终,是校地合作的出发点,也是人才培养的落脚点。此外,在有效推进校地合作工作中张謇用"适"的原则来妥善解决"用"的基本问题,并生动地指出"凡事必求其适,譬如常人置一冠,购一履,尚唯适之是求"。最后是"知行并进、学做合一"的创新型人才培养理念。张謇提出只有在知行并进、理论与实践的结合中,才能使学生获得实用的知识和技能;只有以实践为基础,以培养学生创造力为宗旨,充分发挥脑手的协调共进作用,注重教育与生产劳动相结合,才能进行必要的创新与创业,以达强国裕民之目的。

二、主要研究方法

（一）历史与逻辑统一的方法：梳理传统特色产业教育自适应演化史料，分析其教育演化的阶段性特征，探究其教育演化与触发因素之间阶段性特征的内在关联，深入探讨诸要素与其教育的直接与间接的影响关系，揭示诸要素与其教育转型间的逻辑联系；

（二）多学科的综合研究方法：探讨传统特色产业教育自适应演化规律，既要以教育学相关理论为基础，也要深入研究技术哲学、技术社会学相关理论，另外还有人力资源理论和职业社会学等的相关知识；

（三）文献分析方法：查阅分析档案文献中相关因素、触发条件及相关实施路径，通过规范分析可以了解传统特色产业教育的历史演化轨迹，如实归纳整理出近代我国传统特色产业教育自适应演化的主要内容；

（四）田野考察法：对我国该时期各传统特色产业产区的学校等遗址进行实地考察，对其教育、产业结构、当地的区域文化等进行田野考察，从而获得第一手资料；

（五）比较分析法：我国近代传统特色产业教育作为一种特殊的行业教育，在长达百余年的发展中，进行了大量的探索与革新；通过历时性与共时性分析对比，探寻出其历史演化过程中的特征和同时期不同地域的发展特征，以此丰富和提升研究的内容。

三、主要研究内容

（一）研究对象与问题界定

本书研究的近代时间范畴是指 1840 年至 1949 年；传统特色产业是指我国对外贸易以来极具代表性的陶瓷、丝绸和茶叶等产业，所以本书研究的近代传统特色产业教育体系的范畴主要是围绕陶瓷、丝绸（纺织）和茶叶等产业及其相关机构展开的。

（二）主要研究内容

探索与模仿：传统教育体系的解构与特色产业教育的多元探索。经历两次鸦片战争失败的惨痛教训后，国内一些开明吏绅和有识之士为谋求自主自强之路，率先将目光转向西学教育的领域。在国内各种矛盾的博弈下，逐渐形成了一种以抨击传统教育脱离生活实际而空疏无用、效仿西方列强建厂设校以图自强的教育救国潮，也成为当时社会革新的一种风尚。自 1867 年建成的具有职业性质的福州船政学堂伊始,全国各地纷纷依据自身条件"开堂设校",在传统特色产业方面进行的探索有:1887 年台湾巡抚刘铭传计划在台湾创办近代化模范茶广,并在其中开设"茶艺学堂";1896 年在张之洞等人的支持下,江西士绅蔡金台率先在江西高安创建了高安蚕桑学堂;同年,张之洞率先向光绪帝提出在景德镇创办瓷器实业学堂的建议;等等。这些闪烁着真知灼见的建议和探索为我国传统产业教育的近代化奠定了基础。

冲突与妥协:西风东渐下实业教育思想的耦合与实业教育模式的构建。"废科举,兴学堂"。传统教育体系的瓦解和新式教育体系的建立表面看是历史发展的必然,但这废旧立新之举并非建立在本土经济社会自然发展的必然要求上,而是经历了鸦片战争,尤其是甲午战争的完败后,政府在内忧外患的双重危机下,为了保全自身统治地位而效仿"泰西"的无奈之举,也就是说,此时的实业教育并不是我国社会自然演变下的结果,而是嫁接的产物,既然是嫁接就难免会有一定的排异性。由于新式教育缺乏广泛的民众基础,致使一些乡民"视学堂如教堂,仇外人而及于新式学堂",从而引发了一些地域性毁学风潮。如黄炎培后来调查景德镇瓷业教育时发现"景德镇制瓷者,墨守成规不可改,担心一经改良,手工技术竟被淘汰而无啖饭,势且出于合群抵制之一途,故迁地以避之",但终究抵挡不了历史发展的脚步。随着壬寅学制、癸卯学制的出台和实业救国思潮的兴起,我国近代的实业教育最终发展成为一种有别于普通教育培养"通才"与"精英"的教育类型,成为国民教育体系中重要的组成部分,从而促使我国传统特色产业教育步入了近代化的道路。这一时期相关的实业教育有四川通省茶务讲习所、浙江蚕学馆、湖南醴陵瓷业学堂等。

觉醒与自立:传统教育观念的再革新与职业教育的探索实践。20 世纪20—40 年代是我国职业教育诞生、发展的时期,也是传统特色产业教育体系发展的时期。该时期随着新思想、新文化的不断涌现,特别是民族资本主义工商业的快速发展对于掌握"现代化"技术的专门性人才的需求愈加强烈,而实业学校的发展受制于学制系统思想的束缚,体现出严重的水土不服现象。现实与理想的巨大差距促使越来越多的仁人志士扼腕反省。于是全国教育会联合会、中华职业教育社等教育团体相继成立,旨在建立一种更加适合本土发展需求的教育模式。在教育团体的带领和影响下,行业团体、绅商和知识分子等各种力量团结一致,他们中以留学生为主体,在充分吸收外来优秀文化的同时不再偏信某一国的模式,而是对引进事物进行甄别挑选,具体实践后形成本土化的教育思想,进而通过积极创办期刊、建立教育团体等大力推广、发展职业教育,如各传统产业区创办的产业杂志、各地建立的养成所和相关私立学校等;而政府方面则通过制定相关学制,建立相关职业学校和研究机构等积极呼应。此时推动教育历史巨轮前进的动力已悄然发生改变,体现在职业教育方面则是一改政府绝对主导地位,发展为政府与民间团体力量共同主导的局面。此时的传统行业教育体系已逐渐形成了由职业学校、科研机构、行业培训班、行业团体等单元构成的初具系统化的行业教育体系。

自组织与他组织:中国近代传统特色产业教育体系演化的历史逻辑。纵观我国近代传统特色行业教育体系的演化历史,该教育体系在错综复杂的矛盾和力量中,笔者明显感受到两股特别强大的力量在相互对抗、博弈:一方面来自传统文化孕育下的传统教育的自组织性,它依据自身成长的惯性强烈地抵制、对抗着外来物种对传统产业教育的"现代化";另一方面则来自社会工业化进程中产生的"现代化"职业教育的他组织性,该股力量在一定程度上占据着绝对的势能释放优势,构成了产业职业教育诞生的原动力。无论是洋务运动中的"学馆"还是清末新政时期的"学堂",抑或是后期的"实业学校""职业学校""高等专门学校",传统特色产业教育体系发展的每一段历史时期均与来自内外部的两股强大力量有关,在这两股力量的较量中演绎出了复杂的产业教育发展逻辑:我国近代传统特色产业教育如何在中西矛盾、内外矛盾和上下矛盾的对立博弈中,在学校系统化规约下和社会工业化驱动下实现自身健康特色发展。

博弈与耦合:中国近代传统特色产业教育体系演化的现实启示。我国近代传统特色产业教育体系的演化过程,是在社会工业全球化进程的时代背景下,多重矛盾在我国本土上不断博弈和逐步耦合的过程。史实证明,以开明地主和绅商为主导的洋务教育、以资产阶级维新派为主导的维新教育、以资产阶级革命派为主导的实业教育、以知识分子和各界精英为主导的职业教育和以政府为主导的军国民教育等,均是各自以自身利益为中心点,以富国裕民为共同纲领,在一定程度上顺应了时代要求,但其结果却均未能如意,说明这种完全脱离本土实际的移植教育不符合本土口味。当然,在新式教育引入和融合的过程中仍有不少有益的实践,如社会力量参与办学的积极性、师生主体性的充分发挥、本土工艺与西洋科技结合的主动性等,对当下传统特色产业教育的发展仍有着积极的现实意义。

四、主要创新点

（一）研究视角新

本书从传统特色产业集体来研究我国近代民族手工业教育体系演进的过程，这一视角目前还鲜有学者涉足，角度新的原因是资料搜集和综合研究的难度系数较大。一是手工业本身所处的历史维度比较模糊，尤其是在儒学占据绝对教育地位的封建时期，重农抑商背景下手工业往往被列为百业之尾，所以关于该方面的教育记载要么被有意无意地遗忘，要么作为例证或者趣事记录在"正统教材"或者杂俎纪事中，这给研究者搜集相关史料带来了不小的难度。二是在茶业、丝绸和陶瓷之间进行比较性研究是本课题研究的新角度，模糊看待这三者似乎均属于手工业范畴，但根据学科划分与行业归类来分，三者属于不同的学科与行业，三者既然归属于不同的研究范畴，那么有关研究内容的搜集与整理、相关研究方法的选择与统筹、研究理论的确立与论证等均需要认真反复考量，如此才能论证新视角研究对于传统特色产业集群教育体系演化的时代意义。

（二）研究内容新

长期以来，由于对文明的理解差异，国内外学者对中华文明形成的重要基础和重要内涵的技术教育和组织，以及和产业经济间的关系等方面的研究重视程度不够，对以近代手工业为主的特色产业教育体系功能的研究更为薄弱。中华民族曾为世界贡献了两百余种手工制品，其中最具代表性的莫过于茶叶、丝绸和瓷器。从目前学界的研究情况来看，对于上述特色产业的经济贸易、产业集群、文化形态等方面的研究较为丰厚，但对于茶业、丝绸和陶瓷产业教育体系化研究的内容至今仍未得见。本书在中国近现代陶瓷教育研究的基础上进一步探索我国近代传统特色产业教育体系，既是在前期研究的基础上进一步深化研究，又是在新时代背景下，在文化自信自觉的召唤下，做出的一份尝试性研究工作。

（三）研究方法新

本书以我国近代传统特色产业教育体系构建为对象，以江苏、浙江、江西、福建、广东等地的相关产业基地为载体，将理论研究与案例分析有机结合，尤其是将比较教育学理论和特色产业集群理论引入本书中，有效地弥补了当前关于教育体系协同研究中实例不充分、不吻合等问题。

第二章　传承与发展:中国古代社会传统特色产业教育概观

中华民族是一个务实实干、善于发明创造且注重传承发展的民族。在近代以前我国就已创造了举世瞩目的物质文明和精神文明,光辉灿烂的技术文明,历久弥新的优秀传统文化,至今仍是中华民族不断汲取营养的主要动力源。这一点连世界著名科技史学家、英国学者李约瑟博士都由衷地称赞,并将这一发现记录在《中国科学技术史》的序言中:"……并在 3 世纪到 13 世纪之间保持一个西方所望尘莫及的科学知识水平? 中国在理论和几何学方法体系方面存在的弱点,为什么并没有妨碍各种科学发现和技术发明的涌现? 中国的这些发明和发现往往远远超过同时代的欧洲,特别是在 15 世纪之前更是如此(关于这一点可以毫不费力地加以证明)。"①在李约瑟博士的肯定性赞誉和疑问面前,我们不得不去审视我们过去的科技文明,这里既有源于地域特征的农本思想的深刻原因,也与相应的教育传承思想和方式有关。

中国古代教育的历史可谓源远流长,博大精深。曾伴随着人类的诞生并被上古先民神化的手工技艺,其技艺传承的方式方法及模式要远早于封建时期的正统儒学教育。进入以儒学为正统的时期后,儒学并未打压科学技术的发展,只是根据前朝得失,将科学技术转化为一种以"正德、利用、厚生"为原则和方向的改良弊政的工具,这与西方"为科学而科学"的思想是大相径庭的。在"国富而粟多"为"王天下"之根本的农业社会背景下,我国古代的科技尤其是手工技术方面选择了一条与农业生活紧密相连的具有务实性、实效性的发展道路,从而忽视或是抑制了科学技术中的想象力、创新力、逻辑推理和好奇心。但同时这也促成了以手工业技术为主的教育形式的多样性,诸如官学模式、私学模式、艺徒模式等,这些教育类型与儒学教育有着同样的目的,均是为了培养能够解

---

① 李约瑟. 中国科学技术史:第 1 卷　总论[M].中国科学技术史翻译小组,译.北京:科学出版社,1990:序言.

决国家和社会问题的治世人才。

第一节　中国古代传统特色产业教育的基本途径

教育途径是指教育者或教育组织者根据当时社会实际,为有目的、有计划、有组织地传授教育内容、完成教育任务、实现教育目的而对被教育者采取的一种符合时代需求的模式或形式。随着古代社会教育的不断发展,实施产业教育的途径越来越多,归纳起来,主要有以下几种:

一、氏族公社中的特色产业教育

我国是世界文明最早的发祥地之一,原始先民为生存、温饱和发展,很早就开始了利用、开发自然的活动,并在社会生产和社会活动过程中产生了萌芽形态的教育及其样式。进入氏族制度以后,随着农业生产的发展,人民的居住和生活范围逐渐趋于稳定。《淮南子·修务训》记载:"神农乃始教民播种五谷,相土地宜,燥湿、肥硗、高下,尝百草之滋味,水泉之甘苦,令民知所辟就。当此之时,一日而遇七十毒。"这反映了最初纯经验式教民农作的情况。正是由于这种奉献式的民族精神,才有力地推动了原始社会的生产分工与发展。早期的先民分工比较朴素,大多采取自然分工方式,即主要根据性别、年龄进行分工。它出现于原始社会,是人类分工的起点。如:成年男子从事狩猎、捕鱼等劳动,妇女从事采集、原始种植等劳动,老年人指导生产,小孩帮助妇女劳动。这些古老的遗风目前在某些少数民族聚集区仍可看到。另外,自然分工还体现在受生存环境因素影响,如出现靠山者为猎人、近水者为渔夫、居草原为牧民、住沃野为农民的发展趋向。自然分工的发展促使与之相关的知识与技能得以积累与丰富。由于人类生存与发展的需要,原始技术教育依托自然分工而出现。在冶陶、纺织和茶叶教育方面的记载有很多,如"神农之时,天雨粟,神农遂耕而种之。作陶,冶斧斤"(《周书》)、"昔者,舜耕于历山,陶于河滨,渔于雷泽,灰于常阳"(《墨子·尚贤下》)、"伯余制衣裳"(《世本》)、"以五彩彰施于五色,作服"(《尚书·益稷》)、"茶之为饮,发乎神农氏,闻于鲁周公"(陆羽《茶经》)等等。

上述记载只是记述了初民们如何发明和制作陶器、纺织品和茶叶饮品,并没有简要记述他们当时是如何把制作上述生活用品这门技艺传授下去的,关于这一点,我们可以从以下史料中找到答案。《白虎通义》卷一记载:"古之人民,皆食禽兽肉,至于神农,人民众多,禽兽不足。于是神农因天之时,分地之利,制耒耜,教民农作。"《孟子·滕文公上》记载:"后稷教民稼穑,树艺五谷。五谷熟而民人育。"《吴越春秋》记载:"尧聘弃……拜弃为农师,封之台,号为后稷。"《通鉴外纪》记载:"(嫘祖)始教民育蚕,治丝茧以供衣服。"上述古籍中的"教民农作""教民稼穑""拜弃为农师""教民育蚕"等都从一个侧面反映了中国原始社会中相关生产生活经验传授技艺的事实,而此时技艺传授的特征均为"教"。该"教"的授予者往往都是圣人,被教授者应是相应民众,其方式应是"相示以巧"。如《周礼·考工记》记载:"知者创物,巧者述之,守之世,谓之工。百工之事,皆圣人之作也。"这里的"圣人"就是具有一定技术专长的人,他们在当时生产力极其落后的情况下,只有将制陶技术传给有相关天分的人才能保证技术的传承,这或许是当时历史条件下最好的选择。这些无功利的民族习惯性的技术传承活动为后来的"设官教民"制度奠定了基础。

科技考古学和文化人类学的快速发展,给上述问题的最终解决提供了良好的历史机遇。众多的考古新发现和研究成果不仅雄辩地证明了夏商王朝的客观存在,同时也证明了传统古史体系关于三皇五帝中的有巢氏、燧人氏、伏羲氏、神农氏等记载,符合人类由树栖到穴居、用火、游牧、定居、种植、制陶的演化规律;证明了由"大道之行,天下为公"的"大同"社会到"大道既隐,天下为家"的"小康"社会,以及"五帝官天下,三王家天下,家以传子,官以传贤"等记载,符合人类社会由氏族公社向阶级社会发展的一般规律。因此可以肯定,初民时期的陶瓷教育模式是一种人类自身从低级向高级发展过程中本能的、无功利的教育传承模式,有学者将之称为"民族习惯式教育模式",这种模式一直持续到夏朝"家天下"制度的建立为止。

二、官学中的特色产业教育

提及中国古代教育历史,率先浮现在人们头脑中的往往是四书五经、三纲五常等内容。长期以来,国家在兴办技术教育或者科技教育方面的努力常常被历史学家埋没在儒学正统教育中。事实上,在漫长的历史长河中,技术教育一直在国家举办的教育中占有一定的比重,有些时候甚至走在世界的前列。国家作为学校教育的主导者,学校的教师自然具有国家"官"的身份。随着原始氏族社会的解体,奴隶制社会的建立,农业生产技术的逐步提高,农作物产量的不断增长,社会分工得到进一步扩大。早在夏代,"畴人"这一类专门从事手工业的人就已经诞生,并与之相应地建立了"畴官制度"。家业世世相传为畴、父子世代相传为业的世袭职官称为"畴官",继承畴人事业的子弟被称为畴人弟子,所传皆为畴人之学。到了商代,手工业从农业中进一步分化出来,并且内部有了固定的分工。公臣簋铭文曰:"虢仲命公臣:司朕百工,锡汝马乘、钟五、金,用事。"金文《令彝》记载:"明公朝至于成周,出令,舍三事令,及卿事寮,及诸尹,及里君,及百工,及诸侯……"从这些铭文可以看出,手工业作坊是由国君派遣官员管理,百工负责组织生产的。《左传·昭公二十二年》记载:"丁巳,葬景王。王子朝因旧官、百工之丧职秩者,与灵、景之族以作乱。"文中"旧官、百工之丧职秩者"是指因为王位更迭而新近丢失官位的官员们,说明"百工"是在朝为官的技术职官。《礼记·典礼》记载:"天子之六工,曰土工、金工、石工、木工、兽工、草工,典制六材。"郑玄注解说"土工"便是制造陶器的。也就是说,当时制作陶器,尤其是制作质量较高的陶器的人,不是一般的平民或奴隶,而是具有一定官职的"百工"。"百工"制作陶器的技能是从哪里学来的呢?《周礼》中记载,周公制礼作乐,兴学设教,实行"德政",重视"礼乐教化""官师合一",即"惟官有书,而民无书;惟官有器,而民无器;惟官有学,而民无学",于是周朝建立了"工商食官制度"。所谓"工商食官制度"就是官营手工业制度,即官家垄断了绝大部分的生产资料,手工业者和商人必须按照官府的规定和要求从事生产和贸易。正如韩非所言"明主之国,无书简之文,以法为教;无先王之语,以吏为师"(《韩非子·五蠹》)。"吏外无师"的状态初步形成。东周以来手工业者的官畴、百工组织逐渐变得松散,畴人不再是手工业者的代表,"百工"也疏于管理,取而代之的是工师。《左传·定公十年》记载:"叔孙谓郈工师驷赤曰:'郈非唯叔孙氏之忧,社稷之患也。'"杜预注:"工师,掌工匠之官。"《孟子·梁惠王下》记载:"为巨室,则必使工师求大木。"孙奭疏:"所谓工师者,师,范也,教也,即掌教百工者。"《秦律十八种·工人程》中记载,工匠有工隶臣、工、工师三种不同的称呼。"工隶臣"是一种奴隶身份的工匠,是戴罪服役的人,而"工"则是自由工匠,"工师"则是工官之长。工隶臣、工、工师的区分,既反映了技艺的等级,又反映了政治地位的等级,同时也有师徒关系存在其中。商代至秦汉均有低级"工师"负责技术培训工作。奴隶主将能工巧匠聚集为"在官之工",身怀绝技者则被擢升为"工师",如《礼记·月令》中说"命工师令百工","工师"即教新工学技艺的技工教师。由此可知,高级工官为低级工官之师,工师则为百工之师。由此可见，工师是百工的管理者，成为手工业者新的领袖。但工师与其管理的手工业者之间未必有血缘关系。这种"官学式"在东汉末年逐渐松散，但其影响一直存在，后来的宋、元、明、清均在不同程度上沿袭了"官学式"的行业教育模式。宋代时期职业性专门学校的发展主要表现为学科增多，规模扩大，"法式"教学日趋完善。元朝统治者为提倡农耕，在各地创办了主持教化的"社学"，如《新元史·食货志》记载："凡五十家立一社，每设立学校一，择通经者为师，农隙使子弟入学。择年高晓农者为社长，社长专以教劝农桑为事。"

三、家传中的特色产业教育

《墨子·非乐》记载："农夫蚤出暮入，耕稼树艺，多聚菽粟，此其分事也。妇女夙兴夜寐，纺绩织纴，多治麻丝葛绪，绹布缣，此其分事也。"随着我国奴隶制度的崩溃，大批奴隶被解放出来，或成为农业小生产者，或成为手工业小生产者，以及成为从事其他技艺的自由民。他们把自己所掌握的行业知识、技能以父子、兄弟相传的形式世代沿袭下来，这便是技艺家传的技术教育途径。所谓家传途径，是指建立在家庭手工作坊生产组织形式基础上的一种传授教育模式。一家一户的生产作坊是农耕社会手工业生产的基本单位，也是农耕社会手工艺传授和教育的基本载体。关于家庭教育的起源目前学术界还未有定论，但至少在进入氏族社会以后，家庭教育模式便初具雏形了。毛礼锐、沈灌群在其主编的《中国教育通史》中指出："在母系氏族社会，生产技术一般是母传女、舅传甥。"进入父系氏族社会后，生产技术传授则改变为父传子、子传孙的模式。由于生产力落后，当时的家庭式技艺传授主要依存于官府之下。随着冶铁技术的发明，生产工具得到了改进，物质条件得到了一定的改善，加之东周以来社会动荡不安，社会上开始涌现大批的个体手工业者。起初这些手工业者绝大多数依附于官府管理下的"百工"，统治者为其提供必要的衣食保障和工作场所，手工业者们按照统治者的需求专心制作相关器物。这种绝对依附的匠官关系一方面保护了传统工艺，促进了传统工艺的传承；另一方面，如果工匠在制作器物的过程中稍有不当，便会有"工有不当，必行其罪，以穷其情"的惩罚，这种绝对权力在一定程度上制约了工匠们的主观能动性。这种绝对依附关系一直持续到"礼崩乐坏"的春秋时期才出现一定程度的松动，如战国时期齐都城临淄的陶文记载，从名姓俱全的资料考察，发现同一姓的陶工多居于同一里或同一乡内。由此可知，此时以家族为单位的民间制陶器作坊已初具规模，继而形成了"官营"与"民营"共市的局面。

民以食为天,当工匠脱离了"工商食官"的藩篱后,如何解决衣食住行是一个首要的问题。自农耕文明形成以来,便形成了以家庭为基本单位的自然经济,男耕女织是这种自然经济结构的核心,而且以这种方式介入的门槛较低,所以工匠们选择自给自足的自然经济模式以安身立命。由于这些工匠们不是普通的老百姓,他们会在农闲时利用自己的手艺制作出相关的器物,或售于市,或易于农,继而出现了陶工制作陶器与农业生产相伴共生的一种"耕而陶""耕而织""耕而蚕"的家传副业技能授受模式。

随着社会生产力的发展,手工业逐渐从农业中分离出来,虽然仍以家庭为生产单位,但却不是家庭的副业,而是成为一门职业。尤其是到了宋代,专门学校的设立使得生产力得到了较大的发展,手工作坊、商业店铺鳞次栉比。据考古调查,此时我国已出现了专门生产某类产品的制瓷业作坊,如生产瓷盒的有"吴家""段家""叶家"等作坊,可以确定此时的瓷窑作坊已完全从农业中脱离出来。《陶记》记载:"陶氓食工,不受艺佣,埽赁窑家,以相附合,谓之'鉔'。"也就是说,此时的窑主可以以自己的手艺为生,不受别人的雇佣,并且还可以把自己的窑炉租给制坯的用户使用,自己也参与其事,然后各自从中分成得利。这种一家一户的小手工业作坊,经过元代一直延续到明代中期,它们在性质上并没有发生根本的变化,只是在数量上有所增加。明代之后,我国的一些产瓷区开始出现较大规模的制瓷手工工场,并随之出现请工匠、收徒弟的情况,但相比较而言,以家庭方式生产还是占了更大的比例,因此,家庭式的技艺传承仍是最重要的渠道。清末民初以来,随着实业教育、职业教育和专业技术教育的引入与开展,新式学校教育成为近现代陶瓷教育的主要模式,但由于家庭教育在血缘关系和世袭关系的基础上可以获得独享经济的成果,所以该模式至今仍然作为学校教育的补充一直存在并发展着。

四、艺徒制中的特色产业教育

艺徒教育是伴随着我国封建经济结构的变化,尤其是手工业生产规模的扩大和技术的提高而产生的。艺徒制是学徒先拜师,然后边从事劳动边接受师傅关于操作技艺教育的一种传统的技艺教育方式。艺徒制产生至今已有几千年的历史,它兴起于奴隶社会,发展、完善于封建社会,但作为我国古代职业教育的典型代表却是在宋、明、清时期。

　　据学者研究,我国古代艺徒制的正式确立是在唐代的官营手工作坊中。
"从中央政府到地方政府机构中都设有管理官营手工业的机构,从而在全国形
成了一个庞大的系统,这些官营手工业作坊均采用艺徒制的教育形式,培养了
大批能工巧匠。"①这种官营手工作坊被称为"少府监"。起初少府监的匠人大
都从民间直接征用,然而,只靠从民间征用很难保证技术的统一和稳定。因此,
诞生了少府监中的艺徒制,即少府监一边生产供朝廷用度,一边还要训练相应
的技术工人。《唐六典》卷二二"少府军器监"中记载:"少府监:监一人,从三
品;少监二人,从四品下。少府监之职,掌百工位巧之政令,总中尚、左尚、右尚、
织染、掌冶五署之官属,庀其工徒,谨其缮作;少监为之贰。凡天子之服御,百官
之仪制,展采备物,率其属以供焉。"宋代以来,资本主义经济初现端倪,不仅官
营手工作坊进一步发展,私人手工业作坊也大量涌现,使艺徒制度的教育更为
普遍,并走向"法式"化。这种职业教育形式的出现,冲破了技艺官授和家传的
局限,标志着我国技术职业教育进入了一个新的历史阶段。元、明、清时期,统
治阶级为了最大限度地获取利益,对手工行业制定科目繁多的规章制度,在匠
籍的管理方面则借鉴了汉代以前的制度,展示了明显的阶级剥削性。自明代中
叶以后,我国的手工业已出现了资本主义萌芽。瓷器手工业生产的发展引起社
会分工,使工农分工进一步发展。当时的瓷器生产是"一器之成过手七十二",
也就是说技术将工人专门化了,使他们不便务农。都市从农村中分离出来,大
作坊在城市中出现。大作坊的出现促使社会培养大量的手工艺人,以家庭为单
位的传承模式逐渐不能满足大作坊的需要,所以艺徒制便担当起了培养手工艺
人的重任。艺徒制的教育模式具有以下两个显著特点:其一,它是一种言传身
教的教育模式。中国历来就有"投师如投胎"的说法。徒弟对师傅唯命是从,十
分恭敬。师傅将所掌握的技术特点、方式方法、经验知识等传授给徒弟。在传
授时,师傅将一些技术经验以口诀或顺口溜的形式传授给徒弟,其中陶瓷绘画
画艺口诀就有画人物口诀、画动物口诀、画山水口诀、画花卉口诀、配色口诀等。
其二,它是一种口心相传的教育模式。所谓"口传",是指师傅在教徒弟时亲自
进行操作技术和经验的口头传授和指点,以帮助徒弟尽快掌握某种工艺或操作
的要领,并对徒弟的实习操作进行指导。所谓"心传",是指师傅对徒弟的一种

---

① 孙立家.中国古代职业教育的主要教育形式:艺徒制[J].职业技术教育(理论版),
2007(7):73.

内在精神作用和无形的心理表达。对于师傅来说,它没有固定模式,也不能用语言完善表达。对于徒弟来说,它没有样本可以借鉴,也不是单纯的技术继承就能达到理想的境地,需要自己日后不断磨炼和实践。所以,艺徒制的教育模式只能依靠师徒之间心里的感受和领悟。

这种模式的优点在于学徒的培养期较长,便于徒弟全面、系统、精心地向师傅学习,便于技术、技能、经验、诀窍等的世代承传。同时,师徒之间的良好关系有利于社会人际关系的改善,促使整个社会和谐人际关系的形成。当然,这种模式也有着比较明显的不足。师徒制模式属于个别教育的人才培养形式,徒弟在独立操作之前必须先熟悉所有工序,因每道工序很少单独教授,大多是在平时工作过程中随机学习,因此学习周期长,培养效率低。同时,个别师傅因竞争需要或其他原因,对技艺的传授保守,甚至不将一些绝技传授给徒弟,因此导致一些独门绝技失传。

第二节　中国古代传统特色产业教育的主要内容概述

一、传统特色产业技艺制度内容

我国传统特色手工业技能的传授有其独特的路径与方式,绝大多数手工行业的技术传授均以拜师学艺、师徒相传的艺徒制为主。由于手工业技术在进入中央集权社会以后具有一定的去农业性,也就是说具有一定的独立自主性,所以说某项手工技能便成为该类人群安身立命、养家糊口的凭借,为此他们基于自身发展考虑,便将技能的传承创新视为个人及家族兴旺的命脉。由此延伸出的诸多传承规矩便拥有了最为基础的依据,诸如"传男不传女""传嫡不传庶""传媳不传女"等传承途径。这是某一时间段出现高师绝嗣、所传非人等情况造成技艺失传的主要原因。还有师徒竞市产生"教会徒弟饿死师傅"的现象等。这些情况的显现表明了我国传统特色手工业的技术传承具有多元化的特征。为了保证技术的有效传承和师傅们的自身利益,有关艺徒制的契约性、约束性、保障性制度便应需而生。首先,从尊师重道的层面进行相关制度的学习。《吕氏春秋·尊师》记载:"时节为务……治唐圃,疾灌浸,务种树;织范屦,结置网,捆蒲苇;之田野,力耕耘,事五谷;如山林,入川泽,取鱼鳖,求鸟兽。此所以尊师也。视舆马,慎驾御;适衣服,务轻暖;临饮食,必蠲洁;善调和,务甘肥;必恭敬,和颜色，审辞令；疾趋翔，必严肃。此所以尊师也。君子之学也，说义必称师以论道，听从必尽力以光明。听从不尽力，命之曰背；说义不称师，命之曰叛。背叛之人，贤主弗内之于朝，君子不与交友。故教也者，义之大者也；学也者，知之盛者也。义之大者，莫大于利人，利人莫大于教；知之盛者，莫大于成身，成身莫大于学。"从中可以得知，在各种手工艺的学习过程中，尊师是学艺的首要条件，尊师体现在行动上就是恭敬、和颜悦色、言听计从、严肃认真等。其次，在学徒自身条件层面，由于学徒的自身属性，决定了学徒先要为之付出一定的财物与劳动才能获得相应的技能。然而古代的学徒大多是贫苦子弟或者是浮食徙民，所以他们大多以自身的无偿劳动换取相应技能，学徒的年龄一般是十二三岁至十七八岁。文化程度一般不作要求，特殊行业除外，相较而言，收徒门槛根据手工艺难易程度而定，同一行业中也用技术难易程度来衡量。以陶瓷业为例，学习拿窑、制釉技术和化浆淘洗技术相较，前者不仅拜师门槛高，学制时间也是后者的两到三倍，同时学徒还需要有族人或者有名望的人士担保才能拜师成功。当然，对于师傅来说，行业对其也是有一定要求的，诸如不得带外帮徒弟、不得在开禁期间收徒等，违者将给予相应惩罚。最后，在培养过程层面，学徒要学习本行业的各种制作技术和工艺，循序渐进是基本规律和要求。一般来讲，学徒第一年往往是做杂务或师傅家的佣人，基本接触不到相关的工艺内容；第二年才能从最为基本的工序入手，根据工艺难易程度，逐年安排学习内容，直至授业期满。学艺期间学徒要尊敬师傅，听从安排，否则轻则体罚、重则斥退，此外还要知晓行业招收学徒的时间、数量、年限及学费、谢师礼等内容。

二、传统特色产业专业技能知识内容

我国古代手工业技术种类繁多，传授的方式较为丰富多样，专业技能知识的学习渠道自然不一而足。这里列举两种主要方式。一是较为系统的样本式抽象学习。学徒在师傅的引导下，通过系统学习前人或者吏官撰写的专业书籍钻研相关知识，从而获得较为深刻的技术知识及其原理。在茶业、丝绸和陶瓷方面的专业书籍主要有《周礼·考工记》《茶经》（陆羽）、《大观茶论》（宋徽宗赵佶）、《茶录》（蔡襄）、《蚕书》（秦观）、《农书》（陈敷）、《耕织图》（楼璹）、《陶记》（蒋祈）、《梓人遗制》（薛景石）、《农政全书》（徐光启）、《茶疏》（许次纾）、《天工开物》（宋应星）、《景德镇陶录》（蓝浦）、《陶冶图说》（唐英）、《饮流斋说瓷》（许之衡）、《景德镇陶业记事》（向焜）等。通过对上述专业知识的学习，学员不仅了解了某项技术的来龙去脉,也更加深刻地读懂其中的原理,打通了知其然和知其所以然之间的通道。二是通过朗朗上口的口诀或歌诀等形式进行形象学习。该类型的学习方式简便,且容易记忆,便于技术的传承,尤其是便于民间艺徒技艺的传承。以陶瓷技艺传承为例,在古代,民间缺乏有效的技术传承载体,口诀、顺口溜或朗朗上口的诗歌便成为技术传承的有效载体。工艺相对较为简单的则以口诀的形式传承,目前发现最早的当属唐代欧阳詹所创作的《陶器铭》,它不仅是最早较为完整地记录陶瓷制作工艺和审美标准的文本,更是一种珍贵的历史文献资料。

相对于《陶器铭》这种寓教于器且形式严谨、内涵深厚的传承载体,一般的匠人是很难理解并运用的,民间匠人大多采用一些自然界中或生活中喜闻乐见的内容,将制瓷工艺进行类比或拟人化记忆。如传统的踩泥有一种口诀,即"菊花芯,莲花瓣,三道脚板两道铲";绘瓷口诀比较丰富,如绘动物的有"龙脸愁的像,出现必升降,龙身遍体甲,其数却无量。吊眼白额虎,正中写三横,虎尾斑点匀,为数十三整。朝阳啸的凤,姿势欲翔腾。哭的狮子脸,嬉球又跳升"[1]等等。而相对较为复杂一些的工艺,如饰瓷工艺方面,一些世家根据长期的研究和总结,将其中的要点写成诗歌的形式,以便后代继承者领悟。张明文先生结合历史流传及个人感悟,将刻瓷技艺归纳为诗歌的形式进行传承,其内容如下:

> 勤学学问,敏于学问。精研书画,潜心治印。
>
> 书不作枕,刃砺不钝。临摹学步,贵在创新。
>
> 放胆落笔,刻凿细心。因材施艺,三思再审。
>
> 因势利导,点睛传神。刻画形态,凿鉴骨筋。
>
> 捻转平点,刀法神韵。如折钗股,如屋漏痕,
>
> 如锥画沙,务须藏刃。留足飞白,笔墨有痕。
>
> 行运刀凿,讲究入神。宁拙勿巧,疏朗清劲。
>
> 疏可行马,密不容针。删繁就简,瓷画相衬。
>
> 刀笔生花,线是灵魂。切莫修饰,天然率真。
>
> 小作神足,大则雄浑。推敲款识,诗词印文。
>
> 情理法趣,承传新人。艺无国界,大同艺林。

---

① 王树村.中国民间画诀[M].上海:上海人民美术出版社,1982:64.

随着社会的发展，技艺传承的需要开始由点状传承转向线型甚至是面型诉求，这表明社会的需求随着社会经济、技术和文化的发展呈现螺旋状上升，同时表明了技术传承的诉求也与时俱进地呈现出螺旋状上升。所以简短的口诀或歌诀已经不能满足学徒的需求，这时候长篇叙事式的歌诀便应运而生。在陶瓷方面以醴陵瓷区的《瓷经》最为显著，其内容如下：

醴陵有瓷，始雍正间。爰自观口，以迄伪山。
曰做画泥，旧分三帮。逮于清季，土瓷改良。
工作分途，制坯第一。其次烧窑，陶画已毕。
请述其略，先言制坯。制坯次第，一曰练泥。
练泥之法，并置两缸。一缸浸洗，一缸中空。
翻淘既久，乃挹浮汁。注于空缸，筛沥渣滓。
另桶盛汁，俟其水干。用锄翻扑，熟练成团。
二曰拉坯，拉坯之法，掘地安轮。轮下有轴，
旋转不停。人坐轮旁，两胯弓张。拨轮急转，
敷泥中央。因其转圜，按泥上拉。手到坯成，
无不如法。此谓圆器，碗盏是也。至于琢器，
若壶瓶者。或圆或方，其形各异。一坯一拉，
分口腹底。各具本形，粘合成器。或用轮拉，
或用手抟。各极其巧，靡不精研。其或多边，
或为多角。压泥成片，随量粘合。别有一法，
名曰模型。模本石膏，纳泥其中。且压且捻，
随手器成。三曰印坯，圆器拉就，曝以日光。
防其坼裂，但令半干。移度室内，置于旋轮。
按模印合，大小乃匀。四曰利坯，坯既印矣，
必削使平。利坯之法，亦用旋轮。于轮中心，
立一木桩。桩顶浑圆，名曰顶钟。坯冒其颠，
前当人胸。轮转不停，刀快如风。厚者使薄，
重者使轻。五曰刷坯，刷坯之法，一曰打磨。
毛笔蘸水，于坯刷过。经此一刷，略无隙尘。
如玉之洁，比冰之清。六曰上釉，坯为瓷骨，

釉为瓷肉。上釉则光,其容乃泽。白釉之制,
合土与灰。其他色釉,颜料所为。釉之配合,
各本经验。严守秘传,不轻示现。三分人才,
七分打扮。瓷之良否,视釉明暗。其次烧窑,
烧窑之工,别于制坯。非有经验,信莫能为。
坯在窑中,成瓷与否。视其软硬,以及窑手。
次则匣钵,次则柴枝。火里取宝,固有难时。
所以每窑,货分三色。成器完全,十只七八。
窑中火力,后弱前强。欲得佳瓷,中间最良。
每窑火度,三十六钟。火色纯白,热度乃隆。
如用表测,摄氏可据。约千六百,至二千度。
所惜窑工,不知科学。但恃运气,可为笑谑。
其次陶画,瓷既出窑,是为白胎。加以彩画,
谓之彩瓷。醴瓷特色,有釉下花。先画后釉,
明洁无瑕。画手甚精,写生为主。其次图案,
或画山水。镇瓷虽精,无釉下花。赛会南京,
居醴之下。伪山土瓷,亦画于坯。花纹粗率,
改进乃佳。彩瓷之法,画于瓷面。画后再煸,
其法亦便。煸炉之制,略如小窑。稍煸即出,
颜色不凋。醴城瓷店,业此者夥。各有彩工,
以及炉火。瓷制工作,大概如斯。欲语其详,
非可尽词。凡我醴人,要知瓷土,是我富源,
亦吾独有。山山有泥,人人可作。一县皆瓷,
无人不乐。仿景德镇,设立工场。工作自由,
出品改良。进之进之,勿怠勿倦。我述瓷经,
为县人勉。

三、传统特色产业专业基础知识内容

除了上述宏观制度知识和具体的专业知识外,作为一名良工巧匠还需要学习一些自然和农时知识,才能更好地辨材、饬材和化材,达到止于至善的境界。《周礼·考工记》云:"天有时,地有气,材有美,工有巧,合此四者,然后可以为

良。材美工巧，然而不良，则不时，不得地气也。"这就要求工匠在制作手工艺品时不仅要考虑器物本身的用材、尺度与审美问题，还要考虑与器物貌似没有直接联系的气候、地域等要素，只有合乎上述要素制作出的手工艺术品才称得上佳器。如果说上述规律属于比较抽象的概念，那么东汉崔寔结合前人经验和自身体悟撰写的《四民月令》一书则较为直白简洁地告诉手工艺者什么时间做什么事，由于该书记载种类条目众多，本书仅以蚕桑为例进行摘录说明："二月……蚕事未起，命缝人浣冬衣，彻复为袷。其有嬴帛，遂供秋服。""三月……清明节令蚕妾治蚕室，涂隙穴。""四月……蚕入簇，时雨降，呆种黍禾，谓之上时。"……正是有了上述较为明确和实用的经验性规律，才促进了我国手工技艺的长足发展。此后的《齐民要术》《梓人遗制》《天工开物》等均是手工艺者学习专业技能不可多得的专业基础书籍。

第三节　中国古代传统特色产业教育的主要方法概述

我国古代社会的手工技术教育与传统的经学教育不同，因为它是以传授自然农业知识和生产工艺技能为主的。因此，在教学方法上不偏重理论讲授与经学记诵之功，而更重视形象思考、动手操作和自身感悟之力。具体方法主要有以下几种：

一、整体示范法

《周礼·考工记》这样概括早期手工技术的传承："知者创物，巧者述之。守之世，谓之工。"从中可知，我国早期的技艺传承主要方法之一就是智者（师傅）先"立样"或"打样"，给出具体的样式以供学员们观摩学习和模仿。所谓"述"便是"模仿"之意，有遵循已有模式进行复述的意思。朱熹也曾解释道："述，传旧而已。作，则创始也。"从这个角度我们就不难理解《周书》中"神农作瓦器"的"作"字的内涵。从上述记载中我们了解了古代技术传承的大致模样，即学徒通过师傅的"立样"示范进行技术和产品的模仿。为了更进一步了解古代技术传授的情况，《礼记·学记》对于手工技术传授有这样一个生动比喻："始驾马者反之，车在马前。"即幼马开始训练学习驾车技能，驯马师将幼马套在马车后面跑，而不是让其和马车一起跑，目的就是让其观摩和模仿老马的拉车方式和方法，从而养成不惊、不怠、不散的良好习惯和技能。长期处于工肆之中的艺徒，模仿的机会自然更多,因为他们示范的名师良匠更多。经过同行群体的"相语以事,相示以巧,相陈以功",经过"见闻习熟",学徒长期模仿操练,最后达到"驯而致之"的境地,成为一个合格的工匠。该方法中还存在一个隐形特征,即"全过程式"教育。学徒要学会某项技能,在古代指的是独立制作某一种器物或者物品的技能,不是大工业生产线上的某一单位技能,两者具有本质性区别。所以学徒学习某项技能的过程也是学习整套器物或物品制作的技能,包括职业道德和社会伦理道德。

二、循序渐进法

循序渐进是我国古代教育中最为重要的一种教育方法。《礼记·学记》中记载了古人学习的方法:"禁于未发之谓豫,当其可之谓时,不陵节而施之谓孙,相观而善之谓摩。"其中最为重要的一点就是教育要遵照被教育者的特性,依照教育规律进行循循善诱式的教导,如此才能达到事半功倍的教育效果。就手工业技艺传授而言,根据所学内容,采取先易后难、先模拟实验再一线实践的方式与方法,如是"良冶之子,必学为裘;良弓之子,必学为箕"。其中"良冶"有学者解释为良好的陶瓷工匠,但大多解释为冶金的工匠,此处暂不做定论。总之,在古代技术的传授过程中,循序渐进是一个公认的良方。《墨子·经说上》中对于知识技能的获得有着较为独特的认知:"知,传受之,闻也。方不障,说也。身观焉,亲也。"大意为知识的获得需经三个阶段:一是别人传授给我的知识或技能,故叫作"闻";二是由推论得来的知识或技能,故叫作"说";三是自己亲身经历体验得到的知识或技能,故叫作"亲"。该方式在《荀子·儒效》中有着异曲同工的表述:"不闻不若闻之,闻之不若见之,见之不若知之,知之不若行之。学至于行之而止矣。行之,明也;明之为圣人。圣人也者,本仁义,当是非,齐言行,不失毫厘,无他道焉,已乎行之矣。故闻之而不见,虽博必谬;见之而不知,虽识必妄;知之而不行,虽敦必困。不闻不见,则虽当,非仁也。其道百举而百陷也。"该方法至今仍然是一条重要的教育方法和教育内在规律。

三、法式训练法

早期的手工技能传授受到传统经学和儒学的影响较大,甚至是一种融合状态。直到宋代"法式"训练的提出与推广,才逐渐形成了手工业技能传授的程式与理论的独立,具有了"专业"性质。所谓"法式",一般包括"名例""制度""功限""料例""图样"等部分,类似今天的产品生产说明书,目的是使工艺生产标准化和定型化。宋代统治者很重视生产的标准化和定型化,曾诏令编撰各种

"法式"，其中最著名的是李诫的《营造法式》。它虽是主要为古代建筑技术做系统总结，但其中对如何制作砖瓦及相关窑炉做了详细的论述。宋代"法式"训练法除了确立明确的程式外，为了有效推广该"法式"，还出台了相关的训练制度和考察制度。《宋史·职官志》记载："庀其工徒，察其程课、作止劳逸及寒暑早晚之节，视将作匠法，物勒工名，以法式察其良窳。凡金玉、犀象、羽毛、齿革、胶漆、材竹，辨其名物而考其制度，事当损益，则审其可否，议定以闻。少府所掌，旧有主名，其工作之事，则监自亲之。"说明宋代艺徒培训采用的是"法式"教授方式，并且考核十分严格，不仅每月有小考，而且年终还有进行全面考察的"大考"，根据考核成绩"以诏赏罚"。考核时既注重质量，又讲求时限，还要考察其数量。这种生产有法式规程，又有严格的考核，大大促进了艺徒技能的提高。

除了以上教学方法，还有存于民间的"口传心授""边看边学""边干边学"等方式，这些极具辩证色彩和实践特征的技术传承方式与儒家的其他传统教育方式一道形成了独具特色的东方教育文化。

第四节　中国古代传统特色产业教育的主要特点

中国是一个闻名世界的文化古国。几千年来，中国劳动人民创造了绚烂多彩的精神文明和物质文明，这些文明以完整而独特、开放与包容的方式流传到世界大多数国家。中国古代劳动人民独特的发明创造动力值得我们认真分析与研究，其教育思想更是我们研究的重要内容之一。与西方其他国家相比，我国古代产业教育的特色非常明显，其主要特征表现为：

一、手工特色产业教育的强制性

我国古代社会进入定居阶段后，农业成为古代中国的立国之本。随着社会经济的发展和上层建筑的特殊需求，社会产业结构便形成了以农业为主、以依附于农业基础上的副业为辅的产业生态。历代比较有作为的政府及官吏为了提高农业及其副业的价值，增加国家收入，均特别重视对农业及其副业生产者的技能教育。因此，除了传统的经学、儒学外，推行以农业及其副业为主的技能教育也成为一种政府行为，且具有强制属性。国家统治者运用国家公共职权，集中国家力量，总结推广来自民间的创造、发明和技能教育经验，使得手工技能教育在全国得到迅速推广，极大地提高了社会生产力。在硬件设施上，我国古代社会中政府采取的基本形式是学校式技能教育、官职技能教育、设官教民等，即鸿都门学、畴人之学、宦学等。在软件辅助上，国家以法律制度和文化导向的形式规定该教育的强制性。如春秋战国时期，齐国在齐桓公和管仲执政时期明确规定：士、农、工、商的子弟应子就父学，弟从兄学。《睡虎地秦简》之《秦律杂抄》记载："当除弟子籍不得，置任不审，皆耐为侯（候）。使其弟子赢律，及治（笞）之，赀一甲；决革，二甲。"这是我国发现较早的关于保护艺徒的法律，大意是师傅不得随意惩罚徒弟，否则将受到相应的法律惩治。还有秦律中的《均工》规定："工师善教之，故工一岁而成，新工二岁而成。能先期成学者谒上，上且有以赏之。盈期不成学者，籍书而上内史。"汉武帝为了推行搜粟都尉赵过的"代田法"，命令全国相关职官到京城培训，学成结业后负责教民。北宋太宗赵光义在位时曾下令，在全国各地设置"农师"一职，让其会同地方政府官员共同督导农事、教化农民。此外，从《蚕赋》及咏蚕的诗歌中，我们也可以清楚地感受到春蚕精神的异化，国家通过宣扬蚕的精神喻示从事该类技能的行业人才，其隐形强制手段可见一斑。这些都是我国古代政府推行特色产业教育的典型例子。

二、手工特色产业教育与儒家人文教育的耦合性

中国社会是一个伦理政治社会，儒家"修身、齐家、治国、平天下"的学说深入社会的各个方面。在手工业教育内容中，在相关知识、方法、技能传授的同时，对艺徒进行人文道德的教育也是不可或缺的一环，二者相互贯通，互有发展。中国历代的能工巧匠大多是儒学达人。儒家文化对中国古代手工技术的发展具有非常重要的影响，在中国古代手工技艺中，不仅工匠的人格素质、价值观、学识会受到儒家思想的影响，而且他们从事手工技艺研究的动机、知识基础、研究方法也与儒家文化密切相关，甚至整个手工技艺的特征明显受到儒家文化的影响。

这种儒家文化的影响使得特色产业教育具有强烈的人文色彩，并且集中地表现在特色产业教育的教育目的上。我国的特色产业教育不是培养科学家，而是培养能用所学的特色产业知识造福国家和百姓的经世致用人才。如农学方面的代表著作以"齐民要术"为书名，贾思勰的写作宗旨非常明显，"殷周之盛，诗书所述，要在安民，富而教之"（《齐民要术·序》），所以"齐民"就是治理人民之意，即"安民"。该著作首次系统地记述了种植桑树和饲养家蚕的方法。

近代以来，大多数学者都把中国特色产业教育没有发展起来归因于儒家人文道德学说和儒家经典教育的阻碍。儒家经典教育在古代学校教育中占有绝对优势,对特色产业教育的发展确实是一个很大的障碍,但是绝对的否定和绝对的肯定都违背了辩证法的要求,在批判儒家思想的同时更应该反思这种思想为我们带来了什么好处。毕竟,中国是受儒家学说影响两千多年的国家,我们的不足要从儒家文化中寻找根源,我们的荣耀更建立在儒家文化基础之上。中国古代的这种手工业教育与人文教育互相融合的教育方式,正是我们今天的教育想要探索的模式。即使在现代社会,有所作为的科学家、艺术家、大师也大都具有深厚而独特的人文科学素养。特色产业教育与人文教育走向整合,是社会政治、经济、文化发展的客观要求,是教育发展的必然趋势。人文价值是特色产业教育的本然发展价值。特色产业扎根于人的"生活世界",与人息息相关。特色产业教育发展的每一步都折射着人性的光辉。历史证明,特色产业教育如果与人文分离,就会造成社会发展的不和谐甚至混乱,这是我们今天的教育工作者应该警觉的。

三、官民并重式人才培养的体系化

我国古代特色手工产业教育的形式多种多样,从国家到民间团体,形成了一套完备而各具特色的产业教育体系,尤其是国家对特色产业教育的重视程度是世界其他国家所不具备的。我国两千多年来的封建社会主要是中央集权社会,政府在社会各项活动中发挥了重要的作用,对于特色产业教育更是如此。国家进行统治需要大量的社会人才,社会生活的各个方面都需要能够解决实际问题的实用人才,尤其是关乎国计民生的支柱型产业更是如此。《新唐书》卷四八"少府"记载:"细镂之工,教以四年;车路乐器之工,三年;平漫刀矟之工,二年;矢镞竹漆屈柳之工半焉;冠冕弁帻之工,九月。教作者传家技,四季以令丞试之,岁终以监试之。"《唐六典》卷二二"少府"记载:"凡教诸杂作,计其功之众寡,与其难易,而均平之。功多而难者,限四年、三年成,其次二年,至少四十日,作为等差而均其劳逸焉。"上述典籍明确记载了官府手工业人才培养的内容及其年限,规范性较强。对于掌管支柱型产业的官员来说,掌握必要的专业技术知识与技能是必备条件,这也是政府对技术类职官考核的必考内容。这种基于统治管理上的需要,是促进支柱型产业教育推广、发展和普及的一个主导性因子。

与之相对应的民间特色手工产业教育,则以更加灵活多样的形式延续着独特的手工技能。特别是与农业和农业经济密切相关的纺织业、茶业和瓷业等,甚至在某些地区出现了技艺普及的可喜现象。如农业上的精耕细作技术,通过农书、农谚等形式,被广大农民普遍采用。据不完全统计,两千年来,我国的农书总数有 370 多种,农谚则不计其数。这充分证明,传授农业生产技术的活动相当活跃。在纺织方面,宋元之际曾流行这样一句谚语:"南松江,北潞安,衣天下。"在瓷器方面,则有"匠从八方来,器成天下走""行于九域,施及外洋""业制陶器,利济天下。四方远近,挟其技能以食力者,莫不趋之如鹜"。由此可知,我国古代的部分民间手工产业繁盛与发达的背后离不开相关的技艺传授。"子就父业""师傅带徒弟"等形式的民间教育形式不仅与官职教育一起形成了我国古代手工业教育的庞大体系,同时民间教育还在一定程度上具有"救场"和"补台"的功能。政府处于腐败衰落时期,官职教育无以为继之时,这些民间教育形式便发挥出了顽强的生命力和强大的创造性,并能够减少社会动荡对官办学校的不良影响,克服官僚的腐败习气,是我国沿袭和发展传统特色产业教育的重要形式。

四、技术传承的法式性

"不以规矩,不能成方圆",技术的传承尤为如此。《事林广记》卷十一"器用制度"记载:"且物莫不有制,制莫不有则,规矩准绳,度量权衡皆制物之定则也。盖规以取其圜,矩以成其方,准以揆其平,绳以就其正;度以度其长短,量以测其浅深,权以审其轻重,衡以定其低昂。合是数者,然后谓之有制。古人之智者创物,巧者述之,未有舍是而能自为之制者。如孟子所谓'不以规矩,不能成方圆',又曰'权然后知轻重,度然后知长短'。文记礼所谓衡之于轻重,绳墨之于曲直,规矩之于方圆。故衡诚县不可欺以轻重,绳墨诚陈不可欺以曲直,规矩诚设不可欺以方圆,皆此谓也。"所以我国古代技术的传承有着鲜明的标准特征。

1. 对产品大小、尺寸、重量等有着明确规定。如在陶器方面,《周礼·考工记》记载:"陶人为甗,实二鬴,厚半寸,唇寸。盆实二鬴,厚半寸,唇寸。甑实二鬴,厚半寸,唇寸,七穿。鬲实五觳,厚半寸,唇寸。庾,实二觳,厚半寸,唇寸。瓬人为簋,实一觳,崇尺,厚半寸,唇寸。豆实三而成觳,崇尺。凡陶瓬之事,髺垦薜暴不入市。器中膊,豆中县,膊崇四尺,方四寸。"这里明确谈到了制作各类陶器的尺寸规范。

2. 对产品生产过程有着明确的步骤和标准。如在缫丝方面,《周礼·考工记》记载:"慌氏湅丝,以涚水沤其丝,七日,去地尺暴之。昼暴诸日,夜宿诸井,七日七夜,是谓水湅。湅帛,以栏为灰,渥淳其帛,实诸泽器,淫之以蜃。清其灰而盝之,而挥之;而沃之,而盝之;而涂之,而宿之。明日,沃而盝之。昼暴诸日,夜宿诸井,七日七夜,是谓水涷。"

3. 对产品质量有着明确的行业要求,不符合要求者不准售卖。《礼记·王制》记载:"用器不中度,不粥于市;兵车不中度,不粥于市;布帛精粗不中数,幅广狭不中量,不粥于市;奸色乱正色,不粥于市……"

4. 对产品质量检查有着明确标准,并以奖罚保障。《唐律疏议》记载:"诸造器用之物及绢布之属,有行滥、短狭而卖者,各杖六十。"这里的"滥"是指产品不真,即假劣产品。

5. 定期检查,标注出处,明确责任。《礼记·月令》记载:"(孟冬之月)命工师效功,陈祭器,按度程,毋或作为淫巧,以荡上心。"除了定期检查工师造物水准,同时还要求工师把名字刻在器物上,以保证器物质量。如《礼记·月令》记载:"必功致为上,物勒工名,以考其诚。功有不当,必行其罪,以穷其情。"

6. 重要的产品,先设计再依样制作。在瓷器方面,由于制瓷原料、制瓷工艺、烧瓷工艺等一系列特殊因素,一些名贵的瓷器只能在特定的地域才能烧制成功,尤其是以胎质精美、纹饰丰富著称的景德镇御窑。皇家、官府及外贸方面的瓷器大都采用来样加工的机制进行制作,从而确保了双方对于产品要求的契合度,也促进了景德镇陶瓷产业的长久兴盛。

五、教育教学方法的创造性

我国古代的职业教育与"人文教育"不同的是它注重教学的直观性、实证性和可操作性。早在一千多年前我国古代数学家赵爽就创立了图解法,墨子在两千多年前就创立了小孔成像实验法,而取象比类的比较法和观象制影的实验观察法更是一直在职业教育实践中长期占据重要位置。在医学教育中,自秦汉到宋元一直使用的极富创造性的案例教学更是比西方的早了近两千年。此外,宋代医学教学中还创造了第一台医学教学模型——针灸铜人。在职业教育考核中,我国自古重视操作性应用考核,无论是工艺技术的考核还是宦学中的职官考试,无论是医学的实证案例考试还是平时的实证性记录考核,都是建立在实证基础上,以操作和应用能力为目标。美国著名汉学家德克·卜德在《中国物品西传考》中说中国对西方世界做出了很多贡献,这些贡献极大地影响了西方文明的发展。而古代中国之所以能为人类社会做出如此巨大的贡献,这跟我国古代社会重视对生产实践者进行职业教育是分不开的。这表明,一个国家经济的发展、国力的强盛与劳动者的职业水平有着密切的联系。

第三章 冲突与对抗：近代中外贸易格局变化与传统特色产业发展的路径演变

以蒸汽和电力为动力标志的工业革命以其前所未有的速度冲击了世界上几乎所有的国家，并以生产力的极大优势重构着以动物和自然力为动力的农业社会国家。毫不避讳地讲，在第一次和第二次工业革命之间，我国诸多手工业均受到了极大的打击和抑制，甚至有不少手工业直接被工业革命的洪流无情淹没。彼时，国外以机器动力为标志的大工业生产，逐渐形成了一种针对传统手工业生产的异己力量。学界评论这段具有伤疤性的屈辱时期时总是不断地重复和强调一些定语，诸如"列强环伺""当时政府腐朽""贸易剪刀差""国家税厘繁重""产业一落千丈"等等，似乎在努力地诠释着什么。据传统特色产业史料记载，鸦片战争以后，西方工业机制产品市场日益扩张，但我国在一些民生和军工领域仍占据主导权。手工业作为中国社会经济结构中最为敏感的生产单位，手工业生产仍然是中国社会商品的主干，它不仅关系到中国农村的经济命脉，而且还是中小城市经济生活的主要组成部分，在对外贸易中也占据着极其重要的位置。所以，作为手工业中的佼佼者——传统特色产业在面对国内外各种矛盾力量时，呈现出了升降沉浮、分解转化、辗转腾挪、斑驳多彩、纷繁复杂的历史画面和多样化的演绎路径。

第一节 工业全球化进程中特色传统产业国际贸易概览

随着商品经济的发展和资本主义的出现，尤其是在新航海线探索中发现了美洲大陆，其丰富的白银储存量为商品的全球交换和价值支付带来了极大的便利，同时也成为社会财富、地位和权力的象征。在金属货币经济替代了传统土地经济后，商品经济全球化扩张便如虎添翼。由于商品经济的逐利性必然促使市场主体寻找新的获利源（新市场），所以围绕着新市场的开辟、新航线的发现、新技术的发明与应用、新思想理念的传播与趋同、新时尚与新生活方式的建构等内容,率先进入工业革命的国家不得不将目光放在全球化上,如此才能确保自身构建的工业文明的优势地位,享受着优势地位带来的红利。加上欧洲工业革命的不断发展,致使西方国家出现了严重的通货膨胀问题。为了有效解决这一问题,寻找大量产品销售地和原料补给地是它们迫切的需求。当时的中国、印度、日本等国均成为西方列强的战略目标,尤其是人口和地域广袤的中国更是它们商贸利益获取的绝佳目标。早期西方国家对华的贸易并非想象中的那样美好。据载,1777 年,港脚商人曾试销洋棉纱 13 担于广州,直到半个世纪以后的 1827 年才始盈利。这种情况自然不是对方想要的结果。随着第一次鸦片战争的结束和《南京条约》的签订,外国资本主义凭借政治强权,楔入了中国社会经济运行的轨道,古老的中国至此被迫卷入世界资本主义的市场体系之中。一些主要民生和冶矿产业迅速被挤占。以洋纱为例,海关关册统计,1840 年输入中国的洋纱为 1.82 万担,1842 年为 3.37 万担,1894 年为 116.17 万担,半个多世纪的时间里,洋纱在华销售增长了近 64 倍,其增长速度可谓惊人。

为了促使更多的商品进入全球化经济体系,西方国家通过各种手段将一些非机械化的产品机械化,从而获取由技术优势带来的经济剪刀差,进而满足自身优渥生活的需要。这或许是一些欧美国家对待后发展国家时而凶残、时而温和的一种合乎理性的解释。值得一提的是,在工业全球化进程中,以欧美为首的工业国家并不是将所有的手工业都列为它们首要的工业化对象,如井盐业、榨油业、漆器业、制伞业、象牙雕业等行业直到新中国成立后才部分实行工业化。在利益先行和最先获益的原则下,它们选择的对象主要是全球尤其是欧美国家需求量大,且易于当时的工业技术改造或改良的手工业。而中国的手工业大多经历了数百年甚至上千年的打磨与锤炼,已然形成了一套与本土社会嵌入的运营模式,在面对外来新兴技术的进攻时,自然表现出不同程度的应激反应。本节仅以我国出口量较大的茶叶、瓷器和丝绸为例,从外贸数据记载中感受中西双方博弈的场景。

小农业和家庭手工业结合的自然经济,在生产力水平上自然无法胜过机器大工业,但基于小农经济的手工业具有天然的优势。所以在与大工业交锋的初期阶段,虽然我国的手工业未能率先在总体上赢得主动,但在局部的手工业产业结构上还是值得重新审视与解读的。

一、茶叶国际贸易概述

中国是茶的故乡,是世界上最早发现和使用茶的国家,也是最早进行茶叶商品贸易的国家。20世纪以前,在西方人所寻求的中国商品中,唯有茶叶在中西贸易中长期居于支配地位。茶叶为西方贸易商带来了巨额利润。同时,茶叶也是唯一能够成为英国乃至欧美国家的普遍消费品而又不与本国制造品相竞争的一种外来商品,在商品市场上具有不可替代性和隐蔽性。19世纪四五十年代,英国东印度公司每年从中国进口的茶叶都占其总货值的90%以上,在垄断中国贸易的最后几年中,茶叶成为其唯一的进口商品。茶叶贸易不但对英国东印度公司的存在生死攸关,而且对英国财政也至关重要。从1815年起,公司每年在茶叶贸易中获利都在一百万镑以上,占其商业总利润的90%,提供了英国国库全部收入的10%。当时活跃在广州的法国商人罗伯特·康斯登说:"茶叶是驱使他们前往中国的主要动力,其他的商品只是为了点缀商品种类。"19世纪40年代以前,中国茶叶一直独占世界市场,提供了100%的世界商品茶叶消费量。

茶叶在英国东印度公司从中国进口总货值中的比例(1722—1833)

年份	总货值(两)	茶叶货值(两)	占总货值(%)
1722	211850	119750	57
1723	271340	182500	67
1730	469879	374311	80
1733	294025	141934	48
1736	121152	87079	72
1740	186214	132960	71
1750	507102	366231	72
1761	707000	653000	92
1766	1587266	1370818	86
1770	1413816	1323849	94
1775	1045433	498644	48
1780	2026043	1125983	56
1785	2942069	2564701	87
1790	4669811	4103828	88
1795	3521171	3126198	89
1799	4091892	2545624	62
1817	4411340	4110924	93
1819	5786222	5317488	92
1822	6154652	5846014	95

续表

年份	总货值(两)	茶叶货值(两)	占总货值(%)
1825	5913462	5913462	100
1833	5521043	5521043	100

资料来源:根据庄国土的《茶叶、白银和鸦片:1750—1840 年中西贸易结构》(《中国经济史研究》1995 年第 3 期)整理而成。

19 世纪 40 年代之后,印度茶叶开始在伦敦市场出现,从此结束了国际市场上中国茶叶一家独占的局面。中国虽失去了在世界茶叶市场上的独占地位,但至 19 世纪 80 年代末以前仍在世界茶叶贸易上保持领先地位。19 世纪 60 至 80 年代,英国平均每年进口的中国茶叶价值 3000 万海关两①。但在接下来的时间里,我国茶业在国际市场上开始接二连三被后来者超越。在英国市场,印度茶于 1889 年超过华茶,两年后又被锡兰茶超过。到 20 世纪初,华茶在英国的市场占有量仅为 7%,在美国市场,1905 年被日本茶超过了 1.2%,1910 年又被印度茶超越。1920 年,华茶在美国的市场占有率只有 11%,该时期只在俄国的销售市场呈现出快速上升态势。1880 年,我国茶业有 17% 的份额出口到俄国,

---

① 胡赤军. 近代中国与西方的茶叶贸易[J]. 东北师大学报(哲学社会科学版),1994(1):25 – 31.

1890 年达到 35%，1990 年上升至 48%，1906 年更是达到惊人的 71%①。1920年后便开始有了显著的下降势头，其出口数量不仅远远落后于印度，甚至连印尼和锡兰都竞争不过。尤其是 20 世纪 20 年代至 40 年代初期，我国茶叶的国际市场竞争力下降是一个较为明显和不争的事实。

1868—1947 年中国茶叶输出年平均量

单位：千磅

时间	年平均输出量	时间	年平均输出量
1868—1872	185216	1910—1914	198485
1873—1877	214058	1915—1919	147863
1878—1882	236633	1920—1924	76791
1883—1887	248705	1925—1929	117820
1888—1892	213642	1930—1934	94134
1893—1894	213586	1935—1939	79483
1900—1904	191741	1940—1942	31384
1905—1909	198881	1945—1947	26840

数据来源：根据姚贤镐的《中国近代对外贸易史资料(1840—1895)》(中华书局,1962 年版第 1204－1205 页)和威廉·乌克斯的《茶叶全书》(东方出版社,2011 年版第 119 页)整理而成。

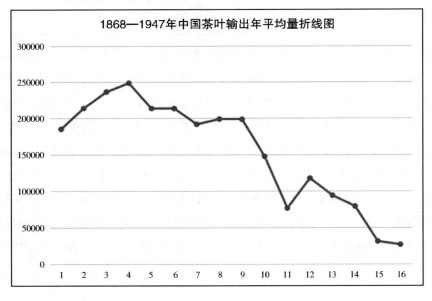

1868—1947年中国茶叶输出年平均量折线图

---

① 许道夫.中国近代农业生产及贸易统计资料[M].上海：上海人民出版社,1983:253－254.

这一点也可以从严中平等人编的《中国近代经济史统计资料选辑》中得到证实,虽然二者统计的年份和角度不同,但两份数据资料均明确表述了我国近代茶叶国际贸易量的萎缩和印度、锡兰等国家茶叶出口的快速发展。

根据严中平先生的数据统计,我国近代,最迟在1873年,我国茶叶出口量仍占据绝对性压倒优势,占国际输出量的92%。然而,仅仅过了20年的时间,我国茶叶国际出口量便由世界份额的92%急剧下降到1893年的49%,再到1920年的6.2%,1930年稍微有所好转,上升至10%,但随后又再次锐减。相反,印度和锡兰两国茶叶输出总量占世界茶叶输出总量的比重却呈现出逐年攀升趋势,1893年为40%,1910年为58%,1930年为65.7%,从而取代了中国在世界茶叶中的主体地位。值得一提的是,在鸦片战争至20世纪初期这段时间,我国茶叶的出口量仍保持在一个较高的份额;进入民国以来,才呈现出锐减的趋势;到1947年跌至谷底,彻底转换了我国茶叶在国际贸易中的地位。这种情况在美国学者威廉·乌克斯的《茶叶全书》中也得到了同样的印证。

1873—1947 年世界主要产茶国茶叶输出数量统计

单位:千磅

年份	世界总量	中国	印度	锡兰	荷属东印度	其他
1873	233488	215701	—	—	—	1778
1883	302123	264976	—	—	6034	37147
1893	495315	242777	115617	82296	21333	48591
1903	675958	223670	209552	149227	33813	72176
1910	750273	208106	256439	182070	102008	69845
1920	657922	40787	287525	184873	180473	42729
1930	921070	92540	362094	243107	153398	42856
1936	—	82198	312706	218068	7016	
1947	—	23320	406305	287259	—	

数据来源:严中平,徐义生,姚贤镐.中国近代经济史统计资料选辑[M].北京:科学出版社,2012:82.

世界茶叶产量与输出量在 1928—1932 年间平均比重

单位:%

1928—1932 年产量平均比重		1928—1932 年输出量比重	
中国	48.9	英属印度	38.7
英属印度	22.3	锡兰	25.8
锡兰	13.4	荷属东印度	19.6
荷属东印度	9.2	中国	11
日本	4.7	日本	2.6
其他各地	1.5	其他各地	2.3
总计	100	总计	100

数据来源:乌克斯.茶叶全书[M].依佳,刘涛,姜海蒂,译.北京:东方出版社,2011:120.

在 20 世纪二三十年代,中国的茶叶产量接近占世界茶叶总产量的一半,但出口比重却仅有 11%。而当时印度和锡兰的总输出量超过世界总输出量的一半,成为最大输出国,也就是说,此时我国茶叶的产量与出口量比重出现了严重失衡。

究其原因,有学者认为在此之前中国是世界茶叶贸易的单纯供给方,这种情况在 20 世纪初发生了结构性变化。国际茶叶的供给方已由唯一的中国演变为中国、印度、锡兰、日本等多个产茶国,而茶叶的销售方也由最初的葡萄牙、西班牙、荷兰、英国、法国、比利时、丹麦、瑞典、普鲁士、俄国等国家,逐渐向英、美、俄三国垄断性贸易过渡。由茶叶贸易利益引发的世界茶叶供需结构秩序的变化,充分证明了我国茶叶资源的独特性和世界性;同时这种由供给垄断走向多元自由竞争和销售多元竞争走向垄断的世界茶叶贸易模式的转换,也成为中国国际茶叶市场竞争力下降的一个重要因素,侧面反映了中国茶叶技术与管理的非国际化特征。也有学者指出,稳定的社会环境、健康的社会秩序与结构是造成我国近代茶叶贸易下滑的根本所在。

二、陶瓷国际贸易概述

瓷器是中华民族勤劳与智慧的伟大创造,不仅是中华民族优秀传统文化的代表,也是对世界文化的一大贡献。它不仅畅销于国内,而且远销于世界各地,在世界各地享有很高的声誉,中国由此获得了"瓷国"的称号。这里以景德镇瓷器为例进一步表述该种商品的特殊性。景德镇是中国乃至世界上著名的瓷业手工业生产区域，在漫长的瓷业生产历程中，形成了中国"农工生产体系"的模板，依靠官民互动、城乡互动、中外互动也成为中国最早全球化的瓷业手工业城市中心。德国艺术史家雷德侯在《万物：中国艺术中的模件化和规模化生产》一书中，重点论述了景德镇瓷业生产模式，认为景德镇的手工模件化生产模式对欧洲工业化生产体系产生了深刻的影响。他发现中国的瓷器生产是一个高度系统化、连续性的生产过程，具有严格的劳动分工，一件瓷器的生产需要经过 70 人之手，在入窑之前就有 20 道工序。[①] 正是依托前工业时代高度分工协作的瓷业生产体系，才促使景德镇在全球瓷业竞争中处于引领性的优势地位。所以，中国瓷器一经引入欧洲，便得到了西方诸国痴狂般的追捧。自宋代以来，我国瓷器一直是西方国家的"抢手货"。《景德镇陶录》记载："洋器专售外洋者。商多粤东人，贩去与洋鬼子载市。式多奇巧，岁无定样。"据专家粗略统计，16 世纪经葡萄牙与西班牙两国贩出的中国瓷器超过 200 万件[②]，而 1684—1791 年的百余年时间内，约有 2.15 亿件华瓷被东印度公司运到英国[③]。海外贸易促进了我国瓷业的发展，"其所被，自燕云而北，南交趾，东际海，西被蜀，无所不至，皆取于景德镇，而商贾往往是牟大利"（道光版《浮梁县志》）。

16 世纪初，当欧洲人用美洲白银大量购买中国瓷器时，中国是世界上唯一的高端瓷器生产国，拥有着世界瓷器市场的全部份额。1600 年，广州经澳门出口到印度、欧洲货物中的大量瓷器，利润率最高为 200%，比各种丝货的利润率（150%）还要高[④]，直到 18 世纪 60 年代，荷兰东印度公司每年贩销瓷器的毛利率平均高达 121%。但 18 世纪末之后，中国制瓷业逐渐丧失了瓷器生产上的技术垄断优势，中国瓷器占据的世界市场份额也越来越少；到 19 世纪下半叶，中国瓷器不仅丧失了欧洲和美洲的市场，中国本土也成为欧洲和日本瓷器的倾销市场。

如前所述，美洲白银的发现和使用，在有效解决欧洲商品贸易国际化困境

---

① 雷德侯. 万物：中国艺术中的模件化和规模化生产[M]. 张总，等译. 2 版. 北京：生活·读书·新知三联书店，2012.

② 何芳川. 澳门与葡萄牙大商帆：葡萄牙与近代早期太平洋贸易网的形成[M]. 北京：北京大学出版社，1996：63.

③ 詹嘉. 明清时期海上陶瓷之路的繁荣[J]. 中国陶瓷，2002（6）：36.

④ 杞晨. 元明时期广州的海外贸易[M]//陈柏坚. 广州外贸两千年. 广州：广州文化出版社，1989：177.

问题的同时,也开始了用美洲白银交换欧洲社会生活所需的大量亚洲产品,从而推动了世界贸易的发展。据德国著名经济学家安德烈·贡德·弗兰克估算,17—18 世纪流入欧洲的美洲白银有 3.9 万吨,其中约占总数的 50% 流入亚洲,用来交换茶叶、丝绸、瓷器等产品①。17 世纪 40 年代,欧洲各个阶层的家庭开始普遍使用中国瓷器:一方面是以欧洲皇室、王室和贵族为代表的阶层继续不遗余力地订制、收藏瓷器,另一方面则是西方对于华瓷的需求由主要用于体现本身地位的收藏瓷转向了大众日常消费的日用瓷。之后整个 18 世纪,欧洲成为华瓷外销的主要市场。17—18 世纪,有记载的由荷兰东印度公司运销的中国瓷器就达 6000 万件。除了荷兰商人外,还有中国海商,英国、法国、瑞典、丹麦等国的东印度公司、散商以及已逐渐衰落的葡萄牙、西班牙两国商人。据不完全统计,从 1720 年至 1745 年,英国进口的中国瓷器达 3000 万件。再如,1750—1755 年间规模不大的瑞典东印度公司进口华瓷 1100 万件,1760 年丹麦第三贸易公司的华瓷订单有 3284054 件②。因此,1600—1800 年间,仅由以上数字,销往欧洲的华瓷数量就超过 1 亿件。除了欧洲,日本也是中国瓷器外销的主要市场之一。如 1635 年荷兰的四艘商船从台湾贩运 135005 件中国瓷器到日本,1637 年中国商人共贩运 750000 件瓷器到日本。③ 从上述有据可考的华瓷外销量来看,我国瓷器在 19 世纪以前担当着世界商品的硬通货角色。基于瓷器贸易的丰厚利润,欧洲自 16 世纪便开始投入大量的人、财、物进行研发,但始终不得要领。最终在传教士殷弘绪等人的协助下,18 世纪初期欧洲建立了一批以皇家和王室加持的瓷厂,如德国的麦森瓷厂(1710)、奥地利的维也纳瓷厂(1718)、意大利的多西亚瓷厂(1735)、法国的赛佛尔陶瓷厂(1759)等。起初上述瓷厂的产品只供上层享用,后来皇室为了最大化地获取利润,便以政府入股的形式参与民间瓷厂的创建与经营。经过一个世纪的发展,制瓷技术在欧洲已获得较为广泛的发展,以英国民间瓷厂开创的韦奇伍德为代表,其生产的炻器成为各个阶层的日常消耗品,此举引起了欧洲其他国家的积极效仿。就这样,欧洲制瓷业在丰厚利润的刺激下,在官商合营的模式下,在近代科学技术的赋能下,呈现

---

① 弗兰克.白银资本:重视经济全球化中的东方[M].刘北成,译.北京:中央编译出版社,2000:208.

② 刘昌兵.海外瓷器贸易影响下的景德镇瓷业[J].南方文物,2005(3):66-74.

③ 陈万里.宋末—清初中国对外贸易中的瓷器[J].文物,1963(1):20-25.

出了繁荣的发展境况，并不可避免地对我国瓷业造成了前所未有的冲击。

18世纪后期，德、法、英等国的瓷器产品逐渐形成了自己的特色和艺术样式，如英国的骨质瓷、德国麦森的瓷塑、法国的软质彩绘瓷等。由于本土文化优势，上述瓷厂生产的产品更加符合本地人的审美情趣，质量也与中国瓷器相差无几，所以华瓷开始遭遇欧洲市场的排斥。该时期商业档案表明，华瓷的利润已大不如从前。因此，荷兰东印度公司的中国委员会做出决定，限制瓷器购进，减少对华瓷的投资。1799年，运销中国瓷器到欧洲的主要公司之一荷兰东印度公司破产，完全停止与中国的瓷器贸易，自此华瓷在欧洲市场上的销量大幅萎缩。加上由战争带来的不平等条约，洋人尽享原料、资本、关税及人工等红利，中国国内市场亦因技不如人而被洋瓷挤占。民国初年，湖南学者向焯在其《景德镇陶业纪事》中描述了当时洋瓷冲击我国市场的情形："近年风气渐开，奢侈日甚，人民喜购外货，如中狂迷。即如瓷器一宗，凡京、津、沪、汉以及各繁盛商埠，无不为东洋瓷之尾闾。如蓝边式之餐具杯盘及桶杯式之茶盏，自茶楼、酒馆以及社会交际场所，几非此不美观，以致穷乡僻壤，贩卖小商，无不陈列灿烂之舶来瓷，可知其普及已至日常用品。"又据我国驻马来西亚领事报告："近年来吾国瓷器输入南洋锐减，日商竭力推销日瓷，花样新颖，价格偏低，致使吾国瓷器销售一落千丈。目前，马来西亚各瓷器店所售瓷器十之九、八均系日本货。"

面对我国瓷业外销受困的情况，瓷业界和部分学者们纷纷大声疾呼，从他们的建言中不难发现，大多时候他们描绘我国瓷业衰落的语言多为感性的形容词，诸如"一落千丈""一败涂地"等等。1868—1936年近70年的贸易额报告显示，我国向西方出口瓷器整体呈稳中向上的趋势，1920—1921年达到峰值，随后出现了较大幅度的震荡；而西方各国向我国倾销瓷器的情况出现了与我国外销瓷走势相似的情况，在1929—1930年达到峰值后，也出现了急剧下降的情况。在该期间内，中外瓷器的销售量呈现正相关性，相对而言，洋瓷呈现出更加稳定的增长趋势。对于华瓷外销受阻，内销受困，洋瓷却逐步上扬的问题，当时的政府官员和学者们纷纷建言献策，给出了自己的答案。1903年，江西布政使柯逢时奏称："近岁不及半。论者以为制法不精，税厘太重之故。臣初亦信以为然。"当时很多人认为瓷器售价降低的原因一是中国瓷器烧制方法的落后和粗糙，二是关税和厘金负担的沉重，柯逢时当初也觉得时人说的有道理。柯逢时经过深入调查研究发现:"此项制作,实胜列邦。其选料也,则合数处之土以成坯,故其质坚,而其声清越;其上釉也,则取各省之物配色,故其光泽;而其彩鲜明,又复讲求火候,考验天时,备极精微,遂成绝艺。其创始者,深通化学之理。"① 由此可知,柯逢时认为当时景德镇的瓷器无论是原料制成还是釉色工艺,抑或是烧制工艺均优于西方洋瓷,而在税厘方面,"至于征榷,则税重而厘轻。江西瓷厘不及原价十分之一。而洋关纳税,则全其轻重,别其精粗,辨其花色,几逾十倍。故商人办运,皆取道内地,绕越海关,独与它货异辙"②。从中可知当时江西的厘金并不重,反而是洋关税较重,所以这也不是影响华瓷生产和贸易的主要原因。接着柯逢时给出了自己寻找到的答案,即"中国之销数日绌,而外洋之漫灌日多。揆厥所由,实缘窑厂资本未充,不能与之相竞"③。也就是说,华瓷受困的真正原因是资本不足导致产品质量下降引起的。民国初年的《景德镇陶业纪事》则认为是由于朝代更替、社会风尚迅速改变引起的。还有学者认为华瓷受阻的主要内因是行帮行规的制约、技术教育落后的制约、管理方式模式的制约等等;外因则是主要受到《马关条约》之特别权利的影响,即外国商人可以在中国内地投资办厂,以资本的优势来榨取我国原料成本、人工成本和土地成本的优势价值等等。

值得提及的是,我国近代瓷器的出口量虽说有较大的震荡,总体来讲向上的局面较多,但若从后来细化的情况来看,我国出口粗瓷和细瓷的数量却让人无法乐观。1926年粗瓷占91%,1927年粗瓷占91%,1928年粗瓷占88%,1929年粗瓷占90%,粗瓷的比重较大,间接反映出中国瓷器业的衰落。④ 也就是说,我国该时期的出口量绝大部分是由粗瓷支撑起来的。这与中山大学胡宸教授在《延续与转型:近代景德镇制瓷业与市镇状况再考察》中的观点较为吻合。

---

① 熊寥,熊微.中国陶瓷古籍集成[M].上海:上海文化出版社,2006:133.
② 熊寥,熊微.中国陶瓷古籍集成[M].上海:上海文化出版社,2006:133-134.
③ 熊寥,熊微.中国陶瓷古籍集成[M].上海:上海文化出版社,2006:134.
④ 靳海彬.中国近代海关瓷器进出口贸易研究:1868—1936[D].石家庄:河北师范大学,2006:36.

1868—1936 年中国进出口瓷器贸易对比表

年份	进口货值（海关两）	出口货值（海关两）	瓷器进出口总额（海关两）	进出口总额（海关两）	出入超额（海关两）	瓷器出口总额在当年总出口贸易中的比重（百分比）
1868	1218	139239	140457	125108179	1218	0.11
1869	1403	280052	281455		1403	
1870	1104	242111	243215		1104	
1871	740	319923	320663		740	
1872	443	368930	369373		443	
1873	2868	354365	357233		2868	
1874	2236	348922	351158		2236	
1875	10889	390381	401270		10889	
1876	6728	307882	314610		6728	
1877	7428	295421	302849		7428	
1878	7621	384862	392483		7621	
1879	5199	338371	343570		5199	
1880	7230	379574	386804		7230	
1881	6643	387006	393649		6643	
1882	11498	471388	482886		11498	
1883	22948	336016	358964		22948	
1884	111916	241528	353444		111916	
1885	453114	273353	726467		453114	
1886	373331	212960	586291		373331	
1887	245660	1113019	1358679	188123877	245660	0.72
1888	155117	761128	916245		155117	
1889	95350	638428	733778		95350	
1890	87346	617491	704837		87346	
1891	120353	808239	928592		120353	
1892	126750	1084008	1210758		126750	
1893	134092	1178834	1312926		134092	
1894	116158	1231136	1347294		116158	
1895	46898	1541132	1588030	3113784	46898	0.51
1896	65534	1628340	1693874		65534	
1897	151554	1384336	1535890		151554	
1898	132174	1504307	1636481		132174	

续表

年份	进口货值 （海关两）	出口货值 （海关两）	瓷器进出口总额 （海关两）	进出口总额 （海关两）	出入超额 （海关两）	瓷器出口总额在当年总出口贸易中的比重 （百分比）
1899	184012	1802784	1986796		184012	
1900	105892	1627368	1733260		105892	
1901	61128	1692561	1753689		61128	
1902	155349	1852686	2008035		155349	
1903	305968	2203713	2509681	5455828	305968	0.46
1904	298543	1663921	1962464		298543	
1905	536898	1721474	2258372		536898	
1906	564257	1579204	2143461		564257	
1907	533543	1598861	2132404		533543	
1908	399051	1596686	1995737		399051	
1909	486938	1752648	2239586		486938	
1910	686546	1916919	2603465	8398274	686546	0.31
1911	772012	1966830	2738842		772012	
1912	815771	1921742	2737513		815771	
1913	1210833	2132269	3343102		1210833	
1914	1013649	1075933	2089582		1013649	
1915	779591	1706289	2485880		779591	
1916	967515	1787399	2754914		967515	
1917	1318037	1513413	2831450		1318037	
1918	1255299	1482619	2737918	10530454	1255299	0.26
1919	1287030	3780295	5067325		1287030	
1920	953217	4923157	5876374		953217	
1921	1256213	4610993	5867206		1256213	
1922	1425042	3000730	4425772		1425042	
1923	2143042	3298352	5441394		2143042	
1924	1750567	2798974	4549541		1750567	
1925	1711267	2289696	4000963		1711267	
1926	2157493	2051230	4208723		2157493	
1927	2148662	1916732	4065394		2148662	
1928	2511033	957169	3468202		2511033	
1929	2730082	1776778	4506860		2730082	

续表

年份	进口货值 （海关两）	出口货值 （海关两）	瓷器进出 口总额 （海关两）	进出口总额 （海关两）	出入超额 （海关两）	瓷器出口总额 在当年总出口 贸易中的比重 （百分比）
1930	2649383	1866330	4515713	3434765765	−783053	0.13
1931	1474686	1883331	3358017	3650339032	408645	0.09
1932	577644	619122	1196766	2402261632	41478	0.05
1933	503518	977756	1481274	1957395178	474238	0.08
1934	566523	1268841	1835364	1564879503	702318	0.12
1935	503759	873133	1376892	1495020382	369374	0.09
1936	291635	1135149	1426784	1647286141	843514	0.09

数据来源:根据靳海彬的《中国近代海关瓷器进出口贸易研究(1868—1936)》整理而成。

上述海关数据显示,近代我国海关瓷器贸易在海关进出口贸易总额中的比重相对较低,总体维持在 0.4% 左右。这个数字在贸易中的绝对值虽说算不上太低,但相对于近代以前华瓷外销的情况,其贸易量和贸易地位确实大大降低了。1868 年海关进出口贸易总额是 125108179 海关两,瓷器占到 0.11% ,到 1895 年占到 0.51% ,随后瓷器的比重开始降低,1903 年占 0.46% ,到 1910 年占 0.31% ,1918 年降到了 0.26% ,到 1932 年更是降到了 0.05% 。这与"17—18 世纪流入欧洲的美洲白银有 3.9 万吨,其中约占总数的 50% 流入亚洲,用来交换

茶叶、丝绸、瓷器等产品"相比较,前后落差之大,实在让人惊叹不已。

三、蚕丝国际贸易概述

中国是丝绸的祖国。在历史上,中国长期扮演着蚕桑丝绸生产技术和产品主要生产者、供应者的国际角色。中国丝织品业与上述两种手工产业在国际上的贸易变化有着明显的不同。上述茶叶与瓷器在近代后期这段时间里曾多次被国外同类产品超越,但丝织品业却在该段时间内一直处于领跑者的状态,直到第一次世界大战爆发,我国的蚕丝出口量才被日本超越。这主要有三方面的原因:一是中国具有生产原料(蚕桑)优势,由于蚕种和桑树对于地域环境要求较高,致使欧洲蚕桑事业发展缓慢;二是中国具有劳动力成本优势;三是中国传统蚕桑产品在国际贸易中具有比较优势。中国历代君王均比较重视蚕桑,已经形成了根深蒂固的认知,即便在工业技术上落后于西方,但凭借丰富的原料资源和雄厚的劳动力资源,丝绸在近代国际贸易竞争中成了为数不多的"比较优势"产品。为此,本书特从两个维度来描述我国近代丝绸业的发展情况。一是出口的丝货种类。1881年出口的丝货种类有10余种,如丝线、丝带、绸缎、茧绸、旧丝绵、蚕茧白丝、黄丝、野丝、白经丝、乱头丝等;1925年出口种类则上升到了20余种,如绸缎、茧绸、丝绣货、丝线、丝带、其他丝类杂货、蚕茧、丝绵、烂蚕茧、白丝、白经丝、白缲丝、黄丝、黄经丝、黄缲丝、野经丝、野蚕丝、野蚕缲丝、乱头丝、双宫丝等。[①] 从逐年递增的出口丝货种类可以看出丝货的分类更加精细,这不仅是丝绸商品出口市场需求专业化的反映,同样也是丝绸业规模扩大以及地区产品专门化的结果。在进口方面,1881年以生丝、野丝、丝货、丝线、丝带、绸缎、茧绸、旧丝绵、蚕茧等为主,到了1931年则以机缲丝、丝织品(细丝、粗丝、丝绵混纺制品、丝毛混纺制品、人造丝织品)为主。二是出口情况。鸦片战争前的1830—1837年间,我国年均出口生丝产量为9058担。[②] 鸦片战争以后,我国的蚕丝手工业凭借特殊的技术要求和其独特的属性,不仅没有与茶、瓷等手工业一样每况愈下,反而由于外销需求旺盛而呈现出逆势而上的盛况。虽然西方工业革命始于棉纺织领域,而丝织业亦属于纺织大类,但由于缲丝缲出的生丝与棉花纺出的棉纱具有较大差异,前者比后者更细更柔软,所以在机器制造工

---

① 中国第二历史档案馆,中国海关总署办公厅.中国旧海关史料:1859—1948[M].北京:京华出版社,2001.

② 王翔.中国近代手工业史稿[M].上海:上海人民出版社,2012:354.

艺上就要苛刻复杂得多,这也是欧美诸国发明丝织动力机器要比棉纺织动力机器晚得多的一个主要原因。欧洲在 19 世纪中期才开始使用动力机器对蚕丝纺织业进行改良,但由于丝织业生产整体的结构性和工艺的繁杂性,导致只能先部分进行机器化改良,即先从缫丝工艺进行机械化生产。由于这种结构上的部分工业化并不能满足整体的要求,所以我国纯手工丝织品仍然是满足西方工业革命以来基于经济和思想解放后形成的时尚风俗需要的必备稀缺商品,这一点可以从历年丝织品出口量(值)得到印证。

根据海关关册统计,1860 年中国的丝绸出口值为 212.38 万海关两,1869 年为 152.18 万海关两,1879 年为 449.90 万海关两,1889 年为 717.50 万海关两,1894 年为 841.55 万海关两,1906 年为 1842.38 万海关两。1906 年为 1860 年的 8.67 倍。值得一提的是,这一时期国内蚕丝品的销量也呈现出稳步上升的趋势,1840 年前夕我国生丝总产量(内外销量总量)为 6.4 万担,内销占 86%,远远大于外销 14% 所占的比例。到了 1894 年,生丝总产量 16.02 万担,外销占 52%,反而超出了内销所占的 48%。自 1840 年前夕至 1894 年,中国生丝总销售量增加了 9.62 万担。中国绸缎的内销与外销的比例也从 1840 年前夕的 1∶0.086 上升为 1∶0.42,增长了 3.67 倍。① 尽管这一时期丝织品的内销总体还是大于外销,但与蚕丝生产的发展一样,丝织业生产的发展主要是建立在国际市场的需求增长之上的。由于相关数据量繁多,本章选取了广州口岸作为典型个案进行诠释。1830—1837 年间,我国平均从广州出口生丝 9058 担,1845 年上升至 20000 担,1874 年增长到 68400 担,价值 1946 万海关两,1894 年生丝输出量持续增长至 83200 担,价值 2728 万海关两。② 根据海关关册统计,绸缎方面也呈现出了不断上升的趋势,1860 年绸缎出口额为 212.38 万海关两,1879 年增长至 449.9 万海关两,1894 年上升至 841.55 万海关两。值得一提的是,据广州《海关十年报告》(1882—1891、1892—1901)记载,在 1882 年之前我国的生丝出口中均为土丝,尚无厂丝出现,1883 年则已有 1254 关担厂丝的记载,占广东生丝出口总量的 13.12%,而且速度极为惊人,在短短的两年后厂丝的出口量就已超过土丝的出口量,达到 3437 关担,占广东出口生丝总量的 52.45%。此后,厂丝出口量一路飙升,到 1894 年时达到了 18179 关担,占广东

---

① 徐新吾.中国近代缫丝工业史[M].上海:上海人民出版社,1990:110-111.

② 徐新吾.中国近代缫丝工业史[M].上海:上海人民出版社,1990:55.

出口生丝总量的 89.38%,而此时的土丝出口量只有出口总量的十分之一。此外,如上海、天津等地的出口情况也大抵如此。

根据相关数据统计,19 世纪 50 年代末至 20 世纪 20 年代末,我国在出口生丝和丝织物数量上大部分时间呈现增长态势。到了 20 世纪 30 年代初,我国的丝绸和生丝产业出口出现了迅速下滑的势头。

1859—1937 年中国出口生丝和丝织物数量与价值一览表

年份	生丝		丝织品		总价值/千两
	重量/千担	价值/千两	重量/千担	价值/千两	
1859	52	17549			
1860	63	21810			
1861	51	17768			
1862	61	23857			
1863	30	10121			
1864	24	9455			
1865	41	16405			
1866	31	14226			
1867	45	16371	4	2172	18543
1868	57	25109	4	1947	27056
1869	48	19583	3	1965	21548
1870	49	21641	4	1877	23518
1871	60	25469	4	2353	27822
1872	65	27901	5	2607	30508
1873	61	28289	5	2203	30492
1874	75	22123	6	2375	24498
1875	80	20107	6	4023	24130
1876	79	30908	6	3986	34894
1877	59	17623	6	4432	22055
1878	67	19830	7	4507	24337
1879	81	23006	7	4499	27505
1880	82	2290	8	5422	7712
1881	66	20124	7	4612	24736
1882	65	17335	7	3396	20731
1883	65	17470	8	4023	21493
1884	68	16457	9	4427	20884
1885	58	13570	10	4556	18126
1886	77	19210	12	6754	25964
1887	79	20741	14	6723	27464

续表

年份	生丝		丝织品		总价值/千两
	重量/千担	价值/千两	重量/千担	价值/千两	
1888	77	20070	16	7894	27964
1889	93	24801	15	7175	31976
1890	80	20626	11	5320	25946
1891	102	26030	13	6465	32495
1892	101	27323	16	7372	34695
1893	94	25788	18	8253	34041
1894	99	29219	19	8415	37634
1895	111	34576	24	11331	45907
1896	88	28710	21	9273	37983
1897	117	40993	20	10095	51088
1898	109	40781	20	10044	50825
1899	148	65245	18	9893	75138
1900	97	36555	18	9028	45583
1901	129	46368	21	10227	56595
1902	120	62128	20	9652	71780
1903	95	51211	20	13785	64996
1904	125	61327	21	11764	73091
1905	106	53425	15	9939	63364
1906	111	56048	16	9754	65802
1907	116	67891	21	12927	80818
1908	129	62128	23	13728	75856
1909	130	64029	29	17892	81921
1910	139	71546	30	17998	89544
1911	130	64935	28	17051	81986
1912	158	67691	38	16104	83795
1913	149	73510	34	20100	93610
1914	109	55561	28	15991	71552
1915	143	69079	41	21558	90637
1916	122	78262	39	20020	98282
1917	126	79149	30	17230	96379
1918	125	74682	35	18911	93593
1919	166	102549	40	23261	125810
1920	104	68154	38	24318	92472
1921	151	112143	43	30274	142417
1922	143	137217	31	23631	160848
1923	138	138916	29	24548	163464
1924	131	108059	27	22301	130360

续表

年份	生丝		丝织品		总价值/千两
	重量/千担	价值/千两	重量/千担	价值/千两	
1925	168	140358	31	23203	163561
1926	169	144736	39	30858	175594
1927	160	128706	33	25171	153877
1928	180	145443	33	23904	169347
1929	190	147681	29	21033	168714
1930	152	109181	30	19565	128746
1931	136	84681	34	24413	109094
1932	78	32932	22	15710	48642
1933	77	48246	20	20789	69035
1934	54	23519	19	16459	39978
1935	76	35679	17	12006	47685
1936	63	36713	17	11593	48306
1937	69	45866	17	11150	57016

资料来源:根据班思德的《中国对外贸易史(1834—1881)》、肖良林的《中国对外贸易统计(1864—1949)》、杨端六与侯厚培的《最近六十五年中国对外贸易统计资料(1864—1928)》中的相关数据整理而成。

此外,《海关十年报告(1922—1931 年)》数据显示,我国自 1880 年以后蚕丝业在全国出口商品中的占比呈现出逐年降低的态势。

1880—1930 年华丝、茶占中国出口总值百分比

年份	华丝占中国出口总值百分比	华茶占中国出口总值百分比
1880	38	46
1890	35	31
1900	31	16
1910	26	9
1920	19	2
1930	16	3

资料来源:《海关十年报告(1922—1931 年)》(第一卷),上海,1933 年。

出口额在原本平稳上升趋势的情况下突然出现较大浮动,其中蚕丝的出口量在第一次世界大战后一度被日本赶超。种种迹象表明该产业受到了相关要素的影响。从基础要素来看,我国丝绸业的基础要素在此期间没有发生大的变化;从高级要素来看,这段时间我国丝绸业也在积极进行产业改良,引进了机械设备,创建了相关研究机构和学校等,所以才有了丝绸产业前期出口稳步上升的局面。在内部要素没有发生本质性改变时,那就是外部要素发生了变化。近代专家学者指出,日本出口的丝绸本质上并不比中国丝好,自从进入国际贸易市场后增长了 10 倍,这完全是因为日本迅速采用西方科学所能教的所有东西。[1] 也就是说,我们虽然也在改进,但改良效率却没有日本等一些已经进入近代化国家的效率那么高。

如果从上述我国丝织品的出口情况还不能明显解读出近代技术与教育的力量,下面从土丝与机械丝的对比,以及产丝区的丝机演变情况就可以较为直观地得出近代科学技术与教育的力量。如下表所示,19 世纪 80 年代我国出口的生丝中几乎全部是传统手工土丝,机械丝的份额几乎可以忽略。但仅仅经过 10 年的发展,至 19 世纪 90 年代我国土丝与机械丝的出口量几乎持平,又经过 10 年的发展,机械丝的出口量则大大超过了土丝的数量,1907 年为土丝出口量的 1.7 倍,到了 1917 年则扩大至 3.7 倍,到 1929 年更是达到了 7.7 倍。

① 中国第二历史档案馆,中国海关总署办公厅. 中国旧海关史料:1859—1948 [M]. 北京:京华出版社,2001:324.

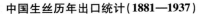

中国生丝历年出口统计（1881—1937）

单位：万担

年份	土丝	机械丝	年份	土丝	机械丝
1881—1885	9.22	少量	1925	1.43	10.33
1897	4.23	4.15	1926	1.52	10.73
1907	3.01	5.03	1927	1.94	10.19
1912	4.03	5.92	1928	1.44	12.32
1913	2.93	6.96	1929	1.59	12.31
1914	2.12	5.68	1930	1.39	10.02
1915	1.99	6.31	1931	1.11	8.67
1916	1.98	6.83	1932	1.45	4.59
1917	1.91	7.01	1933	1.20	5.99
1918	1.65	6.42	1934	0.88	4.04
1919	2.31	9.00	1935	1.05	5.75
1920	1.69	5.60	1936	1.04	4.76
1921	1.62	8.75	1937	0.91	5.40
1922	1.70	8.93			
1923	1.57	7.75			
1924	1.62	8.11			

资料来源：根据吴承明的《论工场手工业》（《中国经济史研究》1993 年第 4 期第 7 页）中的相关数据整理而成。

　　另外，从主要丝织区丝织机的演变也可以得出，手拉机和电力机的使用，尤其是电力机的使用，充分表明我国的丝织业已由传统手工向近代机械化转变，而且这种转变是在内外力量的合力推进下，在官、商、民和知识分子等多种群体的多重博弈下，朝着以经济振兴为手段、以国家民族富强为目的的方向自觉自适地向前探索发展的。

主要丝织区织机的演变

单位:台

丝织区	投梭机 (1880 年)	投梭机 (1911 年)	投梭机 (1936 年)	手拉机 (1936 年)	电力机 (1936 年)
江苏省	20380	24515	2100	12800	10400
南京	5800	6110	700	—	—
苏州	5500	7000	1400	500	2100
盛泽	8000	8000	—	8000	1100
镇江	1000	1300	—	4300	—
丹阳	—	2000	—	4300	—
上海	80	105	—	7200	—
浙江省	11748	25750	5500	13435	7245
杭州	3000	10250	500	8000	6200
湖州	4000	10000	3000	585	931
双林	1200	1200	—	1500	—
绍兴	2700	3400	2000	2650	34
宁波	848	900	—	700	80
广东省	—	—	22430	—	20
四川省	—	—	2000	1300	—
山东省	—	—	8000	1770	28

资料来源:吴承明.论工场手工业[J].中国经济史研究,1993(4):9.

除了上述原因外,还有一股力量推动和促使我国丝业向前发展,即国际市场上其他产丝国的竞争。除了法国和意大利等不具备产业比较优势的欧洲国家外,我国丝业在国际市场上最大的竞争对手莫过于日本丝业。19 世纪 70 年代,日本生丝在国际市场上已经逐渐成为中国丝的劲敌,而且由于受到欧美国家对生丝的需求日益增长和法国、意大利两国生丝质量优良的刺激,日本基于本国现状,即地少、劳动力少的现实,只有向近代机器化大生产转型才能在世界市场竞争中获得发展。所以,日本早在 1858 年就开始了近代化的尝试。到 1879 年,日本 10 人以上的缫丝厂已有 665 家,雇佣工近两万人。当时中国近代缫丝厂仅有十余家,职工三四千人而已。1894 年,日本机器制丝已达到

56.6%,而中国机器缫丝仅为14.06%。如下表所示,就历年输出生丝的绝对量而言,两国均有增加。但按相对量来计算,如以1877年的输出量作为基准,到了1894年,中国仅增长48%,而日本则增长218%。也就是说,日本的增长幅度为我国的4倍有余。到1897年,日本丝业出口量已达到华丝出口量的70%,而价值则反超我国,为我国出口丝价值的101%。再到1903年,日丝出口不仅在数量上赶上了中国,在出口值上更为我国的124%。到民国初年的1913年,日丝出口量达到了12.1万公担,而当时华丝的出口量为7.2万公担,日丝的出口值为9417万美元,我国的出口值为4843万美元,接近我国蚕丝出口值的两倍①。也就是在1913年,全世界产丝3.3万吨,中国产丝1.5万吨,约占45.5%,日本产丝1.4万吨,占42.4%。此时日本的产丝量已非常接近中国,可谓并驾齐驱。

为了更好地展现中日蚕丝业在国际市场上的竞争,本书特将美国市场这一双方主战场的竞争情况进行数据分析。1885年,日本丝业在美国市场上首胜华丝,继而日本依仗先进的技术和管理,迅速将这种趋势扩大化。1918年,华丝占美国市场的23%(80798担),日丝为71%(250204担);1924年,华丝占美国市场的15%(65681担),日丝为79%(351415担);1929年,华丝占美国市场的19%(93026担),日丝则占76%(375331担);到了1934年,华丝仅仅占美国市场的2%(8269担),而日丝则占98%(412419担)②,基本垄断了美国生丝市场。面对国际市场日本丝业竞争的压力,我国丝业界纷纷提出改良我国丝业的方案,从机器到技术、从生产组织到管理、从资本到劳动力等方面提出了合乎时宜的建议。但上述改良内容均属于产业发展的直接要素,作为直接要素的孵化器和培育空间——技艺传习空间或机构,尤其是近代新式学校教育机构,还处于渐进式的探索之中。

1877—1913 年中国、日本生丝出口对比表

年份	华丝输出量:公担	华丝值:千美元	日丝输出量:公担	日丝值:千美元
1877	34011	25369	10345	4800
1878	38189	28157	8720	3935
1879	45982	30505	9823	4852

---

① 徐新吾.中国近代缫丝工业史[M].上海:上海人民出版社,1990:5.
② 奥村哲.恐慌下江浙蚕丝业之再编[J].东洋史研究,1978,37(2):105.

续表

年份	华丝输出量:公担	华丝值:千美元	日丝输出量:公担	日丝值:千美元
1880	47235	31420	8770	4290
1881	36580	26774	10877	5323
1882	36605	23465	17366	8103
1883	35773	22980	18789	8076
1884	37009	21403	12594	5487
1885	30333	16449	14743	6497
1886	39003	21863	16030	8680
1887	40342	23588	18884	9666
1888	38498	21515	28203	12944
1889	45319	26277	24770	13267
1890	36543	23613	12662	6908
1891	51385	29419	32175	14675
1892	51267	27652	32589	18105
1893	48630	23410	22291	14044
1894	50322	21005	32908	19618
1895	57262	26086	34869	23819
1896	43569	21308	23513	14372
1897	59006	27312	41519	27731
1898	55842	26583	29024	20960
1899	74648	43765	35681	31219
1900	47380	25421	27785	22261
1901	65740	31353	52186	37221
1902	60794	36808	48469	38214
1903	43965	29784	43893	37101
1904	55580	33967	57925	44237
1905	48586	32694	43677	35891
1906	51367	39452	62368	55083
1907	55834	48662	56126	58268
1908	57421	35461	69131	54141
1909	57294	34134	80816	61935
1910	66639	41925	89077	65220
1911	58118	36238	86736	64244
1912	73712	44180	102615	74935
1913	72178	48429	121372	94175

资料来源:徐新吾.中国近代缫丝工业史[M].上海:上海人民出版社,1990:642–643.

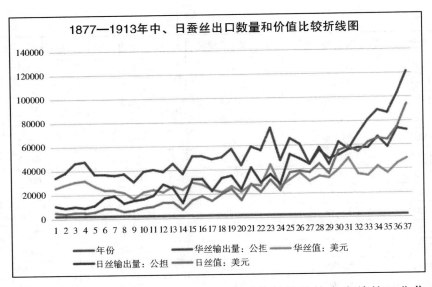

由于强手工性和特殊性,我国蚕丝业在近代以棉铁技术为首的工业化大潮中未被毁灭性淹没,而是根据自身演变规律和生长属性,自我调适性地进入了近代工业化进程。也就是说,在许多发达国家的棉纺织业已经熟练使用机器进行大生产之际,我国丝织业仍然延续着传统的手工生产模式缓慢发展着。由于世界贸易的外拉增长力过于强烈,加上"实业救国"和"国货运动"等系列思潮与运动的交互影响,我国的蚕丝业自适性地向着更高一个维度发展。早期资产阶级改良派代表性人物马建忠就将振兴我国蚕丝业作为抵御外辱、挽回利权的关键一环。他在《富民说》①中力主"精求中国固有之货令其畅销也",并提出"讲求丝茶之本原;归并丝茶之商本;减轻丝茶之厘税;仿造外洋之货,敌其销路"四条建议。他在"讲求丝茶之本原"中就明确提出倡办丝茶教育的建议:"凡此皆我中国蚕书蚕说诸家所未之前闻,而彼皆创立艺学以教导民,故其缫丝之候直可历七蚕八蚕之长,而其成丝之功……访求西法,师其所长,毋执成见,庶我固有之利不尽为洋产所夺。"只不过这种改良式的革新发展在当时风气未开的当下,无法唤醒沉浸在农本经济温床上的手工业者。

---

① 马建忠.富民说[M]//郑大华.采西学议:冯桂芬　马建忠集.沈阳:辽宁人民出版社,1994:126 – 129.

第二节　传统特色产业发展路径演变

近代以来，在国际性商品的重压和先进科学技术与教育的刺激下，我国传统特色产业的发展危机四伏。各种手工行业在面对西方机制商品的残酷竞争时，莫不挣扎图存，力求生存发展，但由于生产环境和主观努力要素不匹配，所表现出来的近代化进程和结果也各不相同。就丝绸、瓷器和茶叶来讲，呈现出的道路差异也较大。

一、技艺东渐之蚕丝业改良

传统缫丝手工业向近代机器缫丝业的转变，起因于国际市场对中国生丝品质的更高要求，而归结于国人振兴丝业、挽回利权的意识和行动。甲午战争后，帝国主义对我国贸易的压榨出现了新的变化，即由早期的商品输出变为资本输出，这样一来就形成了由大工业机器配套先进科技和无形资本构建的多重剥削体系。但从事物发展的两面性来分析，西方的先进理念、科学技术、生产工具、经营管理与制度创新等内容的涌入，为早期觉醒的开明士绅、官吏、民族企业家及学界精英提供了可资模仿的样板，于是在实业救国、教育救国等思潮下，在种种内外因素的裹挟下，清末民初之际，中国一些传统手工业陆续踏上了近代机器工业化的路径，丝绸业便是其中一个代表。

早在19世纪七八十年代，广东、上海等地的缫丝业已经引入了蒸汽设备，开始探寻蒸汽缫丝工业化进程的路径。当然，在此过程中仍旧诞生了为数不少的缫丝手工工场，然而蒸汽缫丝工厂的探索尝试，尤其是在盈利的情况下，不少传统的缫丝手工工场开始由观望转为主动尝试运用西方科学技术的力量来改进生产。我国首家蒸汽丝厂诞生于广东南海，创办人为我国民族工业创始人之一的陈启沅。他在继昌隆缫丝厂率先引进蒸汽缫丝机器的同时，又创造性地发明了一种适合我国当时生产技术水平和习惯的缫丝设备——汽机单车。这种设备是在结合蒸汽机器和我国传统脚踏纺织设备的基础上改良而成的。与蒸汽缫丝机器设备相比，汽机单车（亦称足踏丝车）既没有蒸汽缫丝机器的复杂，价格又比其便宜不少，关键是比传统的手摇足踏缫丝设备效率高，所以该设备一经推出便受到当地缫丝作坊和缫丝农户的热烈欢迎。当然，这是在大家看到了蒸汽缫丝机器大显身手之后的情况。起初这种足踏缫丝车多为农户购置，后来一些缫丝商人发现了这种设备的先进性,便开始运用资本的手段,购买具有一定数量的足踏缫丝车和生产原料(蚕茧),雇用农家妇女进行小规模化生产。随着这种形式的出现和创新,有些商人开始尝试股份制公司形式,购置足踏丝车多达百十具,集中场所生产,在场所中也较为注意生产的规范性,如已经开始将缫丝车排列成行、将炭火热水改为蒸汽热水等。当时这些缫丝厂还没有引进更先进的设备,严重缺乏机械动力和车轮式缫丝机器,直到甲午战争后,随着大量西方资本和内地建厂的推进,我国的缫丝工厂才逐渐使用近代化的工业生产设备,成为近代缫丝业机器大生产的先驱者。据通商口岸的海关报告,大约在19世纪90年代初广东省三水县便已使用机器缫丝了,"西南有一缫丝局,闻已创设十有四年矣。惟用机器者,不过五年而已。局内可容缫丝女工二百八十人"①。从中不难看出,该局便是由手工缫丝工场发展成为具有现代工业化性质的半手工半机械的近代缫丝工厂。事实上,我国很多地区的缫丝厂,尤其是广东地区早期的缫丝厂,在蒸汽设备上多是用热水,而非使用蒸汽动力,普遍采用机器动力和机器设备则是进入20世纪以后的事情。

在促进传统缫丝手工业向近代机器缫丝业转化的过程中一直有两股力量在相继推进着,其一是前述的业界精英,另一股力量则是来自政府中具有创新精神的官吏。李鸿章、张之洞、左宗棠等人便是其中的代表。为挽回利权,李鸿章在参观上海机器缫丝厂后极力建议朝廷:"用机器缫丝,精洁易售,较中土缫法尤善,洋人争购,获利可丰。若令江浙督抚就产丝之地招商集股开办,实系为民兴利,并非与民争利。若官自办,恐有法无人,不可持久,甘肃织呢局其前鉴也。鸿章曩在上海亲见旗昌、怡和各洋行皆设有机器缫丝局,募千百华人妇女于其中,工贱而丝极美。嘉、湖丝贾无人仿办,利被彼夺而我丝滞销,心窃惜之。"②基于对上海机器缫丝厂的深刻认识,李鸿章认为改良我国缫丝业,极宜开办"官督商办"模式的近代缫丝工厂,以期发挥引领导向之功。与李鸿章直面朝堂提供改良缫丝的建议不同,同为朝廷大员、洋务派主将的张之洞却走了一条迂回的道路。19世纪80年代末,广东缫丝厂在引进了机器缫丝新技术和设备后产量大增,一时间引起了国内外热心人士的高度关注和近乎夸张式的宣

---

① 彭泽益.中国近代手工业史资料:1840—1949:第2卷[M].北京:生活·读书·新知三联书店,1957:386.

② 顾廷龙,戴逸.李鸿章全集:34[M].合肥:安徽教育出版社,2008:172.

扬。此事当然也风传到了庙堂之上。丝绸历来是朝堂大计,关乎着国计民生,所以朝廷便发出上谕,对此事进行了解核实,"即将粤省现办情形与本衙门是否相符,与民间兴贩有无窒碍,详细查复,以凭办理"(《广东厘务总局奉查广东机器缲丝情况呈报两广总督件》)。时任两广总督的张之洞抓住机会,不遗余力地在复文中着力强调机器缲丝与土法缲丝的关系,以"两无妨碍"的结论打消朝廷最关心的社会稳定问题的顾虑,以机器缲丝"颇获厚利""有益于贫户之资生,无碍于商贾之贸易""穷乡贫户赖以全活者甚众"等结论肯定机器丝厂的时代价值和社会属性,并以"以属办有成效,当无窒碍"的结论给朝廷吃下定心丸,从而极力主张"自应听其照旧开设,以浚利源"。由此不难看出,即便是作为朝廷大员、洋务重臣的封疆大吏,为了关乎民生产业的改进改良事业,也不得不煞费苦心、投其所好地促使朝廷下决心鼓励和支持有关产业的振兴改良。由于张之洞的对症下药式的巧妙答复和忠于朝廷的态度,最终打消了朝廷的疑虑,这才有了大力支持民营工商业的奖励政策。

在引入机器缲丝技术后,珠三角地区的缲丝业得到了迅猛发展。这是因为当地生产的土丝"生丝易断,熟丝易毛",所以当地生产的上等丝织品均不用本地土丝为原料,而是舍近求远用长三角地域的"湖丝"。这种情况一直到珠三角引进新式机器与技术后才发生了根本性改变。进入 19 世纪 90 年代后,随着新式机器和技术的率先使用,珠江三角洲的丝厂数量逐年攀升,以往只是用来煮茧的锅炉也被改为了动力锅炉,从此广东的缲丝厂在技术上步入了蒸汽动力的时代。20 世纪初,广东几乎所有的缲丝厂均已使用蒸汽动力来缲丝了[1]。据王翔教授在《中国近代手工业史稿》中的统计数据,机器缲丝业已经成为珠江三角洲主要的近代工业。

在缲丝手工工业探索实践机器化生产的同时,丝织业也在积极探寻现代化的路径。我国的丝织业在鸦片战争至甲午海战之间仍旧以家庭手工丝织为主,这期间虽有一些洋务大员联合洋人在上海、烟台等地试办新式机器织绸工厂,提升传统织绸业效率与质量,进而打开欧美市场获利,但最终囿于文化和观念的冲突,迟迟未能落地实施。几乎与缲丝业同步,在甲午战争后,在优惠国待遇及先进技术和资本优势的强烈冲击下,我国的丝织业开始积极引进国外先进设

---

[1] 徐新吾.我国第一家民族资本近代工业的考证[J].社会科学,1981(3):87-92.

备及技术。首先大量引进的是产自日本的手拉提花丝织机。该机器原创于法国,后经日本改良性能更加符合东方丝织操作习惯。这种手拉提花机又称"铁机"或"洋机",由于其转速远超木机,且打破了传统木机在织花纹绸缎时需要两个人同时操作的屏障,效率大大超过旧式木机丝织。在效率显性功能和观念隐形功能的双重促使下,新式织绸设备和技术的引入呈现出不可遏制的局面。这里以杭州丝织业购置新式提花机为例。1912年,杭州的纬成公司购进日本6台手拉提花机,试制"纬成缎"新品种获得成功;到1920年,杭州购置提花机的数量已逾3800台。① 随后苏州、湖州及江南各大名镇的丝绸业工厂纷纷引进新式设备和技术。得风气之先的通商大埠上海,1915年率先引进了电力织机。思想观念转变之快、技术接受愿望之强烈可见一斑。在丝绸丝织的主要工序实现了工业化的同时,翻丝、并丝、捻丝、摇纬等丝织准备工序也纷纷进行了相应的技术改造和设备更新。至此,我国的近代丝绸业在生产工具方面,由旧式足踏机、木机等到新式缫丝机、手拉机,再到电力织机;在丝织原料方面,由手工土丝到蒸汽厂丝,再到人造厂丝;在劳动组织方面,由分散的家庭劳动到丝织手工工场,再到机器织绸工厂,从而完成了从家庭手工业生产到机器大工业生产的嬗变。

二、中西结合之陶瓷业改良

由陶瓷生产大国变成瓷器进口国的巨大反差,引起了爱国人士的反思。本书以景德镇为例来阐述我国瓷业在面临机制瓷品全球化浪潮时的取舍与抉择。从16世纪发端的早期全球化,让景德镇构筑了"外向型"的产业发展模式,以瓷器对外贸易出口促成了景德镇瓷业的快速发展和辉煌。许多国家和地区掌握了瓷器烧造技术以后,景德镇瓷器出口自然会受到限制。与此同时,西方工业化制瓷技术在与景德镇传统瓷业生产模式对比局面下处于优势,原本在竞争中处于引领地位的景德镇传统瓷业越来越处于不利地位。此外,近代中国国家实力的衰退,也逐步形成了"以洋为尊"的消费文化时尚,许多国人以购买来自外国的产品作为自己身份的象征。"道光季年,中外通商而后,凡西人之以货物运至中国者,陆离光怪,几于莫可名言。华人争先购归,以供日用。"②这种情况随着时间的推移,变得更为严重。国民政府时期,社会各界也采取了各种措施来

---

① 朱新予.浙江丝绸史[M].杭州:浙江人民出版社,1985:186.
② 中国宜造洋货议[M].申报,1892-01-18.

保护民族工商业,提倡使用国货,但效果并不明显。尽管商品消费并不完全和质量有关,但景德镇瓷器产品自身存在的问题也是影响销售的重要因素。景德镇瓷器式样守旧,不能生产出反映时代特色的产品自然无法得到市场认可。对此问题,参加1910年比利时布鲁塞尔世界博览会的外交官黄诰有深刻的认知。在他看来,尽管景德镇瓷器质量要优于日本,但日本瓷器式样新颖,深受欧美消费者认可。"磁器一宗,法国细磁,异常精美,丹马着色,莹润绝伦,日本则价廉悦人,德、意、奥、荷兰、土耳其之泥瓦器,尤为便宜,然其精粗品质,均不及我。景德镇窑产,细致坚润,而各该国之销场畅旺,翻胜我者,或绘事较精,或着色较净,或式样翻新,均能取悦人目。今广东磁品,渐输于外洋,惜其五采绘画,粗疏凌乱,宜兴陶具,虽可畅销,而式样无新奇,凡西人多厌故喜新,磁器销路最广,既欲与竞利,必先视其趣向为转移,万不可牢守旧式,致人厌弃。"①在此多重因素影响下,景德镇瓷业生产的近代化路径也被动地进行了调整与变革。

《马关条约》签订后,洋瓷借助不平等的贸易政策优势大肆倾销我国国内市场。在此历史背景下,我国陶瓷产业方面也被迫开始了探寻转型发展的道路。甲午海战失利之后,1896年江西士绅便提请湖广总督张之洞代地方向清政府呈递奏折《江西绅商禀请办小火轮、瓷器及蚕桑学堂折》:"现拟集股兴办,惟成本巨而运费多,必须官为扶持乃能作兴鼓舞,拟请除中式瓷器经行关卡仍照例完税抽厘外,其有创造洋式瓷器统归九江关出口,援照烟台制造外洋果酒之例,暂免税厘数年。"由此开启了我国近代瓷业改良的进程,其中是否采用机械化生产是近代瓷业改良的核心焦点。随后,尽管历任江西主政官员针对是否创建新式瓷业公司,是否剪裁税厘,是否设立专门管理机构,是否创建新式技术、教育和科研专门机构等问题展开了长达十数年的博弈。由于瓷器一项与关乎国计民生发展的关键产业联系相对较松散,其近代化历程步履维艰。直到1908年,由瑞澂、张謇等人为股董,以当地士绅康达为总经理的新式瓷业公司——商办江西瓷业有限公司得以创办,从此江西瓷业公司便开启了使用新式机器的生产阶段。值得提及的是,江西瓷业公司改革采取了两条腿走路的模式,一是在饶州分厂采用西式机械制瓷和煤窑烧制技术改良瓷业,二是在景德镇本厂仍旧采用传统工艺进行传统艺术瓷生产。也就是说,该公司在技术改良方面采用了中西

<hr>

① 胡斌.何以代表"中国":中国在世博会上的展示与国家形象的呈现[M].广州:岭南美术出版社,2016:19.

结合的中庸方式,如采用机械制瓷、试验用煤烧造等。为了提高生产效率,公司不同程度地采用了机械化或半机械化的加工程序,从采料、练泥、制坯、晾晒、成型等各个环节基本上采取流水作业,因此制作出来的坯体整齐划一,厚薄均匀,旋削切割精准。烧制方面则在饶州分厂建造拥有十个火门的德国式窑炉,用煤做燃料,以期达到窑内器物受火均匀,温度、时间及火候都能较好地控制的现代窑炉效果。为了解决技术的可持续发展和技术人员严重匮乏的问题,公司创建伊始便决定附设学校(中国陶业学堂),培养新式陶业从业人员。与此同时,公司还在全国设立分销机构,采取新式营销模式。在产品方面,除了传统的日用品生产外,瓷业公司还开发各类电瓷产品和各种新型实用品等。江西瓷业公司的先试先行精神与探索实践行为,为我国瓷业的近代工业化做出了贡献。

光绪末年,江西、湖南、福建、河南、山东等省就有新式窑业,如萍乡瓷业公司、湖南醴陵瓷业公司、江西瓷业公司、福建宝华制瓷有限公司、川瓷公司等一系列新型的瓷业公司,开始了近代中国陶瓷业的艰难嬗变。这些瓷业公司积极集合资本,购置机器,聘请技师,设立新式陶瓷工厂,领导行业发展。但由于经营不善和洋瓷竞争等原因,这些陶瓷工厂大多未能顺利地走上机械化制瓷道路,或半途而废,或兼手工为主艰难挣扎。陶瓷生产在中国分布极广,内地农村常常利用农忙间隙烧制陶瓷器皿,以解决日常生活之所需,未脱离农民家庭副业生产的形态。在一些陶瓷商品生产较为繁盛的地区,窑厂甚多,也具有一定规模。"其生产能力,颇称浩大。缘此项工业,成本既轻,制作又无需何等高上技能,常为农人副业,备资数十元,即可开窑出货,组织既如是简单,故其活动能力颇大。"①有些地方已出现"脱胎器厂""二百釉工厂""四大器工厂""四小器工厂"等具有近代企业样子的"工厂",可实际上"其营业大都个人资本。制造全守古法,出品又属不多,此种工厂亦系大家庭工业之变相"②。以江西景德镇为例,该地素为中国陶瓷业生产的中心,产量之丰,约占全国陶瓷业之半;行销之广,遍及国内各地和海外许多国家;名声之大,几乎可以作为中国陶瓷业的代表。根据学者胡宸在《延续与转型:近代景德镇制瓷业与市镇状况再考察》(2020)中的研究分析得出,清末民初景德镇瓷器的平均年产值在800万两左右,其产量颇为可观,"惟制坯窑户及陶行,皆近世所谓家庭手工业,分门别类,

---

① 杨大金.现代中国实业志:上[M].北京:商务印书馆,2017:409.
② 杨大金.现代中国实业志:上[M].北京:商务印书馆,2017:397.

各有专营，无大规模组织之工厂，制法只知依旧，不加研求改良，其中资力稍厚，范围较大，兼营圆琢二器，精粗具备者，仅江西瓷业公司一家而已"①。总的来看，这一时期的陶瓷业未能脱离传统手工工场或家庭手工业的窠臼，尽管他们想建立自己的民族陶瓷工业来挽回利权的尝试大多惨遭失败，但已经为我国瓷业改革确定了方向，成为我国瓷业改革史上浓墨重彩的一笔。如印花、刷花、注浆成型法等多项新技术都是上述企业及校办学堂率先引入和传播的，为我国近代传统特色产业及其教育的自适应演化奠定了基础。

三、机学并举之茶业改良

清末民初的茶业振兴或改良，是我国近代历史上所谓"维新"和"洋务运动"的一个部分与延续。19 世纪末和 20 世纪初各地"务农会"和力主以"兴农为先务"的有识之士所谋求和倡导的，可归结为"广树艺，究新法，浚利源"这几点，具体到茶业改良上，又集中表现为以下两个方面。

1. 采用茶叶机器，提倡新法焙制

近代论及华茶落后于印、锡茶叶的原因时，不可或缺的一点是未及时采用机器制茶。若要在国际茶市上保持华茶优势，挽救中国茶业的关键是使用机器，一时间关于机器制茶的呼声此起彼伏。如《申报》《时务报》《农学报》等主流媒体争相发表机器新法振兴茶业的观点，"惟采用机器制茶一途""各地方政府，积极筹措资金，引进茶叶生产机器""机器制茶能降低制茶成本，提高茶叶质量，保证交货时与货样质量一致""印锡茶味，本不浓厚，而能压倒华产者，实以机器制造之故"（《萧主政补救丝茶折》，载于《农学报》1898 年第 48 期），"中国亟应将机器焙制之法，推广各处，应可将印度茶业利权，稍为收复，即每年茶叶出口数目，必见增加无疑"（《论印度植茶缘起并中国宜整顿茶务》，载于《时务报》1898 年第 59 期）。有了上述媒体的造势和华茶国际市场的疲软，最终在国内掀起了一场具有一定规模和代表性意义的机器制茶改良运动。

我国近代机器制茶业尝试的地区主要是以外销茶为主的产区，如福建福州、浙江杭州、湖北汉口、安徽祁门、湖南安化、江西婺源以及台湾等地区。我国早在 19 世纪末就有引进茶叶机器的记载，1888 年日本驻上海总领事馆报告称："（中国）国内二、三重要的制茶地方，在政府的保护下创设制造所，引进近年发

---

① 杨大金. 现代中国实业志：上[M]. 北京：商务印书馆，2017：408.

明的制茶机器,制茶业兴起可待。"由于国际贸易的竞争和中国产茶区亟待改良的巨大空间,沿海港口城市率先引进制茶先进设备,提高市场竞争力。《北华捷报》(1891年1月9日)记载:"福建福州、建宁有人计划购买机器,建立焙茶厂。"根据史料解读可知,该茶厂不但确实存在,而且颇具现代管理经营理念,从而具有良好的经营效果,产生了一定的影响力。随后,1896年福建创办了我国近代首个机器制茶公司——福州机器造茶公司(即福州焙茶公司)。由于是国内第一家,所以各大主流媒体争相报道该公司的经营状况,如《申报》《北华捷报》《时务报》《农学报》等中外报刊对此均有所报道。有些媒体更是进行了长期跟踪性报道,如上述《农学报》在1897年第2期的《机器制茶》、1898年第48期的《萧主政补救丝茶折》等茶叶栏目中进行了专题报道:"福州近用机器制茶,颇为西人所赏,已登各报。""闻福州商人至印度学习,归用机器制造,去岁出口四万箱,获利甚厚。"《申报》更是信心百倍,"昨日本馆得伦敦友人来信,云本年福州有人学印度制茶之法,将茶运至英国,获利甚丰。人皆谓中国之茶倘皆如此焙制,生意定当高出印度、锡兰之上"。国外的报刊也对中国茶叶的改良给予了高度关注。曾亲赴该公司考察的英国人非尔哈士特有着这样的记述:"今福州试办之事,虽中国人为之,而实欧人赞助之,勤勉富人推拓新法,设立公司,其中合股者闻说欧人六、华人六,每人股本一千圆,余息照例均分,其苦心励志,原为中国维持茶利,殊属可嘉。"(《英人查探闽茶问答》,载于《农学报》1898年第19期)福州机器造茶公司的成功,不仅引起国外商人的关注,同样也激起英国、德国等外国商人在华投资茶叶改良的欲望。"近有德国船三艘,泊东三中海口,闻其意欲采买福建茶叶,在该地设厂,用机器制焙,贩运出口。此语不知确否?使此语果确,则振兴茶务公司之设,益不可缓和。"(《茶务汇谈》,载于《农学报》1897年第8期)"现今英伦之茶商,亦欲行此新法于福州,主议者乃一妇女,曰骚茉士,议建一厂于福州,以变旧习,庶可以挽茶利耳。又某茶行老商云,尝有中国人从出茶之处送来茶样,试以新法制之,其味绝胜。"(《议起闽茶》,载于《农学报》1897年第8期)

在国内外媒体的高度关注下,在国际贸易和国计民生的需求刺激下,更有外国商人建厂代为改良的越界行为,凡此种种,进一步提高了华茶的国际竞争力。挽回利权,引入机器新法制茶似乎已成为全国上下甚至是国外热心华茶事业者们的一致诉求。再加上洋务派领袖级人物张之洞等人的积极呼吁与大力提倡,清政府就在国内外茶叶改良呼声的裹挟下,半推半就式地提出振兴茶叶的措施。有了政府的支持,国内其他一些产茶区也开始尝试实践机器制茶。经过实践,一些立场坚定,锐意改良,且具有一定实力的茶商和公司确实尝到了率先改良的成果,"汉口茶商,购西乐果机器试焙,颇合用;虽已经雨渍之茶,亦色味俱佳……西人颇善之,惜仅烘焙用机器,若采卷皆用机器,当更佳也"(《茶务汇谈》,载于《农学报》1897 年第 8 期)。1898 年,在张之洞的大力倡导下,两湖制茶公司很快在汉口创建。该公司由江汉关税务司督办,开辟茶园"购地试种",同时引进机器,并聘请外国茶师做技术顾问。政府原本将其作为国内标杆式的新式制茶企业,结果进展并不顺利,在产区采用机器焙茶的计划并未成功。于地方官吏和产区茶商而言,改良成本较高,风险较大,主观上不愿推广机器制茶,所以提出了"机器制茶,水味苦涩,香气不清,只宜英国,以外则不能畅销"的托词。张之洞对此逐一进行了批驳,如针对机器制茶无香气的批驳:"况机器烘制,其经火成熟,与人工同,而迅速停匀,无烟气,无霉气,无马粪气,则远胜之,何反至有损香味?尤不可信。若谓机器制茶只销于英,尤为无稽妄说。"针对机制茶只销于英的批驳:"汉口烟筒林立者,即俄商以机器制茶之屋也,数年来,俄人亦渐买印度茶,所买者即皆机器之所制也,近年温州机器制茶,味美价善,洋报盛称。"最后他明确指出症结所在,并进行了严词斥责:"查华商性情,但以袭故套,图小利为事,而惮于求精。官场积习,但以因循省事,搪塞上司为能,而懒于振作。"因此他再次敦促"务速再为传集各商,极力劝谕筹办,以为明年之计,毋负本部堂劝导苦心,务期议有端倪",并表示"如有须官力维持保护之处,本部堂定必竭力扶持。倘商人集股不足,本部堂亦可酌筹官款若干相助,以期成此盛举"(《湖广督宪张饬商务局申劝茶商购机制茶札》,载于《湖北商务报》1899年第 5 期)。无独有偶,1909 年 2 月,川督赵尔巽为抵制印度茶叶挤占我国西藏市场,在雅安建立商办藏茶公司筹办处,于 1910 年 4 月正式成立商办边茶股份有限公司,但好景不长,仅维持一年多的时间便无形中止。由此可见,推行新法制茶并非所有地域、所有茶商及官吏们都愿意的举措,即便有封疆大吏的亲力亲为也并不能保证改革一帆风顺,这从一个侧面反映了推行制茶新法的复杂性。

　　我国近代茶业新法改良的共识与实践较为成功的案例应为中国茶业公司的成功创建,基于前数十年的茶叶改良实践,从思想意识到官商关系,从税厘减免到新法制茶,最后茶业行商组织一致认为,应该在组织管理上下手,创建一个既能够联络全国茶业关系,又能够推行新法制茶的组织。于是在茶叶行商组织的推动下,1916 年中国茶业公司在上海成立,公司成立后便从改良茶树、引进机器、包装设计和广告宣传等方面入手,通过一系列对症有效的改革,取得了可喜的成绩。"中国茶业公司首用机器从事制造,其所产货品色香味皆有一定标准,凡大批茶叶其内容若何,可查其样包而审之""当数年前该公司在上海首创机器制茶厂,由外洋购到机器两具首先试验。以此项机器颇多缺点乃悉心改良期臻完善,经一再改革乃发明一种完备之制茶机""现在卓君创有制茶厂两家,专用新式机器制茶,其他茶商仿用卓君所发明之机器开设制茶厂者接踵而起,至今日已有十八家之多""且此种机器不必求诸外国亦可在国内定造""凡输入外国之茶必投其国人民之所嗜,虽至装潢招贴之微亦必各投其所好""且该公司所产之茶其品质形式皆属上等⋯⋯其将来必受外人之欢迎而为华茶振兴之先声有必然矣"(《中国茶叶之改良》,载于 1919 年《东方杂志》)。上述案例进一步表明,清末民初我国茶业的振兴和改良,不只是一种全国性运动,而且涉及茶树栽培、茶叶制造以及包装等茶学和茶业的各个方面。换句话说,清末民初我国茶业的近代化过程是一个全面发展的过程。

2. 引进近代茶学,采用新法种茶

我国茶学自陆羽《茶经》伊始,经历代方志延传,至光绪二十六年(1900)以前编纂的各志中,讲到茶树形态莫不引录陆羽的描述,显示了我国传统茶学的延续。近代茶学知识,现溯最早的记载为光绪三十一年(1905)《定远县乡土志》"物产"中关于茶树的记载:"茶树,乃常绿之木本植物,枝干不长,谓之灌木。其叶互生,有短柄无托叶,叶边有锯齿。性喜暖,早春发芽,由叶腋抽出。短小花梗,开白色之花,其花向下,花被由萼与冠而成。花冠六瓣,其状大小不均,居于花冠之内者,有多数花丝相合,谓之雄蕊。雌蕊仅一本。其果实为破面干果⋯⋯山茶、茶梅,皆茶属也,总称为茶科植物。"从其对茶树的描述来看,与陆羽的表述有着较大的差异,已具有近代茶学的雏形了。近代华茶出口衰落之后,国人逐步意识到印、锡、日等新兴产茶国崛起的背后不仅是生产技术的改进,还有茶叶科学的支撑。"印度、锡兰、日本产茶年年增进不已,中国茶逐渐退落,有经验之华商,屡拟改良制法、装法,以与竞争,可见无产品必恃人功以善其后。"(《德清县新志·物产》)早在 19 世纪末,我国就有引进西洋制茶机械等茶业改良的尝试。1898 年 9 月,光绪帝针对奏请办学意见之茶务学堂做了批示:"谕于已开通商口岸及出产丝茶省份,迅速设立茶务学堂及蚕桑公院。"随着戊戌变法的失败,茶学虽未能及时推行,但茶学的现实需要已成为事实。1899 年,湖南农务学堂在招生告示中公布的课程有"方言、算学、电化、种植、畜牧、茶务、蚕茶";1906 年,南京设立了江南商务局植茶公所,其章程开宗明义称:"本所以参用西法、改良土造、扩张茶业、维持商务为主义。"①1907 年四川省开办"四川通省茶务讲习所",该省的双流县在其县志中记载了四川通省茶务讲习所所做出的成绩:"本县有牧山第一茶业社一所,系前通省茶务讲习所毕业生骆德纯所组织,集资一千八百余金,佃商瞿祭地八十余亩,推广种植。现在成树者二千数百余株,其所制茶叶,色泽香味亦不亚于各地售者!"1909 年,清政府农工商部奏请在各产茶省份开设茶务讲习所:"亟宜于产茶各省筹设茶务讲习所,俾种茶、施肥、采摘、烘焙、装潢诸法,熟闻习见,精益求精,务使山户、廛商胥获其利,人力机器各洽其宜。如蒙俞允,即由臣部通行产茶省分各督抚臣,一律迅饬兴办并将入手办法厘订章程送部备核。"②根据政府政令,1909 年,湖北省府在蒲圻羊楼峒设茶叶试验场;同年,我国最先开办的县级茶叶讲习所——四川峨眉县蚕桑、茶业传习所成功创建。进入民国后,除了开办各种茶叶试验场外,一些茶叶专门教育机构也逐渐倡办了起来。如:1915 年,安徽省祁门县平里镇设立了农商部祁门模范种茶场;1917 年,湖南长沙成立湖南茶业讲习所;1918 年,安徽休宁成立安徽茶务讲习所;1920 年,云南昆明设立茶务讲习所;1921 年,四川成都设立四川高等茶业学校,后迁至灌县;1923 年,安徽六安的第三农校设立茶科;等等。相比于其他近代农业科学,茶叶科学虽传入较晚,但茶业的特殊地位却使得茶学成为近代农业科学诸多分支中较早一批形成体系的学科,并与机械化制茶、标准化茶叶分级等一起共同推动了中国茶业由传统自然经济模式向近代化的转变。

---

① 江南商务总局办理植茶公所章程[J].南洋商务报,1906(2):1 - 4.
② 农工商部奏请就产茶省分设立茶务讲习所折[J].政治官报,1909(814):10 - 11.

第三节　传统与现代的同场竞技

为适应国际贸易的需要,西方国家率先在工业化国家间兴起了举办博览会的做法。日本受到西方举办博览会带来的综合效益的影响,曾把参加或举办国际性博览会定为发展国内产业的重要国策。19世纪下半叶,在我国掀起洋务和维新运动时,顺应潮流,参习日本维新做法,国内要求振兴和改良的人士积极宣告、宣传博览会的价值与意义,并极力主张我国也参与其中,同时组织本国的博览会。从1851年我国徐荣村等人第一次以商人身份参加伦敦博览会,到1873年清政府第一次派员参与维也纳博览会,再到20世纪初相继举办首届大型地方博览会(武汉劝业会)和首届全国性博览会(南洋劝业会),我国对博览会的认识经历了一个由"炫奇""赛珍"到"求强""求新""求胜"再到"商利""邦交""文明"的过程,折射出以传统生产模式为特征的中国手工业制造与大机械工业生产之间的巨大差异。其曲折之路则揭示了中国近代思想逐渐开放,以及中西文化交流的演进历程。

一、近代中国与博览会

(一)清政府与1851年伦敦世博会

1851年5月1日,英国于伦敦举办万国工业产品博览会,被称为首届国际博览会。博览会不仅邀请了欧美国家,还邀请了中国、印度等国参展,展品达1.4万余件,参展商达1.5万家,吸引了640万观众。就展品来说,它的规模集合了以前所有展览之大成。博览会共分六个部分,包括原材料、机器、纺织制品、金属玻璃、陶瓷制品、美术以及其他,再依次分为30小类。这次博览会共展出了来自25个国家的展品。在第一次世界博览会上,中国是以个人身份参会的,参赛展品有丝绸、丝织品、茶、蜡、棉花、陶瓷、扇子、雨伞、木材、漆器、拐杖、烟斗、鼻烟壶等。由于丝茶商人以个人身份参加世界级的展会,难免因经验不足而顾此失彼。而组织中国展品参会的主导者是在华商人和官员,他们组织了上述参会展品,其中丝绸、瓷器、茶叶、植物蜡等产品还获得了奖项。上海商人徐荣村以自己的"荣记湖丝"获得金、银两块奖牌,获奖评语是"在中国展区,上海荣记的丝绸样品充分显示了来自桑蚕原产国的丝绸的优异质量,因此评委会授予其奖章",为国家争得了荣誉。在茶叶方面,除了白毫茶、工夫茶、宁阳茶和中国劳动阶层饮用的各种茶外,还有茶树及叶子、花、芽等的样品,茶叶生产、包装、装运整个过程的模型和图画,闻茶香的器具以及茶罐、茶杯等相关物品。①

首届博览会的举办不仅展示了西方工业化大生产的优势,也进一步增强了世界各国之间的技术交流和文化互动。清政府当时虽然没有派出官员代表政府参展,但不代表我国人对世界的认识仅限于一国,开放包容的文化基因滋养下的中华儿女总能以意想不到的决心和眼光展示给世界勇敢智慧的一面。以民间商人为代表的先觉者不仅将我国的特色传统产业及其文化带进了世界舞台中央,更将世界上先进的生产技术、设备及文化带回国内,从而激发唤醒更多的先觉者创造新世界。

(二)清政府与1873年维也纳世界博览会

1873年的维也纳国际博览会是中国在世博会历史上第三次参加的国际博览会,这是一个具有进步意义的历史事件。5月1日开幕,10月31日闭幕,历时6个月,参观者达674万多人。"中国向来不尚新奇,无物可以往助",本不愿参加,后来在奥地利公使的一再要求下,清政府同意参展。中国展团从上海、牛庄、天津、汉口、宁波、福州、厦门、汕头、广州等通商口岸收集的展品,纺织品、衣料服装占绝大多数,尤其属中国特产的生丝、丝绸展品最多,江南生产的22种生丝、421种丝绸参加了展览。中国展品数量之庞大、种类之繁多令人吃惊。中国人的衣食住行和悠久的文化通过展品说明展示在世界面前。来自各国的参观者不仅看到了中国民间的日常生活用品,还看到了中国官府和皇家所用的各式精美瓷器、青铜花瓶、木雕艺术品、画着各种神话传说的执扇、古玩玉器、绫罗绸缎等。《万国公报》称此次展会:"中国寄往各物遐迩,争观恐后,以为见所未见也。"10月8日,中国参展团在维也纳歌剧院举行盛大的音乐招待会,包括奥地利皇室成员以及当地社会名流在内的1400多名宾客应邀出席。奥地利皇室的嘉宾们深为中国人的好客所感染,没有一个中途退场,直到乐队演奏完最后一支舞曲后,才向主人告辞。②

清政府首次派员参加此次会展,其意义不止于世界博览会所蕴含的商业竞争和世界和平意义。其中,中国历史悠久的文物器具、制作精美的工艺珍品通

---

① 上海图书馆. 中国与世博:历史记录:1851—1940[M]. 上海:上海科学技术文献出版社,2002:116.

② 魏尔特. 赫德与中国海关:上[M]. 厦门:厦门大学出版社,1993:263.

过展示及其说明呈现给世界大众,并得到了较高的赞誉,为清政府继续参加以后的世博会打下了政治基础和情感基础,开创了中外交流的新局面。值得提及的是,部分中国展品在博览会上获得好评,中国展品以其极具东方色彩的传统文化、工艺为特色赢得海外观众的称赞。但与工业展品相比,中国的工业水平相形见绌。此外,通过参加此次展会,商家有意无意中将商品的名称、产地、销售地、用途、单价、单税等现代商业化的基本知识运用到实际的贸易中,这种以展会代实战的隐性教育意义对我国近代商业的发展具有一定的实际意义。

(三)清政府与1904年圣路易斯世界博览会

1904年4月,美国圣路易斯世界博览会开幕,此届博览会共有60多个国家参与。博览会把参展品分为教育、艺术、人文、制造业、机械、电器、交通、农业、园艺等16个类别。

1905年9月,清政府从赫德手中收回国际博览会事务的承办权,所以圣路易斯世界博览会成为近代中国国际博览会承办权转移的前奏。清政府参加此次博览会与历届赛会的第一个明显区别是在态度上有很大的变化,由过去的漠视推诿转变为主动积极。长达7个月的博览会期间参展人数达到1969万人次。据统计,中国各省备办的商品有江西景德镇定造的各种瓷器、徽州所产的金豆以及全红小瓷瓶、折绢画、缎绒、丝绸、绣货、金银器、酒盅、雕牙、古瓶、屏风等工艺品。据海关的统计,货品的免税额高达关平银12964两。

在此次博览会上,上海茶瓷公司送展的各种上等茶经万国评议官、农学博士等考验评论,他们均给出95分以上成绩,由此获得各式超等文凭和金牌,引起了美国白兰克(也作伯兰克)公司的兴趣。该公司不仅把茶瓷公司在会场零售后剩下的4万多磅茶叶全数收购,而且和茶瓷公司签订了销茶合约,成为茶瓷公司在美国各州的代理商,代销冠有茶瓷公司商标的各种茶叶。在赴展之前,工部郎中苏锡第、刑部郎中汪守珍、刑部主事许世英和王善荃、内阁中书康特璋等一批开明官员与士绅便趁中国政府受邀参加美国圣路易斯博览会之际,组织成立了瓷茶赛会公司,试图通过商业竞争,实现利权。在分析中国瓷器落后的原因之后,康特璋等人认为如果要赢回原本属于中国瓷器的市场,必须改变瓷器式样,生产出受欧洲欢迎的瓷器。为了实现瓷、茶二业复兴,苏锡第等人设立赛会股份公司,经营瓷器和茶叶。针对中国瓷器和茶叶在国外市场销售中遇到的问题,公司编制了《红茶制法说略》和《制瓷说略》,指导茶叶和瓷器生产,并分别在安徽徽州和江西景德镇设立制茶和制瓷公司。由于前期精细准备,瓷茶赛会公司在美国博览会上才不负众望地取得了可喜的成果。

此次赛会上茶、瓷等传统特色产品的成功得益于民间士人对赴美赛会积极的态度,尤其是反响最为强烈的士商。他们在清廷和地方政府的鼓励下,纷纷合股集资,购物赴美。许多展品通过这次参展,提升了知名度,大大促进了贸易的发展。

(四)清政府与 1915 年巴拿马万国博览会

1915 年,巴拿马国际博览会在美国旧金山举行,赛会历时九个半月,参展国达 31 个,设有 12 个展馆,参展品 20 多万件。中国以政府名义组团,组织 24 个省部级单位参加,参赛展品达 10 万件之多,其数量和陈列面积均居各国之首。在这届世博会上,我国展品所获奖项计 1211 个,其中大奖章 57 枚、名誉奖 74 枚、金牌奖 258 枚、银牌奖 337 枚、铜牌奖 258 枚、状词奖 227 枚,在 31 个参赛国中独占鳌头。值得提及的是,在我国展出的众多展品中,机械和交通出品仅十件,不到所有出品的 1/1600。

在此次博览会上,中国获奖总数超过日本。其中,华茶共得 8 项大奖章,名誉奖章 5 项,金质奖章 20 项,银质奖 4 项,还有 5 种茶叶得到好评。瓷器获得一等大奖章的包括江西省出品协会、江西瓷业公司等,获得二等金质奖章的有湖南醴陵瓷业公司、直隶豫成瓷器公司等,获得三等银质奖章的是广东中华制瓷公司。当时在欧美市场上,印度、锡兰茶叶已有将中国茶叶取而代之之势,中国的丝绸出口也呈江河日下之象。在这次博览会上,中国茶叶击败了印度茶叶,重塑了中国茶叶形象。

1876 年至 1915 年的 39 年间,参加国际博览会的展出事务不少于 35 次,在经历了消极被动到半推半就再到积极参与的转变后,国人对待世界的态度改变了,对待国际性展会积极了,对待自身的问题尤其是传统特色产业方面的问题勇于直面了,并且逐渐开始深思和图强。正视中国展品与西方国家展品的差距,并对中国利权丧失表示了深深忧虑。比如,李圭认为瓷器本中国独绝,但西方国家从中国购得后,"回国潜心考究,始得奥妙。今则不让华制,且有过之无不及之势"①。丝本是中国一绝,但中国丝做法不善,粗细相杂,而意大利蚕丝

---

① 李圭.环游地球新录[M].长沙:湖南人民出版社,1980:15.

"做法匀净,非若华丝间有掺杂也。而其蚕桑之法,亦得自中国,仿效而成,即用以夺中国之利,可不虑哉"①。

二、国内自主举办博览会

(一)1908 年武汉劝业奖进会

1908 年,湖广总督陈夔龙在湖北创办武汉劝业奖进会,会场设在武昌平湖门外乙栈,场内设总事务所。这是中国近代第一次举行具有现代意义的地方大型综合性博览会。此次会展前后共 45 天,开设有天产部、工艺部、美术部、教育部、古物部,合计全场出品者 1000 多人,物品 8000 多种;同时分设直隶、湖南、上海、宁波 4 馆及汉阳钢铁厂、枪炮厂、实习工厂等 7 个特别展览室。通过奖进会,人们目睹了陈列中的先进设备和优良产品,眼界大开,加深了对现代工商业的了解。在此次奖进会上,湖南瓷业公司的瓷器获得一等奖牌,既是对中国工业制瓷的肯定,也是近代瓷业机械化改良的先声。

(二)1910 年南洋劝业会

1910 年,清政府在南京举办了南洋第一次劝业会,这是近代规模最大的国内博览会,也是中国走向世界的代表和象征。本次展品计 100 余万件,分农产品、工艺品、水产品、美术品、畜产品、教育品、医药品、机械产品等类。其中,农、矿、水产、皮毛、草药、瓷器、漆器、银器、玉雕、刺绣等传统产品彰显中华民族之特色;南洋侨商产品和外国参考馆展品,如纺织、皮箱、玻璃、水泥、水泵、车床、钻床等,则为一时之新奇②。南洋劝业会的举办,使各地商贾、政学首脑纷纷前来参观,南洋华侨和日本、美国也派来庞大代表团,参观人数达 30 万。在 66 件夺得一等奖的展品中,有 8 件为茶叶,如湖北汉口兴商公司的茶末砖、上海天保祥的祁门贡尖、上海洪昌隆的祁门乌龙茶、上海新隆泰茶栈的婺源贡熙茶、杭州鼎兴茶庄的龙井贡茶等。由茶庄茶栈、个人或各省出品协会等选送的各种茶叶另外还荣获 19 个超等奖、16 个优等奖、38 个金牌奖和 65 个银牌奖。在瓷业获得一等奖的 4 个名单中,江西景德镇的瓷业公司和瓷业出品协会分别获得一等奖,湖南醴陵瓷业公司获得了一等奖,江苏宜兴阳羡陶业公司的紫砂陶器获得一等奖。

---

① 李圭. 环游地球新录[M]. 长沙:湖南人民出版社,1980:23.
② 金建陵,张末梅. 世博会在中国的前奏:百年前的南洋劝业会[J]. 南京理工大学学报(社会科学版),2010(2):17 - 21.

在此次劝业会上，我国不仅展示了传统的特色手工产品，还创造性地改良了西方的农业器具。西方农业机械虽无器不精良，但由于国情、地域和使用习惯等因素，西方原装农具并不太适合中国当时比较小型、分散的农业，因此，需要根据我国实际进行改良。如梁祖禄提供的剪茶、筛茶机，原系英国某机械师发明，经改良后，"每点钟能剪茶、筛茶约八百磅"，售价仅大洋 650 元。他所提供的制茶机，也是英国人发明的，引进后再加以改良，"于轴枕处加以弹子枕，比之尤为轻便也"，仅售大洋 1600 元。另外还有一大亮点，开始注意运用广告效应来提高产品的市场竞争力，如湖南夏布公司、上海中法大药房、上海中国图书公司、杭州照相公司、江西景德镇瓷业公司、湖南磁业有限公司、南京厚大绸缎布庄、广东佛山瑞芝堂药房等均在南洋劝业会上做了广告。

除了上述创新之处，对产品的批评、技术的比较在此次劝业会中较显著，在茶、瓷、丝方面就有如下对比与批评："宁绸以元青色著，杭绸以杭青及浅色称；宁绸以厚重擅长，杭绸以轻巧见赏；宁绸惟朴实耐用，杭绸惟华丽夺目。故体质之坚韧，杭不如宁，而组织之新巧，宁不如杭；光泽之耐久，杭逊于宁，而颜色之明媚，宁逊于杭。"在改良工艺方面，"愿江浙业绸诸君互相观摩，益求精善。宁人于朴实之中修饰其外观，杭人于华美之外坚韧其体质，然后培植蚕桑，以储原料，置办机器以省人工，减少成本以廉价格，改良花本以新眼界"，如此，方能与洋商角逐于商场，使"漏卮稍塞于万一"，"而数百年脍炙人口为世界推重之绸业蒸蒸日上"。在瓷器方面，有人将江西和湖南两省瓷器进行对比后指出，湖南瓷因注重工艺和花色品种的创新，实已有超过江西之势："去年武汉劝业奖进会，江西反败于湖南，坐失千百年之荣誉，非不求进化遂致退化之过欤？"故此希望能通过南洋劝业会使江西瓷与湖南瓷取长补短，共谋中国瓷业的进步，"劝业会者，又交换知识之大市场也，若能使两方面熔铸一炉，而各效其天功人力，为吾国瓷业界谋进步，恢复已失之利权，则湖南实为江西之良导师"①。

正是通过上述友善性的批评和比较，人们更加清楚地看到我国传统特色工艺和产品所存在的短板。在丝绸方面，我国丝绸采用旧法织造，洋人虽喜欢，"然终嫌其质粗色黯，经纬线缕粗细不匀，挑丝疙瘩触目而是，稍一揉弄，即已起

---

① 葛廷杰. 湖南瓷器与江西瓷器之比较［M］//鲍永安. 南洋劝业会研究会报告. 上海：上海交通大学出版社，2010：342.

毛",因此提出"凡此诸弊,不能改良,绸缎一业,无望行销于外国也"①。当时有人给出了振兴工业的具体路径:"欲兴工业,自以广设工业学校为主。先实际之应用,缓高远之理论,而于机械图画二科尤当认为必要,务使机械之常识普及于一般之青年。"②南洋劝业会是中国晚清规模最大的一次全国性商品赛会,开展较为成功。它集中体现了中国近代文明所达到的水准,促进了农、工、商业的发展,对中国近代社会产生了广泛而深远的影响。南洋劝业会从其规模上看略具世博会性质,因此芬德林所编的《世界博览会历史辞典》一书将此会列入历届世博会之中。

三、中国实业团赴外考察

1910 年,日本和美国的商会代表团(当时称实业团)来华访问,既通过中国商会有组织地利用中国资产阶级达到了他们的"访问"目的,也对中国资产阶级走向世界带来了直接影响。日、美两个实业团的来访都是由中国商会应其要求被动邀请的,两个实业团都把中国商会作为访问的主要对象。日本实业团声称其访华的目的是"联络中日两国之商情,及增进两国之商业",而美国实业团则注重于中国的商会方面,该团宣称其访华目的,"一是增进中美之间的友好情感,二是增加商业和贸易往来",其活动内容主要是参观工商企业和访问中国商会,每到一地都要与中国商会进行商务会谈③。之后,日、美两个实业团均向中国商会发出了组团回访的邀请。中国实业团对访美的经济活动收获颇丰,不仅在商品出口贸易方面取得了实际的效益,更重要的是发展中国实业的思想得到提高,也促进了中国产品的改良、商业的发展。从经济发展来看,实业团互访显示出世界经济发展的新动向、新进展,体现了中美两国商界要求中美贸易在商业交流、发展中的愿望。从政治发展来看,它不仅显示了中美两国人民要求发展中美关系的愿望,还展现了世界人民热爱和平、要求和平发展经济的强烈愿望。中美关系友好必然推动中美贸易发展,两国商民在交往中深深地感到"贸易愈繁,情谊愈挚"。从文化发展来看,这是一次中美文明的双向检阅。除了显示出世界物质文明的各自优势外,还显示了世界各国都力求加强文化建设,创造文明的生存环境。这次赛会有许多文化艺术、美术、教育、医疗卫生等方面的

---

① 凤荣宝.密拉诺万国赛会物品评议[J].商务官报,1907(12):29-32.
② 南洋劝业会研究会.南洋劝业会研究会报告书[M].上海:中国图书公司,1913:128.
③ 虞和平.论清末民初中美商会的互访和合作[J].近代史研究,1988(3):100-118.

展品，既显示出世界文明发展的程度，也使各国人民在参观中互相启迪，共同促进。这次赴美活动，使中国人看到了西方国家先进的一面，也看到了中国落后的一面，从而使他们下定决心奋起直追、力争上游。日本方面，1911 年由农商务大臣出面向中国发出的正式邀请书称："各商业所现拟邀请北京、天津、汉口、南京、苏、沪、杭、粤八处实业家来东游历。"上海等地商会接受了邀请，并组成了有 60 余名成员的访日实业团，在上海整装待发。从中国实业代表团赴日访问的全过程来看，可以说此次出访日本的商业考察是比较成功的。正如虞洽卿接受国闻通讯社记者采访时表示的那样："参观大阪电气博览会，则日本电气事业之发达可见一斑，陈设各品，多半在日本制造。其余经过各地，参观棉、铁、磁、纸、啤酒、水泥各业制造厂，规模宏大，物品精良，令人赞叹不已。"（《赴日参观团昨日回沪》，载于《时事新报》1926 年第 2 期）在产品开发方面，日本采取变通的办法，既模仿西洋，又依照东方，两者结合，满足了世人的需求，故日本展品给人耳目一新的感觉。可见，如果不能推陈出新，便不能适应人民生活多样性的需要，我们的优势便会变成劣势，这点给中国代表团留下了极为深刻的印象。在当时中国政府无力保护华侨利益的情况下，实业代表团表现出强烈的民族责任感。此外，中国代表团在访问过程中为争取国家利权及呼吁日本人民加深对华理解做出了种种努力。

中国实业团与西方资本主义交往活动的实事告诉我们，中国实业团是在西方资本主义经济扩张活动的影响下，为了寻求平等互利的国际商贸关系而含蓄地走出中国、进入世界的。

第四章 探索与模仿:传统教育体系的解构 与特色产业教育的多元探索

经历两次鸦片战争失败的惨痛教训后,国内一些开明吏绅和有识之士为谋求自主自强之路,率先将目光转向西学教育的领域。在各种矛盾的博弈下,国内逐渐形成了一种以抨击传统教育脱离生活实际而空疏无用,效仿西方列强建厂设校以图自强的教育救国潮流,也成为当时社会革新的一种风尚。自 1861 年中国境内出现了第一家外国机械缫丝工厂——英国怡和洋行投资的怡和纺丝局开始,西方新式缫丝技术便开始传入我国。当时外商传授机器缫丝技术的本意是为了赚取更多的剩余价值,并非真正为了缫丝技术的国际传播,但客观上有效地促进了我国手工产业的近代化发展。随后,民族企业异军突起,在承担振兴中华的历史使命的基础上积极引入和传播先进生产技术。爱国民族企业家陈启沅创办的继昌隆缫丝厂为我国近代第一所机器缫丝工厂,其教民缫丝和改进机器的做法成为民间手工业主动工业化发展的有力探索。最为主要的当属官绅共同努力构建的近代新式手工技艺传习体系,即由蚕桑局、工艺局、试验场、讲习所、传习所和改良公司等机构组成的近代自主探索式的手工业教育体系。

第一节 传统教育体系解构的历史必然与近代工业化倾向

一、传统教育体系解构的政治文化因素分析

教育是和人类社会的形成同步出现的一种历史发展的必然现象,学校是人类社会和教育活动发展到一定程度的产物。根据社会发展的一般规律,专项活动的产生必然建立在相对充足的物质基础之上,这样才能满足一部分人脱离物质生产劳动,转而从事相对抽象的精神劳动,教育活动也遵循这种规律。对于我国专门的教育机构产生于何时,王炳照、郭齐家等教育史学专家认为诞生于原始社会末期或奴隶社会初期。有史记载,我国早在五帝时期就设立了专门的

教育机构,名叫"成均"。《礼记·王制》记载:"有虞氏养国老于上庠,养庶老于下庠。"庠在早期有藏米之所、养老之所、传授生活实践经验之所的意思。《说文》中也将先秦教育活动的场所记载为"校(夏朝)""庠(商朝)""序(周朝)"。在教育内容上,东西方教授的内容大体相似:东方以大陆哲学为基础,衍生出德、行、艺、仪四个方面,以礼、乐、射、御、书、数为基本内容;西方则以海洋哲学为蓝本,衍生出法、医、神三个方面,以哲学、数学、天文学、医学、宗教为基本内容。随着时间的推移,东西方的教育开始出现了不同程度的重心偏向,西方进入中世纪后囿于政教合一的特征,对天文学的研究较为突出。以中国为代表的东方则遭受了数次战乱的惨痛经历,大一统和平思想日趋强烈,因此,诸子百家中儒家教育思想受到东方文明国家的青睐。经过汉代的发展,儒家教育思想得到了前所未有的巩固,隋代更是将这一思想与内容制度化、长期化。

然而,任何事物的产生和发展总是有其合理的原因,一如西方哲学是建立在古希腊城邦制商贸基础上的关于人之为人的思辨思想,而东方哲学则是建立在城乡制基础上的关于天地人一体的思辨思想。也就是说,上述思想在当时的社会发展条件下是一种有动因、有基础、有路径、有方向和目标的文化体。随着上述思想的发展强大和逐渐被政教收编,当该思想被程式化、制度化后,基于人性的特性,不自觉地形成一种定式文化,一种可以被大众效仿、依赖、寄养的路径便自然而然地形成了。随着时间的推移,这种路径会愈来愈清晰、愈来愈固化。此时,该路径和由路径形成的模式必然会发生一定程度的质变,其中有害的部分就会形成医学中的血栓现象,而该现象如不及时调整必然会形成更大的危害,以至于结束这个思想文化寄主。我国的科举教育经过隋、唐、宋时期的发展和元朝的冲击后,至有明一代,"八股取士"无疑给成熟的科举文化戴上了一条繁重的金项链。随着东西方航海技术的大发展,尤其是地理大发现事件后,各大陆文化相互交融成为历史发展的必然趋势。我国大一统儒家文化在佛教、基督教、伊斯兰教等文化的浸染下,在明清封建中央集权的压制下,传承有余而创新不足成为彼时教育思想、文化发展的突出特征。在此期间,虽有黄宗羲、王夫之、顾炎武等一批学者对传统教育体制提出了疑问,但随着清朝文字狱的推进,我国传统儒家教育的创新思想即刻被打入深渊,这也是我国近代以来教育思想及社会文化创新动力不足的主要根源。这种作茧自缚的思想与措施直至"庚子国难"后才有所改变,清政府不得已宣布"废科举、兴学校"的教育改革政令。

至此,我国的教育文化产业得以从清政府图圉中解脱出来。茶、瓷、丝业教育作为整体教育中的一个门类,虽有其自身特征,但总的思想与特征具有明显的趋同性,即与传统儒家科举教育相趋同,具有强烈的组织性、工具性、排他性和固守性。这点可以从与之相应的师徒制(艺徒制)、行帮制中得到印证。随着主体教育模式的消解,处于补充和从属地位的教育模式自然要进行自我解构与改革,于是一种基于西方工业教育理念的教育模式"临危受命"。

二、传统教育体系解构的经济因素分析

除了上述政治与文化方面的影响外,经济社会的发展对于传统教育体系的冲击则是其解体的另一个主要原因。基于地理位置和气候特征,我国疆域幅员辽阔,北起漠河,南至曾母暗沙,南北跨度约 50 个纬度,亚热带和温带气候占据我国国土面积的 70% 以上,黄河、长江两大内陆河联同各个支流与湖泊,与温暖的气候一起构造了适宜农业生产的自然环境。在精耕细作的农业生态结构基础上,我国衍生出了与之相得益彰的经济社会生态与文化,如在唐代以前诞生的土地政策有井田制、限田制、王田制、占田制和均田制,唐以后则将国家的徭役赋税转化为租庸调制、两税制和一条鞭法等税收制度。也就是说,我国晚唐以前的经济主要围绕土地问题而波动,晚唐以后则围绕租税制度进行变革,如此的演变正是我国经济社会的发展遵循一般性社会发展规律的表现,即在满足个人与社会发展基本需求的基础上必然会朝向更高一级的需求发展。所以早在先秦时期就已从农业中析出的手工业者,后来发展成为手工业群体,衍生了商业群体,由此形成了一种社会大众有需求而儒家哲学所抑制的嵌入式经济社会发展模式,并遵循自身的规律在缓慢有序地发展着,且属于一种综合博弈下非主流的角色。

随着国际贸易的日益频繁,尤其是进入近代以来,我国的社会经济结构被迫发生了一系列变化,这就给原本有社会需求但缺少政治和文化护佑的工商群体以涅槃重生的机会。当时经济社会结构的变化,从宏观上看,是我国自给自足的经济社会模式被西方工业大生产模式冲击;从基本面看,西方廉价商品的倾销导致我国传统的手工小作坊纷纷倒闭,加上近代税制中怪相层出,如"诡寄"(根据乡绅、胥吏、生员免徭役赋税的特权,于是一些无特权的富农等有田者纷纷将自己的田产集中寄托在有特权者身上以避税)、"飞洒"(由于田多税役重,一些有产者便勾结衙门,将自己的田产分散写入别人名下,于是导致了大量忠实诚朴的农户无形增负)、"优免权"(指各级各类获取功名的乡镇人员)及名目不一的苛捐杂税,导致大批农民和手工业者弃田撂荒,成为无业游民;一系列不平等条约的签订,致使西方资本大量注入,基本控制了我国主要的产业经济。在此过程中,基于西方资本和我国基层资源掌控者之间的利益博弈,诞生了一批具有商人与官吏双重属性的牙行商人、商人与地主双重属性的两淮盐商和商人与产业家双重属性的买办群体开办的近代企业,这些人成为亦工亦商亦官的新兴资产阶级。从意识形态来看,在产业经济社会的发酵下,"实业救国"成为时代潮流,深刻影响了民族资产阶级和经济社会的发展。在我国缺少工业基础的情况下,茶、瓷、丝业首先成为实业改良的重点对象。关于实业对于国家之重要,时人如此形容:"譬之树然,教育犹花,海陆军犹果也,而其根本则在实业。"①在第一次鸦片战争以来半个多世纪的探索实践下,实业教育界在兴实体、御外敌的基础上演化出了较为清晰的实业兴国与教育兴国交融互通的教育思想,即"师夷长技以制夷"—"中学为体,西学为用"—"国非富不强,富非工不张"—"苟欲兴工必先兴学"—"父教育而母实业"—"工学相济"—"教、学、做合一"的实业教育实践思想。该新思想是在国困民危的背景下为探寻华夏民族存亡之道而诞生的,不论在先进性、实用性、适应性上还是在社会伦理与社会需求上均有旺盛的生命力。

三、传统教育体系近代工业化倾向分析

近代手工业教育的工业化从实质上讲属于传统生产劳动教育活动的延伸与改良,它一直伴随着手工艺者的生产劳动而发展。原始初民时期,人们的教育基本与劳动教育合为一体,人们为了生存和发展,必须将劳动技能和社会经验积极地传授给下一代,彼时的教育属于一种直接的生产经验和劳动技艺。随着阶级社会的出现,尤其是唐宋之际专门技艺学校的出现,手工劳动教育也开始仿照统治阶级创办学校培养专门的社会管理人才那样,尝试实行脑力劳动与体力劳动相分离。囿于当时的生产力水平和生产关系,劳动生产者脱离社会生产劳动过程而仿照管理系统进行管理技能的学习,既没有现实社会生产上的需要及其相应的物质条件,作为阶级统治者自身也不希望被统治阶级获得更多的

---

① 张謇.对于救国储金之感言[N].申报,1915-5-23(11).

专业以外的知识,因而手工业者们只需接受和早期相似的生产劳动授受范式即可。

进入大工业时代后,人们的生产劳动一改以往依靠直接生产经验和劳动技能的局面,取而代之的是以实验科学为主要要素的生产过程。由于实验科学大都从实验室中经过大量的学理分析和实验得出结果,需要使用者掌握一定的相关基础知识和相关原理后才能应用相关科学知识,所以该时期的生产劳动者面对生产力和生产关系的变换,从事生产劳动所凭借的已不是直接的生产经验和劳动技艺,而是科学知识,因此劳动者必须接受专门知识与技能的学习和训练才能胜任相关的工作。正如马克思所说:"在以前的生产阶段上,范围有限的知识和经验是同劳动本身直接联系在一起的,并没有发展成为同劳动相分离的独立的力量,因而整个说来从未超出制作方法的积累的范围,这种积累是一代代加以充实的,并且是很缓慢地、一点一点地扩大的。"①进入蒸汽机时代,"大工业把科学作为一种独立的生产能力与劳动分离开来"②,"随着科学作为独立的力量被并入劳动过程而使劳动过程的智力与工人相异化"③。从上述马克思的表述来看,近代科学是在实验室抽象学理基础上形成的一套独立于传统直接经验与生产劳动技能的知识技能体系,基于这种生产要素的生产活动首先依赖于生产劳动者的素质,即掌握科学技术知识的程度以及运用能力。这种知识技能的获取与以往的口传心授、耳提面命方式绝然不同,它需要一个相对独立的空间进行专门系统的学习与训练,于是传统的手工业教育模式必然消解,进而融入近代学校式手工业教育之中。至此,近代手工业教育与生产劳动的关系,既不像早期先民们劳动与教育完全融合于一体,也不像古代科举制学校教育将体力劳动与脑力劳动相分离,更不是当下学者们所推崇的工厂即学校、学校即工厂的模式,而是一种基于人类自身进步和社会发展需要,以科学技术知识为中心,以技能教育和生产劳动相结合为手段的独特的有组织、有系统的教育模式。

教育的发展必然是伴随着人类自身发展与社会发展的需要而发展的,也就

---

① 马克思.机器。自然力和科学的应用[M].自然科学史研究所,译.北京:人民出版社,1978:206 - 207.

② 马克思,恩格斯.马克思恩格斯全集:第23卷[M].中共中央马克思恩格斯列宁斯大林著作编译局,译.北京:人民出版社,2003:400.

③ 马克思,恩格斯.马克思恩格斯全集:第5卷[M].中共中央马克思恩格斯列宁斯大林著作编译局,译.北京:人民出版社,2003:743.

是说教育的属性取决于上述二者的需要,而这种需要是一种阶梯式的发展过程,且具有纵向传承与横向渗透的特质。由于我国在创办实业教育之前,并没有建立起与近代工业化相适应的基础教育,所以直接移植西方较为成熟的近代工业化教育难度比较大,也不具备基础条件。而此时的手工业正处于千年未有之大变局下,以自虐甚至是自杀式的方式捍卫着属于自己的权益,"在中国,无论是土法制丝场或是机械制丝的发达,都未曾排除农家家内的制丝业,今日农家家内的制丝,仍以所谓'不计自家劳力的价值'为有利的武器而与前者相抗衡"①。农民之所以"不计自家劳力的价值"来发展家庭手工业,是因为他们的历史阶级性和近代世界贸易格局的变化。一些学者则认为我国清末部分手工业的顽强发展是因为"人民职业之卑贱,穷苦劳工之过多,以及生活竞争之急烈,迫使家庭经济之各方面趋于发达。一家所产,虽仅足一家之需,苟境遇较优,则其生产,或有富余,可供应他人。故纺织工业,乃成为一种基本家庭工业,得发展无阻于此特殊经济状况之下;虽外人赖有机器之利益,亦莫能与之抗衡"②。一方面,来自西方的机器工业不能短期内摧毁我国传统的手工业,自己的"石磨 + 蒸汽机"式的民族工业也不能挤压掉传统手工业;另一方面,多方都看到和感受到了技术带来的优势而一时又找不出符合多方需求的发展模式。因此,我国近代学校教育在发轫之前,自外而内、自下而上地进行了一场近代化特色手工产业技术教育的探索与尝试。近代以来,国家政权废弛,外忧内患下导致群雄并起,以至于当时每个阶层似乎都有着挽救时代于水火的权利与责任,每个阶层也均尝试着做出了不少有益的探索与实践。就我国特色产业技艺教育的近代化而言,从时间和实践的脉络上来讲,首先是为了利润而来华贸易的外国商人,其次是为了生存而自醒的中国厂商,再次是为了利权而自觉的洋务官员,在他们的引导下,我国广大的手工业者通过改良的艺徒制逐步自适应地朝着近代化方向迈进。

---

① 陈真.中国近代工业史资料:第4辑　中国工业的特点、资本、结构和工业中各行业概况[M].北京:生活・读书・新知三联书店,1961:111.

② 方显廷.中国之棉纺织业[M].上海:商务印书馆,1934:276.

第二节　外商逐利下的近代手工产业机械化技术附送

一、早期外商投资者的技术附送

外国商人在我国近代传统特色手工业的技术改良上曾一度扮演着积极的角色,当然,他们不远万里,而且漂洋过海来到我国绝不仅仅是为了传经送宝,他们是被西方视为珍贵名品和生活必需品所附加的高额利润吸引而来。"有本国政府帝国主义政策做后盾的外国商人,最先意识到中国工业发展的巨大潜力。这些外国人最初将中国视为其产品的销售市场,在熟悉了中国国内情况之后,他们开始认识到,中国的劳动力和原材料为就地设厂生产提供了可能。"①在茶、丝、瓷传统手工业领域,外商最早选择的是缫丝业。1861 年,英商怡和洋行率先在上海开设怡和纺丝局,这是我国最早的一家机器缫丝厂。法国于 1866年在上海建立了机械缫丝厂。随后,美、英、法、意、德等国先后在我国开设近代机械化丝厂,如美资旗昌丝厂、美资乾康丝厂、英资伦昌丝厂、英资公平丝厂、法资信昌丝厂、德资瑞纶丝厂等。

早在 19 世纪 40 年代,中国的门户刚刚打开不久,西方商人就已经提出了改进中国生丝缫制技术的要求,以适应世界生丝市场的需要。美国商人率先把本国使用的缫车介绍到中国来。这种缫车虽然没有动力设备,但是车身经过改良,用轴转动,可以明显增加工效,提高质量。1861 年,中国境内出现了第一家外国机械缫丝工厂——英国怡和洋行投资的怡和纺丝局,规模约有 100 部丝车,约翰·美哲(英国人)任经理,开始了在中国使用新式机器缫制生丝的尝试。1963 年开始,丝厂全部缫丝工作由中国女性担任,她们中的骨干分子从法国教师那里学会了西方缫丝技术,辗转传授,使女工们的工作水平相等于而且超过了大多数欧洲丝厂的女工,因此该厂缫制的生丝受到了欧洲市场的欢迎。此时,外商为了获取理想中的利润,雇用的中国工人主要是女性和童工,他们在欧洲技师的监督下,学习和使用法国、意大利等国的方法进行缫制。厂方还先后雇用意大利妇女为工头,成为"教妇"。除了殖民地性质的"教妇"制度外,在缫

---

① 罗斯基.战前中国经济的增长[M].唐巧天,毛立坤,姜修宪,译.杭州:浙江大学出版社,2009:77.

制时还用童工打盆索绪。每一部丝车需一个女工缫丝,两部丝车合用一个童工打盆。由于缫丝和索绪分工,缫丝女工专注于添绪,技术更加熟练,产品质量优良。怡和纺丝厂(局)于 1861 年开始在本地居民中招募和培训合格的劳动力,并聘请了 4 名法国教师。起初美哲雇用了有经验的中国男工做手工缫丝,但他们的工资高(每天 300 个铜钱,合约 0.27 美元)。后来他发现原来不懂手工缫丝技术的女工是最经济的,也是适应力最强的劳动力来源,于是把男工陆续辞退。到 1861 年 7 月,他发展了 25 名女缫丝工作为骨干分子,她们从法国教师那里学会了西方缫丝技术。她们的工资很低(每天 100 个铜钱,约合 0.09 美元)。到了 1863 年 1 月,丝厂全部由中国女工操作了,这时中国女缫丝工的技术水平已经完全相等甚至超过了大多数欧洲丝厂女工的技术水平了。① 然而,由于外资新式丝厂的创建与清政府的政策和地方大员的观念、利益相抵触,遭到了来自各方面的压力和反对,难以得到熟练的工人和充足的原料,经营无法维系,终于在 1870 年宣告失败。1866 年,上海出现第二家法国商人创办的丝厂,规模不大,缫丝车仅有 10 部,属实验性质,开工几个月后便关停了,机器迁往日本。

　　上述尝试失败的原因,一种观点认为,他们要获取更多的剩余价值,所以哪里有利润他们就出现在哪里,而且什么都敢做,就像托马斯·约瑟夫·登宁所论述的那样:"如果有 10% 的利润,它就保证到处被使用;有 20% 的利润,它就活跃起来;有 50% 的利润,它就铤而走险;为了 100% 的利润,它就敢践踏一切人间法律;有 300% 的利润,它就敢犯任何罪行,甚至冒绞首的危险。"② 另一种观点则认为,由于技术上的优势,造成他们文化心理上的优势,他们借助技术上的优势盲目认为找到了解决时代问题的主要矛盾和方法。当时的洋人们毫不客气地指出"可以肯定地说,只有在产茶区输入欧洲的资本和经营方法,才能挽救这一国家的茶叶外销免于衰退。如果外国人能够自由进入这一国家,情况一定会彻底改变。不仅茶叶的装箱可有一定的制度,不致使茶叶在枝头长老,也不致因茶主在价钱上争执毫厘之差,使茶叶在采摘之后萎凋;而且还可将荒凉的山腰开辟出来种植茶树,以及使成千名半受饥饿的农民就业"。他们进一步

---

　　① 黄山农,李必樟.怡和丝厂:关于十九世纪外国技术对中国转让问题的研究[J].经济学术资料,1982(10):52.

　　② 马克思.资本论:第 1 卷[M].中共中央马克思恩格斯列宁斯大林著作编译局,译.北京:人民出版社,1975:829.

设想,"如果许可外国人在内地购买或租佃土地,几个井然有序的种植园,便会作为榜样,及时改造中国人的制茶方法"①。虽说上述观点是针对我国当时茶业改良的,但其思维认知实际上与缫丝改良是一致的,对中国国情了解的片面性导致他们初次在华尝试改良我国传统产业的失败。

二、洋商利益再发掘下的举措

改良传统产业失利后,中国传统手工业(西方国家需要的手工产品)国际贸易份额逐渐被亚洲一些国家分割挤压。英国外交部《驻华领事商务报告》记载:"15 年前茶叶生产还是由中国垄断的情况,由于印度茶叶生产迅速发展,加尔各答的茶叶输出量由 1861 年的 130 万磅增加到 1875 年的 2500 万磅,这些数字就不仅表示印度茶已经成为一个可怕的劲敌,而且几乎使人担心。"同时他们也指出了问题所在,"如果在种植和包装的方法上不求上进,中国将完全被逐出国际市场,这不过是一个时间问题而已"②。为了获取利润和挽回之前尝试所损失的利益,他们开始冷静理性地分析看待中国的国情和产业特性。在茶业方面,他们专门到福州考察过当地机器制茶的情况,考察后英国大茶园主非尔哈士特指出:"虽中国人为之,而实欧人赞助之,勤勉富人推拓新法,设立公司,其中合股者闻欧人六,华人六,每人股本一千圆,余息照例均分。"(《英人查探闽茶问答》,载于《农学报》1898 年第 19 期)这里他们发现了一种新型的生产经营模式,在可行性方面,马扎亚尔曾对此做过分析:"上海纺织工厂中,现有 12 万工人,利用机器,生产 2500 万至 3000 万农民在家庭纺织车旁所生产的纱布数量,所以 12 万农民变成工人,是表示有千百万农民失掉了家庭的工作……"③也就是说,廉价的劳动力不是问题。恰好在 19 世纪 70 年代,中国近代著名科学家徐寿研发出了蚕茧的烘制干燥技术,使得在交通、运营、资金等方面占据优势的港口城市开办丝厂成为现实,于是外国商人加快了在中国设厂缫丝的步伐。作为中国最大的通商口岸城市,上海具有其他地方难以比拟的创办近代缫丝工业的便利条件。1878 年,美商旗昌洋行开办旗昌丝厂,迎聘时任日本富冈制丝厂

---

① 姚贤镐. 中国近代对外贸易史资料:1840 – 1895:第 2 册[M]. 北京:中华书局,1962:1207.

② 姚贤镐. 中国近代对外贸易史资料:1840 – 1895:第 2 册[M]. 北京:中华书局,1962:1186.

③ 薛暮桥. 旧中国的农村经济[M]. 北京:农业出版社,1980:91.

总技师的法国缫丝专家白尔辣为技术顾问,引进了法国生产"优良丝"的技术。该厂初创时有新式丝车 50 部,3 年后扩充至 200 部。[①] 1881 年,英商公平洋行和怡和洋行开办了公平丝厂和怡和丝厂,每厂各有丝车 104 部,各种机件均从法、意两国购买,意在将法国和意大利的先进缫丝技术引入中国,生产专供欧美丝织业使用的高品质生丝。其中的公平丝厂,资本白银 10 万两(总股数 1000 股,每股 100 两),技师由洋人担任,雇用中国女工约 1000 人(缫丝、煮茧工 300 人,选茧工 500 人,剥茧工 200 人),拥有欧式缫丝机械、锅炉等设备,厂区内还建有贮水池、烘茧场和女工宿舍。1891 年,英商又开设了纶昌丝厂,资本 20 万两,丝车 188 部,雇用中国工人 250 人。1892 年,美商乾康丝厂开办,丝车达到 280 部。1893 年法商开办的信昌丝厂,资本 53 万两,丝车 530 部,雇用中国工人千名以上,堪称当时中国外商丝厂规模之最。1894 年,德商瑞纶丝厂开设,资本 48 万两,丝车 480 部,工人 1000 多名。

上述丝厂中数千名工人的机械化缫丝技术,起初是在洋商的组织下采取"教妇"制度进行技艺传授的,随后便由中国人自己传授,从而达到熟练掌握并使用机器制造厂丝的目的。这里有两点需要重申一下。一是洋商们在华投资设厂,直接生产生丝,其真正的目的是赚取更多的剩余价值,这一点可以从其培养符合近代工厂化生产的职工所采取的方式透析,就怡和丝厂来讲,总经理美哲先招聘已经掌握该项技术的男工,发现工价较高,于是采取自己培养同样技术的女工,甚至童工,在这些女工掌握了该项技术后付给女工的工资仅为当时男工工资的三分之一;二是他们当时已经进入了超越生产领域的资本投资阶段,这样他们就可以既满足追求利益最大化的欲望,同时又避免和减少了投资建厂直接生产经营的风险。所以,1882 年 8 月,英商有恒洋行在筹划创建有恒纱厂时,便积极邀请华商胡培基合伙出资创立"有恒织造绸绫纱缎并印染公司",计划募集资本 30 万两(招股 3000,每股 100 两)。

此外,1862 年,烟台开埠通商后,经过半个世纪的发展,便成为山东地区对外贸易的主要窗口,具有了近代资本垄断主义的基本条件,所以外商资本趋之若鹜地来到该地开洋行、建工厂,以谋取更大的商业利润。德国人首先发现了该地柞丝的价值,于 1877 年率先在该地创建了第一家较大规模的机器缫丝局,

---

① 陈真,姚洛. 中国近代工业史资料:第 1 辑 民族资本创办和经营的工业[M].北京:生活·读书·新知三联书店,1957:64.

并且使用最新式的外国机器——法国"开奈尔"式缫丝机。"该局不仅进口使用国际领先的缫丝机器及其配套设备,而且还进口织造柞丝绸的机器 200 架,此时该厂规模仍然是雇佣 300 名男工和童工。1892 年该局添置了部分蒸汽机动力设备,开始一半使用蒸汽机,产量增至每日 70 斤。1895 年,该局被租借给烟台华商梁浩池经营,改名为华丰丝厂,把缫丝动力全部升级为蒸汽动力,每日缫丝数量增加到 150 斤。"①1900 年,该厂再次扩大规模,法国式铁制缫丝机达 550 架,蒸柞蚕茧釜 38 口,占地 38 亩,其中建筑面积 28 亩,雇佣工人 600 名,每日加工柞丝数量达到 250 斤。1901 年,梁浩池在经营华丰丝厂的基础上建立了第二个近代柞蚕丝机器工厂——华泰缫丝厂,其中机器缫丝机 538 架,8 架为法国式缫丝机,蒸柞蚕茧机 28 架。职工 578 人,来自周边县邑,生产工人都是成年男性,计有缫丝工 512 人,剥茧工 24 人。学徒学艺实行的是工厂学徒制度,此不赘言。工人年龄多为二十八九岁、四十岁左右和十二三岁这三个年龄段。1902 年,当地富商谦豪丰发现机器缫丝的价值和利润后,积极创办益丰缫丝厂,专营缫丝机织绸业。值得一提的是,上述法国"开奈尔"式缫丝机经过改装后巧妙地适应手工劳动和中国人的习惯。改用木料与少量生铁合制而成的脚踏式缫丝车,相比机器缫丝机而言,不用机器动力而用人力,不仅代替了原来的手摇式土制缫丝机,而且其产量和质量也不逊色于机器缫丝厂的产品。该项改良式缫丝机由于性能和性价比符合当时晚清社会现实,所以一经投产便受到广泛欢迎。由此西式脚踏缫丝机代替了原来的手摇缫丝机,极大地提高了工作效率。

上述洋商丝厂出产的厂丝,基本用于出口,令人惊叹的是这些厂丝在国际市场上的价格竟然比我国传统手工缫丝高出 20% ~50%,平均每担要多卖白银 200 两左右,由此产生了高额利润。我们在对国家利权外溢表示关切的同时,似乎也应该注意到,正是这些外商丝厂首先把近代缫丝工业引入中国,它所使用的先进机器设备和所采取的先进经营管理以及所获得的超额利润,都令长期以来埋头于土法缫丝的中国人眼界大开,观念大变。李鸿章在应邀参观旗昌丝厂时曾经受到很大触动,对他所看到的一切,发生了很大兴趣。19 世纪 80 年代末,《中国时报》写道:"中国商人之中,有些人在新建的(外商)缫丝厂中拥有股份,当他们看到新的工业很切实际又有利可图时,就决定在主要的产丝区建立

---

① 孙毓棠.中国近代工业史资料:第 1 辑[M].北京:中华书局,1962:75 - 78.

缫丝工厂,并且倾向于扩大和改进这些企业。"于是近代许多外商丝厂的开设,中国商人资本在其中举足轻重,但由于不懂现代管理,所以管理运营权还是掌握在洋人手中。

三、他邦人士"好人"角色的扮演

除了外商逐利下的技术附送外,也有部分他邦人士"代为关怀",如宁波海关税务司康发达(英国)便在光绪十一年(1885)向当局条陈整顿蚕务办法,并力主向改良蚕业较为成功的日、奥等国家学习,设立蚕务总局。采用口授浅近简易之法与现有新式学堂教法相结合,教导时人学习养蚕的基本理论,同时主张开设新式蚕业教育,使学生深谙养蚕过程中的各项原理,待学生毕业后派往养蚕最重要的区域。为了促进当局对蚕务的整顿改良,康发达针对我国蚕务情况多方搜检,并根据国际形势,向宁波当局提交了蚕务改良十五条:

一、应讲求家蚕及野桑生有何病,并其病之生长原由与防治之法。二、应查明何种之桑最佳,即宜劝民多种。三、应查明各处养蚕之法如何,宜整顿其法更佳。四、应查明各处蚕有何病,宜如何设防备之法。五、应按照合宜之理养蚕,做分方法之子。六、应仿照奥国格尔子养蚕公院章程,教导百姓,使其学习与蚕务关涉各事,并教以显微镜之用法,由本局讲求出之利益,仍并入教习之。再随时刊布浅近说略。七、宜储养学生,使其谙练各事,以便日后派往养蚕最要之区所设分局,充当坐办各事。八、总局应督办各分局之事,该分局所应办之事,系护助本处蚕业做子之事,宜用口授浅近及有式可睹之法,使人学习养蚕合宜之理。九、凡前此所有讲求蚕种之事,尚未完毕,至此宜通行讲明,并定明何种蚕宜养于何处,并宜于何处做出种子。十、应查明中国有何地方,向无蚕事,而其地若宜养蚕,则应设法种桑,劝民养蚕,盖有此等地方,距现在蚕稠密地方较远,其处最宜于做子也。十一、蚕子性宜冷,且冷性宜一律,故凡蚕子经过冬节,或想巧法设立栈房存留,或置在高地藏放,以便蚕子有力,日后在热地饲养,即不易受天气及西巴拉德之害。十二、制造蚕种之法,或将本国不同种蚕配合而生子,或将他处佳蚕运回传种。十三、应设法教习,凡在内地或通商口岸,丝业之人及丝业经手之人,均能分别蚕茧生丝绸缎,以及乱丝头等货身分之高低,以便运出口时,能得至高之价。十四、凡一切之事,与丝务有关系者,均应清查,使蚕茧日多,丝业出口日旺,譬或助立公栈做至佳之蚕种,或助立公栈收买零数生茧制造成包售卖。或助立用至灵之机器缫丝及制造乱死头,能于适用。十五、应设一蚕务博物院,凡与蚕有关之物,均备于院内,以便蚕缫户工机匠进内看其式样,详究其理,如有质问之处,或在院中面问,或行函致,均随时回复之。(尹良莹《中国蚕业史》)

从这段建言中不难看出,即便是"局外人"也对我国当时蚕务情况的颓落表现出着急万分。上述建议基本遵循了提出问题、分析问题、解决问题的逻辑,提出整顿改良蚕务的主要思路和方法,即首先应进行全面的调查,其次是设立专门机构培养专门人才,再次是设立博物院,以便社会各界直面了解蚕业各个环节及其特征,提高社会大众对蚕业近代化的认知。这对于当时风气未开、默守旧法的清末来讲,确实是开一时之先。虽然行将就木的晚清未能采纳康氏的建议,但他的这种呼声引起了产蚕要地与改良蚕业人士的关注,如杭州太守林迪臣于1898年创办蚕学馆、萧文韶于1899年奏请设立淮安蚕桑公院等。

甲午战争以后,洋人获得了在华内地设厂生产的权利,如同前文所述,洋商在我国谋取的是资本利润,所以他们为了这一目的,并不单单在我国建厂这一种榨取剩余价值的方式,如果有更高的利润他们是可以扮演"好人"角色的。因此,该时期的民族工业相比以前有了较大的发展机遇。民族资本缫丝工厂的开办,成为与外资缫丝工厂竞争的主要力量。在利润面前,外商洋行并未妨碍中国商人络绎不绝的设厂行动,相反,还应华商丝厂之请求,派遣"技师"和"教妇",给予技术上的援助。当华商丝厂将蚕茧由产地运往上海之际,外商洋行又借予"外商"名义,使之得以享受和外国商人相同的只需负担子口半税的权利,因为他们最终需要的是生丝原料,而从民族工厂生产的厂丝比他们自己直接在华投资建厂生产的成本要低,所以他们才会"乐善"施教。

上述现象表明,近代涉华列强在缫丝业方面的举措,其本质上是对我国传统缫丝业的挤压与剥削,且不以国内外缫丝从业者的个人意志为转移,只不过在我国当时处于国际"失语"境况下,只能任由其自我"拯救"。从缫丝工业来说,欧美资本的主要目的是在中国买到大量高品质的生丝,以满足其国内丝织业的需要。为了达到这一目的,它们借机在我国机器丝厂尚未出现时直接投资,设厂生产,而当我国丝厂开办风起云涌之时迅速抽身,通过控制"厂丝"的出口贸易来保证自己的商业利益。值得一提的是,该时期我国传统优良文化的包容性、开放性、黏合性和自适应性的特质就像阳光一样源源不断地给中华儿女们以营养,最终使得我国的缫丝业突破黑夜的束缚,勃发出顽强的生命力。

第三节　民族企业烽火淬炼中传统手工业技艺的改良活动

一、珠三角地区缫丝业的改良活动

我国近代手工业中最值得注意的一股力量，是那些扎根基层、默默耕耘的爱国民族企业，可谓是我国近代手工业发展进程中的中流砥柱。他们中有本土企业家也有侨商。以缫丝业为例，我国缫丝的工业化自 1860 年以来基本为洋商独资创办。每一个行业均有其行业发展的基本规律与规则，在此基础上形成了相对稳定的模式。这种模式能够平衡各方的基本利益与诉求，久而久之，人们就习惯于这种模式，称之为路径依赖。这也被研究近代史的学者们诟病为我国传统手工业的保守性。另外，机器工业化工厂与传统农业手工工场是两个维度空间和发展阶段中的产物，不可同日而语。前者是在非生物动力的基础上构建起的生产力系统，后者则是依靠性能不稳定的生物动力而建立的生产力系统；前者的保障是要有充足的资金和相对高素质的技术工人，后者的保障则是稳定的农业生产和大量的亦工亦农的家庭小作坊。也就是说，前者的实现是建立在资本经济基础上的，后者的实现是建立在小农经济基础上的。但生产力和社会的发展终究不以人的意志为转移，发展是硬道理，只不过发展也是需要环境和条件的，这时旅居海外经商的华侨就成为时代的选择。该部分中经商致富者，他们接触外商和国际贸易较早，认识也较为深刻，对国外机器生产的先进性、优越性较为了解，也熟悉近代资本主义的运营方式。国内落后的传统手工生产方式，其低效率、高内耗且质量不稳定等特征，让国产手工产品在国际贸易中屡屡受挫。值得注意的是，在经历了两次鸦片战争之后，我国各界人士对于洋货的认识似乎更加深刻和理性了，不再视机器产品如毒物，而是尝试着接受并设法生产，这就给机器生产在国内打开市场提供了时机和空间。在这些因素的推动下，率先在华设厂生产的是部分经商华侨。他们决定回国投资的同时把先进的生产工具和生产技术带回了国内，开启了我国民族工业近代化的征程。在诸多的代表中，广东南海县人陈启沅、陈启枢兄弟于 1872 年创办的"继昌隆机器缫丝厂"被誉为我国第一家民族资本的缫丝厂。

1872 年，陈启沅决定回国发展民族工业，利用在国外学到的先进生产技术，带动家乡共同致富。在资金、技术和思想均具备的情况下，接下来就是将梦想照亮现实的落地工作了。在厂址的选址上,受到近代工业思想的影响,陈启沅原本打算在交通便利、商贸发达、金融活跃、社会环境稳定、治安良好的广州城落脚,而且在那里比较容易得到国外相关技术和设备的帮助,这也是当初一些外商和民族企业家设厂在上海的一个重要原因。陈启沅是一个农民草根出身的民族企业家,他的每一次进步均是靠着自己的勤奋和超越常人的思维方式获得的。基于自身的优势与特征,即自己虽为华商,但终究是草根出身,与城市中的官僚系统并无深交。面对广州省府官僚系统统治的特性和那里手工业行会的势力强大,陈启沅考量再三,最后还是决定把新厂厂址选在自己的老家简村。简村是一个远离省城的乡间村庄,也是珠江三角洲地区蚕桑聚集区。这样既能巧妙地避开官府的直接干涉和压迫,又能较为容易地得到缫丝原料和相对充足且廉价的劳动力。当然,在此处办厂也存在一些困难,例如,除了当时的农村交通极为不便,给将来原材料的运进与半成品的运出造成额外的麻烦外,和全国乡村情况大同小异的是当时农村的思想相对趋同,也就是近代学者们所讲的保守性。因为新生事物的产生总是以直接或间接挤压、破坏甚至是取代原有物种或事物为特征的,所以生活在农村的乡民,尤其是既得利益者,他们必然会采取必要的措施来阻止新事物的入侵。既然选址在哪里都会面对不同的困难,那就只能"两害相权取其轻"。他虽有满腔热血回报乡里,但常年的社会打拼,理性告诉他,没有调研就没有决定权。所以在丝厂开办之前,陈启沅去江浙一带进行了游历与考察,深入蚕桑区了解了官府主导的洋务企业的实际情况,这才真正下定决心在家乡办厂,且宣告自己开设的机器缫丝厂不采取"官督商办"和"官商合办"的形式,以避免官府的介入和干涉。

地址选定在了故乡,其他生产要素也就有了目的地。在诸多困难中,莫过于在当时的中国,还是在风化未开的乡村,要开办一个男女同工的新式机器缫丝厂是史无前例的创举。在当初那个不具备近代机器化条件的时代,在社会结构和产业结构原本稳定的情况下楔入近代机器生产要素,面对的问题肯定不少。以缫丝业为例,在近代缫丝技术的传递过程中,传统士绅认为,机器动力代替手工操作,恶果很多,"男女同在一个厂房里工作,易生瓜李之嫌,有伤风化;汽笛声太吵闹,机器响声太大;高烟囱有伤风水"①。虽然陈启沅早有准备,但

----

① 汪敬虞. 中国近代经济史[M]. 北京:人民出版社,1957:959.

仍然需要时间进行地域社会结构和产业结构改良,在此期间关于新式缫丝厂的恶意中伤也是层出不穷。"继昌隆厂的烟囱,高达三丈多,上工放工的汽笛鸣声,又响彻数里,所生产的丝又是'交番'(番即为洋人)的,因此一般人给继昌隆的丝厂又一个名称曰'鬼纻'。也有人说,厂是替番鬼纻丝,则做厂工的男女工都会不利,有说如鬼叫般的汽笛声,会损害十里八里内的老幼人口、生活不好。更有说三丈多高的烟囱影子,照到之处,一条黑影从高压下,这处便会破财损丁。"(《广州文史资料》第 8 辑,1963 年第 68 页)这些还是前期的言语舆论上的阻滞。

随着机器缫丝业的发展,尤其是新式缫丝厂吸引了越来越多的农村劳动力的加入,严重影响了乡村原有的手工缫丝产业结构,最主要的是影响了地方士绅们的社会影响力和生活质量。"因此,随着缫丝工厂的增加,人们的反感情绪也在加强……流传着种种关于丝厂的奇谈怪论,时时都有对与丝厂有关系者的中伤、挑衅和妨害行为发生。敌视缫丝厂的人里,有'士绅''耆老',也有官吏、商人和农民。他们都把学习'洋鬼'的机器丝厂看作不吉利的怪物,对之抱有强烈的嫌恶。"[①]地方士绅的优势就是依托原住居民的信赖掌握着地方社会的话语权,这属于一种官方默许的地方自治隐性权力。所以,在舆论优势下,地方士绅们采取了具有经济效力的制裁活动,"地方豪绅,宗族长老,对丝厂选地必昂其租,迨建成后,又说其烟囱有碍风水,施以勒索,对丝厂所有蚕蛹要由当地包销,例如每担值四五元只给一元,要取得粪肥权利,安插打什人员及护勇,丝厂每年要孝敬当地豪绅袍金二三百元等等"[②]。士绅对机器技术的反对,不仅仅是由于机器技术及其所带来的竞争与士绅的闲适取向价值观不符,其本质原因是自身利益遭受到了严重的威胁。因为传统的蚕丝商业共同体在遭受到机器缫丝业的冲击时,其经济结构所依附的社会结构必然受到影响,在这个社会结构中的利益获得者(士绅和部分小手工业者)也必然利益受损,当利益冲突达到这个层面时,已经不是意识形态中价值观、思维习惯的改造问题了,而是涉及生存模式的改变。所以,新技术的植入带来的新的利益格局的形成,导致士绅、传统丝商和蚕农群体为了维护自身利益,从而采取必要的形式和手段来阻碍机器

① 铃木智夫.洋务运动研究[M].东京:汲古书院,1992:426－427.

② 李本立.顺德蚕丝业的历史概况[M]//中国人民政治协商会议广东省委员会文史资料研究委员会.广东文史资料:第 15 辑.广州:广东人民出版社,1965:116.

缫丝技术的落地。

　　此外,新式机器缫丝技术还引起了原有生产和组织方式的质变,那就是原先地方士绅所能掌控的作坊式、行会式的生产制度转变为资本家所掌控的工厂生产制度,以及在此制度上的传统行会学徒制转变为工厂学徒制和练习生制等。在此之前,地方社会的组织和领导权力大都集中在士绅手中,而随着工厂组织的兴起,它不仅深刻地影响着原来的家庭组织,还创造了一个独立于士绅权力范围的新组织,这是地方士绅阶层所不能容忍的。这是因为原本属于自己控制的生产者(蚕农)从家庭生产转向工厂集中生产后,成为工厂工人,由于生产模式的转变,他们在工作期间受工厂、资本家的约束,而不再是地方士绅。这种由工厂组织的新型生产模式在某种程度上瓜分和削弱了地方士绅的权力。面对这种变化,地方士绅为了维持原有的社会地位和权力,阻止和反对机器缫丝技术的应用与机器缫丝厂的创办成为他们天然的使命。这种情况的出现,费孝通先生曾对我国近代士绅有过这样的分析:"士绅的生活哲学是闲适取向的。他们并不直接参与经济生产,其在经济活动方面的积极性被长期压制。而以近代蒸汽技术为基础的工业主义则刚好与这种闲适精神相反。而且,以蒸汽技术为基础的近代工业,促生了新兴的商人阶层和企业主,势必改变原有的社会阶层分化,进而可能危及士绅阶层的社会地位。"①费先生进一步分析指出,以士绅为代表的知识分子,作为一个阶层而言,是不懂技术的。他们的注意力也不在经济领域,而是政治和社会领域,因而他们并不关心技术。他们强调人和自然和谐共处的关系,而不是征服自然;他们强调维持一种稳固有序的人际关系、社会关系,而技术的变革又往往会对原有的社会关系进行重大调整;作为既得利益者,他们看重确定性,而技术变革却总是带来变化,也带来不确定性。对于传统士绅而言,那些没有学识(未能通过考试获取功名者)的商人,仅仅通过新技术的使用就能够获得财富,进而威胁到士绅的社会地位,这无疑是难以接受的。因而,他们会抵制新技术的应用,不仅自己不采用,也排斥其他人使用。在过去,我们一直责难近代士绅在应对近代技术变革时的迟钝,但是我们更应该清醒地认识到,即使在强调变革的近代欧美国家,拥有优越生活条件的士绅一样是抵制变革的核心力量。这是他们的自身条件及其所处的社会结构所决定

---

　　① 费孝通,吴晗. 皇权与绅权[M]. 天津:天津人民出版社,1988:15.

了的。在近代工业革命时期，欧洲士绅子女进入贸易领域者所占比例很小。而且在变革期间，贵族和士绅认为资产阶级的升迁方式在本质上是不光彩的，并以此来打压资产阶级的社会地位。荷兰人也曾排斥现代化的东西，对风险很反感，就像历史学家克莱因所描述的那样："在我国几乎所有的市镇里，人们都看到那些工厂主和商人宁愿放弃斗争而不再跟一个更有活力的邻邦竞争，也不愿采用新式机器动力以改变祖先遗留下来的老式生产工具。的确有许多人认为蒸汽机冒的烟是从地狱深处冒出的可怕烟气。"①可见，各种传统习惯、价值理念和既得利益团体是近代产业革命的基本障碍和最大阻力。

除了士绅们的阻碍外，丝区的手工业者也基于自身的利益考量加以阻挠，在新式机器缫丝机进驻产丝区时，遇到很大困难，因为丝区的人们都害怕他们低劣的丝会因此无人问津，所以竭力抗拒新法，同时这些小所有者，他们缺乏改进生产方法所需的智慧和资本。面对士绅和当地丝民等地方力量的阻挠，陈启沅决定从人民内部矛盾入手，他借助自身是原住居民的亲缘地缘关系，从传统道义入手，利用故乡和家族关系，拜访"绅耆"，说服解释，疏通官府，又招引巨资，兴修水利，还捐米施药，救助贫弱，在乡里树立起"乐善好施"的富商形象，赢得了同一家族内部和附近村落成员的信赖和支持。文献记载，陈启沅"除了施米之外，更斥资开设寿世堂药材店，延请医生驻店，赠诊施药，开办克勤义学，延请本村的秀才为教师，不收学费。对穷困至无以为葬者还赠施棺木埋殓费，还由子侄辈报领，为死者办身后事。此外还捐巨资，修筑吉水与简村接壤处大陆中之吉水宝（小水闸），倡修简村至官山必经之云泉仙馆，倡修桑园围等水利工程，且亲董其事。这些事情远近都知，受惠者大有其人，因此以迷信风水攻击继昌隆丝厂，就无所借口再来攻击了。陈启沅费了不少精神力量，度（渡）过了这个难关"（《广州文史资料》第 8 辑，1963 年第 69 页）。在耗费了大量精力和财力之后，中国第一家近代"商办"缫丝工厂终于建成投产了。

有了继昌隆这座机器缫丝厂作为根据地和示范丝厂，陈启沅便开始了他的传统缫丝业的近代化改良事业。首先，他以在越南所见的法国式缫丝工厂为蓝本加以本土化改良，使机器缫丝技术改造成为更加适合于中国的社会经济条件和技术水准，从而成功地将足踏缫丝技术引进珠三角地区。由于改良了技术，

---

① 兰德斯.国富国穷［M］.门洪华，安增才，董素华，等译.北京：新华出版社，2001：635.

提高了生产效率,所以继昌隆丝厂"出丝精美,行销于欧美两洲,价值之高,倍于从前,遂获厚利"(宣统《南海县志》卷二十一)。日本学者铃木智夫认为这一技术本地化转化,与将欧式缫丝工厂完全照搬移植到上海的做法形成鲜明的对比。而珠三角的机器缫丝生产之所以于 19 世纪七八十年代就较早地得以迅速发展,这或许是一个重要原因。据记载:"旧器所缫之丝,用工开解,每工人一名可管丝口十条;新法所缫之丝,每工人一名,可管丝口六十条,上等之妇可管至百口。"(陈启沅《广东蚕桑谱·自序》)而且,新法所缫之丝,粗细均匀,色泽净,这正是欧洲丝织业者久久追求不已的生丝,广州的洋行以高出一般生丝价格五成的价钱购入继昌隆丝厂的产品,主要用于向法国出口。其次,破解事业发展中的主要矛盾,积极发展当地士绅加入改良大军。继昌隆丝厂"期年而获重利",引起了当地士绅及蚕农丝匠们的极大触动,继而为了获取较高的利润而竞相仿效。陈启沅因势利导,积极协助当地人们创办新式缫丝厂,"试图劝导士绅合股发展其缫丝厂。可是,开始时,士绅阶层并不热心。一方面可能是因为缫丝厂毕竟是全新的事物,是否能够盈利还是个未知数;另一方面,士绅们也可能从心底里保持着对机器生产这种自己不熟悉、不能掌握的外来物的抵触情绪。陈启沅承认,尽管士绅实际拥有的股份太小,但无论如何,这种合股经营使他与上层阶级建立了联系"①。而且,看到缫丝厂比原来的手工缫丝更能盈利后,士绅们就踊跃入股创办近代机器缫丝厂了。最后,由点到面形成传统手工产业改良的燎原之势。从陈启沅的民族企业家精神来讲,他的初衷就是在自己富裕起来的基础上带动家乡丝织业共同发展,就像他在《广东蚕桑谱》自序中所述的那样"仿西人缫丝之法,归而教之乡人",所以他在家乡设厂并没有像早期一些新式企业那样拉官府成员入伙,而是根据自己的判断积极寻找地方士绅和民众力量扩大生产。他曾表示如果该地有更多的新式丝厂由当地士绅创办,对于自己事业的发展无疑是利大于弊。所以在继昌隆缫丝厂创建后的六七年间,诞生了许多由地方"绅耆"效仿开办的新式缫丝厂,到1881 年,珠三角地区的缫丝工厂已经增加到 15 家,其中南海县最多,有 11 家,顺德县其次,为 4 家。

在新式机器缫丝工厂技术改良与传授方面,陈启沅将自己在外所学到的缫丝技术,全部毫无保留地传授给家乡父老。由于机器缫丝比手工缫丝效率高且

---

① 苏耀昌.华南地区:地方历史的变迁与世界体系理论[M].郑州:中州古籍出版社,1987:155.

质量精,所以一些思想开明的士绅们开始转变思想,既然机器生产代替手工生产是大势所趋,自己何不顺势而为,借机融入现代化生产浪潮中去,从而利用自身的地方结构优势重新掌握地方行业话语权。基于这样一种思考,一部分士绅转而积极支持继昌隆丝业发展,并虚心向其学习。正是地方士绅的积极参与,这才有了珠三角地区机器缫丝业高速发展的近代现象。1881 年前该地区所建成的 11 个缫丝厂中,约有一半的创建人是举人身份,其他的也几乎都是士绅①。面对如此盛况,陈启沅并没有骄傲自满,而是更加谦虚自勉,对待来求教缫丝技术者都是热情接待,对于技术的传授则是尽其所能,生动形象地介绍机器缫丝的原理、构造,详尽细致地传授机器缫丝的生产工艺等,并辅助提供相关的图纸进行宏观指导。在经过一段时间的技能传习后,陈启沅发觉他仿照法国“开奈尔”式改良的“机汽大偈”缫丝机车并不能较为广泛地在乡村推广。为了使更多人享受到技术革命的红利,也为了适应当时当地人们的知识结构和经济能力,他决定再次对缫丝机进行改造。通过多次改良试验,最终他结合西洋机器缫丝机和本地传统手拉机的特性设计了一款“机汽单车”缫丝机,将手车改为足踏,实现了效率高、质量好、成本少和一人一机的目标,关键是足踏机车缫丝的价格也比手车缫丝的价格高。改良手车缫丝机缓和了机车缫丝与手车缫丝的矛盾,消除了士绅的敌意疑虑和忌惮,村民们对于改良后的机器缫丝技术也学习得很快,很多请教者能在数周的时间内便顺利地建厂生产,一时大为风行,“今则全省缫丝均用机器,多至百数家,妇女之佣是营生者十数万人,而前途之发达犹未可量”(宣统《南海县志》卷二十一)。

“机汽大偈”和“机汽单车”的出现,改变了几千年来手工缫丝的落后状态,完成了以机器取代手工、以新法取代土法缫丝的历史进程,使缫丝脱离桑蚕之家而成为一个生气勃勃的独立行业。到 1874 年,广州附近建起了 4 家机器缫丝厂。到 1881 年,广州、顺德、南海地区的机器缫丝厂已发展到 11 家②。1887年后,顺德县后来居上,发展更快,有 42 家。到 1890 年,顺德县有 200 家以上。19 世纪 80 年代中期以后,广东蒸汽缫丝厂已建立了牢固基础,拥有丝釜估计在

---

① 苏耀昌.华南地区:地方历史的变迁与世界体系理论［M］.郑州:中州古籍出版社,1987:155.

② 广东省地方史志编纂委员会.广东省志・纺织工业志［M］.广州:广东人民出版社,2002:68.

25000 位左右。上海民族资本近代缫丝工业的釜位,到 1930 年才刚刚超过 25000。从丝厂的釜位数计,上海落后于广东几乎 50 年。可见,缫丝机器在广东缫丝业中使用非常广泛,机器缫丝工厂势头强劲,机器缫丝发展为当地的经济支柱产业。在 1872 年以前,广东产的生丝均来自手工生产,能出口的很少。到 1873 年有了机器缫丝厂以后,粤丝出口逐年增多,1883 年粤丝出口只有 9000 多担,到 1887 年达到 15000 多担①。

在开创了珠三角手工缫丝改良为机器缫丝的生产模式之后,随着缫丝技术的成熟和市场对厂丝需求量的增加,曾一度导致产业链中蚕茧供应的危机。陈启沅在《广东蚕桑谱》中沉痛地写道:"缫丝之法既善,而养蚕之法犹未精。"为了改变这种状况,陈启沅于光绪十二年(1886)把数十年中亲手考究得来的养蚕、种桑经验写成《广东蚕桑谱》(又名《蚕桑谱》)一书,教人种桑养蚕之法。该书采用我国士绅及乡民们习以为常的方式进行传习,而不是从西方学理的角度进行解释。如他在《广东蚕桑谱》自序中说,"幸望植桑养蚕之家,人人皆通此理,照法饲之,不难野无恶岁,处处丰年,有心人共为广传,亦于我国未尝无少补云尔",在谈及"家蚕之要"时指出:"天时地利人和,缺一不可,天时占其五,而人事地利亦占其五,苟不知其性,百不得一。圣人云,能尽物之性,可以赞天地之化……"上述语言均体现出运用传统的思维及语言表达蚕桑的科学原理,实为用心良苦。《广东蚕桑谱》全书共二卷,卷一分为蚕桑总论、论练种法、论放蛾泡水要法和养蚕赞育篇四节;卷二分为论缫丝法、头造宜忌篇、第二造宜忌篇、第三造宜忌篇、第四造宜忌篇、第五造宜忌篇、第六造宜忌篇、寒造宜忌篇、种桑宜忌篇九节,其中造丝宜忌篇中附有缫丝图,具体详述缫丝过程中每一造的宜忌,以及寒造宜忌、种桑宜忌等。书中还提及温度计的使用,以及两类缫丝机器的图样。

二、长三角地区缫丝业的改良活动

长三角地区的近代缫丝工业虽然出现较早,且处于优势的地理位置,但发展较为缓慢。以上海为例,甲午战争前该地共有 8 家民族缫丝企业。1882 年黄佐卿创办的公和永丝厂是上海最早的一家民族资本缫丝厂,有 100 部法国式丝车及锅炉、引擎、吸水器等全套设备,1884 年丝车扩充至 232 部。但这时缫丝女

---

① 陈作海.缫丝风云录:记中国近代民族工业先驱陈启沅[M].广州:华南理工大学出版社,2017:45.

工未经充分培训与训练,操作不够熟练,因此制成的厂丝品质低劣,而且运往外国销售时,轮运需时,周转困难。1877 年,法国市场打开销路,丝厂得以恢复发展。到了 1892 年,公和永丝厂已有丝车 380 部,职工 1000 人。同年,黄佐卿增设了新祥机器缫丝厂,有丝车 416 部,职工 850 人。此后到甲午战争前期间,相继又有裕成、延昌恒、纶华、锦华、信昌、乾康 6 家民族资本缫丝工厂诞生,连同公和永丝厂与新祥缫丝厂共计 8 家,丝车共计 2576 部,职工 5850 名。

1894 年上海民族资本缫丝厂基本情况

年份	厂名	负责人	丝车数(部)	年产量(担)	职工人数
1882	公和永	黄佐卿	380	410	1000
1886	裕成	陆纯伯	210	227	400
1890	延昌恒	杨信之	220	238	300
1892	纶华	叶澄衷	500	540	1300
1892	锦华	陶吉斋	150	162	400
1892	新祥	黄佐卿	416	449	850
1893	信昌	马建忠	450	486	800
1894	乾康	沈志云　吴少圃　拔维晏	250	270	800
共计	8 家缫丝厂		2576	2782	5850

甲午战争以后,缫丝工业的发展在长江三角洲地区形成热潮。5 年之内上海的机械丝厂增加到 18 家,并在 20 世纪的头一个 5 年,又增加到 22 家。然而,在 1907 年以前,上海的丝厂数常常增减不定,丝厂的经营者更是变动频繁,所以新增丝车并不多。1897 年已有丝车 7500 部,1900 年却减为 5900 部,1905 年恢复到 7610 部,近 10 年间几乎没有什么增长。1907 年后,上海的近代缫丝工业迅速发展,新厂不断开设,设备也随之增加。当年,上海有丝厂 28 家,丝车 9686 部;到 1911 年,丝厂增加到 46 家,丝车增加到 13062 部。这一趋势,辛亥革命后表现得更为突出。1912 年,上海丝厂数为 48 家,拥有丝车 13392 部;1915 年,丝厂增加到 56 家,丝车增加到 14424 部;1920 年,丝厂增加到 63 家,丝车增加到 18146 部;1925 年,丝厂增加到 75 家,丝车增加到 18298 部;到 1930 年,上海的丝厂已达 107 家,丝车数量也已达到创纪录的 25066 部。该时期,在长江三角洲地区设立近代丝厂的热潮中,除上海之外,江浙两省的其他一些城

市也表现得相当活跃,其中最为引人注目的是无锡。无锡原先并无蚕桑丝绸业基础,却异军突起,一跃成为与上海并驾齐驱的近代缫丝工业重镇。

无锡缫丝业的发展高潮是在 20 世纪头 5 年后,据王翔教授《中国近代手工业史稿》(2012)的数据统计,从 1917 年到 1931 年,年年都有新投资,年年都建新丝厂,年年都添新设备。1932 年,世界经济危机影响到无锡缫丝工业,开工的丝厂和运行的丝车几乎减少了一半;但是从 1933 年起,无锡缫丝工业开始了恢复性增长,到抗日战争爆发前的 1936 年,无锡开工的丝厂数恢复到 1931 年的高峰期,运转的丝车则比 1931 年增长了 6.7%。这样的发展速度明显超过上海。1917—1930 年,上海的丝厂从 70 家增加至 107 家,增长 152.86%,无锡的丝厂则从 8 家增至 50 家,增长 625%;上海的丝车从 18386 部增至 25066 部,增长 136.33%,无锡的丝车则从 4532 部增至 15846 部,增长 349.65%。即使考虑到两地基数不同的因素,也应该承认无锡近代缫丝工业的成长确实速度惊人。

三、四川地区的缫丝业改良活动

处于内地的四川,尽管直到 19 世纪末都没有出现近代缫丝工厂,但 20 世纪初期开四川缫丝业近代化之先河的,仍然是民间人士。川北潼川府三台县人陈开沚(宛溪),“弱冠入泮为里塾师,非其志也。综观时务,可利己利人者惟实业一途,而困于力弱不能大展,与弟四人商筹佃富家大业种桑养蚕,弟亦努力赞助”(民国《三台县志》卷八)。到 1908 年,陈开沚创设裨农丝厂于家乡万安寺,购置 12 部木制意大利式足踏缫丝机,后来发展到 140 部丝车。1913 年,陈开沚在重庆设立敝川丝厂,次年又在川南的嘉定创办华新丝厂,“既获大利”。陈开沚辗转川省各地,推广植桑育蚕,新法缫丝。涪州地区“州昔少桑,光绪甲辰,邹牧宪章延三台陈宛溪来教民种植,渐次推广,蚕业可兴”(民国《涪陵县续修涪州志》卷七)。他又撰写《蚕桑浅说》《裨农最要》等书,为川省当局所赏识,令各州县仿效,从而引导和促使川省商民纷纷投资机器缫丝工业。对四川新式缫丝业的创立做出重大贡献的另一位民间有识之士,是合川举人张森楷。1901 年,他与十多位友人合股创办四川蚕桑公社,到江南先进地区考察购买桑苗、机器,招收学生教导改良蚕桑丝绸之法,三年为一期,以其毕业生到川省各地推广,“颇有成就”。1908 年,张森楷开办了经纬丝厂,1911 年又设立惠工丝厂。其后,四川各地陆续有近代缫丝工厂出现,到 1926 年,四川全省开业的丝厂有 18 家,大都位于重庆附近,共计丝车 4432 部,年产量 3000 余担生丝,大约占到全省蚕丝年产量的十分之一。1929 年,川省蒸汽丝厂增加到 25 家,后来因世界经济危机的打击而倒闭不少。到抗日战争前夕,全省有丝厂 20 家、丝车 6240 部。

一般来说,社会经济的增长是由资源、资本、劳动技术、资源配置和结构创新等因素所推动的。如果说技术、资源配置和结构创新包含在资源、资本和劳动力的使用中,那么经济的增长则主要决定于资源、资本和劳动力的投入。马克思说:"我们把劳动力或劳动能力,理解为人的身体即活的人体中存在的、每当人生产某种使用价值时就运用的体力和智力的总和。"①也就是说,劳动力是社会生产力中的决定性因素,各种资源只有为人所发现和利用才能推动经济社会的发展,资本也只有通过人的合理配置和有效利用才能发挥最大价值。问题是在上述要素中,资源和资本是自变量,是可以通过客观分析直观表述的。它们能引起的自变量是可以预测的,但劳动力这一要素既可作为自变量也可作为因变量,而且不易进行全面客观的分析,很容易陷入主观主义范畴。所以在手工业的近代化方面,研究经济、贸易、政治和文化对其影响的学者较多,但研究其技艺传习及模式的学者相对较少。

第四节 "官倡绅办"劝业机构中新式技艺研习与讲习

一、"官倡绅办"劝业机构创建因素分析

在中国,很多事情老百姓是仿效为官者的。"官员不仅是政治的权威,而且是教化的楷模。这是传统孵育出来的社会心理。因此,没有权威与楷模的倡率,新的东西总是难以为人接受和仿效的。"②除了官员外,未进入官僚系统的士绅阶层也是民众依赖的对象,"自顷新政推行,凡兴学、设警、务农、惠商诸大端,非得众绅协力,则财不集、事不成"(良父《告广西绅界》,载于《广西杂志》1910 年第 6 期),"大吏提倡于上,乡人负重望者主持于下,官绅合力,远近同风,不十年间各级学堂悉备"③。除了上述惯性外在因素,内在因素也是客观存在并发挥着重要作用,即在中国"农民资本缺乏,胼手胝足以冀有秋",没有"余

① 马克思.资本论:第 1 卷[M].中共中央马克思恩格斯列宁斯大林著作编译局,译.北京:人民出版社,1975:190.
② 陈旭麓.近代中国社会的新陈代谢[M].上海:上海人民出版社,1992:112.
③ 吴玉伦.清末实业教育制度研究[D].武汉:华中师范大学,2006:63.

资延聘高等技师消耗化学药品以为试验之资"①。作为一个东方农业大国，以农为本，重视农业是我国长期以来的国策，在此基础上，对社会弱势群体的关怀、救济便成为一种社会美德。无论是古代政府对鳏寡孤独群体的救济，还是明清时期出现各种行会组织下的善堂善会，均有力证明了这一点。相对而言，我国古代无论政府还是民间主导的公益性救助活动，基本上采用的是赈济或收养为主的救助模式，而近代的情况却有所不同。近代以来，我国的赈济救助理念开始由过去的劝课收养为主转变为教养并重。清政府为应对国际贸易逆差、国内失业流民问题，在"实业、教育救国"的呼声下，积极推出具有稳定社会发展功用的举措，其中"振兴工艺、挽回利权"便是一个较为有力的措施。新政后，全国各地建立的工艺局、讲习所等组织达数百处。这还未包含早在第一次鸦片战争时期就开始创办的具有一定公益性质的蚕桑局。这些遍及全国的非营利性机构一改传统救济组织以收养为主的慈善救助形式，改为注重教养兼施，以工艺教育来帮助一线手工业者、流民甚至是劳教人员等群体习得一技之长，体现了我国近代公益事业的转型发展趋势。当然这种转变是外力结构的改变导致内部的变化，"中外互市以来，出口土货不如进口洋货之多，非将内地农务、工艺、贸易、转运诸事实力讲求，不足以图抵制。近各省官绅有鉴于此，或劝课农桑，或创兴制造，或开学堂以研究新法，或设商会以联络众情"②。面对三千年未有之大变局，作为社会与国家栋梁的官员与知识精英们纷纷给出自己的判断与对策。有识之士一面致力于劝用国货、挽回利权，一面清楚地认识到"大凡人用之物，必求其价廉而质美，非强权威力所得而挽也，非令名美誉所得而诱也……非亟谋改良，不足以利销而维实业"③。尤其是在甲午海战之后，"在这种紧要关头，一般认为只有政府才能予以挽救。没有政府的干预、帮助或批准，任何改革也行不通"④。于是有人从宏观角度给出诊方，"目前有某御史呈递封奏，略谓近来各省贫民甚多，以至流为盗贼，请饬各省督抚转饬所属各州县稽查

① 李文治.中国近代农业史资料：第 1 辑：1840—1911［M］.北京：生活·读书·新知三联书店，1957：893.

② 彭泽益.中国近代手工业史资料：1840—1949：第 2 卷［M］.北京：生活·读书·新知三联书店，1957：505.

③ 娄凤韶.策进振亚公司商榷书［J］.商业杂志，1929，4（11）：40.

④ 中国第二历史档案馆，中国海关总署办公厅.中国旧海关史料：16［M］.北京：京华出版社，2007：338.

城乡内外贫民,挑选年力强壮者拨入工艺局学习工艺,其老幼废疾者则收养普育堂,妥为抚恤,以免勾结滋事云云"①。1898 年 7 月 24 日,刑部候补主事萧文昭从产业特色角度提出解决与外洋互市以来蚕业相对疲软的策略,他提出三个具体措施,"设立养蚕公院"、"严种桑"和"颁蚕桑书"。蚕公院,即为培养近代新式蚕业人才之所。支持变法的光绪帝在阅后当即谕示:"中国出口货以丝茶为大宗,自通商以来,洋货进口日多,漏卮巨万,恃此二项,尚堪抵制。乃近来出口之数顿减,若非亟为整顿,恐愈趋愈下,益无以保此利权。萧文昭所请设立茶务学堂,及蚕桑公院,不为无见,著已开通商口岸,及出产丝茶省分各抚督迅速筹议开办,以阜民生而固利源。"②有了光绪帝的支持,各地大员们虽然清楚当时的朝廷政权主要在慈禧太后一方,但基于王权道统和现实发展的需要,发展地方经济似乎是多方博弈后的共识,尤其是发展我国固有之传统农业经济,以农业经济支持工业经济的起飞,从而达到国富民强之目的,更是共识之中的共识。

地方官员在号召当地百姓兴办新式手工业传习机构时,就非常注意联合地方士绅,利用他们在地方群众中的威望和号召力筹集资金,或在有产者群体中寻求赞助,在"村农鲜有识字之人,而儒士绅缙,与农事又多隔膜。……迟至本年正月中旬,始催该绅耆,公举生员文庆长、监生张自立,人品端方、家道殷实,于农务亦颇通晓,堪充正、副会长……该生等情愿认为名誉会员,不支薪水"(《阳信县创设农学会上农工商局禀》,载于《农学报》)的同时"选派府属绅商之有产业者经理其事,聘明于种植物学、农艺化学人员为之教习,以讲求物值土性所宜、粪溉壅殖之法。酌拨地亩,俾试种以辨肥硗;略购机器,俾课功以判巧拙。树艺、畜牧次第推行,农氓目睹成规,自必乐于从事。更就上海之农学报馆改为农务总会,由臣另筹款项,重订章程,与各省联络协助,借收一树百获之益"(刘坤一《拟设农工商矿学堂片》)。在地方精英们通过工艺改良提升了效率,获得了比较收益后,民众自然会纷纷仿效,如江西余干县"四月表称,乡农种植,多守成法,因劝绅士讲求,以为之倡,本年上乡戴绅书升,在荒山试种茶桐,田内改种

① 彭泽益.中国近代手工业史资料:1840—1949:第 2 卷[M].北京:生活·读书·新知三联书店,1957:505.
② 梁启超.梁启超全集:第 1 册[M].北京:北京出版社,1999:204.

葵叶、糖蔗。中乡李绅思流,试种糖蔗三千余株,下乡各村,向种乌桕、茄叶、靛青、豆子,获利尚丰。本年种者尤多。风气较前稍开,现将奉发《农学丛书》,发存会议总局,饬绅会同考求,并嘱戴、李二绅主笔,择其与本地相宜、见效而易行者,摘出若干条,编成俚语,排印晓喻,使民易于领会,律可仿办。"(傅春官《江西农工商矿纪略·余干县》)在改良手段方面,采用新式机器技术进行传统手工业生产,对清末的中国来说,无疑是一项崭新的探索与尝试。倡办者和经营者均无摹本可效,也无成法可依,更缺乏相关专业知识。但在一些洋务官员和开明士绅们的支持下,在有志之士的呼吁配合下,各地还是兴办了相关的教育机构,如蚕桑局、工艺局、讲习所等。就时间先后来讲,蚕桑局的实践最早,工艺局和讲习所则主要在清末新政以后。

二、蚕丝业新式传习机构的创建与教育内容设置

晚清蚕桑局作为官倡绅办地方治理中的一种临时机构,主要内容就是通过劝课农桑,维护地方经济生活稳定,是传统劝课方式向近代推广模式过渡的重要形态。自道光二十二年(1842)回籍知县陆献在丹徒县设立蚕桑局始,我国蚕桑实业开启了局务机构式劝课模式,中途历经太平天国战火的洗礼,一度低迷,随后,随着国际贸易中对生丝的强烈需求,和战后地方督抚人事财权的扩张与众多治理事物分担的需要,蚕桑局与当时其他局务机构一起成为地方与中央合作互动的舒适地带。光绪六年(1880)河南蚕桑局编刊的《蚕桑纪要》中记载:"乙丑仲春,重至江北,得晤滇南尹莲溪观察时,奉湘乡相国檄,创立蚕桑局于清江浦上,见其所植之桑条繁而叶大,为从来所未见。"此后,蚕桑局在地方政府的支持下得到了较快的恢复与发展。"中国蚕桑业在 19 世纪 80 年代到 20 世纪初经历了最为迅速和广泛的地域扩张,当时有大量的政府官员在他们的辖区内推广蚕桑。新政之际,清政府更加注重实业,推行诸多举措。各地为提倡蚕桑,振兴实业,设立大量蚕桑局。早于维新伊始,新平知县詹坦成立蚕桑局,研究实业。"(《新平县志》)从鸦片战争至宣统三年(1911)这段时间内我国先后设立了各级各类蚕桑局 70 余处,仅从数量上可以感受到当时的蚕桑局这一机构是有着浓厚的政府和社会需求的。

鸦片战争以后至宣统三年间各地创设蚕桑局一览表

时间	倡导者	名称	备注
道光二十二年	陆献（知县）	丹徒县蚕桑局	探索了官倡绅办的兴农富农路径
道光二十四年	文柱	丹徒县蚕桑局	《丹徒蚕桑局规章程》与《蚕桑局事宜》成为清末劝课农桑的基本模式
同治元年	尹绍烈	淮安清江浦蚕桑局	
同治四年	涂宗瀛	江宁桑棉局	
同治五年	左宗棠（督闽）	福州桑棉局	
同治九年	吴承潞	太仓州蚕桑局	
同治十年	沈秉成	镇江蚕桑局	
同治十年	曾绍勋	金坛县蚕桑局	
同治十一年	方濬颐	扬州课桑局	
同治十二年	陈师舜	广西容县蚕桑局	
同治十二年	罗嘉杰（知县）	南汇县	捐廉购运桑秧、广为散给，并置田四亩，以课桑
同治十二年	沈秉成	上海蚕桑局	
同治十三年	任兰生	寿州课桑局	
光绪三年	宗源瀚	严州蚕局	
光绪四年	左宗棠	新疆蚕桑局	
光绪五年	宗源瀚	宁波蚕桑局	
光绪六年	方大湜	襄阳置局	
光绪六年	涂宗瀛	河南蚕桑总局	制定了详细的缫丝、织绸工匠与学徒管理的专门章程
光绪八年	谭继洵	秦州蚕桑局	
光绪九年	张彬	平定州蚕桑局	
光绪九年	张之洞	山西桑棉局	
光绪十年	朱干臣	天津蚕桑局	
光绪十一年	石康侯	天台劝桑局	
光绪十三年	梁大令	镇洋课桑局	
光绪十五年	黄仁济	桂林府	

续表

时间	倡导者	名称	备注
光绪十五年	孙乃诚	贵县蚕桑局	
光绪十六年	张师厚	广西来宾	
光绪十六年	李世椿	崇善蚕桑局	
光绪十六年	沈麟	东莞蚕桑局	
光绪十六年	李春生	台北蚕桑局	
光绪十六年	谭继洵	湖北蚕桑局	管理上出现了立体层级结构,即蚕桑局可设分局,分为府县、都邑级
光绪十七年	卢庆云	龙岩蚕桑局	
光绪十八年	涂官俊	泾阳蚕桑局	
光绪十八年	卫杰(候补道)	直隶蚕桑局	
光绪十八年	刘倬云	漳州蚕桑局	
光绪二十年	李鞱	沔阳蚕桑局	
光绪二十一年	曾鈜	陕西蚕桑局	
光绪二十二年	翁曾桂	江西蚕桑官局	发挥地方绅士表率作用,刊刻蚕书,汽机织丝。并在此基础上,内设立蚕桑学堂
光绪二十二年	舒绍详	兴平蚕桑局	
光绪二十三年	钟大令	奉新课桑局	
光绪二十三年	贾韵珊	赣州蚕桑总局	
光绪二十三年	吕桂芬	武康设局	
光绪二十三年	袁昶	芜湖课桑局	
光绪二十三年	王夔帅	直隶蚕桑局	
光绪二十四年	沈碧香	扬州农局	
光绪二十四年	蒋子岩	顺天蚕桑局	
光绪二十五年	黄秉钧	金华捐资设局	
光绪二十五年	王心斋	温州蚕桑局	
光绪二十五年	陈震	昌图蚕桑局	
光绪二十八年	饶敦秩	四川蚕桑总局	
光绪二十八年	龙璋	泰兴蚕桑局	

续表

时间	倡导者	名称	备注
光绪二十九年	何璧鎏	福州蚕桑总局	
光绪二十九年	许应骙	福建农桑局	
光绪二十九年	洪槃	高邮课桑局	
光绪三十年	端抚台	新阳蚕桑局	
光绪三十年	康寿桐	彭山蚕桑局	
光绪三十年	潘守廉	南阳县蚕桑局	
光绪三十年	丁葆元	河南蚕桑局	
光绪三十年		福建蚕桑总局	
光绪三十年	周馥	山东蚕桑总局	
光绪三十年		四川成都设局	
光绪三十一年	郭观察	常镇道官桑园	
光绪三十二年	赵大令	中江蚕桑局	
光绪三十二年	黄国瑄	定兴蚕桑局	
光绪三十二年	李普润	高淳课桑园	
光绪三十二年	张祖荫	易门蚕桑局	
光绪三十三年	许鹏翙	吉林蚕桑局	
光绪三十四年	秦树声	迤西蚕桑局	
光绪三十四年	冯树铭	密云蚕桑局	
宣统元年	崇谦	楚雄蚕桑局	
宣统元年		甘肃蚕桑局	
宣统三年		广东蚕桑局	

资料来源:根据《中国蚕业史》《晚清蚕桑局及蚕桑业发展研究》《农学报》《申报》《政治官报》等整理而来。除了上述有明确时间、地点等基本信息的蚕桑机构外,还有一些一时无法辑录相关信息的蚕桑局务机构,如高邮湖桑局、曲靖蚕桑局、汉中蚕桑局、常昭蚕桑局、川东川北昌桑秧局、安庆课桑园、墨江蚕桑局等等。

甲午战争后,由于清政府改革的被动性,蚕桑局的发展呈现出多样化的态势。换言之,主要是当时的政府已无力独自支撑国内诸多改革内容,所以在政策和实际管理上均出现了较大的松动,即从之前的官办改为官商合办,甚至直接改为商办。省级蚕桑局的出现使得蚕桑局的推广形式出现立体层级结构,

"蚕桑局可立分局,一分于府县,再分于都邑"①。由于承办方的角色和定位,蚕桑局的主体功能也开始演化与分解,属于行政管理部分的被农工商局或农务局等机构兼并,属于经营管理部分的被新兴企业(公司)或社会团体(行会)兼并,属于科技教育部分的被试验场、研究所兼并。蚕桑局演变的过程并不是平稳过渡的,中间也存在着一定程度的博弈与妥协,一度出现过蚕桑局兼并工艺局、新式学堂的情况。

蚕桑局在该时期的发展中,有一个现象值得关注,即省级蚕桑局的创建。该现象是在蚕桑局早期发展的基础上,通过多年的探索与实践后所形成的一种更具有近代性质的必然选择,有别于传统府县依靠地方官员和士绅的力量,采用传统的技术发展蚕桑业,而是采用较为现代的、具有政府加公司性质的局务形式。洋务派率先提出"惟省城开风气之先,首邑为百城之望,自应先于省会设立桑棉局"(《经世文续编》卷十三),进而直言"窃查前准户部咨……上谕徐树铭奏请饬各省举行蚕政等语,蚕政与农工并重,浙江、湖北、直隶等省均已办有成效,各省宜蚕之地尚多,即著各督抚饬令地方官认真筹办,以广利源"(卫杰《蚕桑萃编》)。清末名臣张之洞更是从国际视角陈述改革传统传习机构的必要性和可行性:"日本小国尔,何兴之暴也? 伊藤、山县、榎本、陆奥诸人,皆二十年前出洋之学生也,愤其国为西洋所胁,率其百余人分诣德、法、英诸国,或学政治工商,或学水陆兵法,学成而归,用为将相,政事一变,雄视东方。"(《张文襄公全集》卷二百零三)锐意革新的光绪帝也发现了蚕桑业对于国计民生的重要性,多次下旨各蚕桑区革新蚕政,兴办蚕桑局务。在清政府的倡导下,在地方督抚官员的推动下,最终诞生了一批省级蚕桑局务机构,有了省级蚕桑机构,不仅便于该机构内部间相互互动,同时也有利于不同省份之间的业务交流。但由于清末国内政治生态孱弱,加上列强环伺,在这种历史交替变换的重要时期,蚕桑机构的改革也与其他机构的改革相同,充满了艰辛与反复,最为显著的莫过于蚕业机构设置上的繁杂交错。例如,在蚕桑局广泛发展之时,难免会出现一些泥沙俱下的现象,1895 年,洋务名将李鸿章面对直隶蚕桑局的创办就曾指出"或政事纷繁,不遑兼顾;或视为不急,未肯深求。间有究心树艺,一经迁任,柔桑萌蘖多被践踏斧戕。及综核名实,咸以北地苦寒,不宜蚕桑对,每闻而疑之"(卫杰《蚕

---

① 论湖南宜兴蚕桑之利[J].湘报,1898(78):309.

桑萃编》卷十二)。美籍学者李明珠更是尖锐地称当时各地推广蚕桑机构"失败的记录和创始的记录一样"。

虽然上述学者的论断有些武断,但可以感受到的是当时的蚕桑机构已非个案。首先是蚕桑学堂、农务总会、工艺局、讲习所等相似机构的迅猛出现,二者在很大程度上较为一致,或者说后者是前者的升级版,但后者并没有明显针对或倾轧蚕桑局的存在,1896 年至 1911 年,全国省府州县带有"蚕桑"二字的专业学堂就有 49 所之多。新政开始后,各地的蚕桑局虽然仍然劝课农桑,但在蚕桑机构方面已不再是一家独大的局面。1904 年,在袁世凯的支持下周馥"拟创立树艺公司,又创设蚕桑总局"。1906 年,四川省督衙门设有劝业道、务农会、蚕桑局、蚕桑传习所、农事场、蚕桑公社等。宣统年间,焉耆府皮山县设有农林试验场、农林讲习所、实业小学堂、蚕桑局等。1908 年,迤西道秦树声开办蚕桑学堂,设蚕桑局作为试办。1911 年,河南省城设立蚕桑总局、农务总会、农事试验场,各属筹设农务分会及蚕桑实业学堂。其次是蚕业局内部机构的整合改革。新政以来,由于蚕桑局近代转型表现乏力,上上下下对各地方蚕桑局多有质疑,作为官倡绅办的一种民间工艺机构在风雨飘摇的社会背景下,蚕桑局的发展走向了支离破碎的局面。一是蚕桑局的教育与科研职能被蚕桑试验场、实验所、蚕桑学堂等取代,这是由技术在蚕桑业中的重要地位决定的。1903 年,江西南昌知府江毓昌将省城蚕桑总局所有种桑、育蚕、缫丝各事交由农事试验场经理。1907 年,闽浙总督松寿饬福建农桑局,将此项中等实业学堂命名为蚕桑学堂。1909 年,颍上县拟就原设课桑园开办农事试验场。1911 年,顺德蚕桑局改名为顺德府蚕桑模范试验所。二是作为蚕桑局最为显著的劝课职能,"被农工商局、农务局、劝业道、垦牧树艺总局、农会等官府机构取代。自戊戌变法以来,个别省级蚕桑局出现归并,府州县并没触及。继承了传统劝课内涵,开启了农业推广新模式。光绪二十四年(1898),受奉大府命,将湖北蚕桑局归并农务局,机织归并工艺局"(《富华纺织绸缎所招股并章程启》,载于《农学报》)。1909 年,各省增设劝业道,命令各县将农务局改为劝业分所,彭山县蚕桑局等并入办理,以为开发实业之地。三是蚕桑局的经营职能被公司、公社等机构取代。甲午战争后,实业救国的呼声日益高涨,为了满足士绅转变为绅商的社会发展需求,以集资、股本等形式出现的公司、公社成为一时热潮。"光绪三十二年(1906),镇江前任祥太守虽曾劝设课桑园,奉商部札饬商会以振兴实业为劝,经商会议员吴君等,纠集股份

组织兴办蚕桑公司。"(《创设商办蚕桑公司(镇江)》,载于1906年《申报》)

上述机构的出现如果只是名称上的变化,那么它们将不可能有发展。值得欣慰的是,上述新式机构在理念形成、技术传授、管理运营、教育对象等深层次的内容方面有所突破,该部分待后面叙述,此不赘言。近代新式技术的传习作为清末蚕桑局区别于传统官员劝课农桑的显著标志,也是判断近代转型的标尺。1904年,闽省创设蚕桑总局,各州县筹款设局,延聘教习,赴东洋购买已验之蚕纸,缫丝之机器。1906年,京城商部议设蚕桑总局,并于局内附设蚕桑学堂,延聘外洋教习,以期统领各省蚕桑局。他们采用建章立制、多方募款、购买机器、引进新式技术、聘请洋人教师等一系列具有近代意义的举措,为我国传统特色手工教育迈入近代化做出了大量的有益尝试。这里面有外力的推动作用,更多的则是一种不甘于人后的家国担当和民族精神力量在抗争。其中典型的代表莫过于张之洞于湖北创建的蚕桑局,该局通过招股官商合办、官督商办形式,改变了以往传统官员劝课蚕桑的经营模式,有了明显的近代工厂特征。

晚清省级蚕桑总局多出于督抚之倡导,在管理体制上较之前有了显著的近代化特征,其中最为根本的莫过于该时期制定了明确的蚕桑局章程,突出了该时期蚕桑总局的特征与特色,体现了地方官员与士绅之间的一种博弈与协作时空境域,从而使得早期各地的蚕桑局由野蛮生长演变为一种有组织、有章程、有规范的秩序发展。在各蚕桑总局出台的章程中,湖北蚕桑总局的章程较为完备,现将1897年《农学报》第一册中《湖北蚕桑局章程厘定章程二十六条》摘录如下:

第一条:桑株自光绪十六年冬,派员赴浙采办,回鄂时设局散发,由各州县具领转给民间,次年夏复购桑子,给民自种,并于江夏两县租买隙地,广栽桑株,播种桑子,以为发给乡民,并局中养蚕之用,嗣后每年采买一次,循以为常;

第二条:桑株散发,由州县请领外,并准各乡民随时赴局报明请领,按数登记,统限于正月半前后赴局具领,惟不准稍有轻弃;

第三条:局中种桑地段,每逢春初,派匠带徒,将桑株未接者,均行接过一次,冬初复派匠至各处修剪桑条,并教导乡民剪接之法;

第四条:各州县中,所发桑株,有须剪接者,准其具文申请派匠前往剪接,并以其法教导乡民,俾其周知,以期推广;

第五条:每年采办浙桑时,即兼购蚕种,除局中留养外,悉分给乡民,令其如法饲养;

第六条:局中除养蚕取丝外,即广收民丝,凡持赴局求售者,必为收买,不得推拒,庶乡民知养蚕有利,人乐争趋;

第七条:各州县中,如有偏僻地方,民人养蚕取丝,无处售卖者,准该管州县垫款收买,解缴省局,由局查照垫卖之数,补还州县;

第八条:所收各丝,于本地招雇络匠,由局给以伙食,每络粗丝一两,额支工钱二十文,细丝一两,额支工钱四十文,至每日络工,粗丝限四两以上,细丝限二两以上,不得过形短少;

第九条:络丝除男工外,并另招民女,由局中苏妇,教以络法,其已熟者,给丝领归自络,工钱亦照男工按两发给,俾广生计;

第十条:生熟各机,定以功课,每熟机一乘,除牵经接头外,每日限织三尺,生机一乘,除牵经接头外,每日限织四尺,学徒则熟机每日限织二尺,生机每月限织三正,按月于发给工价时,通行考较一次,有不及者,查照亏短数目,扣罚工资,多则于扣罚项下提赏;

第十一条:织成之绸,责令司事随时编号登簿,无有遗漏,除每月造报收数若干外,必俟其绸卖去,原号方准开除;

第十二条:绸由浙绍招雇染匠,采买苏靛,仿照苏杭练染成法,颜色鲜明,设柜销售,并开列名目,酌定价银,出示各市镇,俾商买居民人等,随时赴局采买,照价付银,以昭公允;

第十三条:售绸银两,随时交存钱店,专备买丝支用,无论何项,不得开支,以便周转;

第十四条:局中每日五点钟,发梆一次,匠徒齐起,六点钟上工,十点钟早饭,十一点钟上工,五点钟收工晚饭,所有上工下工开饭,均以发梆为度,如有不听梆响,辄行下工者,由监工人斥责;

第十五条:局中匠徒上工后,不准擅出机房,如有事故,应需请假者,必向经管司事言明,方准给假;

第十六条:局中出入丝绸,以及发售绸,均责成司事经理,随时登簿,按月将各项数目,并同局用收支,逐项开报一次,以便稽查;

第十七条:局中督办候补道一员,每月薪水银五十两,驻局总办一员,每月薪水银四十两,帮办一员,每月薪水钱十六申文,司事经管报销文案一人,经管买丝卖绸,以及收发丝绸,催督工匠,查看桑园,计四人,监工书办各一人,每月

辛工或洋十二元,或钱十二串八串六串不等,伙食均由局另备;

第十八条:生熟各机,开织者五十架,计宁匠二人,专织缎,苏匠四人,专织荆锦宁绸,苏妇一人,专教导民女养蚕络丝,杭匠二人,专织花衣,湖匠四人,专织湖绉,匠四人,分织花罗线春官纱纺绸等项,除由局给与伙食外,每名每月,各给工洋十元;

第十九条:学织挪花各徒,合计八十余人,分派各匠学习,伙食则每名每日额定钱五十文,由局备办,其租晓绸织者,月给零用四百文,至手艺精熟,可以专织一机,则逐渐加给工资;

第二十条:学徒准随时收录,其有手艺已成,情愿出局自行开机者,毋得留难,并准将织成之绸送局,代为练染,仍交该徒自售,俾广利益;

第二十一条:局中每月额支,合计委员司事薪水伙食,并织匠学徒染匠纺匠打线络丝以及杂役人等,所有工食,共约钱六百数十串文,加以灯油纸张杂用,每月应额支钱七百余串文;

第二十二条:局中各织匠,本系由苏浙等处招雇来局,教导本省子弟,因不惜重给工资,须俟各学徒手艺精熟,可以转相传授时,即行资遣回籍,以省局费;

第二十三条:雇来织匠,既派有学徒,自应悉心教导,务使该徒手艺有成,则将来遣令回籍时,更必优其奖赏,以酬勤劳;

第二十四条:局中内外一切,悉由驻局总办委员督率经理,以一事权;

第二十五条:局中清晨启门,二更锁门,凡有闲杂人等,往来出入,均责令把门,严为查禁,以肃局规;

第二十六条:是局本为开民风气而设,自应推广,方征利益,所有领桑各州县,如有禀请设立分局者,当即派令手艺精熟学徒,前往教导,以徒授徒,其势甚便,而苏浙良法,亦可推而弥广,是又当深以厚望。

通过上述章程内容不难看出,当政者与士绅以"欲图本富首在修农政、欲修农政必先兴农学"为指导思想,以广利源为宗旨,以"派匠带徒—悉心教导—务使有成—以徒授徒—随时收录—推而弥广"为路径,以教民课桑为突破口,通过雇匠、授徒、模范等手段以达到"一家行而一乡效焉,从此逐年推广,贫民知种桑之利,亦得遂其生计矣"①的最终目的。

---

① 中国地方志集成[M].上海:上海书店出版社,1991:607.

湖北蚕桑总局动议于光绪十九年(1893),由江浙招募织匠,购买机器,创办蚕桑局,"并招徒令其教导,及养蚕缫丝栽培桑株各法,以开风气,而广利源"。直到光绪二十一年(1895)四月,才开始"勘定皇殿之西,旧有官地一段,择吉兴修,合计匠徒,机房住屋及委员司事杂役人等,上下堂房屋宇,共八十余间,实支银三千八百五十余两"①。该局成立后着实发挥了其劝导示范的功用。据《鄂省奏请创兴工艺附蚕桑局试办折》记载:"光绪十六年,臣谭继洵到任后,即经会同臣(张)之洞谕饬司道筹款兴办蚕桑,曾于十九年三月,将办理情形会衔具奏,旋因办有成效,臣(谭)继洵又于二十二年……广招学徒,添设织机六十张,仿织江浙绸缎各料,精益求精,销路愈广,经费足资周转。现拟扩充规模,就局中委员司事兼管,新募工匠学徒,讲求工艺,以备农桑蚕织之不足。"②为了确保湖北本地蚕丝原料能够改良,张之洞还特意将该省蚕茧进行试验。"臣将湖北蚕茧寄至上海,用机器攦出,质性甚佳,与江浙之丝相去不远,亟应官开其端,民效其法,庶可以渐开利源。"③在确保该地蚕茧原料可以改良后,张之洞利用自身优势,聘请日本专家来传授新式养蚕技术。"湖北向设蚕桑局,颇有成效,然皆用旧法,兹张制军将局裁撤,并归农务学堂。聘请日本蚕师,教习饲蚕之术。计聘日本教习正副二人,均东京蚕业讲习所卒业生。正教习为中村喜藏,卒业后为山形县官立蚕业学校长,本拟至中国游历,适有聘请之事,遂应政府之派,已于三月间到上海。勾留未几,即赴鄂。"(《鄂兴蚕政》,载于《农学报》)该段引文一则表明了该局聘请了日本技师来鄂传授新式蚕业技术,也就是在此时,该蚕桑局被收编为湖北农务局下属机构,原来蚕桑局中的技艺传授部分并入了湖北农务学堂,进而完成了蚕桑技艺传授由官倡绅办的非官方机构向官方主办机构的演变。

值得提及的是,由于各地蚕桑局良莠不齐,且为官绅合办,其过程中难免有一些不可避免的矛盾。清政府为了收统制之效,进行了改革,将各地蚕桑局等非官方局务机构进行收编,湖北蚕桑局也就顺应政府要求并入了湖北农务局。

---

① 彭泽益. 中国近代手工业史资料:1840—1949:第2卷[M]. 北京:生活·读书·新知三联书店,1957:192.

② 彭泽益. 中国近代手工业史资料:1840—1949:第2卷[M]. 北京:生活·读书·新知三联书店,1957:193.

③ 苑书义,孙华锋,李秉新. 张之洞全集:第2册[M]. 石家庄:河北人民出版社,1998:942.

据有关研究表明："湖北农务局虽已设立三年，但实际上是一个空架子，并没有多少事情可做……原来的管理者既不懂农学，又不懂教育，把学堂弄得一团糟，却归罪于学生和教师。认为学生是败类，不堪造就，教师不好好教学，只知道要这要那，所以要想从根本解决问题，只有关闭学堂了事。"①1900年，张之洞为了整顿该局，也为了尽早尽多尽好地培养新式人才，他率先把改革的重点放在了该局所主管的湖北农务学堂上。在整治学堂方面，他采取了专家治校的策略，首先聘请了学贯中西、对中西农学研究深厚的专家，也是我国《农学报》创始人罗振玉先生。罗振玉接手之后，对农务学堂做了一番了解，搞清了那里的教师、学生、收支员和监督校长的情况，发现"他们都高高在上，不接触实际，收支员掌握大权。翻译既无学问根底，又想在其中谋取私利。例如，他们建议课程中减少日语的课时数，监督便稀里糊涂地采纳，致使开课三年，学生还不能直接听课，需要翻译，而翻译译出来的讲义文理不通，更使学生成绩不能提高。日本教师平常见不到管理人员，有事不能直接说，也因此心情不快。而要这要那，是收支员在其中捣鬼"②。针对上述情况，罗先生决定先从校风校纪入手，订立章程，严格管理，在开除了数名冥顽不化之徒后"学生中立刻风纪严整"。初见成效后，罗先生决定当面向张之洞提出改进学堂发展的方案。一是革除滥竽充数的教员，首先就是该学堂的翻译，罗先生强烈建议换掉；二是要求拨地建试验场，以收理论与实践相结合之效；三是加大整顿校风校纪力度。张之洞听后表示赞同，均给予支持。农务学堂原来的监督是张之洞的幕僚，当他得知罗先生既不按他的意思来办学，又要赶走他安排进校的翻译的消息后，不仅不配合张之洞整顿学堂行动，反而暗中使绊子，私下里给即将被辞退的翻译们通风报信，唆使他们以全体辞职相要挟。岂料罗先生早有准备，在他们以为学堂教学工作会陷入瘫痪之际，不久罗先生便致电招来了他原来在上海东文学社时的学生王国维和樊炳清。两人年初一起到达武昌。他们不仅熟悉日语，还懂得日本文化，于是和日本教师很快便熟络起来，教学工作不仅顺利而且效果良好。正是由于他们的帮助，峰村喜藏教习的蚕桑调查工作和教学工作得到了顺利开展。峰村喜藏教习在写出"武昌桑树调查表"后不久便拟定了《湖北农务学堂蚕学实修纪要》。纪要大致内容如下：

---

① 张连科. 王国维与罗振玉[M]. 天津:天津人民出版社,2002:50.
② 张连科. 王国维与罗振玉[M]. 天津:天津人民出版社,2002:50 - 51.

序号	项目名称	具体内容
一	实修开始	实修定于二月十一日为始
二	扫蚁豫定	
三	蚁量之区分	
四	催青期中所行之事	蚕种催青、秕糠调制、制簇、蛾袋调制、蚕室蚕具之消毒净洗、扫蚁预备
五	催青中定授业之时,别表	
六	实修期中各事之责任	气象观测、采桑、贮桑、剉桑、养蚕之实修、试验育、杂事
七	蚕室之区分	
八	学生之分组	三人一组,共十组
九	照蚕室分派学生及室长	
十	当值	凡桑场当值者,则贮桑、剉桑等事

经罗振玉的一番整治,农务学堂大大改观。经过两年的改良试验,该局不仅扭转了当初人浮于事、学风淫邪的风气,使得"教习循循善诱,学生懔懔受命,饲育之法,日渐改良,结果之数,臻至上乘"(《武昌农务学堂报告》,载于《农学报》),同时还留下了一系列的实验研究成果,如"气象观测表""饲育经过表""实修收茧表""光绪二十九年实修总论""实修新园种试验诸桂种总论"等,为后来我国蚕桑业的现代化做出了有益尝试并奠定了良好基础。

如果说上述蚕桑局属于一种"单科性"官倡绅办的具有一定公益性质的民间商业机构,那么工艺局及传习(讲习)所则属于政府主导下的一种"多科性"非营利性的官绅合办的教养机构。清末数次国内外重大战役后,留给清政府的无疑是满目疮痍的社会,其中城镇大量失业的手工业者和广大失去土地的流民成为当时社会失稳的重要因素之一。为了有效地解决上述问题,当时的志士根据时局态势,审时度势地提出了"以教代养"的策略,即依靠政府和社会的力量,创办符合流民特性和时代需求的"教养"机构,在将大量流民快速转化为拥有一技之长的匠民(工人)的情况下,实现移风易俗和产业发展革新的最终目的。庚子国难后,大量无家可归、无业可守之难民聚集京城,如不有效管理势必造成二次伤害。为了稳定京城局势,必须安抚灾民,传统的以舍粥的方式赈灾养民在当时的情况下显然是行不通的,也不符合当时的社会现实,但灾民的安抚与安置工作又必须做。此时,热心于振兴工艺、挽回利权的实业派志士黄思永、黄中慧父子决定在京城琉璃厂设立北京善后工艺局,并上书朝廷"惟有多设工艺局,分别教养,不独销目前之患,且可开商务之源,虽稍糜(靡)费于一时,而可获利于异日,一举数善"①。感于黄氏父子的担当,当时的清廷即刻批示:"京师游民甚繁,以教工为收养,实于生计有益,著照所拟,于京师内城外城各设工艺局一所。"(陈璧《望岩堂奏稿》卷三)在得到清廷的准许下,黄氏父子"以收养游民,开通民智,挽回利权,转移风气,四端为宗旨"②,以流民和孤贫幼童且愿意习艺者为招收对象,以因材施教和不拘一格为教习特点,以工读方式为抓手,以工而兼商为特色,成功地探索了动荡背景下的技艺传习模式。因材施教的教习实践,如"惟间(闲)荡日多,骤难就范,必须衣食先于教诲,督责出于优容,去其旧染之汗,复其固有之善,先入迁善所数日,察其性情材质,再发工厂肄业,董劝兼施,徐图观感"③;不拘一格的教授内容,如"书画、数算、镌刻、织布、织绒毯、绣货、珐琅、铜铁、瓦木诸作之类,现已分雇各种教习数十人,因材施教。教习不尽心者更换,学徒不受教者斥责"④,注重实地调查研究,兼采西法,辅以报馆学堂,启迪民智,养成掌握新式技能之人才。学习期限,一般学徒俗例三年,但该局在特殊时期造就人才,"不拘常例,或一年或二年,学业有成,教习酌给酬劳,学徒亦有奖赏"。在鼓励创新方面,能创新法制造者得嘉奖。"凡在本局充教习学生者,练成高等技艺,较寻常工匠能多得工钱,多养家口,将来皆立可大可久之业,不仅糊口于一时。"⑤为了充分发挥地方士绅的自治能力,在政策允许范围内,该局运营管理采取"工而兼商,不请官款,专归绅办"的方式,即该局是在官方保护下,由士绅专门负责运营管理,在具体管理上,"凡创一议办一事,总在

---

① 彭泽益. 中国近代手工业史资料:1840—1949:第 2 卷[M].北京:生活・读书・新知三联书店,1957:516.

② 彭泽益. 中国近代手工业史资料:1840—1949:第 2 卷[M].北京:生活・读书・新知三联书店,1957:518.

③ 彭泽益. 中国近代手工业史资料:1840—1949:第 2 卷[M].北京:生活・读书・新知三联书店,1957:518.

④ 彭泽益. 中国近代手工业史资料:1840—1949:第 2 卷[M].北京:生活・读书・新知三联书店,1957:518.

⑤ 彭泽益. 中国近代手工业史资料:1840—1949:第 2 卷[M].北京:生活・读书・新知三联书店,1957:519.

得人而理,方有成效"①。该局专归绅办,官方为保护,设立总董一名,司账二名,仓管数名,其余每办一事,即设一司事作为专职,同时付给必要的薪水,将来办有成效时,获得利益的在事人员,可明提成数作为股份,但平时不准擅自挪用公款,以此达到人人皆可尽心任事,避免流弊。所以,工艺局开办之后不久便取得了明显的成效,"甫及三月,成效渐著,所作器物精美殊恒,泰西商人亦相率付赀定购,惟恐不及"(《皇朝经世文新编续集》卷九)。当时的新闻报纸也报道了该局创办的成效:"近日,黄慎之学士创工艺学堂于京师,聘有东洋教习五人、机器师一人,其所教之工艺若织布、织毡、刺绣、造景泰蓝、陶器、木器凡十余种,获利甚厚,收养贫民无算,亦著有成效矣。"②与此同时,在江西等地也有地方士绅请求开办以传授贫民必要技艺为目的的传习机构。光绪二十六年(1900),江西士绅向当地官府申请创办地方工艺局,"先集资本银三千两……收养贫民子弟,延请教习,讲求染色诸法"③。

在上述士绅创办的工艺局卓有成效的背景下,清政府决定在全国各地推广工艺局。光绪二十八年(1902),顺天府尹陈璧率先遵旨在北京外城下斜街购置民房一所,又租赁数所,共计200余间堂舍创立工艺局,"共设工厂十余科,分官办、商办、官助商办三大类"④。该局设有印刷、织锦、陶瓷等,"凡工执艺事十有六类,均令一面作工,一面授徒""流丐中择其少壮者,亦量为收留,计口而授之以食,因材而教之以勤。……此十余项中,易于仿造,成本不至亏折者,开局后,即行招商承办;其不易仿造,必须筹垫成本者,由官仍招匠教徒,俟稍著成效,再行招商承办之后,官仍假以局所地场,匠作器具,并养瞻艺徒犒赏工师。该绅商等得此利益,鼓舞乐从,接办一项,则官本减轻一分,便可另办他项工艺。所教各艺徒,分别年限卒业,以学成之多寡,定工师之殿最。成材尤多者,或给予功牌"⑤。此外,该局还开设了劝工场,类似于今天的展销馆,一是将本局所产的

───────────

① 彭泽益.中国近代手工业史资料:1840—1949:第2卷[M]北京:生活·读书·新知三联书店,1957:517.

② 论山东筹款事[N].申报,1901－10－22(3).

③ 振兴工艺[N].申报,1900－06－17(9).

④ 彭泽益.中国近代手工业史资料:1840—1949:第2卷[M].北京:生活·读书·新知三联书店,1957:506.

⑤ 彭泽益.中国近代手工业史资料:1840—1949:第2卷[M].北京:生活·读书·新知三联书店,1957:507.

工艺品进行展示和销售,二是销售非本局所产的别开生面的工艺品,同时还颁发优异商标执照。开办初期,该工艺局设有工艺学堂、农务学堂、劝工厂。光绪二十九年(1903)八月,陈璧奏请附设农科,工艺局初具规模。据资料记载,工艺局"开办以来,募致外洋外省专门工师来京,分科制造器物,教习艺徒。计农务则有凿井、铁工二科……木工则有华、洋式木器各一科,藤工则有华、洋式藤器各一科。此外,又有绣工、箱工、镌磁、胰皂、玻璃各科,多系京中未有之工艺。又于南苑领出荒地,招农开垦,先开稻田,教以种法,余种葡萄、桑麻,以备酿酒、缫丝、打索之用,规模粗备,京师工艺之增进自兹始"(陈璧《望岩堂奏稿·年谱》)。其中织染科规模最大,学徒198人,工匠、匠目和工师40人,占比分别为51%和37%。同年,该局由顺天府移交商部(后称农工商部)管理,遂称农工商部工艺局。光绪三十三年(1907),该局在办有成效的情况下请旨推广:"工艺局树全国艺事之模型,为各省劝工之倡导,现招生徒五百人,分隶各科,责成工师,认真指授,就所学之难易,分别二年一年毕业。近来屡奉明诏,饬令振兴实业,近畿一带,尤宜首先设局倡办。此项生徒学成以后,除由本局留用外,凡顺直各属所设工艺等局,准其聘往传授,以振工业,而广师资。如蒙俞允,即由臣部转行钦遵办理。所有工艺局招考生徒毕业后,准由顺直各属聘用缘由。"光绪三十三年(1907)十月四日光绪帝朱批"依议,钦此"。为树全国工艺之模型,除了设局教民之宗旨外,最为重要的莫过于具体的操作环节,本节特将该局扩充试办简章中的学徒、匠徒与工师规则简要摘述如下:

招募工徒条例:

第一条 工徒年岁,以十六岁以上,二十二岁以下者为合格。

第二条 工徒身家清白,体质强壮,毫无疾病者为合格。

第三条 工徒须读书一二年,能稍识字为合格。

第四条 招考工徒,须取具亲族甘结,妥实铺户,盖印图章保结。

第五条 工徒招考一月之后,随时甄别,应俟期满,再定去留。

第六条 工徒甄别留局之后,即作为官费工徒,除由局供给伙食外,每月酌给津贴银元一元。其去家路远,或家住乡村者,由局备宿舍。

第七条 工徒入局后,每年春秋两季,发给单夹操衣各一分。

第八条 工徒入局后,应用书籍纸笔器具,由局发给。

第九条 工徒入局一年之后,察看技艺及格者,即作毕业,发给凭单,按次序推升。

第十条　工徒毕业后,可升为工匠、匠目、工师等名目,递加津贴,由二元至四元,或六元九元不等。

第十一条　工徒毕业后,有技艺超群,升作工师者,由局呈请本部赏给八九品艺士职衔执照,以示优异。

第十二条　毕业工徒,须在本局效力三年期满,方准自赴他处作工。若由本局派往各工场及各公司者,不在此例。

第十三条　工徒考取之后,有不遵本局条规,或性情懒惰,实在不堪造就者,当随时革退。

第十四条　官费工徒,未经毕业;或已毕业,未满效力年限,而私往他处作工,或故意犯规被革者,均须追回历年所给工食津贴,及书器等费。

各科匠徒执事规则:

第一条　凡匠徒在场工作,必须整齐严肃,不准接谈嘻笑。下工时,各依次序,按照体操便步法行走,不得紊乱。下工后,各归宿舍,亦不得杂聚喧哗。

第二条　工徒众多,虽有工师匠目约束,恐难周备,每十名以上酌量选派徒长一名,为工徒表率,听巡查工师匠目指挥。

第三条　匠徒工作,凡遇夏至前后各一个月,每日以十一点钟为限,冬至前后各一个月,每日以八点钟为限,其余月份均以十点钟为限。按年正月开工以前,刊定表式,揭示通场。

第四条　每日上工前一刻,各匠徒齐集稽查处,各持名牌,听候打点,持牌依次入科。到科后,各将名牌挂监工处,以凭查核。

第五条　作工时限,各匠徒家属来到,一概不准带见,须由号房呈明稽查处,允准后,引至匠徒接晤室相见,只准以二刻为限,不准逗留,亦不得擅入宿舍。

第六条　匠徒上工时,不准携带违禁之物入场;下工时,不准携带丝毫材料器物出场。所有工场宿舍器物,各自照料,应加意节省爱惜,不准任意毁坏,亦不准私授他人。

第七条　匠徒无故不准擅出大门,如有事外出,应报明情由,经监工处允准后,领公出小牌,到稽查处挂号,限时缴牌回场,不得逗留游荡。

第八条　工徒人数众多,应选派工师匠目,随同监工照料约束。该工师匠目应照本场条规,约束工徒,如有违犯,立即报知监工处禀请坐办惩办。倘该工师匠目,有意瞻徇,自行犯规等情,查出一并从重惩治。

第九条 工场宿舍,均须洁净。各工场每晚收工后,未下班一刻钟,各自洒扫。其宿舍则每晨未上工以前,由巡查轮派本舍工徒打扫,务须一律清洁。

第十条 匠徒到场,非有婚丧大故,以及本身重病,父母妻子患病垂危,不准请假。倘有假冒,查明重罚。

第十一条 匠徒有因事病久假不到场者,应着落原保查提。倘再逾期不到,即将该匠徒所得津贴,自到场之日起,一律追缴。

第十二条 损坏场中器具,除酌予记过外,仍查照该器原价,由本月辛工津贴项下扣抵,如所抵不敷,仍责令该家属及原保赔偿。

第十三条 偷窃场中器具,除革退或发习艺所充当苦工外,仍照该器所值,责令家属及原保赔偿。

第十四条 放纵无礼,记大过一次。如三次不改,即予革除,由到场之日,追缴津贴。

第十五条 匠徒在场寄宿者,每日于上工前一点钟即应起床盥洗,扫除宿舍,依限进场。凡吃饭时限,不得争较喧嚷,晚间以九点钟一律息(熄)灯就寝。

第十六条 匠徒患病,由稽查处验明,送医士诊治。医药饮食,由局中开支。

第十七条 每月按星期放假休息。

第十八条 每年自腊月二十五日,至次年正月十六日,为年假之期,其余清明、端午、中秋各节,及万寿圣节等日,俱各放工一日,作为本局放假日期,照发辛工津贴,免其计扣。

第十九条 工师、匠目、工匠、工徒,凡遇事假病假,均须按日扣发津贴。

第二十条 匠徒凡遇记过除扣津贴外,仍须酌量大过小过,酌扣正工资格。

第二十一条 工匠工徒,如遇毕业升奖之期,所有以前扣假扣工,均须计日补足,始能奖拔。

第二十二条 阖场匠徒,每届三年,举行考试。每届一年,举行大考,分别升降去留。

第二十三条 阖场匠徒,每日分班学习书算一点钟,但须视工徒资质,量材施教,另有讲堂规则专章。

雇募工师条例：

第一条　工师以技艺熟谙、品行端正、情殷传授者为合格。

第二条　工师应听本局管理及坐办监工约束,局中上工放工时限,休息日期,一切章程,均须遵守。

第三条　工师到局,充二等工师,每月发给辛工银元二十元,伙食在外,以后教练工徒,著有成效,擢升一等工师,每月给辛工银三十元;伙食在外。

第四条　工师除教导工徒外,遇有工作,仍须动手作工。

第五条　工师到局后,如能改良旧法,发明新艺,仿造洋货,由本局分别呈明本部,赏给八九品艺士职衔,以资鼓励。

第六条　工师效力三年,如工徒教育普及,进步迅速,由本局呈明本部赏给九品艺士职衔;效力六年者,赏给八品艺士职衔,以示奖励。

第七条　工师如能技艺超群,人难仿效,为世传独得之秘,本局察看,酌量可递补一二三等教习名目,其辛工银由二十两至五十两。

第八条　本局工艺发达,能获余利,工师亦得同分花红。

第九条　工师到局,每年由本局发给冬夏两季单夹操衣。

第十条　工徒遇有放纵无礼,懒惰误公等情,由工师禀明监工惩处,工师不得擅行责罚。

第十一条　工师到局后,设有疾病,由局医治,并由局预备医药,并不扣发辛工。倘工师托病误工,或因事请假,照章按日扣发辛工。

第十二条　工师除婚丧大事外,到局三年,方准给假回籍省视,发给来回川资,并不扣发辛工。工师亦不得无故旷工,请假回籍。

第十三条　工师教授不力,屡犯局章,立即革退,所保奖衔,同时销除,并不给与川资。

第十四条　远省工师在厂病故,酌给殓费。如该工师因私事离厂,路遭不测,不在此例。

第十五条　以上条例,专指华工师而言,如募洋工师,另有专章。

通过上述条规可以清晰地看出,彼时工艺局的技艺传习已经具有近代化雏形了。它明确了教育者与被教育者之间的关系,打破了传统教育模式中单向制的责任问责模式,即在技术传习过程中,不仅对学徒进行严格考核,同时对教习(教师)也进行了严格的考核,成绩优异者给予物质(工资)和精神(品级艺士职衔)上的双重奖励,以促使教者全力以赴地教授,学者心无旁骛地学习。值得一提的是,学徒在学习实践过程中若不小心犯了错,工师是不能即时责罚的,而是将情况反馈给监工,由监工视情形而定夺,这确实是一大进步。

三、陶瓷业新式传习机构的创建与教育内容设置

光绪三十二年(1906)七月二十七日,农工商部奏准筹办艺徒学堂,并酌拟学堂的简明章程,而在其章程折中则进一步明确了该学堂的办学层次、学制、课程设置等方面内容。在办学层次方面,该学堂设速成科和完全科;在学制方面,该学堂实行弹性学制,即半年至四年制不等,"速成科之教法,注重实习,毕业期限由半年至二年不等,须以艺徒之造诣及功课之难易临时酌定;完全科之教法,学理与实习并重,毕业期限由三年至四年不等"[1];在课程设置方面,该学堂教授课目分为通修和专修两科,"通修课目,完全科艺徒皆须习之,速成科艺徒只择习五六门。专修课目,每班只习一门"[2]。通修课目凡十:修身、算法、博物、理化、历史、图画、体操、国文、唱歌、习字。其中图画课目"授以铅笔、毛笔、水彩、几何等画法,以改良各种工艺之基"[3],唱歌课目则"授以各小学堂教科用之唱歌,使艺徒工作时可以乐而忘劳"[4]。专修课目凡六:金工科、木工科、漆工科、染织科、窑业科、文具科。其中窑业科"授以烧瓷、画瓷之法"。"学堂每一学年分为二学期,第一学期由正月开学日起至六月暑假时止,第二学期由暑假后开学时起至年终放假时止。"[5]值得一提的是,该学堂的"通修课目"和"专修课目"的课程设置关系,"通修"是力图提高艺徒的文化水平,以为"专修"之基础;而"专修课目,每班只习一门",则意味着艺徒的专业学习方向。该学堂的陶瓷科则属于专修科目,也就是现在所谓的"专业课"。

在教职员设置上,"设监督一人,综理堂中教务、庶务各事宜。教务长一人,

---

① 琚鑫圭,童富勇,张守智.中国近代教育史资料汇编:实业教育 师范教育[M].上海:上海教育出版社,2007:126.

② 琚鑫圭,童富勇,张守智.中国近代教育史资料汇编:实业教育 师范教育[M].上海:上海教育出版社,2007:127.

③ 琚鑫圭,童富勇,张守智.中国近代教育史资料汇编:实业教育 师范教育[M].上海:上海教育出版社,2007:127.

④ 琚鑫圭,童富勇,张守智.中国近代教育史资料汇编:实业教育 师范教育[M].上海:上海教育出版社,2007:127.

⑤ 琚鑫圭,童富勇,张守智.中国近代教育史资料汇编:实业教育 师范教育[M].上海:上海教育出版社,2007:128.

专理讲堂、工厂各教授事宜。庶务长一人,专理堂中一切庶务事宜。教务长下置中东教员共十五人,通译四人,工匠九人。庶务长下置司事五人。此外置供事、丁役各若干人"①。其中教窑业者 4 人,福地秀雄为窑业科主任。

艺徒学堂窑业科专业教师一览表②

姓名	性别	籍贯	教学科目	学历/专业背景
福地秀雄	男	日本	陶器成型	东京美术学校毕业
滨田义德	男	日本	陶器细工	技士
清川仙松	男	日本	陶器细工	技士
辻利三郎	男	日本	陶画	技士

在生源方面:"臣等爰于原设高等实业学堂左近添购民房,建筑工场、讲堂、斋舍,一面派员前往日本聘订技师,并购置应用仪器物料等件。嗣所建学舍渐次落成,日本技师及应用各件亦均先后到京,臣等即分别咨行学部、八旗都统、管理内外火器营王大臣、顺天府府尹,各于所管蒙小学堂及各旗幼丁内挑选年龄程度合格者,咨送候试,并出示广为招考。各学生闻风兴起,计应考人数多至五千六百余名。臣等偕同左丞臣杨士琦、左参议臣耆龄等于上月二十二日起,分日前往实业学堂,当面考试,至本月初二日一律考毕,择其年幼聪颖者,录取正额学生三百十名、副额学生五百九十名,即定于本月二十九日开学。臣等仍当不时到学,督饬教务、庶务各员,按照章程分科教授,认真经理,总期艺术日精,成就日广,以仰副我皇太后皇上兴学劝工广育群材之至意。"③从此奏折中,可知艺徒学堂首次录取正额学生 310 人,比《艺徒学堂简明章程》中商部暂拟招收学徒 200 人的计划多招收 110 人。若合计所录副额学生 590 人,则有 900 人。报考学生则多达 5600 余人,正额学生的录取比例为 18∶1,由此可知当时报考艺徒学堂之盛况。

在学生出路方面,该学堂"待二三年后小学堂毕业生渐多,凡得有小学毕业凭照愿习工艺者,本学堂可开新班收录,彼时统以三年为毕业年限,而学课益求

---

① 琚鑫圭,童富勇,张守智. 中国近代教育史资料汇编:实业教育 师范教育[M]. 上海:上海教育出版社,2007:129.

② 汪向荣. 日本教习[M]. 北京:生活·读书·新知三联书店,1988:71 - 72.

③ 琚鑫圭,童富勇,张守智. 中国近代教育史资料汇编:实业教育 师范教育[M]. 上海:上海教育出版社,2007:130 - 131.

完备"①。该学堂对学生学习内容有强行要求,即"艺徒应习何科,须由本学堂因材酌定,不得擅请改习"②;在学堂的实习实践方面,该学堂"附设于高等实业学堂之旁,凡该学堂所有一切机器及教育用品,本学堂皆可借用,亦可代该学堂制造物品"③;在学生的膳食住宿方面,该学堂"艺徒之饮馔、宿舍、操衣、工衣、医药及一切应用物件,皆由本学堂制备"④;同时该学堂"逐日将艺徒之成绩品登簿,俟售出后,仅收料价,所得余利,专备教员、工匠、艺徒等奖励之用"⑤。

艺徒学堂开办两年后,农工商部鉴于报考学生众多和学堂课程的增加,会同学部,于宣统元年(1909)六月二十一日,奏准将艺徒学堂改为中初两等工业学堂。1912 年上半年该校窑业科办理第一届完全科之毕业生,共计有 14 人。

窑业科 1912 年前学期毕业生一览表

姓名	性别	籍贯
黄宝泫	男	顺天府大兴县人
侯家㮥	男	江苏常州府无锡县人
李澄川	男	直隶定州人
熙旭正	男	白旗满洲裕春佐领下人
振奎	男	镶红旗□□永安佐领下人
世珍	男	镶白旗□□常斌佐领下人
柏恒	男	正黄旗□□隆全佐领下人
恩福	男	正白旗□□文瑞管领下人
郑庆熙	男	福建福州府长乐县人

---

① 琚鑫圭,童富勇,张守智. 中国近代教育史资料汇编:实业教育 师范教育[M]. 上海:上海教育出版社,2007:126.

② 琚鑫圭,童富勇,张守智. 中国近代教育史资料汇编:实业教育 师范教育[M]. 上海:上海教育出版社,2007:127.

③ 琚鑫圭,童富勇,张守智. 中国近代教育史资料汇编:实业教育 师范教育[M]. 上海:上海教育出版社,2007:126.

④ 琚鑫圭,童富勇,张守智. 中国近代教育史资料汇编:实业教育 师范教育[M]. 上海:上海教育出版社,2007:126.

⑤ 琚鑫圭,童富勇,张守智. 中国近代教育史资料汇编:实业教育 师范教育[M]. 上海:上海教育出版社,2007:127.

续表

姓名	性别	籍贯
德纯	男	镶黄旗□□椿寿管领下人
胡良潜	男	湖北天门县人
徐殿魁	男	顺天府宛平县人
敬伦	男	镶白旗□□□□□领下人
恒禄	男	正黄旗□□穆特布佐领下人

资料来源:陈泽希《从"艺徒学堂"到"工业学堂"(1905—1914)》,载于1998年《北京教育史志丛刊》。

　　1912年7月,民国北京政府教育部将前清"两等工业学堂"改组并更名为"两等工业学校",附属于北京高等工业学校,校长由洪镕兼任,1914年两等工业学校停办。该学堂办学时间虽短暂,但其办学宗旨、教育理念及弹性学制为日后的实业教育,尤其是陶瓷教育提供了宝贵的教育教学实践经验。

　　此外,农工商部在兴办工艺局的同时还自办具有示范性质的农事试验场。一般来说,农事试验场是从事农业研究、试验、推广的机构。该试验场为开通风气、改良农事、便于试验,还于场内附设农业学堂,以期造就农学人才。该场和后来成立的各省试验场都与农业学堂有着直接的渊源关系。在农工商部的示范带动下,各地相继出现同类性质的试验场,如:光绪二十八年(1902)设于保定西关的直隶农事试验场,分蚕桑、森林、园艺、工艺四科;光绪二十九年(1903)设于济南七里堡的山东农事试验场,聘日本人谷井泰吉为农桑教习,由山东农工商局管辖。

　　受农工商部工艺总局实际创办效果的影响与清廷的支持,全国各地纷纷开设地方工艺局。首先是直隶省,光绪二十九年(1903)周学熙受袁世凯委派赴日考察,归国后,他针对国内和当地实际情况,即刻向袁世凯建议在天津设立直隶工艺总局,以振兴天津工艺市场。"窃以为宜就天津设立工艺总局,以津海关道总其成,选派曾游欧美熟习外洋商情之道员会同办理,所募工艺洋员,统归节制。考求直隶全省土产,及进口所销各货,凡有可以仿造者,力为提倡保护,不必官事制造,但厘定章程,专司考察,择取日本凭帖奖牌之类,鼓舞而奖励之。窃谓果能得其要领,三五年间必有勃然兴者。"[1]于是这年农历九月,他在天津

---

① 周叔贞.周止庵先生别传[M].上海:上海书店,1991:47.

旧城东南隅的草场庵,创办了直隶工艺总局,以"括全省工学界之枢纽,以创兴实业为宗旨"。作为"北洋官营实业之总机关",直隶工艺总局附属的机构主要有高等工业学堂、考工厂、实习工场等。周学熙认为"工非学不兴",而"学非工不显",因此主张"工学并举",于光绪三十年(1904)九月,在教养局移交房屋内成立实习工场。实习工场以"募中外各专门技匠,招官费自费工徒,实地练习,制成各种品物,行销远近以培植工业,推广各省,俾国无游民,地无弃材为宗旨"(周尔润《直隶工艺志初编》)。实习工场的目的,不仅注重产品的制造销售,更注重技术传授。它招收12岁至22岁官费自费工徒进场学习,工徒毕业后回到各地传播技艺。其设置的科目有织布科、织巾科、染色科、彩印科、木工科、制皂科、窑业科、图画科等。实习工厂培养出织染、窑炉、图画、刺绣、提花等12科工徒六七百人;自费者二三百人,其中不少人来自京旗、奉天、蒙古、察哈尔、山东、山西、陕西、河南、四川、广东等省份;毕业后700余人发给凭照,有100多人分赴直隶或外省充作工师、匠目。

直隶工艺局的总办周学熙看到了工业学堂培养的人才"理论多而试验较少""大抵因习其理而不习其器,则终无真切之心得"的弊端,因此主张"工学并举"培养人才,使实习工场"与工业学堂联络一气,兼以工场为工业学生试验制造之所,而学堂各科教习即可为工场工徒讲课之师"。直隶工艺局的这种教育模式,培养了很多职业技术人才,也对后来的职业教育有一定的借鉴意义。

在科学与实业方面,周学熙认为:"科学与实业如影随形,为国而思握实业之霸权,必有通于各种科学之人才,然后旧者可图改良,新者可期发达。此泰西富强各国之公例也。"所谓"学堂为人材根本,工艺为民生至计……工艺非学不兴,学非工艺不显",从而揭示了振兴实业与教育的内在逻辑关系。直隶工艺总局建立后,该局十分注重对专业技术人才的培养,主张发展工业,必须结合相关的实业教育。周学熙曾坚持认为:"方今为商战之天下,各国以商战实皆以学战,每办一事必设一学,故商业学校,尤为外洋振兴商务之基。"①

在教学和实践方面,周学熙曾这样主张:"办学堂及考工厂二事,以学堂习其技能,以考工生其观感,大要在开导商情,使之奋发;指示工作,使之改良;祛其隔阂,使之通情;精聘技师,使之咨访;设法保护,使之尽力;筹民销路,使之畅

---

① 虞和平,夏良才.周学熙集[M].武汉:华中师范大学出版社,1999:201.

行，以此数义为主。"①考工厂是直隶工艺局为使"全省绅民勃兴工业思想"而设立的具有陈列性质的展览馆，在一定程度上确实起到了开风气之先的作用。而"学堂为人材根本，工艺为民生至计，二者固宜并重，而讲求之道亦属和资"②，"工非学不兴，则教育宜重，学非工不显，则仪器尤先"（周尔润《直隶工艺志初编》），教育之事关系我国人才之兴废。直隶工艺局非常重视人才，因此通过开办各类学校、派人出国、出省学习等方式来教育培训人才。该局以半工半读的形式，采取"每匠一名带教艺徒若干名"，实行包教包学。"如学不用心专一，久无进步者，将该匠、徒分别惩儆；其专意用功，技艺精进，能与工匠同工之徒，提升为工匠，酌加工食；其特别者，并可递升为匠目、员司。"（甘厚慈《北洋公牍类纂正续编》卷十八）此种举措与早期的蚕桑总局为鼓励纺织所制定的《浙匠豫徒各条规》的内容有着异曲同工之妙。该条规中更是明确规定了每名纺织工匠教会一名合格幼徒，师傅和徒弟各得奖银 20 两，并根据所教授纺织技术的难易程度酌情增减奖银。这种工艺传授模式虽有一定的封建专制和资本主义的习气，但已经有了较为显著的进步，具有一定程度的近代资本性质，发挥了特定的历史作用。这种特殊时期采用特殊的教育模式的思想，对社会与经济发展转型的当下仍然具有一定的借鉴意义。

　　以上所述均为男子生计而讲，在女子技能传授方面，在该局影响下，上海自立女工传习所于光绪三十年（1904）九月中旬在上海美租界和康里成立，以扶助自立为宗旨，创办经费来自社会雅士自愿捐赠，捐赠者即为名誉董事，勒石题名以志盛德。教授时间为每日上午读书习珠算，下午习手工。"六个月毕业者，每日于上午认字习字一点钟，其余全习手工。""本所编女子自立教科书，用白话、文言对照。上编以白话为经，文言为纬；下编以文言为经，白话为纬。并附教授法，按法教授。习六个月，可看白话书报；习一年，可写浅近信札。以专饷我过渡时代之女子。""凡来学者不限年岁，惟衣饰概尚朴素，并不得涂粉抹脂缠足。其有已缠者，能放最妙；如不能，亦须着无花鞋。"③教授科目有：一、国文：读书、讲解、写字、造句、写信；二、算学：珠算、加法、减法、乘法、除法；三、手工：光手

　　① 虞和平，夏良才. 周学熙集［M］. 武汉：华中师范大学出版社，1999：55 - 56.
　　② 虞和平，夏良才. 周学熙集［M］. 武汉：华中师范大学出版社，1999：87.
　　③ 俞树萱. 自立女工传习所改良章程［M］//夏晓虹.《女子世界》文选. 2 版. 贵阳：贵州教育出版社，2014：347.

套、花手套、光绒袜、各种花绒袜、各种花鞋、各种卫生衣裤、各种绒帽、各种角子袋、各种云肩围嘴、各种花边、各种台毯;四、机器:中国衣裤、靴鞋面盘花、外国衣裤、外国帽洒扫、烹饪。该所在上海试办成功后又在桑梓之乡绍兴山阴县属之区开设分所,广收学徒,挽回女子利权。1905 年,直隶工艺总局在天津广仁堂"创设女工厂,延订女工师,教授贫寒妇女,学习制玲珑西式花瓣,并机器缝纫、描花、刺绣等项手艺,兼授修身、书、算等课"①,使之初步掌握相关基础知识,获得能够自己养活自己甚至赡养子女的能力与资格。

基于工艺局的模式的先进性,除了上述北方占据政治中心优势的地区积极创办外,一些非政治中心城市也纷纷开始创办,山东、浙江、广东等22 省都创办了省级工艺局。宣统元年(1909),广东劝业道提出"参照京津工艺局办法"创办广东工艺局。宣统二年(1910),"工艺局修理告竣",招收艺徒"先从染织两科入手……凡籍隶本省之人,如有原来本局充当艺徒者……备俱保结并本人相片到劝业公所号房报名……艺年岁以 15 岁以上,22 岁以下,身体强壮,粗通文义,浅近算法者合格……艺徒入局后即作为官费艺徒,每月伙食由局供给,并未安置宿舍,不收膳宿等费,应用书籍纸笔器具由局发给,并由局代置衣履一套……一年毕业,按照章程应在局服务两年,服务期间由本局视其程度高下按月酌给津贴。"②。该工艺局"当时设立织染、化学、美术、陶器四科,招收艺徒准定五百名。所出成品,尚受社会欢迎"③。教习艺徒的工师聘自日本东京高等工业学校毕业生。学校每月教育费 2000 元,全年各种费用达 5 万元之多。清末宣统三年(1911),两广总督张鸣岐曾向清政府奏筹办农林工艺,略称:"粤省……自光绪三十四年至宣统元年(1908—1909)年底止……工艺一项,除工艺局由道筹设外,据各属报设者,工艺局厂公司二十六处,工艺传习所四处。工业会社三处,学堂五处。……臣到任后,察看情形,财政则异常困难,人民则相习游惰,自非先议禁赌,无以入手。而欲实行禁赌,又非广兴实业,无以为善后之计。前已饬行工艺局内筹设家族工艺传习所,并通饬各属择地筹款延聘技师,赶设家族工艺厂,用资教养免流匪僻。"而此前,宣统二年(1910)十月,广州将军兼署两广总督增祺等曾奏称:"所陈三事……一为振兴工艺局厂,现就增步制造

① 虞和平,夏良才.周学熙集[M].武汉:华中师范大学出版社,1999:173.
② 工艺局定期招考艺徒[J].广东劝业报,1910(105):42 – 43.
③ 陈国坚.广东省立工业专科学校历史沿革[J].羊城今古,2005(4):39 – 42.

旧厂,改建工艺局,并办家族工艺厂,附设该局之内。"通过家族工艺来达到稳定基层社会治理和"工艺养民"的目的确实是一大创举,也成为清政府解决社会治理问题的手段。光绪二十八年至宣统元年(1902—1909),广东工艺局开办时的"章程"也提到办工艺局是由于"粤省幅员辽阔,游民众多,多年来物力愈艰,生计益绌,强悍以盗为归宿,游惰藉赌以藏身",故而"舍寓养于教无他策,而欲教养实非普及家族工艺不为功"①。开设广东家族工艺厂的目的是"使各族无一游民,及各地无一窃盗"②,认为这是"寓教于养,致富之良图,弭盗之要着"③。所以,广东劝业道在广东工艺局开设时就提出"在工艺局内附设家族速成工艺模范传习所,由各属家族保送艺徒入所肄业,俾师资不虞缺乏,族学易广推行"④,进而达到"由一姓而推于万姓,由一乡而推于一郡,由一郡推及全省,祖尝多者大办,祖尝少者小办,但使祖中子弟人人皆执一艺,取材既广,成就必多,工艺既兴,得食自易,旧时之患从此亦可渐消,是又在地方有司尽心倡导,视民事如家事而后可期诸实效也"⑤,从而为开办家族工艺厂培养师资。这也是广东石湾、潮州、梅州等地陶瓷近代以来持续发展的内在机制之一。

该局 1911 年 10 月后停办,1912 年 1 月中华民国成立后复办,但因当时政局动荡,经济不振,民国初期的广东工艺局因而艰难撑持。原设的 4 科改订科目为织工、染色、藤器、木工,另加国文算术等。至此该局由于经费问题,暂停办理窑业科。然而陶瓷教育改良陶瓷产业的理念却在当地扎下了根基,并对我国资本主义性质的工场手工业的兴起和发展起到了促进作用。此时的工艺局与直隶工艺局的创办宗旨已出现更多革新之处,虽说二者都具有官办性质,但后者具有更多的"养兼教"的职业教育萌芽,正是这种手工艺人才培养模式,培养了一批早期的陶瓷工艺人才。这不仅为晚清陶瓷产业经济的发展起到了推动作用,而且为民国时期中国陶瓷工业、教育的发展奠定了一定基础。

---

① 督院张批广东劝业道详遵饬筹议家族工厂办法拟章呈核缘由文[J].两广官报,1911(1):189-198.

② 提议家族工艺办法[J].北洋官报,1909(2260):11.

③ 广东藩司胡会同劝业道详覆两广督宪普设家族工艺厂办法文[J].南洋官报,1909(6):35-36.

④ 劝业道征集工艺条陈告示[J].广东劝业报,1910(92):37-38.

⑤ 督院张批广东劝业道详遵饬筹议家族工厂办法拟章呈核缘由文[J].两广官报,1911(1):189-198.

四、茶业新式传习机构的创建与教育内容设置

商部与后来的农工商部均不遗余力,尤其是在华茶市场遭受印度、锡兰等国家机器茶的严重挤压下,该部在改良大臣们的强烈建议下多次向清廷奏请改良茶业办法。从先后两份文献中可以清楚发现,该部对茶业改良的认识发生了质的转变,即从单纯的"技术宣介"范畴演变发展为"技艺与教育相融合"的模式。光绪三十一年(1905)八月,商部专门制定了《改良茶业章程》,札行各商会。该章程包括种茶、地土、勤力、肥料、防寒、采摘、焙制、洁净8个部分,涵盖了茶树栽培管理、土壤培护耕作、肥料施用、茶叶采摘焙制等技术内容。① 该章程针对我国茶业产量、质量停滞不前的困顿情况,围绕着茶业种植、采摘、制作等工艺逐一进行优化和改良,冀望通过宣介世界先进制作茶叶的方法来提升华茶产量与质量。但由于我国当时的茶农大多为文盲,所以这种宣介只适合在士绅与官僚们之间传阅与优化,并不能从根本上引导和改良我国茶农的习惯及其制茶的工艺。鉴于此,先哲们发现我们并非技不如人,而是士绅们从切身利益出发,只是头痛医头式地给出治疗方案,忽略了方案中最为关键的主体——茶农。这就有了宣统元年(1909)农工商部的另一份改良茶业的奏折,即《农工商部奏请就产茶省分设立茶务讲习所折》。在这份奏折中农工商部旗帜鲜明地指出改良华茶之根本在于建立茶业改良组织,尤其是茶务讲习所,强烈建议在全国产茶各省建立茶务讲习所,以传授茶业改良方法及相关专业、普通知识。由于近代我国的现代化探索既不是一种殖民国的探索也不是一种附庸国的探索,而是一种迫于外界压力下的自主应激性的探索,所以在这个过程中充满了艰难探索与痛苦调试。

上述两份文献为我们描绘了清末华茶改良的前期探索步骤,虽然由单纯的技术宣介发展过渡到技艺与教育的融合是一大进步,但是过渡之后的问题仍然层出不穷,如教育实验经费问题、学生实习实践不能妥善解决等问题。时人钱宝书就上述问题提出了自己的建议:"实业为生利之源,富民即强国之本。溯自欧亚沟通中外互市以来,彼族吸取我之脂膏,其术不止一端。……谨按设研究所、立公司二者,诚振兴茶业之机关,而开辟利源之要点也。不设研究所,则无以灌输知识,期其改良。不立公司,则无以结合团体,厚其势力。二者实相附

---

① 商部札行各商会改良茶业章程[J].东方杂志,1906(8):161-162.

联,不可偏废。然而研究所似又宜先于公司之成立,未揣其本而齐其末,纵有大公司亦未必能收大效。而研究之方法,又当以普及为治标之策,深造为培本之图应,先求其普及,继再谋其深造。盖同时并举,非徒财力恐有不逮,且虑教师当难其选,不如暂分先后之为得也。至深造之学,似宜在产茶地方另立专门学堂,招取聪颖学生,不必以茶户子弟为限制,学科务求完备,学期不厌延长,庶可收得人之实效,而不负储材之本意。若因事重欷绌,猝难实行,似可于武昌农业学堂内附设专科,莳种茶树,另行招生开课,以为基础,徐图扩充,其普及之法,除辗转教授外,似宜由茶商或公司雇工,以新法种种采摘,速茶户实睹其效。自能转移风气,变易习惯,事半而功倍也。"①钱宝书认为印度、锡兰等国的茶业生产经营均十分注重运用近代茶学知识,尤其是日本也开始讲求先进技术,华茶在国际市场必须"急起直追,不遗余力"才能不被时代抛弃。虽然当时我国在上海、南京、汉口等地已设有茶业公所传习研究机构,然而这些机构间"联结之力未充,研究之方未备,仍非治本探源之计"②。鉴于此,农工商部认为亟宜于产茶各省筹设茶务讲习所,"俾种茶、施肥、采摘、烘焙、装潢诸法,熟闻习见,精益求精"③,于是,咨行产茶省份各督抚一律迅饬兴办茶务讲习所,接着又饬令各省商会设立茶务讲习所,按种植、烘焙、装潢三大端切实研究,随时改良。各省劝业道设立后,农工商部又多次饬劝业道设立茶务讲习所,招茶商入所讲习,还规定毕业后按其成绩给予一二等艺士之凭照④。为了进一步巩固茶业技术的传承与发展,充分发挥地方各股有效力量,农工商部对于创办茶务讲习所的士绅、茶商等类群体制定了奖励规则;还派员分往皖、闽、川、赣、浙、粤等产茶省份考察,对于那些于改良茶业实力讲求、卓著成效者,"酌予奖赏,以示提倡"⑤。如此一来,有关改良茶业的机构与机制已较为完善,无论是创办者、参与者还是改良对象等要素均予以正向激励,这种情况可谓空前。

　　由于农工商部的重视,当时各地出现了一些茶务讲习所或茶业传习所等茶

①　钱宝书.上南北洋大臣改良茶业两书[J].广东劝业报,1910(102):36-41.

②　璩鑫圭,童富勇,张守智.中国近代教育史资料汇编:实业教育 师范教育[M].上海:上海教育出版社,2007:28.

③　璩鑫圭,童富勇,张守智.中国近代教育史资料汇编:实业教育 师范教育[M].上海:上海教育出版社,2007:26.

④　农部饬设茶务讲习所[N].大公报,1911-03-20.

⑤　农工商部整顿茶业[N].大公报,1910-03-04.

业教学机构。如:四川除早设有茶务讲习所外,峨眉县于1909年又开办了更具针对性的茶业传习所;1909年,江西义宁州在各绅商会集之所设立了茶务讲习所,并在各乡设立讲习所分所数所;1910年,广东在产茶最为集中之地筹设茶务讲习所一所;同年,浙江省,安徽的六安、霍山、屯溪等地均设立了茶务讲习所;1911年,江苏宁垣(南京)开设了南洋茶务讲习所。其中广东茶务讲习所成立后,招集附近山户讲习种茶、制茶新法。南洋茶务讲习所设立后,专收茶商及与茶商有关系的地方的学生,延聘专门教员,编辑讲义,悉心教授。它通过传承完善和发展讲习所制度,尤其是在课程设置方面,生化课程和理化课程的开设,使得整个蚕桑技术传习模式初具体系化雏形,成为我国近代蚕桑教育近代化演变过程中的一支重要力量,也为我国近代手工业教育的快速发展探索了路径,积累了经验。南洋茶务讲习所根据农工商部振兴茶务的要求和江宁地区茶业之大宗的实际,深感该地区茶务利病关系很大,其中最为重要的是专门研究相关茶务知识的机构。基于此,该地官商士绅齐力在南京创立南洋茶务讲习所,分预科和本科两级。预科一年毕业,本科两年毕业。教师则聘请在茶事方面极有经验的教员及农学专家,课程设置借鉴英、法、印度等先进产茶区的情形,教材为自行编辑讲义,并呈请学农部审定。该所课程设置如下:

南洋茶务讲习所课程一览表(预科)

学年	学期	科目	课程内容	每周时数
第一学年	第一学期	人伦道德	伦理学	一
		中国文学	文章之大要	四
		数学	算术	三
		商业地理	中国商业地理	二
		经济学	纯正经济	三
		植物学	植物各论	三
		动物学	高等动物	二
		种茶法		
		地质学		二
		农学大意		二
		物理学	物性　力学　热学	二
		化学	无机化学	三
		英语	读本　会话　文法	六
		体操	普通体操	一
		合计		三四

续表

学年	学期	科目	课程内容	每周时数
第一学年	第二学期	人伦道德	伦理学	一
		中国文学	文章之大要	三
		数学	算术	二
		商业地理	外国商业地理	二
		经济学	纯正经济	三
		植物学	植物概论	三
		动物学	下等动物	二
		种茶法	讲解	
		地质学		二
		农学大意		二
		物理学	磁石学　电学　声学　光学	二
		化学	无机化学	三
		英语	读本　翻译　文法　会话	六
		体操	普通体操	一
		合计		三二

南洋茶务讲习所课程一览表（本科）

学年	学期	科目	课程内容	每周时数
第一学年	第一学期	人伦道德	商业道德	一
		中国文学	高等信礼　普通公牍	三
		数学	简易代数	二
		商业地理	世界商业地理	二
		茶叶地理		二
		茶叶历史	唐宋以来茶法沿革时代	二
		商业学	商业通论	三
		种茶法	实习	三
		气象学	气象概论　农艺气象	二
		应用昆虫学	昆虫学内外部之结构　昆虫分解	二
		经济学	应用经济学	二
		土壤学	土壤学大意	二
		肥料学	天然肥料	一
		化学	有机化学	二
		英语	文法　读本　会话　翻译	六
		体操	柔软	一
		合计		三六

续表

学年	学期	科目	课程内容	每周时数
第一学年	第二学期	人伦道德	商业道德	一
		中国文学	高等信礼　普通公牍	三
		数学	几何	二
		商业地理	外国商业地理	
		茶叶地理	中国产茶区域　外国产茶区域	三
		茶叶历史	本朝茶业极盛时代	二
		商业学	商业通论	三
		种茶法	制茶讲解	三
		气象学	气象观测　气象预报	二
		应用昆虫学	昆虫制作标本　昆虫采集	二
		经济学	应用经济学	二
		土壤学	土壤分析	二
		肥料学	人造肥料	一
		化学	定性分析	三
		英语	文法　会话　作文　读本　翻译	六
		体操	柔软	一
		合计		三六
第二学年	第三学期	中国文学		二
		测量学	三角测量	二
		茶叶地理	销茶地方之关系	三
		茶叶历史	印锡茶业发现时代	二
		地质学	地质历史	一
		采茶法	采茶　碾茶　烘茶　装茶　兼实习	三
		应用昆虫学	益虫　害虫	二
		经济学	农业经济	二
		簿记学	簿记学原理	二
		商业学	商法	三
		肥料学	肥料制造	二
		制茶机器说明		二
		化学分析	定性分析	三
		英语	商务尺牍　文法　作文　翻译　会话	六
		体操	兵式	一
		合计		三六

续表

学年	学期	科目	课程内容	每周时数
第二学年	第四学期	中国文学		二
		测量学	测量及制图	二
		茶叶地理	水陆运输之关系	三
		茶叶历史	日本爪哇等处茶业发现时代	二
		地质学		
		采茶法	销茶商况	三
		应用昆虫学	害虫驱除　茶树害虫	二
		经济学		
		簿记学	各种簿记	二
		商业学	税关	三
		肥料学	肥料制造	二
		制茶机器说明		
		化学分析	定量分析	四
		英语	商务尺牍　文法　作文　翻译　会话	六
		体操	兵式	一
		合计		三六

资料来源:南洋茶务讲习所暂定章程(附表)[J].江宁实业杂志,1910(5):49-56.

该讲习所工作人员除实系职务殷繁者不能兼授教科外,余均兼充教员以节省经费而于教授管理,亦免隔阂之弊。在招生对象上,选收产茶及与茶务有关系省份之学生授以茶业必需之知识艺能,以备振兴茶务挽回利权。学生毕业后,拟呈请农工商部按照新订官制分别给予一二等艺师艺士奖励,并呈请于实行振兴茶务之时分别录用。"本所经费由江宁劝业道禀奉,督宪批准由皖南茶税局筹拨计开办费,银四千五百两,常年费银每月九百两,嗣后如需扩充另行详情加拨。"此外,"本所限于经费,暂收宁苏皖赣等省学生工一百二十名,宁苏三十名,皖赣各三十名,其余省分三十名,一俟办有成效再行扩充"。本所学制采取预科与本科制,其中预科为一年制,本科为二年制,学生年龄在十七岁以上二十五岁以下,程度与中学相当者为合格。本所生活开支一项尚无经费,"故学生暂收学费每人每月银洋一元,每学期以六个月计算,膳宿费每月收洋四元,每学期以五个月计算,闰月照加,年假暑假内在堂住宿者亦照加。统于学期开学前预缴操衣书籍一律由学生自备"(《南洋茶务讲习所暂定章程》)。通过上述记载可知,该所在技术教育机构设置上仍然没有摆脱封建社会的藩篱,官倡绅办仍是其主要路径,官费协助与学杂费自筹仍是其办学经费之主要来源;招收对象仍然具有一定的局限性,仍只是针对茶区茶户子弟等相关群体。变化之处在于该所工作人员与教职员工较为精简,初步探索实践了教师、教工与教辅三结合的模式。在社会动荡、经费拮据的时代背景下振兴茶务实在是一种升华之举。

除了传习机构办茶务教育外,设立改良公司办茶务教育也是当时的一大创举。在上述政策的激励下,江西义宁州茶商们自发在该地区设立义宁州改良茶业公司,并制定了《江西义宁州改良茶业公司附设茶务讲习所章程》,在其第一章纲要中明确提出:"本公司为研究茶务而设定,名曰义宁州改良茶业公司;本公司关系茶务,即以州城北门内财神庙之馨茗堂为办事处;本公司为改良茶务起见,凡一切兴利除弊诸政策皆当实力举行;本公司效力茶商山户均能溥及,无分土帮客帮胥当通力合作;本公司以商承办,以绅为辅,仗地方官监督之权力,实行其改良政策不得另置委员;本公司成立后即造具简章清折呈请劝业道详咨商部立案以资遵守。"①该文献记载了该公司是一家以茶商为主、以官绅为辅的茶业改良公司,在服务对象上已与早期的行会有着显著的不同,即"无分土帮客帮胥当通力合作",打破了传统商帮行会制的保守主义。此外,在改良公司中设立讲习所,正如前文所述"不设研究所,则无以灌输知识,期其改良。不立公司,则无以结合团体,厚其势力"。二者从本质上讲实为一体两面,相辅相成,不可偏废。

第五节　清末新式传统手工业传习机构兴建的历史尺度

一、清末传统手工业传习样式转变的历史合力探析

在我国清末手工业教育自主式探索的过程中,府、州、县是倡办主体,官绅合办手工业技艺传习机构占据主流地位,民间自主办学力量尚未成形,但作坊式传习模式较为普遍。早在光绪二十二年(1896),张之洞便上书光绪皇帝《江西绅商禀请办小火轮、瓷器及蚕桑学堂折》,首次向朝廷提出江西士绅要创办手工业教育机构,奏折称:"兹据江西在籍绅士翰林院编修蔡金台、熊方隧,翰林庶

---

① 江西义宁州改良茶业公司附设茶务讲习所章程[J].南洋商报,1910(10):29−31.

吉士蓝任、陶福履,候选郎中邹凌瀚、邹兆元等分词呈称……现拟于高安县地方创设蚕桑学堂,收教学生。"受江西大兴蚕业影响,同时期时任杭州知府的林迪臣就浙杭蚕业情形拟定了《请筹款创设养蚕学堂禀》,禀文指出:"我国蚕丝业向为世界渊薮,近年来反被日本等国所反超,实乃骇人听闻。按中国出洋土货,以蚕丝为最,蚕丝以江浙为最,浙中又以杭嘉湖为最。就时局而言,为中国之权利;就王政而言,为百姓之生计;就新法而言,为本源中之本源;就浙省而言,为切要中之切要。……今日江西大兴蚕桑,无暇讨论养蚕新法,正赖吾浙首为之倡,伏维大人为浙中扩万世之厚利,为各省开风气之先声,即为国家裕无穷之帑。"①林太守不仅设法筹办养蚕教育机构,在养蚕学馆的改良发展上也不遗余力,"杭州林迪臣太守,锐意振兴蚕学,倩人物色蚕师、访购仪器,而仪器之中,尤以察验蚕瘟之显微镜为最要。今上海孙君实甫,由大阪寄来德国依里茨所制之六百倍显微镜一架,捐交本会,嘱转寄杭州学堂备用"(《蚕镜东来》,载于《集成报》1897 年第 10 期)。

茶业教育的高位推动始于 1898 年 9 月,光绪帝批准刑部主事萧文昭提出挽救茶业的《萧主政补救丝茶折》,"谕于已开通商口岸及产丝茶省份,迅速设立茶务学堂及蚕桑公院"②,由于慈禧为首的顽固派的阻碍而搁置,然而改良近代茶业需注重茶业教育的思想认识却无法阻遏。1899 年,湖广总督张之洞在其创办的湖北农业学堂中毅然开设了茶学课程。虽然茶学课程开设的广度与深度不够,但从历史的角度来看,当时张之洞依然是冒着很大的风险来改良的。茶业教育真正单独开班教学的,则以 1907 年成立的"四川通省茶务讲习所"为始。该所初设于灌县,后迁成都,改名为四川省立高等茶叶学校,至此专门机构培育茶业技术新式人才的模式得以形成。1909 年,湖北省劝业道也附设茶业讲习所,所址设在羊楼洞茶叶示范场,专事培养茶叶人才。

瓷业教育肇始于 1896 年的《江西绅商禀请办小火轮、瓷器及蚕桑学堂折》,该折中张之洞代地方士绅向清政府呼吁创办西式瓷器公司,并提出派人去欧美等发达国家考察瓷业,研究洋人习性,仿制西式日用瓷器,且单独免该公司税 15 年。此提议得到光绪帝和总理衙门同意,却遭到了江西巡抚德寿的拒绝,理由为"恐广帮诸商借口同为西瓷,将向有厘金相率抗缴,又虑奸徒混朦隐射难以剖

---

① 林启. 杭州府林太守请筹款创设养蚕学堂禀[J]. 农学报,1934(10):1-3.
② 朱寿朋,光绪朝东华录[M]. 北京:中华书局,1958:4188.

别,转辗筹思,诸多窒碍"①,于是改良瓷业创办新式瓷业学堂的倡议被迫搁置。由于历史尺度的局限性,世界瓷业改良发展的脚步并没有因我国瓷业的抱残守缺而止步不前,就在我国瓷业越趄不前之际,19世纪末日本成功试验用煤代替柴作为烧制瓷器的燃料,节约了瓷器生产成本。这给本来就已被迫紧缩的景德镇瓷器市场雪上加霜式的打击,面临市场持续萎缩的压力。为了生存和维护曾经的"江湖地位",在地方政府官员的积极策动下,清政府又把开办瓷器公司的提议重新提上日程。光绪二十九年(1903),护理江西巡抚柯逢时上书《为开办景德镇瓷器公司派员经理以振工艺而保利权折》,主张开办官办瓷器公司。但柯逢时奏办的瓷器公司创建并不顺利,主要是主政官员更替频繁所致。光绪二十九年(1903)六月,就在柯逢时上奏后的次月即奉命赴任广西巡抚。由于主政官员更替,所以原本筹拨的十万两官款不了了之,原本筹集商股的事宜也不得已中途停止。继任的几位江西巡抚也有兴办景德镇瓷器公司计划,但大多没有落实,其主要原因仍是资金难以筹足。几位继任江西巡抚中,胡廷干在赣时间最长。胡廷干曾有官商合办瓷器公司的计划,但因未能筹齐股本而放弃,继而有改归官办、成立瓷业公局的想法。1906年《北洋官报》曾对此事有过报道:"赣抚胡中臣前派李观察嘉德往景德镇考查瓷业改良,观察于去腊回省销差,详细面禀,已集股五万两,闻现拟将孙廷林所设公司改为公局,归官买回,因此,李观察拟不日前往九江,立约缴价,即为定局云。"1906年,南昌教案发生。胡廷干因处理南昌教案不力而被撤职,创办瓷业公局计划也泡汤了。无独有偶,该事件在清末江西农工商矿务局总办傅春官于1908年著述的《江西农工商矿纪略》中也有概略记载。继胡廷干新任江西巡抚的吴重憙到任后便命令李嘉德赴沪招集商股,原因有三:一是瓷业对于江西财政至关重要,二是江西瓷业改良已引起朝廷与商部的注意,三是上海不仅商业发达,而且上海道台瑞澂曾为九江广饶九南兵道,并督办九江关税兼管景德镇窑场事务,对景德镇瓷业较为熟悉。所以李嘉德到上海后就瓷器公司如何筹款、是否要申请专利、手工生产或机器生产等事商晤于上海道台瑞澂。瑞澂表示:瓷器公司拟不申请专利,但需改为商办;主动提出由他来办理瓷器公司招商事务,并表示要创办该公司则许诺他全权负责,否则就毋议②。由于瑞澂的加盟,汇聚了一批商界精英,如曾铸、张

---

① 中国第一历史档案馆.光绪朝朱批奏折:第101辑[M].北京:中华书局,1996:554.
② 沪道复江西李观察电(为瓷业公司事)[N].申报,1906-07-27(17).

誊、袁蔚章、陈作霖、许鼎霖、朱佩珍、樊棻等人。光绪三十四年（1908），江西瓷业公司得到农工商部正式批准立案，并填给执照。根据公司章程，公司为培养新式制瓷人才，开办陶业学堂，此为我国新式瓷业教育之新生。从动议创办瓷业教育到正式启动前后耗时十余年之久，由此可见清末手工业教育改革的复杂性和矛盾性。

在此过程中，县一级官员表现尤为积极，如江西安义县县令到任后，亲自筹办农桑试验场，"周鄂友大令到任后，极力提倡，筹集资本洋二千元，在县属南乡康乐庄地方，购买民田一百亩、荒地五十亩，设立农桑试验场，以开风气"①。在地方官员的带动下，地方士绅也开始效仿（当然也有政府鼓励政策之原因），江苏如皋县士绅"龙研仙大令璋，捐廉购置如皋涨地千三百亩，备会中开垦试种之用"（《如皋捐地》，载于《农学报》），四川三台县蚕桑会长陈开沚"于前办之禋农丝厂，附设蚕桑实习所，男女分区，兼教贫者，不收学费，并供口食，洵称传利于民，力谋公益"②。还有的士绅出资购买农学书报，义务向乡民宣传新理新法，然后筹款搞示范田，让农民看到效果后再模仿，"窃绅等去年，奉到照会，内开转奉府宪林饬购《农学报》阅看。当即按期遵购，详细翻阅，始知振兴农学，实为当务之急。……然吾邑民智未开，空言劝导，信徒不众。……于治下宣德门外十八都北一庄，购得荒地十一亩，雇夫开垦，去其草菜，创设树艺会……地内拟种洋棉……除已购《农学报》外，凡中西农学各书，拟皆购办。广采旧闻，博推新理，试有成效，广为劝导"（《海宁绅士请创树艺会察》，载于《农学报》）。而《农学报》的创始人罗振玉亦属清末士绅阶层。罗氏感于"国人安于固陋，人才日衰，皆由不立学堂之故"，又念"农为邦本"，因此，决心致力于农学及教育事业，于是设《农学报》，秉持将西方近代农业科技介绍到中国的宗旨，多方征集有关现代农业的知识，"去岁由邵小村中承，函致使美大臣伍秩庸星使，托其购求美国农书，兹已由美国寄到。美国新出农书十余种，行将择要翻译，以期有裨农业。中承与星使之惠泽，感荷不浅矣"（《星使贻书》，载于《农学报》）；并借助政府手段、教育团体进行积极传播，"所有农学书报，均发存现立之励志学社，任人现抄。又令学社肄业高材生各纂辑《农学》一篇。该县自辑《种植达要》一书，石印千本，广为分送。现在士绅皆知讲求农业。兴办勃志学社，常年经费约八

① 安义县创设农桑试验场[J].江西农报,1907(5):46.

② 通省劝业道批三台县蚕桑会长陈开沚禀[J].广益丛报,1909(212):9.

百元,由县捐廉供给,选四乡英俊十二人,入社肄业,分门考求,注重实业,令每月札记中,必纂著《农学》一篇。不数月而士之言农学者纷纷然矣"(傅春官《江西农工商矿纪略·余干县》)。

二、清末传统手工业传习机构发展中的主要矛盾探析

"这些因政府官员提倡而兴起的新兴蚕桑产区,大部分都没有维持长久。"①这是一个值得深入思考的问题,为什么在社会需求、政府支持、官员青睐的背景下,上述传统特色产业却没有得到大众和社会期冀的发展结果呢?从官方倡办者的角度来分析,劝课农桑的官员认为"惟是小民可与乐成,难于谋始"。泰兴知县龙璋则认为"一则由于领桑的时候不曾花费分文,所以不甚爱惜;一则由于培植不得法,所以渐渐坏了;又有一种人并不种桑,单靠偷桑叶养蚕,种桑的人家嫌它生惹是非,并且平时费力栽培,到了有桑叶的时候,别人倒占便宜,所以灰心,懒得经营"(龙璋《蚕桑浅说》)。从士绅的角度来分析,认为蚕桑不振的原因在于"其兴非得贤有司董率之不足以成其政,相安于无事,数年之后得利较厚,则必愈推愈广,不劝而兴起矣,此所谓欲贤有司也"(尹绍烈《蚕桑辑要合编》)。所以宣统二年(1910)元月,农工商部奏请清廷在产茶省份设立茶务讲习所。有了作为士绅阶层代言人的倡导与保障,各地方要员借机响应,如安徽巡抚朱家宝饬令该处行户商董,"于徽属屯溪筹设茶务讲习所,所有筹拨常年经费除商捐外,并由劝业道援案准拨公款"②。这种为了响应上级号召的地方要员,追求政治上的一致性和忠诚度是其核心动力,所以大多缺少对手工业者实际情况的了解,殊不知茶业手工产业的周期较长,并非一日之功,"一植桑救穷,亦要三年方有微利,所谓有恒心而有恒产,小民无恒心者多,每育蚕之后不理桑植,不尽心培养,次年叶稀,遂谓桑无多利"(沈秉成《蚕桑辑要·杂说》)。当下学者通过整理清末地方官员的任职年限发现,清末地方官员轮换频繁是地方手工业产业发展与教育兴办徘徊不前的一个重要原因。任期一年以内的知府、直隶州、属州、知县等地方主官比例几近50%,其中直隶州的主官还超过了50%的调换比例,大多数主官的任职时间不超过3年。

---

① 张丽.鸦片战争前的全国生丝产量和近代生丝出口增加对中国近代蚕桑业扩张的影响[J].中国农史,2008,27(4):43.

② 茶务讲习所拨款咨部[N].申报,1910-10-20.

清代知府、直隶州、属州、知县等任期概况

单位：年

任期 官阶	0—1	1—2	2—3	3—4	4—5	5—6	6—7	7—8	8—9	9以上
知府	46.7%	17.9%	11.5%	7.5%	5.1%	9.4%	2.6%	1.5%	1%	2.8%
直隶州	51.5%	21.8%	11.2%	5.9%	4.4%	2.6%	2%	1.3%	1.5%	1.5%
属州	49.3%	17.5%	10.5%	8%	5%	2.7%	2.9%	1.5%	0.9%	3.1%
知县	49%	18.8%	11.9%	6.9%	4.6%	3%	2%	1.5%	1%	2.3%

资料来源：王家俭.晚清地方行政现代化的探讨[M]//高国金.晚清蚕桑局及蚕桑业发展研究.北京：中国农业科学技术出版社,2017：76.

　　就地方教育而言,尤其是对于传统农业教育而言,即便是速成预科教育,其教育教学效果的展现也在三年以上,而清末官员轮换时间多半集中在一年以内,三年内轮换的比例在80%左右,官员迁任频繁,势必养成急功近利的政绩观。以杭州蚕学馆为例,该馆在不同督抚任期内几经起伏。戊戌变法前夕,林启调任杭州知府,在巡抚廖寿丰的支持下,先后创办了求是学堂、杭州蚕学馆。1902年,时任巡抚任道镕感于流言,欲将蚕学馆停办。1907年他又借口"浙江蚕乡,素习养蚕,何必设校学",欲改馆舍为李鸿章专祠,再度拟停办蚕学馆。幸得高凤岐、劳乃宣等人据理力争,并在杭州长庆寺搞对比试验,结果新法显著优于土法,学堂才得以继续办理。1908年春,浙江巡抚冯汝骙以经费困难为由,要改蚕学馆为初等学堂,因冯汝骙不久去职才又幸免。不久,新巡抚增锡到任,按照公议对蚕学馆予以保护且颁定新的章程,增广学额,添加科目,学制改为三年,并奏请立案改为"浙江中等蚕桑学堂",蚕学馆才得以进一步发展。地方主官的个人态度与实业教育机构的生存和发展休戚相关,所以官员迁任频繁和基于个人政绩观的产业态度是清末手工产业发展及其教育改良用进废退的重要原因之一。此外,在世界风云际遇、变幻多端的背景下,国外殖民势力通过各种手段或强迫或迷惑我国志士们寻求自主发展的探索路径,国内各方利益团体亦各自在救亡图存、振兴中华大旗下施展利己主义的本位主义路线,导致其间出现一些朝令夕改的教育乱象。例如,光绪二十二年(1896)二月十五日张之洞上书光绪皇帝《江西绅商禀请办小火轮、瓷器及蚕桑学堂折》,首次向朝廷提出江西要办实业类学堂,奏折称："兹据江西在籍绅士翰林院编修蔡金台、熊方隧,翰林庶吉士蓝任、陶福履,候选郎中邹凌瀚、邹兆元等分词呈称,江西素不产蚕,现拟于高安县地方创设蚕桑学堂,收教学生……援照光绪十六年前广西巡抚马王谣奏准成案免收厘税数年……"热衷于维新的光绪帝在批准了该奏折之后,又进一步谕示"诏兴农学,命各省督抚劝谕绅民兴办"①。在历史合力的簇拥下,江西高安蚕桑学堂顺利筹办。《东华续录》记载了两江总督张之洞因势导利的举措:"江西在籍绅士蔡金台等禀请将高安县地方设立蚕桑学堂,考求种植,所购浙湖桑秧蚕种及新出蚕丝,均准暂免厘税一折,奏朱批,依议,钦此。"②但由于时局关系,戊戌变法仅持续 103 天便宣告失败。该学堂因政治原因也被迫停办,原计划的江西陶业学堂则还未来得及筹办便不了了之。

综上所述,本书认为上述改良不利的问题主要集中于官民认知差异、技术传播路径欠妥、官员迁任频繁、急功近利、国外势力裹挟等各类因素,而各地手工业教育机构本身没有统一模板、组织松散、设置随意、旋兴旋废等问题也是关键因素。

近代手工业传习在本质上是保守的。"每一个特殊的生产部门都通过经验找到适合于自己的技术形式,慢慢地使它完善,而一旦达到一定的成熟程度,就迅速地使它固定下来。"③"各种特殊的手艺直到十八世纪还称为 mysteries(秘诀),只有经验丰富的内行才能洞悉其中的奥妙。"④正是这种基于"安全成本"下的手艺安身立命思想和世代恪守技艺传承理念,以及产业和社会分工隔阂太深的缘故,导致占据产业上端的洋行、买办及士绅阶层与直接从事生产的手工业者之间的"非暴力不合作"博弈日益僵化。在国内,作为产业链顶端的官绅阶层对机器制茶"谆谆劝谕",但作为产业链底端的茶户则"漠不关心",究其原因无外乎"商人不管卷叶之事,园户又迫于力薄,焉能购此重器"⑤。此外,"试用茶机,必须延聘外洋茶师,华人未谙制法,有机骤难适用"⑥,也是产业链顶端有

---

① 丁致聘. 中国近七十年来教育记事[M]. 上海:商务印书馆,1935:7.
② 王先谦. 东华续录[M]. 上海:上海图书集成印书局,1898:18.
③ 马克思. 资本论:第 1 卷[M]. 中共中央马克思恩格斯列宁斯大林著作编译局,译. 北京:人民出版社,1975:532.
④ 马克思. 资本论:第 1 卷[M]. 中共中央马克思恩格斯列宁斯大林著作编译局,译. 北京:人民出版社,1975:533.
⑤ 朱自振,沈冬梅. 中国古代茶书集成[M]. 上海:上海文化出版社,2010:916.
⑥ 朱自振,沈冬梅. 中国古代茶书集成[M]. 上海:上海文化出版社,2010:897.

意疏忽的表现。如此才出现在国际茶业上徒弟超越师傅的诡谲现象,"印度制茶较中国优越的地方,在于机器胜过手工。中国的小农生产是不能与印度的大茶园竞争的,前者正为后者所排挤"①,以及大批的手工业者舍家弃业的悲惨境象,"以业茶起家者,十仅一二;以业茶破家者,十有八九"②。残酷的现实与产业阶层的属性注定了民间手工艺传承的悲剧性。尽管民间手工业技术的传习有一定的组织模式和实践空间,但主要以作坊为载体、以师徒制为手段代代相传,具有浓厚的封建血缘、地缘和业缘色彩。基于上述性质,民间手工艺传习只能作为官方传习机构的有益补充而无法发展成为主流的传习主体。

① 李文治.中国近代农业史资料:第 1 辑:1840—1911[M].北京:生活·读书·新知三联书店,1957:394.

② 李文治.中国近代农业史资料:第 1 辑:1840—1911[M].北京:生活·读书·新知三联书店,1957:555.

第五章　冲突与妥协:西风东渐下实业教育思想的耦合与实业教育模式的构建

　　从社会历史的进程来看,资产阶级社会代替封建社会具有一定的社会进步性和历史必然性;从生产力与生产关系的角度来看,先进的生产力必然会挣脱落后的生产关系而构建与之相匹配的生产关系。这种更替关系今日观之似乎大为平常无奇,某种程度上似乎已成为一种共识性真理,但在清末那种早已习惯于一种被束缚的生活模式固化的个体与社会来讲,改革甚至改良往往被认为是一种离经叛道之举。因为,在"民可使由之,不可使知之"的封建王朝文化战略下,广大普通民众无法获取除了"农本"思想以外的思想,也没有"农本"思想以外的"富裕土地"给其探索与实践,羊群效应就成为广大民众赖以生存和统治者心照不宣的"理想国"。所以,在屡遭切肤之痛的清末民初之际,即便是一部分先贤已十分清楚地观察了世界,形成了真正意义上的世界观,并给出了科学且务实的诊治药方,但由于社会文化的惯性和既得利益者的模式依赖症,社会各个层面的改革进程十分缓慢,手工业教育方面亦是如此。政府方面视革新如寇仇,普通民众"视学堂如教堂,仇外人而及于新式学堂",官绅与士绅则视新式教育为升官发财的机会和政绩,唯有少数开明士绅和知识精英认识到新式教育是传统教育的有力补充,极具有鲶鱼效应。但囿于他们群体体量小且话语权重低,新式教育常常被当作政府和士绅们的一项可有可无的毡帽,需要的时候就戴一戴,以示改革"诚意"和"决心",不需要的时候则弃之如敝履。青山遮不住,毕竟东流去。历史的进程是无法阻遏的,大工业生产模式终将取代小农经济模式,在历史潮流的推动下,清末新政终于不期而遇,随之而来的壬寅学制、癸卯学制等学制改革,以及民初的壬子癸丑学制先后将符合工业生产的实业教育"请进来",一改往日只有传统儒学才能进学堂的局面,各行各类手工业也开始设学堂,收学生,讲科学,倡民主,其势头甚至一度超过普通学堂教育。这一时期相关的实业教育有的融合于国家层面的实业教育机构、示范艺徒学堂、代表性工艺局、代表性讲习所之中,有的则委以地方要员或独立身份存在,如杭州蚕学馆、南洋茶务讲习所、浙江茶务讲习所、四川茶务讲习所、湖南醴陵瓷业学堂等。

第一节　基于民族自强下实业教育思想的多元与趋同

一、实业教育思想的多元酝酿

在清末民初的实业教育思想发生发展的过程中,不是实业教育思想一家独唱,而是呈现出在救国图存背景下多家竞技的局面。在三千年未有之大变局的背景下,不同阶级代表依据其自身阶级利益与自身对世界的认知而引入相应的教育思想。例如:以培养各国语言翻译人才,便于国际协约公平签订与学习了解国外技术为目的的方言教育思想;以坚甲利兵为后盾,达师夷长技以制夷目的的军备教育思想;以自然科学之电、化、声、光、汽等为主要内容的西学教育思想;以自然科学和应用科学为主要内容的西艺教育思想;以改变政治制度为目的,以政教混合为手段的西政教育思想;以养成尚武精神,实行民族主义为宗旨的军国民教育思想;等等。这些教育思想在经过一段时间的实践后均暴露了其阶级局限性的特点,不能最大限度地调动起社会各阶层对于教育改革的热情与动力,如方言教育被认为是培养洋买办,军备与西艺教育被指为奇技淫巧,一如梁启超所评"上之可以为洋行买办,下之可以为通事之西奴,如此而已"①。总之,保守派们坚定地认为:"立国之道尚礼义不尚权谋,根本之图在人心不在技艺。今求诸一艺之末,又奉夷人为师,无论所学未必果精,即使教者诚教,学者诚学,其所成就不过术数之士,未闻有恃术数而能起衰振靡者也。"②上述各种思想,虽时有起伏,但常为交错的关系,并不是直线进行;在实践时间上有长有短,实际所产生的影响也有大有小。就今日的教育现象与将来的教育发展而言,上述教育思想均或多或少影响着我国实业教育思想的发展,茶叶、陶瓷、丝绸等我国传统特色产业教育也就是在这些思想的导引与冲突中孕育而生。

"实业"一词借用了德文"realschule"的日文翻译,这种借用,反映了当时社会人士对发展经济的重要性的认识,国家要富强,只有大力发展农、工、商、矿

---

① 梁启超. 西学书目表后序[M]//王炳照,郭齐家,刘德华,等. 简明中国教育史. 4版. 北京. 北京师范大学出版社,2008:321.

② 舒新城. 近代中国教育思想史[M]. 长春:吉林人民出版社,2013:40.

业。也就是说,当时把农、工、商、矿业统称为实业。严复在其《论实业教育》一文中将实业解释为:"举凡民生勤动之事,靡所不赅,而独于树艺、牧畜、渔猎数者,则罕用其事……故实业主于工冶制造之业而已……实业教育者,专门之教育也。专门教育,固继普通教育而后施……以其人毕生所从事,皆在切实可见功程。"①《奏定学务纲要》规定,实业是包含了农工商各项以生计为主的产业形态。《大辞海》将"实业教育"释义为"传授农、工、商各业所必需的知识和技能的教育。目的是培养中初级技术人员或技术工人,发展国民经济。西欧各国自18世纪产业革命后,纷纷兴办工厂,各种专门的实业学校遂应时出现,一改过去学徒制教育的局面。中国自清末实行新教育制度,始有此名,各地设实业学堂,民国初期改为实业学校"。

我国实业教育思想的萌芽源于明末清初的黄宗羲、王夫之、顾炎武、颜元等人抨击时代文人脱离实际的空谈仁义纲常、道德心性,主张重视工商发展,力推经世致用之学风,进而推进社会发展与人民民主改造。清兵入关和一系列倒退性的改良运动,严重阻碍了我国封建社会迭代升级发展的步伐。但世界近代工业化进程的脚步并未有丝毫的停滞,在西方列强率先进入工业化阶段并引领世界先进生产技术后,中国作为当时世界上最大的经济体且没有现代武器装备,必然成为列强们狩猎的优质对象,所以两次鸦片战争的结局必然是同一个结果。两次鸦片战争的接连失败,使具有前瞻思想和忧患意识的官绅阶层的代表们意识到了问题的严峻性。早在第一次鸦片战争后林则徐(1785—1850)便发出了"尽转外国之长技为中国之长技"的呼声,进而主张"师夷长技以制夷"的实用军备思想,该思想直接影响到了后来洋务运动中的军备教育思想。然而,在清廷和保守派的思想认知中,这次战争的失败似乎并不能说明什么,至少不能就某一次的兵家胜败来断定国家之优劣强弱。这种思想正迎合清廷妄自尊大的封建王朝心理,所以上述呼声并未能引起清廷及上层官僚群体的重视,直到太平天国运动中清军使用洋枪火炮取胜和第二次鸦片战争败给训练有素的洋枪火炮军队后才有了较为痛楚的感受和切实的行动。在军备思想未得到清廷的充分重视,西式实业教育思想未得到上下各阶层精英的充分认识之际,一批社会思想家、教育家、科学家等先后从学理与事理上进行剖析,以期让世人更

---

① 琚鑫圭,童富勇,张守智.中国近现代教育史资料汇编:实业教育 师范教育[M].上海:上海教育出版社,2007:42-44.

加清晰地知晓什么是实业,为什么要开办实业教育。魏源(1794—1857)以其广阔和深邃的视角,探析出时人"人心之寐"和"人材之虚"是中国落后挨打的两大原因,并给出"去伪,去饰,去畏难,去养痾,去营窟,则人心之寐患祛其一。以实事程实功,以实功程实事,艾三年而蓄之,网临渊而结之,毋冯河,毋画饼,则人材之虚患祛其二。寐患去而天下日昌,虚患去而风雷行"①之诊方,其传递的核心理念就是"国以人兴,事以实呈"。上述观点得到改良派先驱人物冯桂芬(1809—1874)的赞同,他在《校邠庐抗议·制洋器议》中做了中外形势的对比,认为中国有"四不如夷"即"人无弃材不如夷、地无遗利不如夷、君民不隔不如夷、名实必符不如夷"。对于这种差异,他主张持实事求是的态度,"夫所谓不如,实不如也,忌嫉之无益,文饰之不能,勉强之无庸"。王韬(1828—1897)在《上当路论时务书》中解释什么是学问时说:"学问一端,亦以西人为尚;化学、光学、重学、医学、植物之学,皆有专门名家,辨析毫芒,几若非此不足以言学。"在这里,他明确地将近代科学技术学科列为学校教学内容,学生必须掌握的知识。选择教师时,"不必论声华、尚文字,惟以材干品诣为衡量而已",选取那些"专门名家者,以为之导师,务归实用,不尚虚文,辨论时事,直言极谏"②。张百熙(1847—1907)指出"中国农工商各业故步自封,永无进境,则以实业教育不讲故也"③,所以他认为要改变国家疲惫、人民贫困的局面,振兴农工商各实业最为紧迫,而振兴农工商各实业的前提则是培养相应的实业人才,培养相应的人才则兴办相应的学校就成为必然,"兴办实业学堂,有百益而无一弊,最宜注重"④。严复(1853—1921)作为我国首批留英学生,较为广泛地接触和了解了西方的社会科学,对于不切合中国根本国情的洋务运动他是批判的。他认为当时的中国最需要的是有效去除广大民众的"愚、贫、弱"现象,即:"吾国之所最患者,非愚乎? 非贫乎? 非弱乎?"⑤在这三者当中,他认为"贫"为最大之患,是一切愚昧、懒惰、欺诈、贪婪和怯弱的源点,加上列强的凌辱和吏绅的盘剥,使得社会的贫困与疾苦无以复加。在此情况下,严复主张"居今而言救国,在首祛此

① 魏源.魏源集[M].北京:中华书局,1976:208.

② 王炳照,阎国华.中国教育思想通史:第5卷[M].长沙:湖南教育出版社,1994:142 –143.

③ 张百熙.张百熙集[M].长沙:岳麓书社,2008:310.

④ 朱寿朋.光绪朝东华录[M].北京:中华书局,1958:5126.

⑤ 王栻.严复集[M].北京:中华书局,1986:132.

贫。惟能疗贫,而后有强之可议也,而后于民力、民智、民德可徐及也"①。如何祛贫,他提出要祛贫就要先使之富强起来,要想富强就要有凭借,环视当时的国情,唯有实业可以依赖。他分析道:"大抵事由问学(science),施于事功,展用筋力,于以生财成器,前民用而厚民生者,皆可谓之实业。"②他对实业的功效十分推崇:"实业之事,将以转生货为熟货,以民力为财源,被之以工巧,塞一国之漏卮,使人人得饱暖也。言其功效,比隆禹稷,岂过也哉?"③如何才能发挥实业的功效,他进一步指出:"西洋今日,业无论兵农工商,治无论家国天下,蔑一事焉不资于学。"④于是他强烈建议当局者:"中国今日自救之术,固当以实业教育为最急之务。何则? 惟此乃有救贫之实功,而国之利源,乃有以日开,而人人有自食其力之能事。"⑤蔡元培(1868—1940)在《对于教育方针之意见》一文指出:"我国地宝不发,实业界之组织尚幼稚,人民失业至多,而国甚贫。实利主义之教育,固亦当务之急者也。"⑥杨昌济(1871—1920)从国家自立自强的高度提出了振兴工商的重要性。他指出:"然愚以为振兴商务,固为今日之要图,而商务之本源,尤在于农工之学,其必先振兴夫二者,而后商务可得而言也。今中国之患在贫矣。余尝穆然深思,而叹吾国之贫有由然也。农以生物者也,工以成物者也,商则转而运之,而群天下之人,则皆食而用之者也。今试取生物成物之人数与食物用物之人数比而较之,其多寡悬殊,不待悉数而知之矣。生物成物之数少,而食物用物之数多,宜乎天下嗷嗷,常苦不足也。又况东西各国之食货精美而新奇,而吾之民皆争售之,则食之用之之数益多。吾地之农工销售滞而价值微,折阅而销磨,则生之成之之数益少……故中国而不欲自强也则已,诚欲自强也,固未有急于振兴商务者也。湖南而不设立商务局也则已,诚设立商务局也,抑未有急于振兴农工之学者也。"随后,他及时提出了振兴农工商之学的三项措施,即办学堂、建学会、编学报,同时详细分析了这三项措施环环相扣、互相促进的辩证关系:"夫学堂者主也,学会者辅也。始之创兴学会者,所以为学堂之基础也;继之扩充学会者,所以补学堂之不及也。夫学堂之事则甚难矣,一难

① 王栻. 严复集[M]. 北京:中华书局,1986:143.

② 王栻. 严复集[M]. 北京:中华书局,1986:235.

③ 王栻. 严复集[M]. 北京:中华书局,1986:278.

④ 王栻. 严复集[M]. 北京:中华书局,1986:178.

⑤ 王栻. 严复集[M]. 北京:中华书局,1986:356.

⑥ 舒新城. 中国近代教育史资料:下册[M]. 北京:人民教育出版社,1961:1032.

于任事之人,二难于经费之裕,三难于聘请良师,四难于精选子弟,故非学会大兴之后未能开办也。诚始四者备矣,则大购化学之材料与应用之机器,即农工之业以为教,而即农工之业以为学,学成之后,给予凭单,使为异地之教习,则风气渐开矣。于是而更出专门之报,以互相资益,则转移甚速矣。夫如是,而农工之学尚不振兴者,未之有也。生物、成物之数既多,而商务犹不可兴者,亦未之有也。余故曰:必先振兴农工之学,而后商务乃可得而言也。"①任鸿隽(1886—1961)认为实业教育为"兼造成实业上之高等人才,司发纵指示之役,及具开创建设之能者而并包之也"②。如何实施实业教育呢? 任鸿隽认为,实施实业教育"必兼虚、实、狭、阔四义"。所谓"虚",是指必须学习物理、化学、算术、图画等诸种作为制造工业基础的科学理论;所谓"实",即教师与学生必须具有实际的工场经验,否则,"无论其理论学科若何完备,不得为实业教育";所谓"狭",就是要使学生掌握一门专精的技术,"以求至乎其极,凡其藩内之事,无不豁然贯通";所谓"阔",即在学习一门专精技术、通其"内蕴"的基础上,力求"通其外缘,期能随处取材,以增进实业之效率"。

二、洋务派实业教育思想的发展

在实业教育思想得到一定程度的宣介后,洋务派的精英们发觉实业确实能够起到联络更大群体的功用,尤其是身担要职的封疆大吏们,由于他们长期奔赴于宫廷之外,多与洋人直面交锋,并亲自见证过西洋军备与机器工业的力量,所以他们对中西方的认识也由主观片面向客观全面发展。为了更好地维护自身政治地位、扩大自身利益,洋务派代表人物在不同的场合下从多个角度表明自己的实业观点。左宗棠(1812—1885)认为:"中国之睿智运于虚,外国之聪明寄于实。中国以义理为本,艺事为末;外国以艺事为重,义理为轻。"③他在告诫家人的家书中更是一针见血地指出八股之害:"近来时事日坏,都由人才不佳。人才之少,由于专心做时下科名之学者多,留心本原之学者少。且人生精力有限,尽用之科名之学,到一旦大事当前,心神耗尽,胆气薄弱,反不如乡里粗才尚能集事,尚有担当。试看近时人才有一从八股出身者否? 八股愈做得入格,人

---

① 杨昌济.杨昌济文集[M].长沙:湖南教育出版社,1983:169.
② 任鸿隽.科学救国之梦:任鸿隽文存[M].上海:上海科技教育出版社,2002:126.
③ 陈其元.庸闲斋笔记[M].北京:中华书局,1989:154.

才愈见庸下。此我阅历有得之言，非好骂时下自命为文人学士者也。"①于是形成了"义理为体，洋务为用"的实业教育指导思想。他所创办的福州船政学堂被誉为中国近代第一所为培养造船与驾驶轮船人员的学堂，也是近代中国第一所开创厂校结合的新式学堂。李鸿章（1823—1901）在其主持创办上海广方言馆时指出："今日士大夫之通患，莫大乎所学非所用，所用非所学。毕生竭虑殚精，汲汲以求工于帖括，及至筮仕之日，则茫然罔有依据，盖学不求其实用，究不知所学何事也。兹建设广方言馆，苦心经营，立教之本意，无非储真才以收实效。""中国欲自强，则莫如学习外国利器。欲学习外国利器，则莫如觅制器之器。师其法而不必尽用其人。欲觅制器之器与制器之人，则或专设一科取士。士终身悬以为富贵功名之鹄，则业可成，艺可精，而才亦可集。"②张之洞（1837—1909）在第二次鸦片战争的失败后意识到只有强国才能救国，通过深层次的分析愈加清晰地认识到西方国家的强大表面是坚船利炮，实质是其实业及相关学校的发达，从而指出今日中国欲转弱为富强，舍学校便无下手处。"实业学堂，意在使全国人民具有各种谋生之才智技能，以为富国强国之本""国民生计，莫要于农工商实业。兴办实业学堂，有百益而无一弊，最宜注重"③。在张之洞看来，"农务犹为中国之根本""工者，农商之枢纽也。内兴农利，外增商业，皆非工不为功"，所以他提出"为政以利民为先，然必将农工商三事合为一气贯通讲求，始能阜民兴利"④。张之洞、刘坤一在《江楚会奏变法三折》中提出"中华向为重农之国，乃因农学不修，农利日薄，而工艺一切尤多拘守旧习，不能用新法制造，以致利权外溢，民生益困，亟应创设农务工艺各学堂，采用西法，实力讲求，以开风气，而广利源"，并建议清政府"先于省城设农务学校，选中学校普通学毕业者肄业其中"，"择地为试验场，先行考验实习，以备分发各县为教习"⑤。在慈禧太后未有明确指示的情况下，张之洞、刘坤一于这年再次上奏提出在京师"专设一

① 王炳照，阎国华.中国教育思想通史：第5卷[M].长沙：湖南教育出版社，1994：105.
② 陈景磐，陈学恂.清代后期教育论著选：上册[M].北京：人民教育出版社，1997：188.
③ 苑书义，孙华峰，李秉新.张之洞全集：第5册[M].石家庄：河北人民出版社，1998：1592.
④ 张之洞.张文襄公全集[M].北京：中国书店，1990：21.
⑤ 李文治.中国近代农业史资料：第1辑：1840—1911[M].北京：生活·读书·新知三联书店，1957：863.

农务大臣","开办农务学堂",以"劝农学、劝官绅、导乡愚、垦荒缓赋税"等建议①。癸卯学制中关于实业教育的分类分级便是其实业教育思想的展现。盛怀宣(1844—1916)对于实业与人才的认识较为辩证,他提出"实业与人才相表里,非此不足以致富强",强调"窃维自强,首在储才,储才必先兴学"②。在论述了实业与人才之间的关系后,他深入分析了实业教育与实践的关系:"实业教育,其扼要不在学堂,而在出堂后办事之阅历,以学堂所课授者,不过根柢之学,增广知识,为他日立事阶梯云耳。"③

三、其他团体之实业教育思想发展

除了洋务派的积极推进外,改良派、改革派、社会精英、民族实业家们也以其悲壮的民族情结和豪迈的行动开创了官督商办、官商合办、联合创办式的实业教育。张謇(1853—1926)提倡实业救国,1895 年即投身实业。甲午战争后,外资涌入中国,民族危机严重,使张謇深感忧虑。他说"中国恐须死后复活,未必能死中求活",而"求活之法,唯有实业、教育"④。"有实业而无教育,则业不昌;不广实业,则学又不昌"⑤,即"以实业辅助教育,以教育改良实业,实业所至,即教育所至"⑥,也就是他所提出的"父教育而母实业"思想。在诸实业中张謇尤其重视农业,如他在《请兴农会奏》中所述:"臣窃上溯三代,旁考四洲,凡有国家者,立国之本不在兵也,立国之本不在商也,在乎工与农,而农为尤要。"康有为(1858—1927)在戊戌维新时期上书指出:"各省府州县,皆立农学堂,酌拨官地公费令绅民讲求,令开农报,以广见闻。"⑦袁世凯(1859—1916)呼吁"外洋虽以工商立国,而尤注意于农务,专部以统之,学堂以教之,故近年欧美农学精益求精。中国想讲求地利,开辟利源,非效法西方创办农业学堂、培养农业人才

① 李文治.中国近代农业史资料:第 1 辑:1840—1911[M].北京:生活·读书·新知三联书店,1957:862.

② 商务印书馆编译所.大清光绪新法令[M].上海:商务印书馆,1910:110.

③ 璩鑫圭,童富勇,张守智.中国近代教育史资料汇编:实业教育　师范教育[M].上海:上海教育出版社,2007:45.

④ 张怡祖.张季子九录[M].台北:文海出版社,1965:79.

⑤ 张怡祖.张季子九录[M].台北:文海出版社,1965:46.

⑥ 张怡祖.张季子九录[M].台北:文海出版社,1965:214.

⑦ 朱有瓛.中国近代学制史料:第 1 辑:下册[M].上海:华东师范大学出版社,1986:921.

不为功"①"崇实学。百年之计,莫如树人。古今立国,得人则昌。作养人材,实为图治根本。查五洲各国,其富强最著,学校必广,人材必多"②。何启(1859—1914)、胡礼垣(1847—1916)在《新政论议》一文中阐明只有兴学方能育才的道理:"一国之人才,视乎学校,学校隘则人才乏,学校广则人才多。"他们提议,"宜下令国中各府州县俱立学校,每省发一大臣为学政,以总其成,每年成材者登诸册簿,以记其才学、人数"。他们也设计了学校的教学科目,认为不论学习哪一种专门学科,首先"以中国文字为一科",即将中国的语言文字列为共同必修科目,在此基础上再分科学习,在文中列举了 19 种学科:以外国文字为一科,以万国公法为一科,以中外律例为一科,以中外医道为一科,以地图数学为一科,以步天测海为一科,以格物化学为一科,以机器工务为一科,以建造工务为一科,以轮船建法为一科,以轮船驾驶为一科,以铁路建法为一科,以铁路办理为一科,以电线传法为一科,以电气制用为一科,以开矿理法为一科,以农务树畜为一科,以陆军练法为一科,水师练法为一科。③ 从上述所列学科来看,这些知识正是发展资本主义生产和建设资本主义国家所必需的,反映了近代科学技术的水平。熊希龄(1870—1937)在一封写给汪康年的信中指出:"弟饱经阅历,实见国民程度太低,非专制不足以变法,而国是不定,政体不立,一切学校教科不能确定方针,如为教育,实所无益,以此决意专注实业。""实业宗旨必须就其地方物产之所宜,旧日农工之所习,改良进步,精益求精,而后定教育之方针,可收事半功倍之效果。""欲兴农业则农有专门之学,欲兴工业则工有专门之学,以及商矿各业皆不可无学以副之。"④他还主张在各种实业公司中附设相对应的实业教育机构,为公司培养专门化的人才。他把当时实业界中一些公司的不景气归结于没有设立相应的人才培训机构。在谈到蚕茧公司时,他以奉省为例,指出奉省有植桑养蚕、染织的优越条件,但"民人不知建筑之方,饲养之法,故丝多不良;不知化学之染色、新式之织花,故绸多不艳",因此,"宜设立蚕业讲习所及

① 天津图书馆,天津社科院历史研究所.袁世凯奏议:中[M].天津:天津古籍出版社,1987:577.

② 璩鑫圭,唐良炎.中国近现代教育史资料汇编:学制演变[M].上海:上海教育出版社,2007:10.

③ 王炳照,阎国华.中国教育思想通史:第 5 卷[M].长沙:湖南教育出版社,1994:154.

④ 周秋光.熊希龄与慈善教育事业[M].长沙:湖南教育出版社,1991:224.

染织学校"①,招收学生肄习其中,待到毕业以后,"以谋改革"。

社会各阶层为保证所属阶层人才能学以致用,在不同的层面与领域进行了改革实践与呼吁,其中最为显著的是洋务派。伴随着洋务运动的深入开展,洋务派愈来愈发现科举制成为其发展道路上的绊脚石,因而他们有意无意地组织了一场声势浩大的变通科举的奏疏运动。如沈葆桢率先请设算学科,继而丁日昌请奏武科改试枪炮,其后有李鸿章请开洋务进取科,礼部奏请考试算学,张佩伦奏陈武科改试洋枪,潘衍桐请开艺学科,陈琇莹奏请将明习算学人员归于正途考试,给予科举出身。1887年,总理衙门会同礼部商议,要求各省允许报考算学。1888年的戊子乡试,总理衙门将各省送到的考生及同文馆学生32人,试以算学题目,取中举人1名。戊戌变法前夕,又设立经济特科,考以内政、外文、理财、经武、格物、考工六项。尽管这些改革未能从根本上动摇传统科举主旋律的局面,但至少表明封建科举制度并不是铁板一块,在"国退民进"的大环境下资产阶级培养新式人才的强烈愿望得到了一定程度的体现。

随着历史的发展,新兴资产阶级和开明士绅对教育改革的要求已不满足于西文、西艺这些表面上的内容。他们开始从"去愚""去贫"的角度,要求在更大范围内批判封建教育,建立符合资本主义发展要求的教育制度。仿照欧美和日本等发达国家兴建新式学校、构建新式学制成为一种社会潮流,这种潮流在外交、军备、内政等多方面改革四处碰壁的背景下,尤其是在甲午海战和庚子之役惨败后,人们不得不深入思考国家发展的根本问题,于是就有了以"去愚""去贫"为宗旨,以"教育救国"为旗帜的基础改革思潮。清政府在内忧外患的巨大压力下,不得不妥协,宣布实行"新政",相继出台了"壬寅学制"和"癸卯学制"。实业教育至此不仅获得了国家法规的保护,更为重要的是开始深入人心。1905年,延续一千余年的科举制被宣告废除,至此我国近代新式教育体制才得以正式独立。

---

① 周秋光.熊希龄集:上册[M].长沙:湖南出版社,1996:149.

第二节　实业教育发展中地方官员、士绅的历史实践

随着清末国门的逐渐洞开以及各项改革政策的频仍出台,在国内外局势的促动下,清末民初一些地方官员与士绅纷纷怀着各自的初心与使命加入改良实业教育的行列中来。其中最具代表性的有杭州蚕业学馆(堂)、南洋(浙江)茶务讲习所、四川茶务讲习所、甘孜巴塘陶业学堂等。这些学堂均具有官方背景,也就是说地方主官或直接或间接参与了实业教育的创办。在这个过程中地方士绅起到了承上启下的作用,他们或是积极向当局主官建言献策,协助调查、参与管理等,或是在地方实业教育受到曲解时积极向地方主官澄清事实,甚至辗转腾挪向清廷申诉,为地方实业教育的发展做出了不可忽视的贡献。

一、杭州蚕学馆(堂)的创办与早期实践

1896年,维新志士林启调任杭州知府,在林启的印象中"中国出洋土货,以蚕丝为最,蚕丝以江浙为最,浙中以杭嘉湖为最",但经过短暂调查了解后发现,该处由于历代统治阶级借振兴蚕业做幌子,强征丝绸以供奉朝廷贵族及官僚们享用,导致蚕农生产情绪低落,且技术保守,任由蚕病蔓延,以致出现蚕业连年歉收、衰败不堪的现象。如此颓败的情形更加坚定了林启整顿该处蚕业的决心,于是便在当地士绅汪康年等人的建议下,结合早期康发达关于改良我国蚕业的陈条,他急切地向浙抚廖寿丰打报告申请创办蚕学馆,并逐一陈述了自己兴办蚕学馆的观点。

窃地球五洲蚕丝之利,向推亚洲,亚洲向推中国;此外如日本、印度,与中国同处亚洲之中,西人所称为东方蚕业者也。东方蚕业,日本进步最猛,由其采取外国养蚕成法。查三十年前,法国蚕子病瘟,蚕种将绝,因创设养蚕学堂,用六百倍显微镜考验种种蚕瘟,并讲求养蚕各法,日人一一仿行,遂以夺我中国蚕利。西人考验中国蚕子,亦有瘟病,以致出丝不旺,税厘既未能减,蚕业遂以中衰。前宁海关税务司康发达著为一书,言中国若不讲求蚕瘟,倘遇年岁不好,传染日深,将来病蚕生子,病种相传,蚕子将有灭绝之一日。初闻此言,颇以为骇,既思《禹贡》兖州言:桑土既蚕,此外若丝若缲若织缟,皆散见于各州。太史公亦言:齐鲁千亩桑,其人与千户侯等。今吴越以外,蚕事久废,无有贩丝至沪者,亦由蚕瘟渐渐消磨,盖西北蚕种将绝久矣。西人养蚕之法至备,即配种一节,亦有

神效。西国格致家言,凡物一雌一雄,取其两地相隔最远者,为之配合,其生必旺,犹化学之爱力,电气之摄力。同气相合,其生不旺,在人亦然。故格致家考验同姓为婚,生子多病癫痫,由其血脉相通,不宜配合夫妇。我中国亦云,男女同姓,其生不蕃,故养蚕配种,至有妙用。今东西洋均有蚕子纸,交易配种,并非难事。此不过首年取以配种,以后传种既佳,即年年蕃息矣。法国验中国蚕子,重八两者,收丝只二十五厅;自择种后,可收至七十斤,最多者竟至百斤,日本尤收其效。故中国丝价昂,出口不多;日本丝价廉,出口日多,均有海关册可核。

康发达书中言,仿设学堂,只用三年,每年三万余银,只费十万银。计算此八年中,中国每年出口丝比前减少二百万斤,民间应短银五百八十万两,海关正口税短二十万两,合八年已五千万两。若以设局经费计之,此十万两之数,亦甚戋戋矣。学堂只用三年者,以民间风气既开,学生学问既成,此局便可裁撤。今库款万分艰难,拟照康发达所拟十万之数,减之又减,以三万六千两为额,划分三年,计月只合用银一千两。

阜府去岁至杭,即思杭州要计,无以逾此。但二十年来各省之创新法,皆无实效,只以兴会一时,往往虚靡帑项。故自去夏至今,汲汲讲求,未敢遽请。今年自行措购小号显微镜三种,又四向采访,觅得日本蚕书,并康发达一书,广为印证,信其确有成效。今浙中均之考法养蚕,已为尽善;然年来各乡各镇之蚕,多有饱食桑叶,不能上山,因以倾弃者,此即饲蚕未尽得法,致成蚕病,小民无知,只以委之运气。且在此多一虚耗之桑,在彼即有缺桑之窘,因此丝价难平,不能与日本争利,此显有成数可证。

按中国出洋土货,以蚕丝为最,蚕丝以江浙为最,浙中又以杭嘉湖为最。就时局而言,为中国之权利;就王政而言,为百姓之生计;就新法而言,为本源中之本源;就浙省而言,为切要中之切要。幸遇大人重念帑课,日夕为国操心,故敢冒昧上请。此事为西法之最易效者,于浙中尤为易效:事果有成,西北各省仿行,不徒复《禹贡》之旧,且当进而益上。近日江西大兴蚕桑,无暇讨论养蚕新法,正赖吾浙首为之倡。伏维大人为浙中扩万世之厚利,为各省开风气之先声,即为国家裕无穷之帑。

阜府谬蒙信任,既有所见,不敢不以上陈,所谓不可失之机,不可再之日也。如蒙俯准所请,乞即筹款开办,计一面寄洋购器,一面择地开局,往返辗转,于明岁新蚕,方能及事。今将中国、日本蚕丝增减数目各表,并开设学堂大略章程,另折呈览,仰祈察核,俯赐批示遵办,实为公便。①

　　通过上文可清晰得出以下四个方面的信息:一是林启指出了蚕学馆兴办的背景、急迫性与必要性;二是在蚕桑最为繁盛便利之地开办蚕桑专业教育和人才培养的重要性;三是科学植桑养蚕制丝的重要性;四是蚕业改良的可行性,并不失时机地对浙抚廖寿丰振兴实业、锐意改良的政绩观恭维一番。基于林启的开阔视野和缜密论述,以及通过中外蚕丝贸易对比、愿景描绘等策略,林启的计划很快便得到浙抚的赞同,同时也赢得了当地开明士绅樊恭煦、劳乃宣、汪康年、邵章等人的支持。1897 年 7 月抚署批准,同年 9 月,林启在布政司的支持下筹得款银 36000 两,并请准拨西湖金沙港怡贤亲王和关帝庙旧址建设馆舍,就近附设 30 余亩桑园,同时制定养蚕学堂章程 11 条。"一、学堂以省垣为主,学生学成后,即分带仪器,派往各县,并嘉湖各府,劝立养蚕公会,以为推广。二、教习或两人,或先请一人,必精于蚕学,在外国养蚕公院给有凭据者,方能充选。此最紧要,为全局之关键。三、学生年在二十内外,要聪明静细,并已通文义者,招考时先录取三十名或五十名,存记挨班,到堂学习。学成派出,所遗名额,随时递补。查奥国学堂,学生至五百名之多,女工来学,至四百名,故其所产比前以十倍计。初年所查蚕蛾只十万,其后至一百九十一万。今学堂不收女工,惟学生不能太溢,当节省别项经费,以扩名额。四、学生课程,须由教习手定大概:一习用显微镜之法,二蚕之安那多米,三蚕之费音昔讹乐际,四访求百撇灵之病,五蚕病原由及防治蚕病法,六养蚕之理如何合宜法。五、广购六百倍显微镜,酌量经费,愈多愈好,并购一切仪器及考验各药水。六、先行翻译日本蚕书图说,成书后要广印传播。七、中国图学久废,宜仿外国所绘种种蚕病,刊印成书,以资考验。外国最重图学,各学堂、各厂局往往专立绘事院。今经费未充,只能略为变通,但必须购用洋纸,以洋法仿画仿印,方能丝毫描出。八、中国养蚕,有未及吐丝而病僵,或未僵而倾弃者,贫民亏折工本,至于破家,此由病瘟者半,由天气暴寒暴热、炭火过度者亦半。今不能如外国之造煏房,亦宜以寒暑表为准。日本此表,价值不过百文,当由局采买,听民间零星来购。九、广购外国蚕子纸,考验选种配种之法。十、颁给谕帖,准学生造买蚕子纸,并禁妄造蚕子纸,固为各国成法。中国似须察看地方情形,不能拘泥,但使风气大开……人人

_____
① 林启.杭州府林太守请筹款创设养蚕学堂禀[J].集成报,1897(19):7-8.

将争讲新法矣。十一、学堂初创,修造房屋,购买外国仪器,用款颇为浩繁。……今请款三万六千两,开局须先支六千两,以后三年,每年各一万两。……所有详细章程,容开办后,随时酌定详报。"①根据该章程可略知其宗旨为"立学堂、聘良师、除蚕病、制良种、精饲育、力推广",但囿于时代性和阶级性等历史问题,女性暂未成为学堂教授的对象。次年(1898)公布招考简章7条:一、学馆之设,以考验蚕种,分方做子为第一要义。二、学馆先在杭州西湖金沙港建屋购器,试办3年,俟有成效,再行推广。三、学生定额30名,年20左右,明敏笃静者,准其投考。四、考生限二月十一日到杭,候期考试。五、学生必遵馆中所定课程规条,尽心学习。六、学馆按月给学生休假4日。七、学馆供给学生伙食,并按月发给3元。② 值得一提的是,该学馆招生生源不仅不限省籍,而且还每月给予3元的零用钱。此外,隐藏的另一个信息是其招生的对象实为有一定学历的学生,而非布衣白丁。据该学堂毕业生蚕业教育家朱新予回忆,该学堂所录取的学生多为贡、监生,少许来自蚕区,但要懂得一定的蚕学知识。该学堂1898年3月开学。林启自兼任蚕学馆总办,邵章任馆正,次年改车书,1901年改沈铭;总教习为江生金,次年由日本著名蚕师轰木长为教习;其后,改聘日本蚕师前岛次郎为总教习,西原德太郎为副教习。从该馆的教育大纲可以得知其开设的课程范围包括:物理学大意、化学大意、植物学大意、动物学大意、气象学大意、土壤论、蚕体生理、蚕体病理、蚕体解剖讲义及实验、桑树栽培论讲义及实验、蚕儿饲育法讲义及实验、缫丝法讲义及实验、生丝审查法讲义及实验、茧审查法讲义及实验、显微镜讲义及实验、操种法讲义及实验、害虫论等。

蚕学馆教科课目

普通课目	物理学(中等教科书)、化学(中等教科书)、算学(笔算代数)、动物学(普通教科书)、植物学(普通教科书)、气象学(普通教科书)、体操(普通体操)
专门课目	养蚕法、蚕体生理、蚕体病理、蚕体解剖、显微镜使用法、制丝法、桑树栽培法、土壤学、肥料论、害虫论、蚕种检查法
实习课目	养蚕、制种、考种、栽桑、缫丝

① 设立养蚕学堂章程[J].农学报,1897(10):5-8.
② 蚕馆开学[J].农学报,1898(29):76.

蚕学馆课程表

第一年前期学课授业时数				第一年后期学课授业时数			
课目	时期			课目	时期		
	半年时数	星期时数	两年总计		半年时数	星期时数	两年总计
动物学	九二	四	九二	理学	三〇	三	/
植物学	九二	四	九二	化学	二〇	二	/
理学	六九	三	九九	数学	三〇	三	/
化学	四六	二	一一二	蚕体解剖	三〇	三	/
数学	六九	三	九九	显微镜使用法	二〇	二	/
蚕体解剖	六九	三	九九	养蚕法	三〇	三	一〇六
显微镜用法	六九	三	八九	蚕体生理	二〇	二	/
蚕体生理	四六	二	一三五	缫丝法	二〇	二	六六
实习	二五三	一一	七二六	茧及生丝检查法	二〇	二	二〇
计	八〇五	三五	/	器械学	二〇	二	六六
	/			实习	一一〇	一一	/
	/			计	三五〇	三五	/

第二年前期学课授业时数				第二年后期学课授业时数			
课目	时期			课目	时期		
	半年时数	星期时数	两年总计		半年时数	星期时数	两年总计
化学	四六	二	/	养蚕法	三〇	三	/
养蚕法	四六	二	/	气象学	三〇	三	/
蚕体生理	六九	三	/	肥料论	四〇	四	/
气象学	四六	二	七六	桑树栽培法	三〇	三	/
肥料论	四六	二	八六	土壤论	三〇	三	/
桑树栽培法	四六	二	七六	蚕体病理	四〇	四	/
缫丝法	四六	二	/	害菌论	四〇	四	四〇
土壤类	四六	二	七六	实习	一一〇	一一	/
器械学	四六	二	/	计	三五零	三五	/
蚕体病理	六九	三	一一九				
桑树除害论	四六	二	四六				
实习	二五三	一一	/				
计	八〇五	三五	/				

从上述课程设置得知该蚕学馆为中等实业学堂性质（当然此时癸卯学制还

未出台,该馆是仿照日本学制而订,而癸卯学制也是参照日本学制而订),该学堂课程设置明显体现出了近代蚕学的特征,注重理学、化学等基础科学理论知识的引入,强化蚕桑专门知识的学习,按照三三制原则融入实习课程,从一个侧面体现了林启的"实业基于教育,教育服务于实业"的整顿振兴蚕桑的思想。并且整个课程的设计体现了蚕学知识体系化的初步构建,即将养蚕、制丝和植桑之学进行有机融合,打破了传统蚕桑技术间的壁垒,这是一大进步。此外,在课程知识传授和专业实习方面,该馆不是将西方科学技术知识简要传授或转述,而是将科学理论、先进仪器与改良对象紧密结合,并严格考核学员的学习与实践情况。如该馆夏蚕种均由蚕馆通过显微镜检验法,将病蛾剔去之后留下健康蛾之卵培育,所以该馆夏蚕种质量高出传统许多,后来该馆发现只有精良蚕种却饲育不得其法,同样不能达到改良蚕业的目的。要想取得预期效果,必得科学饲育之法,才能使蚕种少生病甚至不染病,蚕种健康、饲养科学,蚕茧质量自然就高,蚕丝产量和质量也就达到国际竞争标准。《农学报》略述其法如下。

杭州蚕学馆饲育夏蚕成绩表①

项目 ＼ 种类	五化	余杭	玉稀	统计
收蛾月日	四月十七日	四月十九至二十日	四月二十至二十一日	
蛾量	9	48.5	62	119.5
蚕数	8550	43650	55800	108000
给桑回数	143	144	157	
给桑数量	199.195 斤	1278.126 斤	1904.294 斤	3381.615 斤
蚕席最广	153 方尺	784 方尺	1002 方尺	1939 方尺
蚕长极大	2 寸	2.6 寸	2.5 寸	
自收蛾至上山日数	20 日又 11 小时	21 日又 17 小时	24 日又 6 小时	
室内温度最高	84	89	90	
室内温度最低	66	66	66	
室内温度平均	76.9	77.9	79.2	

---

① 杭州蚕学馆饲育夏蚕成绩表[J].农学报,1897(42):3-7.

续表

项目 \ 种类	五化	余杭	玉稀	统计
室内湿度最高	9	14	14	
室内湿度最低	2	1	1	
室内湿度平均	3.2	3.7	3.7	
室外温度最高	91	98	98	
室外温度最低	63	66	66	
室外温度平均	78.8	79.6	80.3	
室外湿度最高	14	13	14	
室外湿度最低	1	1	1	
室外湿度平均	4	4.6	4.2	
晴雨	雨三日	雨三日	雨三日	
收茧上等	6.8斤	77.1斤	99.1斤	183.12斤
每斤颗数	650	380	390	
次茧	2.2斤	6.15斤	9.47斤	17.82斤
同宫茧		4.14斤	13.2斤	18.83斤
采种纸数	4	25	10	39
采种圈数	110	698	235	1043

　　随后林启及相关士绅等人,通过一系列规章制度对教习选择安排、学生报名资格、学生课程、学堂设备配置、教材、蚕房建造、学生毕业后出路等方面都一一做了较为详细的规定。正是这种为官一任、造福一方的朴素政绩观和心系国计民生且务实严谨的敬业精神,才有了后面一系列的成就与影响,这里仅通过两个方面进行简要诠释。

　　一是严格聘任并考核教师。根据该学馆章程规定,教习"必精于蚕学",且须"在外国养蚕公院给有凭据者,方能充选"。在当时的情况下,唯有江生金符合条件,但由于江生金为英人康发达所派,且留学为期不到一年时间,所学蚕学知识较为疏浅,所以他在该馆教授不到一年时间便不能胜任接下来的教学任务而辞去总教习职务。该馆继而聘请驻杭领事轰木长任总教习。教习轰木长太郎对蚕学蚕种研制颇有心得,取得了积极的效果。近代教育家罗振玉描述:"教习轰木君言,五大洲蚕业,以中国为最先,蚕种亦以中国为最优,而中国新昌之种,又其尤焉。新昌种中,有正圆形者,为无上上品。因尖圆形及束腰状之茧,丝之结构,疏密不均,盖束腰之茧,腰部丝密于腹部,尖圆之茧,则锐端部亦密于他部,缫时易截断。惟茧形正圆,则丝之缔造,通体均一,易缫而寡断截。但制种之蛾,必用皆出于圆茧者。若以正圆茧与椭圆茧之蛾交,则茧形变长,不能保存正圆形矣。故轰木氏专选正圆茧制种,命其名曰新圆。从此中国广布此种,利益莫大,此亦蚕馆中一大发明也。"①

　　二是学生高质量就业且社会评价良好。1900年,《农学报》对杭州蚕学馆首届毕业生的毕业人数、分配情况有详细报道:浙籍学生,大多在本省相关机构就职,发挥技术推广及人才培养的作用。"爰饬杭嘉湖宁绍五府创设养蚕会,而令卒业诸生充教习。派往海宁者一人,曰陈之藩;余杭者一人,曰朱敏;嘉兴者三人,曰骆缵郊,曰吕汝本,曰黄燮;湖州者四人,曰宣布泽,曰陈翰,曰陆宝泰,曰郭廷辉;宁波者二人,曰周式毂,曰沈鸿逵;绍兴者三人,曰陈拜庚,曰俞鸿荃,曰吴锡璋;复遴其优者二人,曰丁祖训,曰傅调梅,留蚕学馆为帮教习。"②该校第一、二、三届学生实际毕业人数各为12、14和8名;从第一届毕业生起,1906年前后共毕业66名,至辛亥革命前夕,共有11届毕业生163人,学生籍贯遍布18行省。

杭州蚕学馆清末民初毕业生部分学额生就业情况简表

时间(年)	届数(期)	学生姓名	就业地点
1901年2月	第一期	陈之藩、朱敏、骆缵郊、吕汝本、黄燮、宣布泽、陈翰、陆宝泰、郭廷辉、周式毂、沈鸿逵、陈拜庚、俞鸿荃、吴锡璋、丁祖训、傅调梅	杭州、海宁、余杭、嘉兴、湖州、宁波、绍兴等地或留校任教或筹办蚕学分馆、创设蚕业会
1901年10月	第一期	稽伟(本校留日生)、吕汝本、石如璧	留校任教
1902年夏		吕汝本、巴成锦	福建创办的浙股蚕务学堂教员
1903年2月	第一期	陈翰	广东省蚕学教员

① 罗振玉.杭州蚕学馆成绩记[J].农学报,1900(120):1-2.
② 罗振玉,蒋黻.浙江蚕学馆学生毕业[J].农学报,1900(134):1.

续表

时间(年)	届数(期)	学生姓名	就业地点
1903 年 3 月	第一期 第三期	陈拜庚 郑辟疆、朱亦栋	山东农业学堂蚕科教员
1904 年春	第一期	宣布泽、丁祖训、傅调梅	分任本校总教习、蚕科教习
1904 年 1 月	第三、四期	郑銮、梁有立、嵇冠群	河南青化蚕桑学堂教员
1904 年 1 月	第四期	何逢时	江苏南通蚕学教员
1904 年 2 月	第三、五期	章子祥、张保寅	南京蚕桑学堂教员
1904 年 9 月	第一、二期	陈之藩、骆缵郊、邱仲刚	云南农业学堂蚕科教员
1904 年 12 月	第二期	林景源	山西省蚕学教员
1905 年 2 月	第一、四期	陈翰、徐乔	贵州省蚕桑学堂教员
1905 年 2 月	第五期	郑濂、吴德森、周祖颐	温州蚕桑教员
1905 年 2 月	第四期	杜以芬	湖南农业学堂蚕科教员
1905 年 12 月	第五期	方志澄、朱显邦	赴日本东京蚕业讲习所留学
1906 年 2 月	第六期	陈浡	安徽颍州蚕桑学堂教员
1907 年 2 月	第四、六期	何逢时、徐祖勉	湖北襄阳农业学堂蚕科教员
1908 年 2 月	第七期	史兆农、章翊	陕西凤翔蚕桑学堂教员
1911 年 2 月	第七期	余养浩	北京蚕业讲习所教员
1911 年 2 月	第七期	朱华	河南唐县实业学堂蚕科教员
1912 年 2 月	第一期(民国)、第十三期(清末)	陆宝泰、顾晓旭	陕西西安西北大学蚕科教员
1915 年 7 月		傅调梅	河南专门农校蚕科主任
1919 年 11 月	第二期	郑恺	山西农业学校蚕科教员

资料来源:根据 1937 年第 3 期《浙江省立蚕丝学校校刊》相关内容整理而来。

对于该学堂毕业生,罗振玉曾赞扬道:"皆贯通学理,潜心实习……太守创此馆,其尤注意在考研蚕病,考究制种之术,每年所制之种,以贱值售之民间,饲之辄得丰获,视民间普通所制种或丰收至倍焉。今年浙省蚕事甚劣,收量视丰岁十之四五尔,而蚕馆所制种则大率十得八九,是其征也。馆中所制种除售之本省外,若江苏、安徽、江西、福建,亦争购求,恒苦不给焉。……林公之兴学,甫三年耳,其效已昭昭如此,异日传习日广,增长国益,皆公经始之功也。书其成绩，以告方来，并贻后之传循良者。"①此外，该馆专业课程教材大多来自日本相关教材的直译，如《微粒子病肉眼鉴定法》《蚕外纪》等；以后，蚕学馆又陆续编印了《蚕桑述要》《饲育要览》《饲桑新法》《屑茧缫丝》等书。馆中学生尤其是派往外国的留学生，成为翻译图书、介绍外国先进蚕学知识的主力，相继翻译编写了改良蚕业的著作，如《制丝学》《蚕体解剖》《蚕体生理》《蚕体病理》《养蚕浅说》等。这些书籍对蚕学知识的传播起了很重要的作用。

　　该学馆在发展过程中数次经历风波磨砺，幸有诸多热心蚕业发展之士绅鼎力相助，方才化险为夷。根据该学馆章程请奏以试办三年为限，试办效果可观再行续办。1901 年，因蚕学馆办有成效，遂由地方官与地方士绅合议，此后筹定常款，继续办理。1901 年 9 月，车馆正辞职，改委沈铭继任。这一年任道镕调任浙江巡抚，次年春，任道镕遵旨在浙江为李鸿章立专祠。又据闻，1903 年春李鸿章侄李经羲（云贵总督）要来杭州，任道镕为献媚李氏以固禄位，拟在李经羲未到杭州之前完成李鸿章专祠工作，不仅谨遵圣谕，同时又能得到李经羲的赞许。囿于时日较短，他担心匆促难办，遂借口"浙本蚕乡，农民素习蚕桑，蚕学馆无甚作用"，拟下令停办，即以馆址改建李祠，可事半而功倍。当时求是书院讲师高啸桐、浙绅陈豪、樊恭煦、劳乃宣、杨文莹等起而抗议，据理力争，认为"蚕丝为吾浙主要产业，东西各国已在竭力讲求，以与吾国竞争，如果停办蚕学馆，不仅前功尽弃，将见丝与茶叶同样失败"，于是函电联合在京浙籍京官，向清廷力争。结果"上谕"在杭州长庆寺设立试验场，以同样蚕种同一蚁量，招湖州熟练蚕事的农民，与本馆第一班毕业生（骆缵郊、陆宝泰二人）分屋饲养，比较成绩，如新法优于土法则馆保留，否则停办。是年饲育结果，到了成茧之后，即由任抚率同司道绅士，当场评定茧的数量与质量，新法远远胜过土法，任抚也无话可说，停办之议消解。自后，远道而来的学者众多，学馆逐渐推广其学额。因毕业生已均有相当学力，可以自力研求精进，以资教学，学馆逐渐不再续聘日籍教师。又因馆中致力改良的仅有育蚕与制种两项科目，在制丝方面没有设备，于是学馆派遣毕业生方志澄、朱显邦二人赴日本研究，并考察一切。

　　1906 年，浙抚冯汝骙借口经费支绌，欲改该馆为"初等农业学堂"。其时又由地方士绅陈豪、邵章、陆元鼎等人，与同乡京官葛宝华、陈邦瑞、劳乃宣、徐定

----

① 罗振玉．杭州蚕学馆成绩记［J］．农学报，1900（120）：1－2.

超、吴伟炳等,以"蚕丝为浙江重要特产,应有专门机关研究,东西各国皆有蚕丝专门学校,以资深造,浙江也应效仿。蚕学成效卓著,正应扩充,何可缩小"向各方呼吁,极力争取。正待双方胶着之际,冯氏改任江西巡抚,继任浙抚增韫,遂顺从公议,力任保障,于是酌定新章,免除学生津贴,增广学额,添授科目,改二年毕业为三年,征收学膳等费。1908年,由于蚕学馆的成绩可观,增韫奏请立案,定名为"浙江中等蚕桑学堂",1911年更名为高等蚕桑学堂,1912年更名为中等蚕桑学校,1913年1月更名为浙江公立甲种蚕业学校,1913年12月更名为浙江省立甲种蚕业学校。1915年,学校展品参加巴拿马国际博览会,获金质奖章。1923年,学校改行新学制,招收高小毕业生,入预科第一年,定预科二年为初中,正科三年为高中,毕业年限共为5年,1926年更名为浙江省立蚕桑科职业学校,至此完成了该馆的蚕桑教育由实业向职业教育的蜕变。

此外,两江总督、浙江巡抚及劝业道、四川督抚等地方官员均根据地方特色创办相关的实业教育,如南洋茶务讲习所、四川茶务讲习所、甘孜巴塘陶业学堂、浙江茶务讲习所等。

二、南洋茶务讲习所的创建与探索发展

南洋茶务讲习所的缘起可追溯到1906年成立的江南商务局植茶公所,该公所的成立则缘于两江总督周馥对印度、锡兰等外茶对华茶冲击的深刻认识。1905年,他特意派遣道台郑世璜、陆溁等人考察印度、锡兰等地的茶业生产、制造、运输、经营等情况。回国后郑世璜撰写了《印、锡种茶、制茶暨烟土税则事宜》,陆溁则撰写了《印锡种茶制茶暨烟土税则事宜》和《乙巳年调查印锡茶务日记》。他们考察后共同的观点就是要复兴中国茶业,必先兴办茶学教育。但当局只对建立江南商务局植茶公所这一茶业改良机构感兴趣。该公所成立之后即刻采取购置外国机器、延聘外国茶师等立竿见影的经营策略,选择性地忽视了对本国茶业技术人才的教育培养。直到1909年底,随着经营规模的扩大,茶业专业技术人才缺乏的问题日益凸显,两江总督方才在基层职员与地方士绅的建议下决议筹设南洋茶务讲习所。南洋茶务讲习所以"选收产茶及兴茶务有关系省份之学生,授以茶业必需之知识艺能,以备振兴茶务挽回利权"为宗旨,在教员及教职工聘用上本着节约经费的原则,采取专兼职相结合的方式,尽可能多聘用兼职人员,此举也是为了避免教学与管理人员相互隔阂的弊病。为了尽快培养茶业专门人才,该所拟定在率先开办预科的一年里,聘请茶事方面极有经验的教员和农学专家编撰讲义和教材，以备本科之用，同时呈送学部与农部审定。为了激发学员们的积极性，该所承诺学生本科毕业以后呈请农工商部按照新订官制分别给予一二等艺师、艺士奖励，并承诺在今后产茶区振兴茶务工作时优先录用。经费方面则有江宁劝业道职员、该讲习所所长陆溁禀请两江总督张人骏由皖南茶税局筹拨，并得到了总督的批准。一次性拨给开办经费4500两，常年经费900两，支持力度不可谓不大。创办初期先行招收宁、苏、皖、赣等省学生120名，其中宁、苏30名，皖、赣各30名，其余30名分给各相关省份。在学制方面，该所分预科、本科两级，预科一年毕业，本科两年毕业。年龄为17—25岁，或具有中等学力程度者。预科开设的课程有：人伦道德、中国文学、数学、物理学、化学、英语、体操、商业地理、地质学、经济学、农学大意、植物学、动物学、种茶学。本科开设的课程有：人伦道德、中国文学、数学、化学、英语、体操、化学分析、商业地理、测量学、地质学、商业学、经济学、气象学、茶叶地理、茶叶历史、制茶法、簿记学、种茶法、应用昆虫学、土壤学、肥料学、制茶机器说明。从所开设的课程可以看出，该所课程设计已具有了近现代学校课程设计的雏形，即按照公共基础课、专业基础课和专业课的层级与逻辑进行安排。

预科课程及课时安排表

第一学年第一学期		第一学年第二学期	
科目	周课时	科目	周课时
伦理学	一	伦理学	一
文章之大要	四	文章之大要	三
算术	三	算术	二
中国商业地理	二	外国商业地理	二
纯正经济	三	纯正经济	三
植物各论	三	植物概论	三
高等动物	二	下等动物	二
物性、力学、热学	二	讲解	
无机化学	三	磁石学、声光电学	二
英语读本、文法、会话	六	无机化学	三
普通体操	一	英语读本、文法、会话、翻译	六
		普通体操	一

本科课程及课时安排表

第一学年第一学期		第一学年第二学期	
科目	周课时	科目	周课时
商业道德	一	商业道德	一
高等信札、普通公牍	三	高等信札、普通公牍	三
简易代数	二	几何	二
世界商业地理	二	中、外产茶区域	三
唐宋以来茶法沿革时代	二	本朝茶业极盛时代	二
商业通论	三	商业通论	三
种茶法实习	三	制茶讲解	三
气象概论、农艺气象	二	气象观测、气象预报	二
昆虫学内外部之结构、昆虫分类	二	昆虫制作标本、昆虫采集	二
应用经济	二	应用经济	二
土壤学大意	二	土壤分析	二
天然肥料	一	人造肥料	一
有机化学	二	定性分析	三
英语文法、会话、读本、翻译	六	英语文法、会话、翻译、作文、读本	六
柔软体操	一	柔软体操	一

第二学年第一学期		第二学年第二学期	
科目	周课时	科目	周课时
三角测量	二	测量及制图	二
销茶地方之关系	三	水陆运输之关系	三
印锡茶业发现时代	二	日本爪哇等处茶业发现时代	二
地质历史	一	销茶商况	三
采茶、碾茶、烘茶、装茶兼实习	三	害虫驱除、茶树害虫	二
农业经济	二	各种簿记	二
益虫、害虫	二	税关	三
簿记原理	二	肥料制造	二
商法	三	定量分析	四
肥料制造	一	英语商务尺牍、文法、作文、翻译、会话	六
定性分析	三	兵式体操	一
英语商务尺牍、文法、作文、翻译、会话	六		
兵式体操	一		

从上述课程及课时安排得知,该所总体上比较重视科学理论课程,在基础课程方面特别重视英语课程,体现了该所积极学习西方自然科学知识的态度和紧迫状态,同时也囿于时代的局限性,导致对近代茶学知识的学习不够充分,如在英语课程的设置上分类过细且占时较长,不利于学员扎实系统地学习茶学专业知识。

基于该地基层职员与地方主官对于茶业改良的认识高度一致,所以该地茶务讲习所很快便创立了,且制度完备、规章翔实。但在其发展过程中有一个实际问题成为主要矛盾。由于该所宗旨是为各相关茶区培养专门人才(当然也是为了联合出资办学便宜),生源自然要从各相关茶区产生,这里就涉及属地辖区行政管理方面的问题,为此该所所长陆溁不得不再次向两江总督张人骏求助。

呈称窃溁猥以菲材,谬蒙奖拔委充南洋茶务讲习所所长奉札之下,愧悚莫名,伏念茶政一项与农工商学有密切之关系,溁自印锡回国以来,详察华茶疲败之由,皆因种制、销售诸法不加研究所致。欲求挽救之策,非急造就茶务人才不可恭值。朝廷筹备宪政本年应设茶务讲习所,又逢宪台注重实业,提倡茶务,荷蒙委任自不敢不竭其驽钝,以仰副宪台。振兴茶业之至,意惟是事关部饬本年立待开学,所有一切事宜,均宜提前筹备,且此项校所前无师承,所有支配教科、招考学生等事,允宜完密,现在款经筹定,亟宜先发广告订期招考,并已暂设报名处于马府街。预备一切兹附,呈招考简章,拟恳宪台移会提学,宪详请督宪迅赐札,饬安徽徽州宁国等府,江西南昌宁都等府,遵章赶日飞饬各属劝学所,出示招生,就近考送,俾可如期开校并恳详请督宪颁给钤记,以昭信守而励进行,再前定章程原拟免收学费。现因常年经费祇定额支,拟酌收学费每人每月一元,藉资补助活支之用,合并陈明等情,并呈招考简章。江西安徽学额清单到道,据此查此项茶务讲习所事关筹备宪政奉大部,分年列表特饬举办,既经司道迭饬该所长议有端倪,自应早为开办,以便观成。除宁苏两属招考简章清单由本司移送江苏教育总会,分发各属劝学所办理外,所有刊发钤记及皖赣等省,招考事宜理合具文详请,并将简章清单附呈仰祈宪台鉴核,俯赐照准,并将各简章清单札发皖赣两学司,转饬各劝学所迅速按照所定名额加倍考送来宁,以便择优录取。①

---

① 督部堂张批宁藩司劝业道会详请札皖赣学司招考茶务学生由[J].南洋官报,1910 (132):20-21.

从这段呈词中我们再一次感受到地方官员为了地方实业改良工作尽心竭力,可谓用心良苦。首先是为民请命,其次表明地方主官热心实业、锐意进取,然后再提出问题,敬请俯赐。这与前文杭州太守林启上报给浙抚廖寿丰的折子在内容与逻辑上存在很大程度的相似性,其中意味耐人寻味。当然,这件事情很快得到了肯定性的回复,奈何时局动荡,经费难筹,该所于1912年不得已被迫停办,"大概因新辟茶园及机器制茶都无成绩,茶务讲习所一年后就停办了"①。除了经营不善之外,清朝的覆灭引发政策上的变动也是不容忽视的原因。南洋茶务讲习所虽因时局未能达到预定的目标,但其办学之宗旨、课程之设置、治校之方略等办学要素,却对民国时期的茶业振兴起到了承上启下的作用。由于其专门性,所以在招生对象上显示出了一定的行业保守性:"江督以皖赣等省产茶最多,向运宁沪出洋销售。宁垣为南洋适中之地,拟设茶务讲习所,专收茶商子弟与茶商有关系地方之学生。"②这样有针对性地培养茶务人才具有一定的时代性和实效性,但其可持续性和优越性却无法得到保障。

三、浙江茶务讲习所的创立与实践

南洋茶务讲习所的情况在清末并非个例,浙江茶务讲习所便是一个极为雷同的案例。鉴于中外互市以来"所恃以颉颃洋货、补塞漏卮者,蚕丝而外,茶称大宗。嗣以印度、锡兰等处多方讲求,选种培莳,利日以夺,业遂渐衰"③的危困局面,浙江劝业道董详积极筹划本省茶业复兴事业。他客观地分析了华茶渐衰的原因:"推原其故,皆由印、锡用机器制造,中国则用人工;印、锡地气温暖,终年皆产茶之时,中国则一岁产茶不过数月,气候使然,势难并论。他如采摘之品未经拣齐,研卷之法未能致密,以及搀杂作伪之弊间亦难免,然犹不至十分损失者,其原质之色香味,究非印、锡等产所敢望也。诚能并力以经营,自可及时而补救。是以部臣叠饬考察各国商务随员,调查进口茶数价值,分别立表,并令将各国行销华茶茶样送部,分给赣、皖、闽、粤、湘、鄂、川、浙等省悉心考验……亟宜于产茶各省筹设茶务讲习所,俾种茶、施肥、采摘、烘焙、装潢诸法,熟闻习见,

---

① 王红谊,章楷,王思明. 中国近代农业改进史略[M].北京:中国农业科技出版社,2001:126.

② 璩鑫圭,童富勇,张守智. 中国近代教育史资料汇编:实业教育　师范教育[M].上海:上海教育出版社,2007:122.

③ 璩鑫圭,童富勇,张守智. 中国近代教育史资料汇编:实业教育　师范教育[M].上海:上海教育出版社,2007:28.

精益求精,务使山户、廛商胥获其利,人力机器各洽其宜。"①他经过详细调查发现,浙江省所辖十一府中,唯有嘉兴地属平原,土质膏腴不宜种茶外,其余如金、衢、严、宁、绍、台、温、处八府,每年出产茶叶量较为可观,其中杭州之龙井、天目,湖州之武康、孝丰尤为著名。从前华茶出口以浙江为繁盛,迄今销数日减,这里面既有印锡等茶之争夺,也有华茶培制不精等原因。华茶制作不精并非缺少现代机器设备和国外专家指导,最重要的是缺乏大量懂得现代茶学知识的人才,于是他提出:"及今而挽回利权设所讲习,不容再缓。署道奉文后,一面派员分别调查,一面遵于劝业公所内附设茶务讲习所,业于二月十五日开办。公所地本不敷兹当筹办伊始,暂行附设,容后另议迁移现经,酌拟规章。"同时他还提出振兴浙茶必须要知己知彼,即通过实地调查找出华茶衰败的主要问题及外茶受市场欢迎的主要原因:"悉心筹画并拟派员分往各属,再行实地调查,惟是茶为出口大宗,抵塞漏卮,端在于此讲习之宗旨,重在改良洋庄,以期畅销,则各国行销华茶茶样实为考镜之资,现尚未奉农工商部颁到,署道为实事求是起见,谨已备文详情部宪,将是项茶样酌发来浙,俾与廛商山户悉心研究,冀以逐渐改良,藉收讲习之效。"②在上述筹划得到浙抚及农工商部的支持后,浙江茶务讲习所得以成立。该所以"讲习茶务之新法、新理改良旧法,以研究洋庄,保全利源"为宗旨,制定了《浙江茶务讲习所暂定章程》。该章程设有 8 章共 40 条,涵盖了总纲、组织机构、职务权限、实地调查、茶业演讲、茶业实习、经费及负责等方面。该所学制以半年为一期,视实际情况再行接续。虽然该所的学制较短,类似于短期培训班的性质,但该所在教育教学方式、方法上的特征还是较有特色的。如该所的调查科目详细且较为科学。"各属产茶情形应调查详晰,以为讲习之资料……产地:某种茶产于某府县某乡或山岭或平地及其种植区域广狭,出货数目多寡。色香味:色或红或绿,有无染色之习惯,香系原质抑系人工增加,味或甘或涩。种植培养之法:种植之法,山岭平地有无分别,如何蕃植,每树供采若干年额,培养之法何时剪枝,何时施肥培土。采摘之法:或专摘茶芽或各处皆有头茶二茶三茶之分。及何时采摘,每年采摘几次。烘焙之法:采摘后

---

① 璩鑫圭,童富勇,张守智.中国近代教育史资料汇编:实业教育　师范教育[M].上海:上海教育出版社,2007:28.

② 劝业道董详遵饬设立茶务讲习所请部颁各国行销华茶式样文[J].浙江官报,1910,2(10):24－26.

绿茶须即烘焙,红茶须揉软发酵是否各处一律,或另有研卷之法。装潢之法:如何选采,有无掺杂作伪之习惯,装运出口或以篓或以瓶及其重量几何。形状:制成之茶或同等或混杂或圆或长或砖或饼,其状几何。价值:每种分若干等第,每等百斤价值几何,分箱或分篓分瓶后应价值几何。每年产额:每亩地种茶若干株,平均长成茶林每株产额多少,与精制后重量相比几何。每年销额及销场处所:该处所产之茶每年销于本省某所或外省某所约共若干箱,计共多少斤,有无制办洋庄及销洋庄之数。山户及行店数:种植最多生意最盛及焙制最精之山户行店,该处计有若干家。商贩人数:资本最大之商贩系本省人抑外省人,是否专销本国或兼办洋庄。……特别调查:由监督特派委员按照上节各项调查;随时调查,由监督随时行文或通信各属照上节各项调查或单指查一二项;由各会员随时随地调查报告。"该所的茶学知识讲授主要以专家演讲讲学的方式进行,同时将专家的演讲内容编辑为白话文,以便学员课下学习研究。"演讲员担任莅会演讲及编辑白话讲义事务,由监督于农学毕业生及农学有经验诸员委派。凡农业学堂教员学生及农事试验场技师委员,于茶务确有心得及旁听来宾夙昔究心茶务,愿任演讲者,随时开送衔名,由监督延为名誉演讲员,邀订到会演讲,既经到会即有编辑白话讲义之义务。""本所演讲之词,应编成讲义演以白话,以期易于通晓,由演讲员预先撰就印刷成册,开会日各研究员每给一份,其在省外之研究员不常到会者按期邮寄研究。"在教育教学过程中,该所鼓励学员与专家们课堂互动,但要求学员平时要实心调查考究茶学知识,在学员听讲过程中如有遇到不懂或者质疑的问题时,"须俟演讲词毕,方可质问演讲员,当逐件详答会员,别有见解尽可详加讨论,以收互换智慧之益"。为了便于学员更全面了解现代茶学知识,也为了更好地向社会推广现代茶学内容,该所附设了陈列所,将所有农工商部颁各国茶样及各省茶样陈列一室,用于学员参考,同时也允许讲习所以外人员参观,并表明无论所内所外之人,能发明茶务新理及改良洋庄旧法之人,经过讲习所试验证明效果后,该所将由监督遵照,奏案详情给奖以示鼓励。

此外,该所师资待遇优厚。该所设"监督一员,实缺兼差不支薪水;所长一员,月支薪水银六十两;演讲员一员,月支薪水银四十两;庶务员一员,月支薪水银四十两;书记一员,月支薪水银四十两;公役二名,每名月支工食银四两;印刷讲义费月支工料银一百两;笔墨纸张茶炭油烛月支银三十两。以上共计月支银三百十四两,年共银三千七百六十八两,遇闰照加"。通过对比不难发现,该所当时一名教员的薪资高达 40 两,达到了普通工人薪资的 20 倍之多。由于该所起步晚、发展快,所以在其办学过程中也遗留了一些硬伤,如该所实习场地及相关设施短缺。"本所开办演讲仅系讲明其理,至实习其事,应即筹备款项另建房屋招选实习学生,略仿农业学堂课程,另延教员编辑授课,其学生名额、学科课程及修业年限俟开办时另章规定。种茶、施肥、采摘、烘焙、装潢诸法必须实行试验方有把握,将来招定学生后,应添延技师于课程外,增入试验一门,实事求是,至机器制茶之法亦应考究仿办。"①

四、四川瓷茶实业教育的发展

相较江浙等地地方士绅、基层官吏与地方大员在实业教育方面的二元互动不同的是,川督在川省实业振兴方面则发挥了一元主导作用。1907 年,护理川督赵尔丰在四川奏设"川省实业学堂",以改良本地窑业和染织等实业。赵尔丰在给清廷的奏折中提出:"外洋各项工业,无一不与理化算学相关系,故必有通于各种科学之人材,然后旧者可图进步,新者可望发明。否则,摹仿一物必假技师,而所得有限;留学外洋仅成工手,而所造未精。即欲调查工厂,亦告无识门径之人。具此种种困难,工业之前途实难望其发达。即就川省言之,二十一万方里之面积,原料非不富也;手工向称精美,民智非不强也;设劝工厂以养之,辟劝业会以鼓励之,提倡非不力也。然而数年以来……一二摹仿外洋之品类,皆得粗遗精,刻鹄类鹜。日用普通之物,则精者所值甚昂,仅供少数富人之玩好,粗者无资抵制,徒夺寻常工人之利权。地利如此其优胜,人力如此其经营,而效果如此其微末。"在诊断出四川实业萎靡不振的原因后,赵尔丰认为该地实业不振主要是没有相关的专门人才,而传统的学徒制教育或者普通学堂之教育,在教育教学方法上均不能胜任实业发展的需要,所以要振兴实业首先要创办专门的实业学堂。"推求其病,则因无学堂以养成实业之人才,而从事实业者,又皆无专门学业之故。夫学生之与学徒性质大有区别:矩矱相承,学徒之事也;理想独辟,学生之事也。程度迥殊,教法自异。故欲造成完全之实业人才,非亟筹设立专门学堂不可。"②根据四川省的地理与地力情况,最亟待发展的莫过于矿业

────────────

① 浙江茶务讲习所暂定章程[N].浙江官报,1911,3(14):45 - 52.

② 璩鑫圭,童富勇,张守智.中国近代教育史资料汇编:实业教育　师范教育[M].上海:上海教育出版社,2007:82 - 83.

和商业,不仅原料固有,而且在蚕桑和窑业方面风气已开,如早在1901年,便有四川绅商张森楷购得湖桑苗万株及蚕学馆所制改良蚕种百张运回四川饲育,以改良本地蚕种。① 在湖南醴陵瓷业学堂创办初见成效后,赵尔丰便选派学员前去学习,"四川护督赵季帅咨商湘抚,选派学生八人来湘,附入醴陵瓷业学堂肄业,并汇寄银六千两,以二千金作为各学生膳费,其余四千金则资助该学堂"②。所以该实业学堂便将窑业和染织业率先纳入进来,"一曰窑业……三十二年七月,曾由商务局详派陈生其殷前往醴陵、景德镇调查,知此业改良尚易,当经带同学生入醴陵实业学堂学习,现在速成科卒业者已有数人,重庆商民设有一厂已著微效,再求精深,则非藉资学力,其奚以济? 一曰染织……外洋于染织一业……精益求精,近年输入之品日新月异,人选竞趋之,漏卮甚巨。日本西京染织最为著名,染织学堂亦复林立,考其丝质不佳于我,核其价值乃廉于我,所能胜我,其一在花样精新,则善织之故,一在光彩夺目,则善染之故,盖世界愈过文明,则服物愈趋华美。于人情之取舍,考商业之盛衰,则川省丝业之前途非亟求改良染织"③。在茶业改良方面,赵尔丰却未采取设立学堂培养专门人才改良的办法,而是采取了开办大型现代化公司的方法进行整顿改良。1907年,外务部电咨四川总督赵尔丰,查问川茶入藏受损事宜,并令其即设法维持。川督赵尔丰筹议发现川茶行销藏衙,每年以百万计,此项事宜上关乎国家课税,下关乎商民生计,可谓事关重大。为此,赵尔丰不得不调查研判,经调查他发现该地茶业衰退的原因主要有三点:"一由种植焙制墨守旧习,一由伪造掺和,意图欺饰。而商力薄弱,不能运销,事权操于番商,债欠成为习惯。利微则产薄,累重则销疲。"针对上述三方面的原因,赵尔丰认为第三点是川茶日渐衰落的主要原因,所以他提出了"是非合群力筹设一大公司整顿改良,不足以资挽救"。赵尔丰的这一设想并未由他亲自挂帅,而是交由川属产销各属劝导商民妥为筹办,正待公司筹办运营之际,赵尔丰却奉命他调。但有意思的是,继任者却是他的胞兄赵尔巽。"臣到任后,查知公司关系川省边藏茶业前途至为重要,断难任其延缓。复集司道筹议,克期成立。开办之始,虽不能侈谈宏大,然非有资本银四五

---

① 周谷平.浙江近代蚕丝教育之历史研究[J].杭州大学学报,1997(1):107.

② 咨送学生学习磁业[N].申报,1908-03-10.

③ 璩鑫圭,童富勇,张守智.中国近代教育史资料汇编:实业教育 师范教育[M].上海:上海教育出版社,2007:83-84.

十万两亦不敷展布。惟商情涣散,招股甚属为难,随饬于雅州府城设立公司筹办处,即以该府知府总办其事,公举茶商中身家殷实、事理明通者为总协理,分认招股开办一切事宜。先使茶商入股,并于打箭炉设立督销处,专司查验伪茶,以为治标之计。而边务大臣赵尔丰亦就近剀切劝谕,力助其成。该官商等实力筹办,一年之内,各茶商所缴股银三十三万余两,其认而未缴者,亦即陆续缴交,当可如五十万之数。已于本年四月委员查验,按照商律参酌川省情形订章实行开办,所有南路额行引票,概归公司领配,运销课息等款,即由公司担任照缴。兹据盐茶、劝业两道详请,奏咨立案前来。臣窃查川省产茶,色味俱佳,成本亦不昂贵。只以道路阻险,商情散漫,未能发展。今公司既经成立,商人渐知合群,已饬令该公司迅于藏卫繁盛各处,择要筹设支店,自运自销。一面讲求种植焙制,严杜掺杂,俾番民乐于购求。信用日昭,即可随事推广。而一切转运保护,大凡商力所有为难之处,无不官为辅助,使得一意进行,以副朝廷振兴实业之至意。"①然而公司具有天然的亲利性,所以以公司的形式来改良当地茶业之举,虽有情怀却无法剔除盈利与公益之间本质上的矛盾冲突。

1909 年 10 月,四川总督赵尔巽为求川茶更好地发展,命令四川盐茶道尹在灌县筹设"四川通省茶务讲习所",此举也让四川成为我国近代最早设立茶务讲习所的省份。四川省盐茶、劝业两道在《会详筹办茶叶讲习所情形》一文中直言:"川省夙号产茶之区,而细评其茶之色香味三者,均出江浙闽以下,盖亦种制各法,昧于讲求。"随后四川茶务讲习所顺利创办,其间特聘江、浙、皖、闽等省的农艺师和制茶技师为教员,期望逐次培养茶业专业人员,以促进四川省先进植茶及制茶技术的推广。该茶务讲习所采取"实践与教学并举"的办学模式,即"兼设试验、制茶场两部,招生学习,以为实施改良之计"②。川省茶务讲习所定址于灌县二王庙内,计划首批招生 88 人,学制两年,"并于庙后山地开作试验与制造两场"③。四川茶务讲习所制定章程计 10 章 38 条,对该所的名称、宗旨、机构、业务、教学、招生、就业等各方面内容进行了初步规定。四川茶务讲习所选

---

① 西藏自治区社会科学院,四川省社会科学院. 近代康藏重大事件史料选编:第 2 编:下[M].拉萨:西藏古籍出版社,2004:418.

② 四川总督赵尔巽奏筹办川省边茶公司成立情形折[J].政治官报,1910(1069):9 – 10.

③ 茶务讲习所[N].时报,1910 – 06 – 25.

址在灌县城外二王庙附属之杨泗庙,即租庙后山地为实验场,以"相四川茶务情形而设,以造就专门之学问、技术改良各项茶业,扩充内外销路"为宗旨,设所长一名(总理所中一切事务兼管银钱),教务长一名(支配应授各种学科),监学一名(管理全堂学生勤惰,并稽查各项执事员役兼任文书起草),教师四名(教授各种应用科学),技师四名(实地教授各种栽植采摘焙制之法),收支兼庶务司事一名(管理器物采买、保存及银钱等级报销各事),制造厂管理一名(专管制造厂一切事务)。开设的课程有素质基础课、专业基础课和专业技能课,详见下表。

四川茶务讲习所课程一览表①

素质基础课:国文、算学、应用物理、应用化学、体操
专业基础课:植物、肥料、土壤、害病、财政学、商业大意、簿记学
专业技能课:茶树栽培法、制茶法、茶业经济、茶业行政、茶业地理、茶业法规、茶树栽培实习、制茶实习

上表的课程设计反映了该所改良本地茶业的初衷和态度,具有针对性和务实性的特征,但在素质基础课的设置上略显单薄,缺少对职业素养、职业道德方面的培养课程。在专业基础课程方面则忽略了气象学的设计,这或许是设计者的疏忽,或许是当时人们认识的角度问题,或许是当时该所未具备这种专业的教师等,但不论如何,该所的课程设计在当时的情况下已经表现出非常超前的一面,进步意义非常大,值得后人借鉴和学习。该所在教育生源方面也是限制在产茶州县,且向营茶业者优先,年龄为18—30岁,然后根据情况酌情招收其他产茶区学员。该所实行收费制教学,每年缴纳学费60元,分两学期缴清,且要先交费后入所学习,但学员的学费并非由学员自己全额承担,而是由学生和当地茶商各缴一半;若学员中途无故退学者,已缴学费概不退还,还要将茶商公缴的一半学费赔还。虽然彼时科举制度已然废除,但由于癸卯学制的教育宗旨和历史文化的惯性,万寿节及孔子生日等节日须休息一天的条文还是存在该所的章程中。在学员的实习实践方面,该所"附设试验场及制茶场两处,专备制茶及栽培茶树之用"。"茶树栽培之实习即于试验场内实行,各生均宜按照定时躬亲栽植采摘各事。""制茶之实习均于制茶场内,实行各生均宜按照定时躬亲搓揉烘焙各事。""凡实习各生不得畏难不前,教员严督之。""本所附设试验场制

---

① 四川茶务讲习所章程[J].四川官报,1910(17):79 – 82.

茶所,各生实习均另列有分数,与学科并算,其无实习分数者不得毕业。"(《四川茶务讲习所章程》)就业方面,学生毕业后由监茶道和劝业道委派至各下属茶务机构,办理茶务事宜,若办理茶务确有起色,还可以给予记功请奖。

上述举措反映了茶务讲习所殷切期望能够为本地培养出更多的茶业专业人才,使其具备较为全面广博的茶业专业技术知识和较强的茶业科学化经营能力。此后,四川茶务讲习所几经变迁辗转,直到 1935 年才宣告停办,"四川通省茶务讲习所,后迁成都,改为省立高等茶叶学校,学制三年,共毕业 18 个班,并于 1935 年停办"①。相较于其他省份的茶务讲习所经营短暂乃至未正式开办,晚清民初四川茶务讲习所的设立取得了较为显著的成效。在蚕桑教育方面,赵尔巽在其胞弟赵尔丰的蚕业教育基础上进一步扩充,尤其是在蚕桑基础教育之传习所方面,做出了巨大的贡献。赵尔巽任四川总督后,因势利导,由于清政府禁烟运动之后并未给相关农民以其他可行之出路,所以赵尔巽将前期因鸦片之利而毁桑坏茶以种植罂粟的农民争取过来,为此他调查分析了该地蚕桑业败落的原因:一是不知罂粟之害;二是向来蚕业之家,墨守旧法,不知蚕桑之利;三是不懂现代科学植桑育蚕的理论与方法;四是"于改良缫治,求合华洋销路,更少究心"。为了改变这种现象,赵尔巽通过文稿、演讲的形式讲述罂粟之害及国家严禁种植之法理,同时设法广建现代蚕桑教育机构,以开风气,扩充利源,富国裕民。赵尔巽得知"省城原设农业学堂,合州所立蚕桑公社,近年毕业已有百数十人,川中就学浙江及日本蚕业学校亦有毕业回籍者,师资既无待外求,教法可渐期周遍。是以饬令各属就地筹款设立蚕桑传习所"。在开设传习所的方式上,赵尔巽根据本省蚕业教育实际情况,开创性地采取了复式与简式相结合、理论学习与实习实践相融合的模式,复式三学期以上毕业,简式两学期以内毕业。为了更多地普及现代蚕学知识,除"边僻瘠苦及风沙寒劣不宜蚕桑"之外均应筹设蚕桑传习所。据史料显示,赵尔巽到川一年之后,便"成立复式传习所之州县已有十七处,简式传习所之厅州县五十二处,复式简式兼习之府县三处,学生共三千四百余名。其已设蚕桑公社学堂,不再设所及赶修蚕室。秋冬开办者,尚不在内"。在师资方面,为保障师资力量充足及规格一致,"拟在省城另设蚕桑师范讲习所,广造师资,并求蚕学统一之效"。同时为了更好地利用地理资源,

----

① 陈宗懋,杨亚军. 中国茶经[M]. 上海:上海文化出版社,2011:66.

在盛产柘树的保宁、邻水、合江、彭县等处饬令兼养山蚕,以补桑蚕之不足。在产丝销路方面,则以洋庄为主要售卖对象,然而洋庄需要机器制丝,赵尔巽为节约地方开支,又积极促成原有一家废弃缫丝工厂重新开业。"前年曾有商人在潼川设厂收茧,用新法缫丝,运沪颇得善价,后因他事停办。奴才以已成之厂废弃可惜,况当推广蚕业,更宜保持,俾资仿效,亦经拨借官款,另觅殷商办理,以竟其功。"(《四川总督赵尔巽奏川督各属筹设蚕桑传习所推广蚕桑办理情形折》,载于《学部官报》1909 年第 98 期)

五、其他地区茶丝实业教育概述

除了上述茶务机构兴办茶业教育外,福建产茶区创办的近代茶业教育则呈现出了群体效应。1910 年 2 月,福建省谘议局议决实施闽省茶务整顿,应设讲习所 9 处,即:"(甲)福州之南台;(乙)福宁之三都;(丙)延平之洋口;(丁)建宁之崇安;(戊)邵武之东关;(戌)泉州之厦门;(庚)泉州之安溪;(辛)漳州之平和;(壬)龙岩之宁洋。并拟举讲习。"①以上 9 处均为福建重要的产茶名区,在重点茶区设立茶务讲习所是为了培训茶业人才,传播科学产茶知识,扭转福建"近年茶景疲滞,茶商户均各耗本。揆其原因,皆因讲求无术"②的发展困境。但在全省设立 9 处茶务讲习所的计划进展却不顺利,诸如福州南台的茶务讲习所,因官府与茶商产生经费分摊的分歧,虽议定经费 1200 元,茶商负担一半,余则由官府补助,并以南台十锦祠为基址,却出现"茶商以讲习所为茶农讲求之地,该商等不愿认捐,至官中补助经费虽由度支公所拨解,恐一时难以成立"③的官商利益纠纷,严重阻碍了设立福建茶务讲习所的实施进程。不久辛亥革命爆发,福建省官府在全省普设茶务讲习所的计划即告搁置,侧面反映了晚清茶务讲习所成立的曲折艰难。与该省茶业教育的发展一样艰难的还有蚕业教育。1902 年,闽浙总督许应骙在福州创办农桑总局,附设浙股、粤股蚕务学堂,学制3 年,校址在福州水部门外耿王庄(今福州台江南公园)蚕务学堂招选艺徒 40名,半年毕业,选聘广东省精熟栽桑养蚕之人来闽充当教习、监工。学生毕业后,"届满按名给照,令其回家饲蚕,转相传授"。1906 年,闽浙总督崇善将浙股、粤股蚕务学堂合并,改名福建中等实业学堂,翌年改称福建官立中等蚕业学

---

① 福建谘议局决设整顿茶务讲习所[N].新闻报,1910 – 02 – 16.
② 建宁府茶务讲习所成立韵[J].福建商业公报,1911(19):54.
③ 茶务讲习所近状[N].申报,1911 – 10 – 23.

堂,归省提学使司管辖。之后,学校改良制度,设蚕业本科班(学制 3 年)、蚕业别科班(学制 2 年)。毕业学员除了留校担任教职员外,多数被派往福建各地充当蚕业指导员,也有考入上海合众蚕桑改良会当技术员的,还有到南京、镇江、苏州等地的蚕种厂任制种员的。1912 年,福建中等实业学堂更名为福建官立中等蚕业学堂,后又更名为福建省立蚕业学校、福建省立甲种蚕业学校等;1925 年之后,受战争、蚕丝降价等因素影响,福州的蚕桑业逐渐走向衰落。从 1912 年到 1927 年,福建省立甲种蚕业学校前后毕业本科 10 个班,别科 6 个班;乙种女子蚕业学校毕业 4 个班。男女毕业生总计 400 多人,为当时福建桑蚕业的发展培养了急需的人才。

第三节　基于政治博弈下实业教育制度的创立与实践

一、壬寅学制中实业教育的探索与设置

我国的实业教育作为一种国家主导的教育类型始于 1902 年的壬寅学制。该学制以“忠君、尊孔、尚公、尚武、尚实”思想为指导,在张百熙、吴汝纶等人借鉴欧美、日本等国家的教育制度的基础上融合创建而来,一如张百熙在《进呈学堂章程折》中所述:“古今中外,学术不同,其所以致用之途则一。值智力并争之世,为富强致治之规,朝廷以更新之故而求之人才,以求才之故而本之学校,则不能不节取欧、美、日本诸邦之成法,以佐我中国二千余年旧制,固旧势使然。”[1]所以张百熙在奉旨制定该学制时,汇集了一批思想开放且学贯中西的人才,如吴汝纶、严复等人。他们在环视全球后,发现只有日本、德国和俄国等少数国家实行的君主立宪制比较符合清政府改革的要求。当时德国抢占胶州湾、俄国侵占旅顺大连,再加上日本面对“三国还辽”的国际压力而采取的“保全清国”政策,使得清朝上下对日本产生了“好感”。作为资产阶级维新派代表的康有为在其《进呈法国革命记序》中向当政者大肆渲染美、英、法三国革命的恐怖,同时也客观地指出“若夫美法民政,英德宪法,地远俗殊,变久迹绝”的实际困难,进而提出仿效日本变法的主张,“其守旧之政俗与我同,故更新之法,不能舍

---

① 璩鑫圭,唐良炎.中国近代教育史资料汇编:学制演变[M].上海:上海教育出版社,2007:241.

日本而有异道"①。郑观应也指出："同在亚洲,互相攻击,唇亡则齿寒,徒为渔人得利,中国宜开诚布公,勿念前仇,亦与日合以践兴亚会之约,庶不为西半球各国所侵害也。"于是效仿日本改革成为清朝改革的一项国策,这一点在清末光绪帝关于留学的上谕中可见一斑："出国游学,西洋不如东洋。东洋路近费省,文字相近,易于通晓,且一切西书均经日本择要翻译。着即拟订章程,咨催各省迅即选定学生陆续咨送;各部院如有讲求时务愿往游学人员,亦一并咨送,均毋延缓。"②在此背景下,张百熙以"激发忠爱、开通智慧、振兴实业、端正趋向、造就通才"为宗旨编制壬寅学制。

该学制将整个学堂教育系统纵向分为三段七级。第一阶段初等教育分为三级,即蒙养堂一级(修业四年)、寻常小学堂一级(修业三年)、高等小学堂一级(修业三年);第二阶段中等教育仅中学堂一级(修业四年);第三阶段高等教育分为三级,即高等学堂(修业三年)、大学堂(修业三年)和大学院(修业时间不限)。在横向上,则附设有实业学堂和师范学堂。其中茶叶、瓷器和丝绸等关乎国计民生的农工商实业便被统归在实业教育范畴中。在层级上,简易实业学堂与高等小学堂相对应,中等实业学堂与中学堂相对应,高等实业学堂与高等学堂相对应。值得一提的是,该学制对于农工商医实业教育的特性及实践要求给予了明确的"关照","又于商务盛处,则设商业专门实业学堂;矿产繁处,则设矿务专门实业学堂,皆宜相度地方情形逐渐办理"③。这样的设置在缓和清末新政改革的压力与困境方面具有一定的积极意义,尤其是对原本属于农工商范畴的技艺教育给予了前所未有的激励,有效地扩大了教育面,缓和了教育结构性矛盾。但该学制在实业教育的修业年限、课程设置上未能明确给出与普通教育相对应的法式,过分强调封建儒家文化,具有明显的封建保守性;同时由于存在升学次序不严谨、学堂与科举剥离不清及办学主体权责错位等问题和清政府内部的政治倾轧等原因,壬寅学制最终成为癸卯学制的基石。

二、癸卯学制中实业教育的设置与实践

面对如何快速培养出师资而又能够巩固升学次序、让学生有出路但又不导

---

① 康有为.日本变政考[M].北京:中国人民大学出版社,2011:12.
② 朱有瓛.中国近代学制史料:第2辑:上册[M].上海:华东师范大学出版社,1987:17.
③ 璩鑫圭,唐良炎.中国近代教育史资料汇编:学制演变[M].上海:上海教育出版社,2007:265.

致他们经常辍学、普及义务教育经费开支等问题，张百熙一时提不出有效的解决方案。经过多方斡旋与博弈，张百熙最终在得到慈禧的许可之后，将清廷新政骨干之一的张之洞请来商议，在政治对弈中才与同为管学大臣的荣庆形成了稳定的制衡关系。在学制制定上，张百熙认为张之洞的办学经验丰富，是"当今第一通晓学务之人，湖北所办学堂，颇有成效，此中利弊，阅历最深"，其在湖北主政期间制定的湖北学堂章程，"其中足补臣百熙奏进章程所不及者"①。在各方力量较为均衡的情况下，癸卯学制历时半年，顺利完稿并获得清廷"著即次第推行"的肯定。癸卯学制以"无为何等学堂，均以忠孝为本，以中国经史之学为基，俾学生心术画归于纯正，而后以西学论其知识，练其技能，务期他日成德儒材，各适实用，以仰副国家造就通才，慎防流弊之意"②为宗旨，纵向也分为三段七级，横向方面分普通教育、师范教育和实业教育；教育年限相对壬寅学制略有延长。该学制共有《奏定大学堂附属通儒院章程》《奏定实业学堂通则》《奏定各学堂管理通则》等 23 个文件，对各级各类学堂的立学宗旨、入学条件、学科程度、师资力量、教育资源等做了详尽规定，是清末教育立法中内容最完备的综合性法律文件，其中有 7 个文件是针对实业教育制定的。癸卯学制确定了中国近代学校教育制度的基本模式，标志着我国近代学校教育初步进入制度化和体系化时期，同时也标志着我国的实业教育进入了一个由附属到独立发展的时期。下面按照初等实业学堂、中等实业学堂和高等实业学堂的次序，就其立学宗旨、入学条件、课程设置及课程目标等内容进行简要概述，以期为本书所述清末民初阶段的传统特色产业教育厘清发展结构与功能脉络。

根据癸卯学制的实业学堂章程规定，初等实业学堂又分为艺徒学堂、初等实业学堂和实业补习学堂。

艺徒学堂立学宗旨：该类学堂在层级上等同于初等小学堂水平，其立学宗旨与目的为"以授平等程度之工业技术，使成为良善之工匠为宗旨；以各地方粗浅工业日有进步为成效"。

入学条件：未入初等小学而粗知书算之十二岁以上幼童。

课程设置：课程是有目的、有计划、有系统的教学内容，是为实现特定的教

---

① 璩鑫圭，唐良炎. 中国近代教育史资料汇编：学制演变[M]. 上海：上海教育出版社，2007：296.

② 朱有瓛. 中国近代学制史料：第 2 辑：上册[M]. 上海：华东师范大学出版社，1987：78.

育目的而服务的。其内容的选择常受到办学宗旨、教育目标的制约,课程内容又对教学过程有着反作用,这是因为教学方法、教学手段和教学组织形式的选择很大程度上取决于课程内容的性质和形式。

普通课程设置及其特征:修身、中国文理、算术、几何、物理、化学、图画、体操。值得注意的是,该阶段的学生入学大多是为了学一技之长而谋生,因此除了修身和中国文理必修外(这两门课程使用的教材是由学务大臣亲自审定的全国统一的教材),其他课程则可根据实际情况而便宜取舍。鉴于艺徒重在急学职业,为了更好地实现思想教育与技能教育的兼顾,其修身课程可以融入中国文理课程之中,以减轻学生的理论课程压力。

专修课程设置及其特征:金工科、木工科、漆工科、染织科、窑业科、文具科。其中,染织科分为染色、机织两门。染色门授以精炼、漂白、浸染、反染、印花等法,机织门授以织物练习、织物解剖、织物整理、捻系等法,每门任习其一。该类学堂不限定学习任何固定科目,而是根据地方实际情况,选择合宜者教之。"但其工业虽适合本地之宜,若该学堂规模不全,于教授及实习不便者",亦不得强行开办。"凡入艺徒学堂之学生,多半各有本业,恒愿不妨本业而以余暇学习科学;学堂为图学生便宜起见,可酌量以夜间及放假日授之;又或择用雪期、农隙等凡闲暇时节教授之。其每星期教授时刻,亦可听各学堂审度地方情形,便宜酌定,不必拘限一律。"①在艺徒学堂的设立上较为宽松,或公立或私立均可,但须由地方官转禀督抚,以备考核。

艺徒学堂课程目标:修身:授以中外古今名人言行之大义,以端其为人之始基。算法:授以加减乘除诸等求积法,并另授以簿记法之大要。博物:授以各种动、植、矿物之形状、性质,以助其美术思想。理化:授以理化大要,以助其制造思想。历史:授以中外历史大要,俾各艺徒于历代服装、制度、沿革了然于胸,以为模画雕刻之本。图面:授以铅笔、毛笔、水彩、几何等画法,以为改良各种工艺之基。体操:授以柔软体操、步法、转法,以期发达体育,上下讲堂时秩序井然,便于管理。国文:授以浅近白话文理,总以能做日用笔记、信札为要。唱歌:授以各小学堂教科用之唱歌,使艺徒工作时可以乐而忘劳。

艺徒学堂可附设于初等小学堂或高等小学堂,并可兼用该小学堂之教员及

---

① 璩鑫圭,唐良炎.中国近代教育史资料汇编:学制演变[M].上海:上海教育出版社,2007:455 – 456.

学舍、物品、器具；但其教授时刻，必须匀配在该小学堂教授时刻之前后，庶兼用教员及学舍、物品、器具，互无妨碍。艺徒学堂所教者皆贫民子弟，所以倡导免收学费。

初等实业学堂，包括初等农业学堂、初等商业学堂和初等商船学堂，在教育层级上属于高等小学水平。茶业与蚕桑业一般归属于农业范畴，瓷业则一般归属于手工业范畴，所以本书梳理了与茶业、瓷业和蚕桑业相关的实业教育。

初等农业学堂立学宗旨为"以教授农业最浅近之知识技能，使毕业后能从事简易农业为宗旨；以全国有恒产人民皆能服田力穑，可以自存为成效"。入学条件为初等小学毕业生。

课程设置：普通课程有修身、中国文理、算术、格致、体操，酌加地理、历史、农业、理财大意、图画等科目。

农业实习课程：土壤、肥料、作物、农产制造、家畜、虫害、气候、实习；可酌量地方情形，择中等农业之各科目取舍分合，以施其教。

蚕业实习课程：蚕体解剖、生理及病理、养蚕及制种、制丝、桑树栽培、气候、农学大意、实习。

为了便于推广应用，该章程特别提出"初等农业学堂，视地方志情形，可节缩其期限教授之；其减期教授之普通科目，除修身及中国文理外，余可酌缺一科或数科目"，体现了其在课程设置上的灵活性与因地制宜的教育理念。

实业补习学堂是针对已有工作的基层人员或已过初小学龄的贫民子弟开设的一类简易学堂。该学堂"以简易教法，授实业所必需之知识技能，并补习小学普通教育为宗旨"。入学条件为已经从事各种实业及欲从事各种实业儿童，若非毕业初等小学，而其年岁尚未过学龄者，决不可令其入学，致以补习教育侵占义务教育之界限。

课程设置：普通课程：修身、中国文理、算术、体操；其修身并可附入中国文理教授之。又如历史、地理、格致等科目，亦可斟酌地方情形便宜加授之。[①]

农业科课程：物理、化学、博物、土壤、肥料、播种、耕耘、农具、害虫、园艺、养蚕、家畜、造林、丈量等。

工业类课程：物理、化学、图画、模型、几何、制图、图稿、力学、材料、工具、制

---

① 璩鑫圭,唐良炎.中国近代教育史资料汇编：学制演变[M].上海：上海教育出版社,2007:452.

作等。

以上各类课程,凡实业补习学堂,均可斟酌地方情形,由各类中选择其切用者,便宜分合定之。此外,如机器、刺绣、染色、髹漆、绘画、陶画、制版、印刷、制丝等业,均可酌量地方情形,取其合宜者分别教授。中国文理、算术各课程,若学生平素在其他学堂已经完成,可酌缺之;但其原学堂或有以修身附入中国文理教授者,或没有开设中国文理课程,其修身课程仍须提出另授。关于各项实业科目,则可依学生之志愿,选择一科目或数科目专修;实业补习学堂虽教授普通课程,亦须注意使合于实业,便于应用。如学堂重课农业,则其中国文读本应多讲关于农业之事务,其算术应授关于农家日用生计之课题,其余可以此类推。凡授实业课程,必注意令所授之知识技能,非学生在家庭及工场或商店所能学者,始无负学堂教授科学之实力。凡实业补习学堂之学生,多有已在外操作实业者,学堂教授课程,务注意切合其素所操作之事物,使能实地应用,日有进步。凡入实业补习学堂的学生,亦多半各有本业,为了不给学员们造成额外的困难,学员们可以利用各种假期及农闲或夜晚就读学习。学堂授课时间亦可根据各学堂情况便宜定之,不必拘限一律。在实业补习学堂的设立上较为宽松,或公立或私立均可,但须禀报地方官专禀本省学务处查核。[①]

实业补习学堂办学较为灵活,可单独办学,亦可附设于小学堂或中学堂及各种实业学堂,并兼用其教员及学舍、物品、器具;但其教授时刻,必匀配在各该学堂教授时刻之前后,庶兼用教员及学舍、物品、器具,互无妨碍。且听各该地方体察情形,择宜设置,不必全备。学费原则上有官方补贴,但也要根据地方筹款情形,随时酌定。[②]

《奏定中等农工商实业学堂章程》是清末实业教育中最为详备、最为重要的一个教育法规。纵观整个清末实业教育,包括民国时期的实业或职业教育、中等阶段的教育,无论在学校和学生的数量上,还是在社会的反响程度上,均始终占据着绝对的优势。这不仅是由社会产业发展基础决定的,也是由学员的年龄结构和社会教育基本面决定的。当时的社会面在产业生产上属于小农社会,在

① 璩鑫圭,唐良炎.中国近代教育史资料汇编:学制演变[M].上海:上海教育出版社,2007:453.

② 璩鑫圭,唐良炎.中国近代教育史资料汇编:学制演变[M].上海:上海教育出版社,2007:452.

阶层流动上依赖于传统的科举取士制度,在学员身体年龄和心理年龄上高小以前不符合工业机器化生产的要求;再者,艺徒学堂、初等实业学堂和实业补习学堂的劝导性和普通小学教育的强制普及性,导致初级实业教育的空间被严重挤压,如此实业教育便形成了两端小、中间大的"橄榄球"式的情况。

中等农业实业学堂"以授农业所必需之知识艺能,使将来实能从事农业为宗旨"。中等农业实业学堂分为预科和本科。中等农业实业学堂预科普通课程有修身、中国文学、算术、地理、历史、格致、图画、体操和外国语。中等农业实业学堂本科包括农业科、蚕业科、林业科、兽医科、水产科。

蚕业科普通课程有修身、中国文学、算学、物理、博物、农业理财大意、体操。此外可便宜加设地理、历史、外国语、各业章程、簿记、图画等科目。蚕业科专业课程有蚕体解剖、生理及病理、养蚕及制种、制丝、桑树栽培、气候、农学大意、实习等。

值得一提的是,作为我国近代产销大宗的茶业产业并未在该时期的实业学堂章程中得以明确体现,这与蚕桑和陶瓷形成了较为明显的对比。此时的茶业教育未能单独成科,只是隐含在中等农业本科教育中,即"可酌量地方情形,由各科目中选择,或便宜分合教之,并可于各科目外酌加其他关系农业之科目",也就是维新时期光绪帝钦准的"谕于已开通商口岸及产丝茶省份,迅速设立茶务学堂及蚕桑公院"①的隐晦表达。

中等工业学堂"以授工业所必需之知识技能,使将来实能从事工业为宗旨;以各地方人工制造各种器物日有进步为成效"。入学条件为高等小学毕业生。下面仅就窑业科课程情况进行整理摘录。

中等工业学堂预科课程:修身、中国文学、算术、地理、历史、格致、图画、体操,酌加设外国语。

中等工业学堂窑业本科普通课程:修身、中国文学、算学、物理、化学、图画、体操。

中等工业学堂窑业本科专业课程:窑业品制造、应用化学、应用机器学、分析、制图绘画、实习。

本书所述对象在清末时期均涉及高等实业教育阶段。但为了体现该时期

---

① 朱寿朋.光绪朝东华录[M].北京:中华书局,2016:4188.

实业教育体系的系统性,本书也将高等实业教育相关部分摘要如下:

高等农业学堂的立学宗旨为"以授高等农业学艺,使将来能经理公私农务产业,并可充各农业学堂之教员、管理员,以国无惰农,地少弃材,虽有水旱不为大害为成效"。入学条件为普通中学毕业生。高等农业学堂分预科和本科。

高等农业学堂预科课程:人伦道德、中国文学、外国语(英语,愿入农学科者兼学德语)、算学(代数、几何、三角)、动物学、植物学、物理、化学、图画、体操。

高等农学科本科普通课程:农学、园艺学(茶叶囊括其中)、化学及农艺化学、植物病理学、土壤学、肥料学、算学、测量学、农业工学、物理学、气象学、理财原论、农业理财学、农政学、体操等21门课程。

高等农学科本科专业课程:耕牛、马使役法、农具使用法、肥料制造法、农用手工、养蚕法、制丝法、制茶法、农具构造等25门课程。

原本在中等实业教育中处于独立地位的蚕桑教育,到了高等教育阶段也与茶业教育一样合并到了农学科实业教育中,说明清末实业教育改革者们对于茶叶和蚕桑(丝绸)的认识仍旧未能摆脱农本思想的窠臼,同时表明他们对于茶叶和蚕桑的认识不足。

高等工业学堂以"授以高等工业之学理技术,使将来可以经理公私工业事务,及各局厂工师,并可充各工业学堂之管理员、教员,以全国工业振兴,器物精良,出口外销货品日益增多为成效"。入学条件同样为普通中学毕业生。高等工业学堂分为13科,本书仅将窑业科整理如下:

窑业科普通课程:人伦道德、算学、物理、化学、一切应用化学、应用机器学、图画、机器制图、理化学实验、工业法规、工业卫生、工业簿记、工业建筑、英语、体操。

窑业科专业课程:应用地质学、陶瓷器制作法、玻璃制作法、塞门土制作法、工场实习及实验。

以上各课程,并非限定一学堂内全部设立,可斟酌地方情形,由各学科中选择合宜之课程设立。学生毕业后,如果要从事窑业品制造或自营实业者,还需要接受本学堂监督一年。

为了自适应发展,该学制还制定了《奏定实业教员讲习所章程》,将相关科实业教师的培训以法规的形式明确下来。实业教员讲习所以中学堂或初级师范学堂毕业生为培训对象,以教成各实业学堂及实业补习学堂、艺徒学堂之教员为宗旨;以各种实业师资不外求为成效。附设于农工商大学或高等农工商业学堂内。鉴于当时高等教育尚未成熟,所以建议各省暂设一所,养成实业教员,以为扩张实业学堂之基。其中就有茶叶、陶瓷和丝绸等相关教员的培训科目与内容。

为了进一步保障和促进实业教育的顺利进行,清政府又相继推出了《奏定学务纲要》和《奏定实业学堂通则》等法规,将实业学校的人财物及相应的组织形式与运转机制等内容详备在案,同时还语重心长地勉励道:"各省宜速设实业学堂。农、工、商各项实业学堂,以学成后各得治生之计为主,最有益于邦本。其程度亦有高等、中等、初等之分,宜饬各就地方情形审择所宜,亟谋广设。如通商繁盛之区,宜设商业学堂。富于出产之区,宜设工业学堂。富于海错之区,宜设水产学堂。余可类推。但此时各省筹款不易,教员亦难得其人,宜于各项实业中,择本省所急须讲求者,先行选派学生出洋学习。此项实业分作两班,一班习中等学,以期速成;一班习高等学,以期完备。俟中等实业学生毕业回省,即行开办学堂,先教简易之艺术;俟高等实业学生毕业回国,再行增高等学堂程度,以教精深之理法,为渐次推广扩充地步。所费不多,而办法较有把握,各省务于一年内将实在筹办情形先行陈奏。"①清政府出台了《奏定女子学堂章程》,限定每州、县必设一所,以日用生计和女子技艺为主要学习内容。女性在教育上的独立促进了女性经济和社会地位的提升。

三、壬子癸丑学制中实业教育的沿袭与调试

辛亥革命以摧枯拉朽之势推翻了清政府的封建专制统治,建立了资产阶级共和国性质的革命政权。民国伊始,百业待兴,教育作为国家大计急需恢复,所以教育总长蔡元培认为:"深感辛亥革命后,教育思想及方法俱有所改变,清末所颁行的壬寅学制和癸卯学制,合乎帝制,而不适于共和,自不能满足国人的要求。"于是壬子癸丑学制顺应时代发展的需要而创建。最开始打算以欧美等国学制为蓝本,"拟遍采欧美各国之长,衡以本国情形,成一最完美之学制"②。但是欧美等国家的学制系统不符合中国的实际情况,"拟将各国(英、美、德、法、俄、日)之学制译出,舍短取长,以造成适合于我国之学制。结果所译出之条文,

———————

① 璩鑫圭,唐良炎.中国近代教育史资料汇编:学制演变[M].上海:上海教育出版社,2007:497 - 498.

② 陈学恂.中国近代教育史教学参考资料:中册[M].北京:人民教育出版社,1987:164.

与我国多枘凿不相容。而起草委员会,屡经讨论,仍趋重于采取日本制。临时教育会议,时经一月,辩论至详,而议决案之趋势,亦归宿于模仿日本制"①。最后临时政府参照日本学制,结合国内的实际情况,拟定了壬子癸丑学制,体系与癸卯学制基本相似。该学制首先在形式和性质上进行改革,即将以前各项学堂改称为学校,监督、堂长一律改为校长;更改教育宗旨;男女生可以同校就读;文、实不必分科等。其次在内容上废除经科和相关不合宗旨的内容,加重手工内容,废除奖励出身等;在实业教育上基本沿袭癸卯学制的实业教育体系。《实业学校令》改实业学堂为实业学校,分甲、乙两种。"甲种实业学校施完全之普通实业教育。乙种实业学校施简易之普通实业教育,亦得应地方需要授以特殊之技术。"②实业学校的性质主要分省立、县立、公立和私立,以省经费设立者为省立,以县经费设立者为县立,由农工商会设立者则"视该会性质,系法律所认为公法人者,称公立实业学校;为私法人者,称私立实业学校"③。

自壬寅学制和癸卯学制颁布至壬戌学制出台之际,各级实业学校呈现出积极增长的态势,尤其是科举制的取缔,诸多知识分子转而进入学堂求取"功名",学生数量也呈现出井喷式的增长局面。据统计,到1909年,普通学堂51877所,在读学生1561674人;实业学堂254所,在读学生16649人。到了1912年,普通学堂86691所,在读学生2847574人;实业学堂425所,在读学生31763人。与1909年比,普通学堂及学生、实业学堂及学生的增幅分别为67.1%、82.3%、67.3%、90.8%。④ 1911年至1922年的12年间,实业教育学校数从79所增加到713所,学生人数从9469人增加到46936人。

① 璩鑫圭,唐良炎.中国近代教育史资料汇编:学制演变[M].上海:上海教育出版社,2007:638.

② 中国第二历史档案馆.中华民国史档案资料汇编:第3辑[M].南京:江苏古籍出版社,1991:372.

③ 中国第二历史档案馆编.中华民国史档案资料汇编:第3辑[M].南京:江苏古籍出版社,1991:373.

④ 王炳照,阎国华.中国教育思想通史:第6卷[M].长沙:湖南教育出版社,1994:84 - 85.

第四节 自上而下式实业教育模式的建构与实践

一、实业教育指导机构的设立及其体系化建设

面对国外资本势力的侵略、压迫与渗透,以及国内各股政治经济力量为了自身利益暗潮涌动的紧张局面,建立在小农生产基础上的封建专政政府为了维护自身的可持续发展,本能地推出相关政策,以维护岌岌可危的政权。在经过洋务、维新、改良等一系列运动的涤荡后,一些具有国际视野的官僚大臣们逐步认识到了"接受现代知识是社会改造过程中必不可少的第一步"①,于是率先基于立国之本在于农的思想提出了"欲修农政,必先兴农学"②的改革主张,并得到了清廷的欣然赞同,继而提出了"农学之进步,以学堂为权舆"③的次第思想和步骤,形成了以农业改革为先锋的"欲求富强,必先修农政;欲修农政,必先兴农学;欲兴农学,必先兴学堂"的改革思路与模式。法国社会学家白吉尔认为当时清廷的农业"它必须为工业活动直接提供大部分必不可少的原料,并通过农作物出口的间接方式,为购买外国的工业设备提供资金。所以工业的发展始终受到农业收成前景的严格限制"④,也就是说,农业现代化是工业和其他产业工业化或近代化的前提和根本,只有农业先发展起来才能有效保障其他实业的现代化,因此其他各实业应在农业现代化的基础上根据各地实际情形次第进行改良改革运动。随着清末新政的相继出台,为了适应新事物的发展需要和新政策的有效运转,与之相对应的部门也就随之产生了,如商部(农工商部)、学部等国家级行政管理部门,以及各省相应的劝业道(工艺局)、劝学所等一批地方行政部门。清末的实业教育主要由上述机构负责管理与运营,通过调研全国实业及相关教育情况,倡导创办相关工艺局、学堂、讲习所、试验场等,督促推进新式教育范式的创建与发展。

---

① 罗兹曼.中国的现代化[M].南京:江苏人民出版社,1988:664.
② 李文治.中国近代农业史资料:第1辑:1840—1911[M].北京:生活·读书·新知三联书店,1957:715.
③ 商务印书馆编译所.大清光绪新法令:第16册[M].上海:商务印书馆,1909:43.
④ 白吉尔.中国资产阶级的黄金时代:1911—1937[M].张富强,许世芬,译.上海:上海人民出版社,1994:111.

由于上述部门是为了更好地推行新政而新设的,所以学部、商部等主事者均具有较为广阔的国际视野和强烈的革新愿望。学部成立后便发文要求各省按照《奏定章程·学务纲要》中的各省速设实业学堂之条款,积极创办实业学堂,同时也指出创办实业学堂要实事求是、因势利导,在创办的顺序上给出明确指导意见:"按照地方情形,先设中等、初等实业学堂及实业补习普通学堂。此外,尤应多设艺徒学堂,收招贫民子弟,课以粗浅艺术,俾得有谋生之资。应转饬各府厅州县,无论城乡市镇,皆应酌量筹设。"在教学方式方法和教育内容上也给予了指导意见:"要之,注重实业为普及教育中切要之图,其教授之法重实习不重理论,由浅近而入精深。其教授所取材宜就本地所有,随时采辑,遇事发明。务使全国人民知求学即所以谋生,欲谋生必先求学,庶国民不至视求学为高远难能之事,而各能自振其业,以为致富图强之基。"①在政令下达后,学部及时追踪落实情况:"本部上年奏准两年之内每府应设中等实业学堂一所,每州县应设初等实业学堂一所,及每设一堂应先将课程办法报部核定各节,札行在案。……实业教育最为富国裕民之本,头绪至繁,非通盘筹画循序办理,必至顾此失彼。兹经本部就各项实业应行筹划之处,粗举大纲,开单札行,应由该司督率实业科员按照单开各节详细讨论,将该省实业教育如何按年筹办之处,造具详表,如限报部。事关宪政,万勿延缓。"②同时对于创办实业教育给予了更为宽松的环境:"但转移地利,事在人为,既须体察现在情形,亟为设施,并当预定将来计画,早为筹备;审查本省教育情形,一在用其所长,一在补其所阙。如本省多研究农学之人,是宜立农业学堂,不惟教员易于得人,学生习于讲求,农业之风尚迎机而导,亦必不难深入,所谓用其所长也。如本省偏重农业,而无工商业以为之辅助,是当筹设工商学堂,虽重烦设备、远致教员亦所不惜,所谓补其所阙也。"③与此同时,指出了实业学堂发展过程中的一些弊病:"现在各处农业学堂大都但设蚕业一科,工业学堂大都但设染织一科,以此二科为吾民所素习而设备费亦较省,避难就易,以为有此已足,号称实业,敷衍门面,不知处处如此,何

---

① 璩鑫圭,童富勇,张守智.中国近代教育史资料汇编:实业教育　师范教育[M].上海:上海教育出版社,2007:13.

② 朱有瓛.中国近代学制史料:第2辑:下册[M].上海:华东师范大学出版社,1989:15.

③ 璩鑫圭,童富勇,张守智.中国近代教育史资料汇编:实业教育　师范教育[M].上海:上海教育出版社,2007:22.

由扩充?"在指出问题的同时,学部也给出了指导性意见和建议:"依甲项审察,则宜蚕之地宜设蚕科,而林业兽医在其后……依乙项审察,则农学发达之地,农学当用其所长,而工业学堂应分设之,森林、兽医各科可补其所阙;矿业发达之地,矿业当用其所长,而工业学堂应分设之电气、化学、机器各科,可补其所阙。"①学部政令下发后,地方提学使纷纷根据所属地域实业学堂开班情况予以汇报,以湖北中等蚕业学堂调查情况为例,从中探析当时学部调查统计的相关具体内容,如"开学年月""校地建置""职员情况""教员情况""教科书""教科钟点""学生班次及额数""开办及常年经费""调查意见"等。

商部自成立之初便开出了"凡举一事必以调查始"的诊方,仿照西方创办的成功经验,确定了调研范围、种类和方法,"调查各货出产之盛衰、制造之良苦、价值之低昂、销路之广狭以及人情之好尚、风俗之宜否、进口出口数目之盈细、前日今日货品之异同以报告于会中之商董而统计之、而比较之、而讨论之。……是故一地有一地之调查,一业有一业之调查,一时有一时之调查,商业之所以鲜有失败者,其故盖必以调查始。"②对于传统农工商业发展过程中官商相互隔阂、民商相互芥蒂的情况,商部出台了《商部开办章程》,其中明确规定"各省各属土产及制造所出之资若干类,又及各关各埠出口土货若干类、进口洋货若干类,并各处有无设立工艺局院学堂及沿江沿海省份所设机器仿造丝、纱、布、煤油、火柴各厂,除由该丞参等考察详记外,应由各该省将军督抚先将以往情形、现办情形详细咨报臣部,查复嗣后,并应将有无更改情形按年报部一次作为课程"③。查的对象主要集中在三个方面,即各地农工商实业发展的总体情况,如:农、工厂(场)、局所的设立,学堂创建,企业资金,产品产销情况等;各地适宜改良的产业、商品情况;国外优良品种和先进技术引进;等等。为了将政令有效贯彻,商部还在各地奏设了劝业道,在劝业道官制中将统计各地厅州县商情及商务情况作为一项工作内容详细列出,并作为年终考核内容。其内容涵盖范围广泛,比如"调查外洋丝市情形;调查外洋茶市情形;调查全国矿物品类产额销场编制统计;调查全国工艺及制造原料编制统计;调查全国著名工艺品,通饬各省设立专门学堂工厂研究改良各州县筹设习艺所"(《农工商部第四年筹备事宜

① 朱有瓛.中国近代学制史料:第2辑:下册[M].上海:华东师范大学出版社,1989:16.
② 商业首重调查说[N].大公报,1905-03-15(1).
③ 商务印书馆编译所.大清光绪新法令:第3册[M].上海:商务印书馆,1909:77-78.

清单》），同时还制定了规范性的调查统计表，"欲兴一国实业，非详悉各地农、工、商之实情及其历来沿革不可。故商部于去年制一农工商综计表，分列十类，令各省商务议员按类详报，以备查核"①，并要求"不得以空禀搪塞，亦不得照录旧志物产名目敷衍了事，务宜将现在情形详细查核，逐项分别注明，以备稽考而立振兴实业之基础"（《东方杂志》第 1 年第 9 期"实业"）。河南商务议员胡翔林根据商部要求制定了较为详细的本省实业情况调查表。该表分农、工、商三类，其中农政类调查又细分为十四项子项，工政类调查细分为四项子项，商政类调查则细分为六项子项。关于实业教育调查方面的有：一是设工艺局厂或工艺学堂各处，本年秋冬季办理情形，比较春夏季，其推广者何事，其进步者何在，局厂中所制货品，何项成货若干，何项行销最畅，通计一年成本若干，销数若干，能否获有余利，籍为扩充地步。二是未设工艺局厂及工艺学堂各处，春夏季调查书中，或报正在筹办，或报已有端倪，为时又阅半年，当能一律设立，其一切办法章程，如何因地制宜。三是各处习艺所，已皆设立，本年秋冬季制造何项货物，每项共制若干，通计一年成货若干，销售若干，余利若干，在所习艺现有几人。四是商会一事，各处率以地非繁盛为辞，夫有经商立业之处，即可以立会兴商，或因会馆，或因公所，籍以兴办，兼可附设学堂，最属简便明易行之法，极宜就地筹集。②

除了这种以行政命令的形式使相关部门反馈所属地实业开展情况外，他们还通过直接派员实地考察的方式进行，多方验证调研结果的真实可靠性。商部左参议王清穆于 1904 年 4 月前往江苏、湖北等省考察实业及其教育情形。"至于各省官办之举，江宁则有工艺局、农工实业学堂，苏州则有工艺局、苏经丝厂、苏纶纱厂，湖北则有制麻、织布、纺纱、缫丝四局及农务学堂，商品陈列所在各督抚臣均能竭力提倡，以为民望风声所树。"③此外，对于国外先进经验，商部（农工商部）也不遗余力地设法调研。"中国运往奥国之茶销场甚旺，商部近据驻奥商务议员禀报，即将各情形札行产茶各地方，益加改良以扩销路。""又驻美驻比议员近亦各禀陈所销华茶情形，当由商部札饬闽粤苏鄂等省商会转告茶业商董

---

① 胡翔林. 调查秋冬季农工商诸政问题[J]. 商务官报，1906(1)：27-29.

② 调查报告[J]. 商务官报，1906(1)：14-16.

③ 商部王参议清穆考察长江商务要折[N]. 大公报，1904-12-08.

知照。"①

二、示范艺徒学堂的创建

　　癸卯学制颁布的翌年，商部便上奏《奏办实业学堂折》，并提出"国计民生莫要于农工商实业学堂，兴办实业学堂有百利而无一弊……农工商三者为臣部专职，而尤以制造实业为切要之图"②，意在积极发展教育事业，以达到富国裕民之目的；同时也暗示自己早已着手开办实业学堂，"惟查奏定学堂章程所列各种实业学堂，分农业、工业、商业三项，惟工业只有高等、中等而无初等，盖以初等工业即包括艺徒学堂之内。臣部上年奏设高等实业学堂，专为研究高等工业，而中等及艺徒学堂限于款项，未能同时并设"③。在当时的情况下，即便是商部亲自督办，实业教育若要迅速实现体系化也很困难。光绪三十一年（1905）二月，御史王金镕呈《奏请添设艺徒及初等、中等各学堂》一折中奏称："商部奏设高等实业学堂，系为整顿工业起见。应照定章添设艺徒及初等中等各学堂，招募贫民子弟年力之合格者，酌量录取，责令学习工业。"也就是说，在癸卯学制出台两年后，商部仍未建立起体系化的实业教育范式，仅仅创办了高等农业学堂这一级实业教育。在检查部门的配合下，商部再次表明态度，上呈《商部奏遵旨筹议添设艺徒及中等工业学堂并酌拟办法折》，禀明商部已着手启动京师艺徒学堂的创办，并将学堂级别、科别情况、招生人数及毕业去向等内容逐一汇报。"艺徒学堂拟即作为初等工业学堂，附属高等实业学堂内办理，即于该学堂左近建筑工场，考取艺徒二百名，聘订技师，分科教授，并于其中遴选聪颖艺徒二十名，资遣北洋等处工厂学习，俟学成调回，备充班长之选，于教授艺徒尤有裨益。其中等工业学堂，拟先行访觅合式地基，筹建校舍，一面遵照《奏定中等实业学堂章程》内由各处高等小学堂咨取考验合格学生，俟考取足额，校舍修建完备，即行开学。"④随后商部拟定了《商部奏筹办艺徒学堂酌拟简明章程》，并依章程创办了"艺徒学堂"。该学堂以改良本国固有工艺，效仿外洋制造，使贫家子弟人人习成一艺，以减少游惰、挽回利权为宗旨；暂招艺徒三百人，设完全科和速

① 奥国盛销华茶[J]. 商务官报,1906(1):20.
② 商部奏办实业学堂折[N]. 大公报,1904-04-18.
③ 商部奏遵旨筹议添设艺徒及中等工业学堂并酌拟办法折[J]. 东方杂志,1905,2(11):82-84.
④ 璩鑫圭,童富勇,张守智. 中国近代教育史资料汇编:实业教育　师范教育[M]. 上海:上海教育出版社,2007:124.

成科两科,前者开设两个班,入学年龄在十二岁和十五岁之间,授业年限为三至四年;后者开设四个班,入学年龄在十二岁和二十岁之间,授业年限为半年至二年。教授科目分通修与专修两科;艺徒学科科目须由学堂因材酌定,学生不得擅自更改科目;学堂将艺徒之成果登记在册,俟后售出,仅收料价,所得余利,专备教员、工匠、艺徒等奖励之用;学堂办有成效后,可根据地方需要派员前往;其他如教员管理各项规则,均系遵照奏定学堂章程,并参考日本工业学校规则酌订,并经学部核实"大致周妥,可即试办"。其中开设课程较为详细,可谓树全国艺徒学堂之标杆,现将其开设课目、课程目标及授业时间列表如下。

通修课课目及其目标设置一览表

	课目	课目目标
通修课	修身	授以中外古今名人言行之大义,以端其为人之始基
	算法	授以加减乘除诸等数求积法,并另授以簿记法之大要
	博物	授以各种动、植、矿物之形状、性质,以助其美术思想
	理化	授以理化大要,以助其制造思想
	历史	授以中外历史大要,俾各艺徒于历代服装、制度、沿革了然于胸,以为模画雕刻之本
	图画	授以铅笔、毛笔、水彩、几何等画法,以为改良各种工艺之基
	体操	授以柔软体操、步法、转法,以期发达体育,上下讲堂时秩序井然,便于管理
	国文	授以浅近白话文理,总以能做日用笔记、信札为要
	唱歌	授以各小学堂教科用之唱歌,使艺徒工作时可以乐而忘劳

注:以上通修课课程,完全科艺徒需要全部学习,速成科艺徒只需选择五六门课程即可。

专修课课目及其目标设置一览表

	课目	课目目标
专修课	金工科	分为锻工、铸工、钣金工、装修工、电镀工五门
	木工科	授以制造器皿及雕刻装饰品等技
	漆工科	授以各种明暗彩画漆法、雕漆法、镶螺钿法、漆器制造法、漆器图案法
	染织科	分为染色、机织二门。染色门授以精练、漂白、浸染、反染、印花等法;机织门授以织物练习、织物解剖、织物整理、捻系等法,每门任习其一
	窑业科	授以烧瓷、画瓷之法
	文具科	授以制造各种纸张暨粉笔、铅笔、印刷油墨、各种洋墨水、天然墨等法

注:以上专修课课目,无论完全科或速成科,每班只学习一科。

速成各科每学期授业时间表

科目＼学期	第一学年		第二学年	
	第一学期	第二学期	第一学期	第二学期
修身	一	一		
算术	三	三	二	一
图画	四	四	四	四
体操	二	二	二	二
国文	二	二	一	一
唱歌	一			
习字				一
各种制造法	五	五	七	八
各科实习	二十	二十	二十二	二十四
总计	三十九	三十九	三十九	三十九

完全各科每学期授业时间表

科目＼学期	第一学年		第二学年		第三学年		第四学年	
	第一学期	第二学期	第一学期	第二学期	第一学期	第二学期	第一学期	第二学期
修身	一	一	一					
算术	六	四	四	四	二	二		
图画	十二	十四	十四	十二	十二	六	十二	十二
国文	二	二	一					
博物	三	三	一	一				
理化	三	三	一	一				
历史	二	二	一	一				
体操	二	二	一					
唱歌	二	二	一					
各科制造法			三	六	六	十	四	四
机械学					二	二	一	一
建筑学					二	一	一	一
各科实习	四	四	七	十二	十五	十八	二十	二十
总计	三十七	三十七	三十七	三十七	三十九	三十九	三十八	三十八

　　通过以上课程设置及学时安排可以较为清晰地看出,课程设置体现出了近代化的特征,同时也体现出了以人为本的思想特征,如体操和唱歌课程的设置

等。最为典型的是速成科和完全科的实习课时设计,速成科的实习课时占到了总学时的一半以上,完全科高年级的实习课时占比也达到总课时的一半左右。从课时的设计我们可以看出艺徒学堂非常重视学生动手能力的培养,这也折射出清末改良派想通过新学制培养实用型、应用型人才的迫切愿望。

据国家图书馆清史文献中心所藏《农工商部档案·农政》统计,商部(农工商部)直接创办的实业学堂还有直隶高等农业学堂、湖北农务学堂、山西农林学堂、蚕织女学堂、四川中等农业学堂、江南蚕桑学堂、粤股蚕务学堂和浙股蚕务学堂等,其中涵盖了蚕桑、茶业和陶瓷等实业教育内容。商部(农工商部)不仅开设直接归部属的实业学堂,还通令各地地方官,要求各级农会开办实业学堂。1906年,农工商部以政令形式"通饬各省筹办实业学堂并三等农工商实业学堂、实业补习学堂、艺徒学堂以及实业讲习所。现在为日已久,各省之以次举办者殊属寥寥,故拟于日内再行咨催,限于六个月内即将所定办法报部声明以便立案"①。1907年,农工商部奏准颁行的《农会简明章程》规定,在设立农务总会的省城"应设农业学堂一所,农事试验场一区,造就人才,分任地方农务";在"分会分所地方,应设农事半日学堂一区,农事演说会场一所,招集附近农民,授以农学大意,以开风气"②"凡一切蚕桑、纺织、森林、畜牧、水产、渔业各项事宜,农会均酌量地方情形,次第兴办"③。于是全国各蚕桑之地纷纷筹建蚕业学堂教育。值得一提的是,山西蚕桑总局根据当地实情,创办了半日学堂,"每日上午讲述浅显易明简当易行之学理技术,以三月为毕业之期,每名只收课本费二元,寄宿校外,毕业时由该局发给文凭,分任各县蚕桑分局事务"④。

此外,商部(农工商部)在开办相关实业学堂、培养实业专门人才的同时,为了便于实业学堂学生实习,加深巩固学生所学知识,也为了开通风气,推广普及先进的实业技术,还在全国选址酌办农事试验场。1903年,商部奏请通令各省振兴农务,指出"中国地当温带,自昔酸称,乃农政不修,膏腴坐废",提出的振兴办法之一是"土货之划分,种子之剖验,肥料之制造,气候之占测,皆施立试验

---

① 通饬筹兴实业教育[N].大公报,1906-08-28.
② 商务印书馆编译所.大清光绪新法令:第3册[M].上海:商务印书馆,1910:39.
③ 朱英.晚清经济政策与改革措施[M].上海:华中师范大学出版社,1996:217.
④ 山西蚕桑总局附设半日学堂[J].山西实业报,1912,1(5):59-60.

场,逐一考求,纵人观览,用意美善,尤宜仿行"①。设想规划较为完备,但由于未能充分考虑地方农民及利益关联者的利益,推行效果很不理想,除"直隶保定府及山东、山西、河南、福建等省设立了试验场外,其余各省呈报者尚属寥寥"。鉴于此,商部及时改变了倡办策略,"欲便于观览,则不宜偏僻之区;欲利于研究,则不宜荒膺之地"②。1906 年 4 月 15 日,农工商部试验场选址"西直门外乐善园官地,兴办农事实验场"③,并由朝廷"刊刻木质关防一颗,文曰农工商部农事试验场之关防,发给该场以资钤用恭候"。农工商部对京师试验场寄予了"期于首善之区,借示农业模范,为广开风气,振兴实业之基础"的期望,最终达到"开风气,启民智,考有良法,劝民仿种"的目的。该试验场"业经遴选佳种、辨别土性,先行试验者约分五大宗,尤以农桑为重。其中蚕桑试验场之蚕种有中有外,饲养有人力有天然,共辟地五十五亩,已栽成者一万五千株",为我国蚕业及其教育的发展做出了积极有力的探索与实践。

三、代表性工艺局的兴办

商部工艺局以"原为讲求制造,提倡工艺"为宗旨,招聘外洋外省专门工师来京分科制造器物,并教习艺徒,所教工艺多围绕农务、洋人、抵消洋货之用展开,基本为京城未有之艺事。随着工艺局的发展,所能开设科目和相应的场地均为滞碍,于是 1907 年奉旨扩建,"近复屡奉谕旨,饬令各省振兴实业,鼓励商民。京师首善之区,尤宜鼓励维持,以期工业繁兴,俾为各省表率,自非由官设局厂,先行推广研究,不足以示模型,而资观感"(朱寿朋《光绪朝东华录》)。"拟分设织工、绣工、染工……十二科,招集工徒五百名,聘募工师,分科传习,预计易学者一年即有可观,难习者两年亦能收效,并附设讲堂,授以普通教育,设立成品陈列室,罗列货品,以资研究,设立考工楼,搜集中外新奇制造,以备参考。"④根据农工商部扩充工艺局的奏折可以看出以下四点:一是为鼓励商民创兴制造,开学堂研新法,以繁荣工业;二是为抵制洋货,以挽利权;三是为安置贫民、穷人、无业游民以及罪犯就业,寓养于教,开通民智,造就工徒,以图稳定社

① 刘锦藻.清朝续文献通考[M].上海:商务印书馆,1936:1241.
② 公牍[J].商务官报,1906(2):17.
③ 陈宝琛,世续,陆润庠,等.大清德宗景皇帝实录[M].北京:中华书局,1987:1332.
④ 彭泽益.中国近代手工业史资料:1840—1949:第 2 卷[M].北京:生活·读书·新知三联书店,1957:508.

会;四是作为各省学习之表率,以利推广①。经过一段时间的发展,成效显著,其中染织方面,"农工商部工艺局从光绪三十年(1904)至三十四年(1908),共生产了各式爱国布 14820 件,各式毛巾、床巾 13750 件,绣成大小锦屏 401 件,染大小印花巾 1896 件,各式线料 4388 件,制成桌椅等器 5103 件"②。

紧随商部创办工艺局的是直隶(北洋)创办的工艺局。光绪二十九年(1903)周学熙在考察日本工商业之后返国,在《东游日记》中感慨道:"日本维新最注意者,练兵、兴学、制造三事。其练兵事,专恃国家之力,固无论已。而学校、工场,由于民间自谋者居多,十数年间,顿增十倍不止。其进步之速,为古今中外所罕见。现全国男女几无人不学,其日用所需洋货几无一非本国所仿造,近且贩运欧美,以争利权。"③同时周学熙也认识到"坐谈不如起行,空言劝导不如实行提倡""欲兴工艺,非设专局不能收效"④,于是"括全省工学界之枢纽,以创兴实业为宗旨"(周尔润《直隶工艺志初编》)。经过调查,周学熙于光绪二十九年(1903)九月,在天津旧城东南隅的草场庵创办了直隶工艺总局。在其"工非学不兴,学非工不显"思想的指导下,直隶工艺总局下设工业学堂、考工厂、教育品陈列馆、实习工场等机构,形成了一个较为健全的实业教育模式。上述机构中规模最大、收效最好的当为实习工场。这是因为在创办之初总办周学熙就敏锐地发现了工业学堂在培养人才的过程中"理论多而试验较少",以至于造成"因习其理而不习其器,则终无真切之心得"的弊病。所以他提出"工学相济"的实业人才培养理念,大力创建与实业学堂相呼应贯通的实习工场,"与工业学堂联络一气,兼以工场为工业学生试验制造之所,而学堂各科教习即可为工场工徒讲课之师"⑤。实习工场设置的科目有织布科、织巾科、染色科、彩印科、木工科、制皂科、窑业科、图画科、制燧科等十二科。实习工场设置之科目不只为高等工业学堂提供实习实践平台,实际以技术传授为主要目的。场内附设讲堂两处,凡在场各工徒,均课以修身、汉文、历史、地理、算学、体操等项浅近课程。自开办以来至光绪三十三年(1907)六月,织布、织巾科毕业 476 名,染色科毕业

① 农工商部尚书等奏工艺局扩充办理情形折[J].南洋官报,1907(99):64-65.
② 沈祖炜.略论清末官办工艺局[J].史学月刊,1983(3):55-60.
③ 周小娟.周学熙传记汇编[M].兰州:甘肃文化出版社,1997:111.
④ 周学熙.周止庵先生自叙年谱[M].台北:文海出版社,2005:25.
⑤ 虞和平,夏良才.周学熙集[M].武汉:华中师范大学出版社,1999:93.

101 名,制皂科毕业 36 名,窑业科毕业 20 名……其中自费来学毕业回原籍者尚不在内。这些学徒来自京旗、奉天、蒙古、察哈尔、山东、山西、陕西、河南、四川、广东等省份,为我国尤其是华北地区手工业的改良发展做出了重要的贡献,其中高阳布业、彭城瓷业等实业的改良发展就与该局有着紧密的关系。"实习工厂对于华北手工业最大之贡献,则为高阳土布之发展。盖当时由工艺局行文各县,提倡手工艺,经高阳李氏派人来实习工场实习机织,并由劝业铁工厂供给织机。返乡之后,逐年推广,遂造成河北省高阳土布之巨大工业。"①在磁州瓷业的改良方面,该局更是用心良苦,据《工艺总局选派磁州工匠赴江西学习制磁详文并批》记载:"为详请事,窃照职局前经函致各省,商务局代购各省土产寄送来津,以备陈列比较,兹准江西省来电,称代购土产各件,现已办齐,约计款五百两,俟开河后派员解津等语,职局当将前项价款银五百两即交商号,如数兑去。惟查江西景德镇磁器,为中国出产大宗,其制法之精工,非他省所能及,即外洋亦甚称羡。现在直隶磁州产有磁窑,前经该州解送各磁器来津,交考工厂陈列试验,均系粗磁,不堪入目,亟应改良,以辟利源而广销路。现拟一面电商江西周道学铭,派员考查景德镇磁窑办法,一面函致磁州岳牧,传谕窑董,选佣本地老手工匠,自制坯以至成器,上等聪敏者各一人,并带造磁之石料、土料等各一百斤,于明年正月来津,由职局派员带往江西学习,并将磁州料质与江西所产比较试验,一俟验有把握,即延雇江西良匠带回指授,仿造并拟,俟该匠将江西细磁考求得法,后再参仿西式制法。至该工匠等所需川资辛工等费,均拟由职局筹给,以资提倡。如果试行有效,洵为直隶一大利源。分别函电妥办外,所有职局汇寄江西代购土产价款,选派磁州窑工带料质赴江西学习考验,以期改良直隶磁业。缘由理合,具文详情。……江西景德窑,名闻中外,该局拟选派磁州工匠前往学习考验,系为改良直隶磁业起见,关系甚重。应准如议照行,仰即遵照缴。"②

京师、直隶等处开办的工艺局取得了很大的成绩,并成为全国各地开办工艺局的示范,各地在创办工艺局的过程中都到京师工艺局来观摩、学习,如"河南自去岁兴办工艺,渐有成效,惟地僻人愚,开通不易,是以尚难推广。陈中承

① 彭泽益.中国近代手工业史资料:1840—1949:第 2 卷[M].北京:生活·读书·新知三联书店,1957:521.

② 峰峰矿区地方志编纂委员会.峰峰志[M].北京:新华出版社,1996:1041.

以京师工艺局成效最著,特派候补知府陈太守来京调查一切"①。商部也不断派员出国学习,以不断更新业务知识和技能,如派绣工科总教习沈女士前往日本考察绣业,其夫君余兆熊陪同,他提出了中国绣业的发展方向:"中国绣品于画理加意讲求,于染细悉心推广,他日亦搜罗泰西油画为标本,实有过之无不及。"②

上述工艺局(场)的表率效应,促使各地方工艺局(场)的创设和工作都有了明显的进展,一改前期工艺不兴、风气颓败的迹象,为中国农、工、商业近代化的发展营造了一个较为良好的环境。在此期间,商部不失时机地向各省发出咨文,对其办理工艺局(场)情况进行调查考核:"本部设立以来,首以振兴工艺为要务。中国地大物博,生产最为富饶,而比年以来财力不充,商情益困,推原其故,率由实业不兴,制造未能改良。斯商业受其影响,历年出口贸易,大率有生货而无熟货,以致利源外溢,洋货畅销,为患甚巨。本部已于京师工艺官局,首先提倡推广,成效渐著。……惟直隶、吉林等二三省前经达部,然或仅送章程或仅据实报于办理情形,有无功效皆略而不详。本部议派各省商务议员章程内载,各省农工商政每年按季详报,年终汇报一次,又载各省已办农工商政各局、厂、学堂、公司等项,无论官立私立,均应按部定通行表式详填申部……本部认为:商政自非调查详核,无以措振兴之策,为此,特刊订工艺调查科目应备具四份咨行贵督抚查照转饬各属,经各员绅按所填表式逐项填注明晰,克日呈禀汇咨到部是为至要。"③至于直隶工艺总局劝导各属工艺方面,自其开办至1907年,天津已有民立工场11处,艺徒学堂3处,60余处州县禀设工艺局所等。在他们的示范和督促下,各省工艺局厂和陈列所相继创立并取得了一定的成效。

在全国工艺局如火如荼的发展过程中,也存在一些不可忽视的矛盾,其中最为突出的是创办与开办资金问题。"劝工恤民实政治之要务,近年以来,屡奉明招提倡工艺。臣等仰体皇仁,正在悉心筹划……兹据该御史奏称,臣等一再核计会商……工艺一事为裕民富国之举,臣等……自当悉力讲求,伴得成规具备,惟迩来公家带项支细,只可就目前原有之数,竭力整顿,一待经费充裕,即当

① 派员调查工艺[N].大公报,1905 - 03 - 09.
② 日本绣工业之优劣谈[J].商务官报,1906(14):178.
③ 江督周为咨查宁苏皖赣工艺调查表事札江南商务局文[N].大公报,1905 - 05 - 02.

添设局厂,次第推广,总期无业游民皆得有所资以糊口……"①作为清廷改革的主力军和关键部门在资金运转上存在如此困难,地方工艺局(场)的发展也就不言而喻了。

四、代表性实业讲习所的设立

通商以来,我国茶、丝国际市场日渐式微,面对国内外舆论压力和外销份额锐减的事实,商部经过调查后,发现我国茶业的国际竞争力下降的原因在于茶业的整个生产工艺不得要领,于是在光绪三十二年(1906)八月通令各省商会改良茶业,并提供具体章程,要求各地执行。章程内容包括茶树、地土、勤力、肥料、防寒、采摘、焙制、洁净 8 个部分,涵盖茶树栽培管理、土壤培护耕作、肥料施用、茶叶采摘焙制等内容。尤其是章程中提到"外洋讲求卫生,最喜洁净",为保证出口,在制茶过程中,厂房、人员和制茶器具都要"时时留意",保持洁净,"以保华茶名声"②。通过各商会反馈和农工商部的调研,并结合社会各界人士发表的言论,发现其中最为重要的一点是我国茶、丝生产因循守旧,不讲科学。欲讲科学须讲教育,"新政"以来清廷虽倡办了一些茶业和蚕桑学堂,但学堂的性质、形式和模式让一些贫困子弟无法积极就读,一是读书需要一定的费用,二是贫农子弟在 10 岁以后需要帮助家庭分担相应的农务,以减轻家庭压力和税务负担。为此,一种既满足茶业、丝业现代化发展需要,又打消贫民子弟求学顾虑的教育形式便成为基层实业教育的必然。由于讲习所的形式和模式较为灵活,学员可以全日就读,也可选择半工半读,甚至还可以选择在农闲和晚上时间就读,农工商部调研后便请奏清廷在产茶和产丝省份设立相应的讲习所,以挽救茶业与丝业。宣统元年(1909)十二月十三日,农工商部向清廷奏请在产茶省份设立茶务讲习所。"奏为华茶销场日减,请就产茶省分设立茶务讲习所,以资整顿而挽利源,恭折仰祈圣鉴事。窃臣部于本年闰二月间具奏分年筹备事宜,单开第二年应设茶务讲习所等语,当经宪政编查核定复奏在案。臣等伏维中外互市以来,所恃以颉颃洋货、补塞漏卮者,蚕丝而外,茶称大宗。嗣以印度、锡兰等处多方讲求,选种培莳,利日以夺,业遂渐衰。推原其故,皆由印、锡用机器制造,中国则用人工;印、锡地气温暖,终年皆产茶之时,中国则一岁产茶不过数月,气候使然,势难并论。他如采摘之品未经拣齐,硏卷之法未能致密,以及挽

① 商部等衙门会同议复夏侍御奏请推广工艺折稿[N].大公报,1904-06-01.
② 商务印书馆编译所.大清光绪新法令:第 16 册[M].上海:商务印书馆,1910:53.

杂作伪之弊间亦难免,然犹不至十分损失者,其原质之色香味,究非印、锡等产所敢望也。诚能并力以经营,自可及时而补救。是以臣部叠饬考察各国商务随员,调查进口茶数价值,分别立表,并令将各国行销华茶茶样送部,分给赣、皖、闽、粤、湘、鄂、川、浙等省悉心考验,逐渐改良,冀保固有之利源,兼为扩充之地步。查日本在京及横滨等埠设有中央会议所、联合会议所、茶业组合所、检查制茶所,急起直追,不遗余力。中国上海、汉口虽均设有茶业公所,江西义宁州地方近亦设有茶业改良公司,而联结之力未充,研究之方未备,仍非治本探源之计。亟宜于产茶各省筹设茶务讲习所,俾种茶、施肥、采摘、烘焙、装潢诸法,熟闻习见,精益求精,务使山户、廛商胥获其利,人力机器各洽其宜。如蒙俞允,即由臣部通行产茶省分各督抚臣,一律迅饬兴办,应将入手办法、厘订章程送部备核,仍由臣部随时考察,俟办有成效,再由臣部照章给奖,以示鼓励而劝将来。所有华茶销场日减,请就产茶省分设茶务讲习所缘由,理合恭折具陈,伏乞皇上圣鉴。"①清廷审阅后即刻同意农工商部所奏。

从这份奏折中可知,农工商部经调查发现,印度、锡兰茶叶经营者十分注重运用近代茶学知识,日本也开始讲求先进技术,"急起直追,不遗余力"。而中国上海、汉口虽设有茶业公所,江西义宁州也设有茶业改良公司,但"联结之力未充,研究之方未备,仍非治本探源之计"。鉴于此,农工商部认为"亟宜于产茶各省筹设茶务讲习所,俾种茶、施肥、采摘、烘焙、装潢诸法,熟闻习见,精益求精",于是,咨行产茶省份各督抚一律迅饬兴办茶务讲习所,接着又饬令各省商会设立茶务讲习所,"按种植、烘焙、装潢三大端切实研究,随时改良"②。在各地劝业道的协助下,农工商部通过劝业道在各产茶省份设立茶务讲习所,招聘有经验的茶务工作者(如茶栈老板、茶商、富有经验的茶农等)入所讲习,为了激励学员的积极性,参照奏定学堂章程,学员如期毕业后按其成绩颁发一二等艺士之凭照③。此外,商部(农工商部)对于创办茶务讲习所的茶商也给予了相应的奖励,还派员分往皖、浙、闽、赣、粤、川等产茶省份进行实地考察,并对改良茶业实

---

① 琚鑫圭,童富勇,张守智.中国近代教育史资料汇编:实业教育 师范教育[M].上海:上海教育出版社,2007:28-29.

② 饬设茶务研究所[N].大公报,1909-05-30.

③ 农工商部饬设茶务讲习所[N].大公报,1911-03-20.

力讲求、卓著成效者,"酌予奖赏,以示提倡"①。由于商部(农工商部)等上级行政部门的高度重视,当时各地涌现了一批茶务讲习所或茶业传习所等茶业教育教学机构,如四川通省茶务讲习所(在商部倡导前已创办,后来在商部的规范下更进一步发展)、南京(南洋)茶务讲习所(1909)、峨眉县茶业传习所(1909)、湖北茶务讲习所(1909)。1909 年,江西义宁州在各绅商会集之所筹设茶务讲习所两处,"邀集庄号山户相与讲求新法",各乡设立的数所讲习所分所也"齐力倡导,勤求改良"②。1910 年,广东在产茶最为集中之地筹设茶务讲习所一所,招集附近山户讲习种茶、制茶新法③;同年,浙江省与安徽的六安、屯溪、霍山等地都设有茶务讲习所。这些地方设立茶务讲习所后,改变了"该处乡民未经研究制茶种植新法"的落后局面,进而采取了"采取制种焙烘等法,招生研究"的先进策略。1911 年,在皖、赣、苏、浙产茶区之交汇处南京开设了宁垣茶务讲习所,专收茶商及与茶商有关系的地方的学生,延聘专门教员,编辑讲义,悉心教授。为了激励和保障茶务讲习所的开展,地方督抚给予了优惠条件,"开办常年经费,均由皖南茶税局拨支,学生毕业以农工商部之艺师、艺士等职分别委用"④。正是这些茶学教学机构通过新式茶学教育,把近代茶叶知识或传递给学生,再由学生传授给茶户,或直接将新知识传授给茶户,推动了近代茶学知识的传播,使茶叶栽培、管理、加工等技术方面都有了提高。

衣食住行关乎社会百姓的切实利益,蚕丝业历来是我国主要民生产业之一。农工商部自成立以来将蚕业作为改良对象,鉴于场地与教育力量的有限性,所以不能全部体系化设立,便采取了官督民办的方式促进实业与实业教育的发展。宣统元年(1909),农工商部接到顺直士绅们的集体请求。因其所求为蚕业改良这一关乎民生之工程,所以农工商部欣然允诺,并利用自身职权通令全国效仿仿办。在农工商部的资金和政策的支持下,京师蚕业讲习所得以顺利开展,并且制定了可以树全国蚕桑艺事之模型的规章制度,其中在办学宗旨、学科设置、学生人数和入学条件等方面做出了明确的规定。京师蚕业讲习所办学宗旨为"以研究蚕桑专门学理兼教授女子普通科学,养成实业教员资格为主"。

---

① 农工商部整顿茶业[N].大公报,1910 - 03 - 04.
② 批奖宁茶改良公司[N].申报,1909 - 09 - 09.
③ 札查各属茶业情形[N].申报,1910 - 05 - 05.
④ 刘锦藻.清朝续文献通考[M].杭州:浙江古籍出版社,2000:8711.

京师蚕业讲习所学科设置

正科(两年毕业)	预科(一年毕业)
普通课:修身、家政、国文、地理、习字、珠算、笔算、代数、物理学、化学、动物学、植物学、卫生学、经济学、图画、编物、琴歌	**普通课**:修身、国文、地理、习字、珠算、笔算、物理、化学、动物学、植物学、卫生学、图画、编物、琴歌
专修课:养蚕法、蚕生理、蚕病理、蚕体解剖学、缫丝法、桑树栽培法、肥料学、土壤学、气象学、显微镜使用法	**专修课**:养蚕法、缫丝法、显微镜使用法

另外,在学生招生数额、入学条件、收费标准、就读保证人等方面,京师蚕业讲习所也给出了具体的规定。"额数:上三学期已收学生五十名,今再推广添招四十名;正科以年十五岁至三十岁内之女生,曾毕业女子小学或虽未入学而国文通顺者为合格。入学条件:预科以年在十二岁至十四岁内之女子曾修业女子小学或虽未入学而能作数十字短文者为合格。学费:凡经录取入所肄业者,一概不收学费,学生寄宿者每日三餐月缴膳费四元,只用早、午两餐,不寄宿者减半,须于入学时预缴三个月,如实系寒家当可减免,惟衣履书籍等项均归学生自备。保证人:学生考取后,须请同妥实保人来所填写保书,保结惟本所员司及学生父兄不得作保。"①

通过梳理京师蚕业讲习所的创办过程发现,地方士绅包括退休官员们对关乎国计民生的产业比较关心和尽心,但囿于创办资金、教师选拔、学员就业等方面的问题,致使民间力量无法迅速有效地达到既定教育之目标。为此,他们基于同一个背景和目标,选择了与相关政府部门合作,而农工商部的职权与宗旨正契合他们的诉求,同时他们的诉求也符合农工商部的部门利益,于是他们的合作显得格外顺利。正是由于农工商部的有力介入,如农工商部为其聘请教员与教工、购买教育试验器材与器具等,"鹿中堂严侍郎电浙抚,延聘女教习二员,购办桑秧一万株,雇桑工二名,嗣由学务公所代订姚淑孟、蔡任二女士,姚与蔡皆浙省蚕校毕业生也"②,极大地促进了蚕业讲习所教育事业的发展,为全国各地实业讲习所的开办与发展做出了有益探索与实践。这也非常符合当时的中国国情,"在中国,很多事情老百姓是仿效为官者的。……官员不仅是政治的权

---

① 京师蚕业讲习所添招学生[J].北洋官报,1911(2690):8-9.

② 京师蚕业讲习所纪事[J].浙江教育官报,1909(12):70.

威,而且是教化的楷模。这是传统孵育出来的社会心理。因此,没有权威与楷模的倡率,新的东西总是难为人接受和仿效的"①。在农工商部等国家行政部门的指导督促下,与茶业讲习所一样,全国各地开始创建蚕业讲习所,如四川高等蚕桑讲习所、广西武宣县蚕业讲习所、湖北公立蚕业讲习所等。蚕业教育之所以能够顺利扩展,一是反映了农工商部对于全国各地创办蚕业教育的急迫心情,二是印证了蚕业教育顺应地方产业发展需求,是一项人心所向的民生工程。"今日为公立蚕业讲习所开学之期,本道(劝业道高松如)得与诸生相聚首,何幸如之,顾有不能已于言者。中国自通商以来,出口之货向以茶丝两项为大宗,业衰败至今日达极点,而丝业亦终不能振兴者,推原其故,由于育蚕制丝拘守旧法,罔知改良,遂使利源一失而不可回。近年农工商部亟亟以振兴蚕业为挽回利权之计,叠经通饬各省兴办蚕业讲习所,扩张蚕业教育,法至良,意至美也,各省苟循此以行蚕业发达,指日可期。今幸诸君热心工艺组织,斯校以为湖北各属公立蚕业讲习所之倡,本道欣幸之余,不胜钦佩诸生,又心殷向学,济济一堂,行见毕业后必能为蚕业界增特色,此日研求进步,所学毋荒,将来挽回利权,所关甚大,勉矣诸生其各努力。"②

至此,我国近代茶叶、陶瓷、丝绸等特色传统手工业教育模式和体系在以农工商部、学部、外务部、农部等部门的相互博弈协作下已呈现出了雏形,即以日本实业教育模式为蓝本,建构了以挽回利权、富国裕民为宗旨,以学习掌握现代科学技术、改良特色手工产业为目标,以地方发展需求为依托的"橄榄球"式的教育模式。这种教育模式以中等实业教育为主,辅以高等单科实业教育和初级弹性实业教育,初步形成了以艺徒学堂—初等实业学堂—中等实业学堂—高等实业学堂为主线,辅以实习工场、讲习所、研究所、半日学堂、家族学堂等教育载体的教育体系。

---

① 陈旭麓.近代中国社会的新陈代谢[M].上海:上海人民出版社,1992:112.
② 公立蚕业讲习所开学训辞[J].湖北农会报,1910(8):20-21.

第五节　自下而上自洽式实业教育模式探索

经过半个世纪的探索与实践后,清廷上下和社会各界,尤其是实业界愈来愈认识到我国实业疲惫不堪的主要原因是产业思想的板结和发展模式的僵化,进而提倡改革我国实业,尤其是农工商矿等各项实业。在当时开明士绅和新兴资产阶级的力量不足以主导社会基本面的时刻,他们便打出了"实业救国"的大旗。由于科举制度的废除,原本依附于封建科举模式的知识分子痛定思痛,继而审时度势,以现实可行性和利益最大化为原则,自觉不自觉地与上述力量耦合,为了保障自身的利益和"地盘",于是以封建没落士绅为主体的知识分子打出了"实业教育救国"的旗帜。"近代中国的实业教育家们普遍认为,实业教育的根本目的是发展中国的生产事业。在当时,'唯实业教育能救国'成为实业教育工作者的一种普遍的思想认识。"(杨鄂联《江苏职业教育指导之我见》)

一、湖南醴陵瓷业学堂兴废的历史考察

"庚子之难"后,清政府最高统治者的一系列举措,彻底断绝了有识之士维新续命的幻想,于是达成变法救国的共识,清政府在国内外压力下被迫推出"新政"。在教育方面的标志性事件莫过于壬寅学制、癸卯学制和"废科举,兴学堂"政令的出台,该政令不仅为我国近代各类学堂的广泛开展扫除了旧制度上的障碍,还从法律上确立了实业学堂的合法地位。位于湖南醴陵的"湖南瓷业学堂"(以下称醴陵瓷业学堂)就是在这样的背景下应运而生的,且成功开辟了我国近代陶瓷学校教育的先河,为湖南乃至我国陶瓷学校教育、陶瓷产业现代化做出了不可磨灭的历史贡献,尤其是其釉下五彩的创烧成功,直接奠定了醴陵瓷业在我国业界的声望与地位。在南洋劝业会上,醴陵瓷业学堂携手瓷业公司一举摘得一等奖和二等奖各一的优异成绩,在陶瓷类的一、二等奖额中占比高达四分之一,三等奖获取名额则几乎占据该奖项的半壁江山。在获奖名次和社会认可度上几于景德镇比肩,一举改变了醴陵瓷业以粗瓷为主供给当地民众使用的传统印象①。本书拟对缘何该地诞生了我国近代第一所陶瓷学堂,开创了我国近代陶瓷学校教育先河这一问题,结合历史资料和产业要素特征进行如下

---

① 李石静.醴陵之瓷业[J].湖南经济,1947(2):157.

探析。

(一)我国近代第一所瓷业学堂率先诞生在湖南的原因解析

我国近代第一所瓷业学堂缘何率先诞生在湖南,本书拟从以下六个方面进行探析:

一是近代社会转型发展的历史必然。近代以来,我国传统的农业文明社会样态,被西方坚船利炮强硬地拖进了"三千年未有之大变局"的时代。这是一个以人的意识全面觉醒和人权平等为标志的时代,也是一个以商品自由贸易为诉求的物品生产工业化的时代。这种新式文明一经引入,便对我国古代以差序为基础的原有文明社会样态造成了极大挑战,两种不同文明之间的激烈冲突成为历史的必然。但从历史大趋势看,"所有的国家都企图脱离以农业经验为主的管制方式,采取重商主义的办法,最后之目的在使全国接近世界标准"①,也就是说,当时社会物质生产方式发展的趋势是大工业生产,以及基于该物质生产的物质交换方式,即所谓自由贸易将成为一种新型国际贸易方式,一切有碍自由平等交换的障碍必须扫除,一切阻碍自由平等主体产生、发展的机制必须铲除。作为具有生产力势能优势的新文化样式,在与处于传统农业生产力水平的农耕文明经过数次交锋后,双方的诉求在冲突对抗和博弈中趋向合作,创办新式教育进而改革相应产业成为双方合作共赢的重要载体之一。随着外商在我国获取最低税额贸易与在华设厂生产特别权益的持续释放,洋货极大冲击了我国本土经济的根本稳定面,在陶瓷领域就曾出现"人民喜购外货,如中狂迷……以致穷乡僻壤贩卖小商无不陈列灿烂之舶来瓷,可知其普及,已至日常用品"②的局面。比起战争中的挫败、商场上的失利,这种"日用而不知"的文化侵蚀更为深入、普遍,也更为持久与可怕。正是一部分先觉们认识到了该问题的严重性,急切呼吁实业与教育交互进行才能有效抵制外来商品及其文化的侵略,挽回利权,保国安邦。在洋务、维新派一众士绅要员们的推动下,清末新政时期我国各地的新式教育大都与相应的实业相伴而生,一度呈现出激增态势。一方面是因为清末新政中关于新式教育的法规相继出台。如《钦定学堂章程》(1902)、《奏定学堂章程》(1904)等教育法令,尤其是清政府颁布的《各学堂奖励章程》(1904)和学部颁发的《强迫教育章程》(1906),进一步激活了地方士绅

---

① 黄仁宇.万历十五年[M].北京:中华书局,1982:141.
② 熊寥,熊微.中国陶瓷古籍集成[M].上海:上海文化出版社,2006:714.

投身于近代新式教育的热情。与此同时,自上至下建立了各级兴学机构,如:在国家层面清廷于 1903 年设总理学务大臣,1905 年设学部;在省级层面于 1903 年设学务处;在州县一级于 1906 年设劝学所。清朝学部总务司编印的《第三次教育统计图表》显示,1909 年全国设立劝学所已达 1588 所,劝学员 12066 人[①],此数据彰显了当时清政府大力推广新学的态度和决心。另一方面则是因为巨额战争赔款不得不创办实业开辟新税收财源,进而不得不发展相关的实业教育。"庚子国变"后清廷被迫与列强签订了极不平等的《辛丑条约》,导致中国承受了 9 亿 8000 多万两的本息赔款,国库亏空的清政府只有将这巨额赔款转嫁给地方政府,然而只靠传统税收,各级地方政府实难完成该项赔款任务。为此,清廷在听取了地方士绅的建议后,决定通过发展实业来解决这一难题。在瓷业方面时人认为:"中国苟能变通旧章,仿泰西各式制为杯盘器皿,以与交易,西人乐其适用,断无不欲购之者。"[②]基于现实的逼迫与时人的认知,清廷从 1903 年至 1907 年相继颁布了 4 个奖励发展工商的章程:《奖励华商公司章程》(1903)、《奖给商勋章程》(1906)、《改进奖励华商公司章程》(1907)、《爵赏章程和奖牌章程》(1907)。高密度颁布相关国家级法规,一则表明清政府发展实业的决心和态度,二则表明在财政拮据、风气未开、民生凋敝的情况下开办新式企业十分困难。然而创办实业,除了必需的资金外,与之相应的新式人才也是摆在变革者面前的一个重大难题,权宜之下,创办与之相应的新式学堂便成为这个时代的共识。

二是近代湘湘现象发展的历史使然。湖南自古就有民风强悍、士风卓厉的文化基因,这种独具特色的地域文化基因发展到了近代,湖南士绅因"道咸之乱,惟我湘士翼戴王室,厥功最高,天下称之",从而形成了"无湘不成军""督抚半湘人"等近代湘湘现象。如果说近代湖南士绅群体的崛起是被湘军血性点燃的话,那么湖湘文化的近代转型则由甲午海战后始。甲午战争前,湘军在镇压太平天国以后名声大振,湘湘士绅地位得到了极大的提升,视天下兴亡为己任的家国意识和民族使命感空前高涨。由于受"言义不言利"和尊礼重道的传统儒家文化影响,彼时湘湘士绅将更多的精力倾注在了程、朱理学上,致使湘军中

---

① 郭秉文. 中国教育制度沿革史[M]. 福州:福建教育出版社,2007:86.

② 沈云龙. 近代中国史料丛刊:第 3 辑 皇朝经济文编[M]. 台北:文海出版社,1973: 26.

一些战功卓著的军功士绅在获得丰厚的财富后,积极地将巨额财产投资于购置田地上,继续维护着耕读传家的传统信条,从而持续完善着封建礼教文化的体系,没有将获取的政治、经济等主要资本投入到与时代发展急需的产业与教育上来。甲午一战,泱泱大国竟惨败于"蕞尔小国",在强烈的民族羞辱和危机刺激下,一批批湖湘热血青年为了民族救亡再次主动踏上历史舞台的中央,通过"开学会、立学校、办报社、改书院"等一系列实际行动,广开民智,革除积弊,冀图崇尚实学以达国家富强之目的。梁启超评述道:"湖南向以守旧闻天下,自时务学堂、南学会等既开后,湖南民智骤开,士气大昌,各县州府私立学校纷纷并起,小学会尤盛。人人皆能言政治之公理,以爱国相砥砺,以救亡为己任,其英俊沉毅之才,遍地皆是;其人皆在二三十岁之间,无科第,无官阶,声名未显著者,而其数不可算计。自此以往,虽守旧者日事遏抑,然而野火烧不尽,春风吹又生,湖南之士之志不可夺矣。"(梁启超《戊戌政变论》)据统计,鸦片战争以前,湖南籍人才在全国所占的比例,不到百分之一。而在鸦片战争至五四运动的 80 年时间里,湖南涌现出的人才则占了全国的百分之十左右,以至于有学者得出湖南是近代全国最富朝气的一省。"自唐代至鸦片战争的一千年之间,湖南出现的人才群体只有四个;而在这八十年间,就先后出现了影响全国的人才群体五个……正是经世致用的学风,使湖南士人不仅十分关心民族和国家的前途命运,并且积极投身到现实的社会政治文化活动之中。"①从率先倡导改革开放的陶澍、魏源、郭嵩焘等一批杰出思想家,到力践经世致用的曾国藩、左宗棠等一干洋务先贤;从戊戌先驱谭嗣同、唐才常、熊希龄等一群维新志士,到辛亥风云人物黄兴、宋教仁、蔡锷等一方共和精英,他们身上所展现的忧国忧民、经世致用、自强不息、崇尚实学的精神深刻地影响了湖南乃至中国近代社会的革新与发展。在南京大学历史系编著的《中国历代名人辞典》近代部分中,共收录有籍可循的近代名人 736 人,其中湖南有 83 人,占总数的 11.28%,仅次于广东,居全国第二名;而在黄邦和、皮明麻主编的《中外历史人物辞典》中湖南籍却达到了总数的 14.82%,与广东并列全国第一。正如美国纽约《北美日报》所云:"湘籍历史名人、学者、政治家人数之多,近百年一直居各省之冠。"②湖湘士

---

① 王兴国.略论近代湖湘文化的经世致用特点[J].湖南大学学报(社会科学版),2004(6):3-8.

② 社论[N].北美日报(纽约),1986-07-01.

绅的实学强国梦得以彰显并迅速成为主流,除了与本地域经世致用的传统文化不可分割外,与掌管地方行政大权的督抚也有着莫大关系。清末督抚的权力随着时局的动荡而迅速增长,他们在"开风气、革弊政、图富强"的政治大旗下,牢牢掌控着自己所辖区域内经济、文化、教育及制度等方面的改革便宜行事权,从而形成了一个别具一格的领导集团,而这种省政局面在其他省份是罕见的,从而使湖南文化的近代化转型获得了强大的权力保障,得到了空前的发展。诚如当时《湘报》所载:"湘省风气之开,较他省犹神且速,为中国一大转机,抑非长官导之于先,士亦各抒忠义以奉其上,官绅一体,上下一气,之有以致此乎?"①近代的湖湘文化在传统的务实文化基础上,在一大批士绅阶层的积极革新推动下,在独具特色的地方大员集体的支持下,形成了"崇尚实学,强国富民"的地域文化,并迅速发展成为近代主流文化,从而把一个在甲午战争前守旧落后的湖南,变成了当时全国最富朝气的一省。

三是内外交困下醴陵窑工的民生诉求使然。清末留学日本东京铁道学校的文斐先生在其《醴陵瓷业考》中记载,清雍正七年(1729),广东兴宁移民廖仲威在醴陵沩山开设瓷厂,采用龙窑烧制工艺;同治元年(1862),当地瓷业开始分为做坯、画坯、制泥"三帮";光绪十八年(1892),醴陵制瓷规模达到历史之盛,窑户达480余家,龙窑100余座,年产800余万件。"从出土的瓷片来看,主要有仿景德镇青白瓷、龙泉青瓷以及酱釉瓷等,器型常见的有碗、碟、豆、盘、钵、小盘,少量尊和香炉等。"②鸦片战争后,列强凭借一系列不平等条约的加持,尤其是《马关条约》和《辛丑条约》,使得洋人对我国的经济侵略空前化,外国资本家不仅将本国的机械化商品倾销我国各地,还通过在中国内地设办工厂之特别权益,榨取我国原材料和劳动力剩余价值。如此一来,我国的各类手工业在生产力严重不对等的情况下遭受到致命性的打击。在税收方面,洋货凭借《天津条约》条款免征各地方性税收,洋瓷销售内地,实行关税和子口税包干制,即一次性征收海关税5%和内地子口税2.5%,共计7.5%。而国瓷销运则要"逢关纳税,过卡抽厘"。罗玉东撰写的《中国厘金史》中记载的清代各省厘金税率情况显示,在清末有迹可查的22个省份中,土货每过一省需缴纳1%至10%的厘金

---

① 芷江时务总局劝购时务知新农学湘学各报公启[J].湘报,1898(105):418-419.

② 李永峰.醴陵沩山窑遗址考古调查取得重要收获[M]//陈建明.湖南省博物馆馆刊:第7辑[M].长沙:岳麓书社,2011:134.

税,假设景德镇瓷器运往北京则需缴纳厘金税 18.25%。① 在交通运输费用方面,囿于交通及交通工具的落后,沿途杂费名目繁杂,如头公费、纤夫费、众伙酒钱、伙头酒钱、茶钱、客身钱、修桥结路钱、挑夫钱、轿夫钱、洋篮钱等。② 如此一来,势必产生高昂的交通运输费用。清人黄赞汤在《请预防失业民夫疏》中记述:"臣查外国所需内地货物,惟福建黑茶、安徽绿茶、浙江湖丝三项最大,每年出口价值至四千余万两之多,其中脚费约计二千余万两。"仅此两项,我国瓷业便如一位手脚戴着镣铐的竞技者,即便本身实力非凡,若想在商业的竞技场中获取胜利可谓难于上青天。此种境遇下,以日本、英国等为主的列强纷纷大肆向我国各地倾销瓷器,"凡京津沪汉以及各繁盛商埠,无不为东洋瓷之尾闾"③,倾巢之下,醴陵土瓷业亦备受打击,以至关心醴陵瓷业的人士扼腕叹息。

面对洋人的横行和洋瓷的倾销,饱受欺凌的国人之爱国理性逐渐回归,先觉们客观地查摆事实,分析原委,发觉洋瓷除了在我国享受特殊税权的政策优势外,其在资本运作、原料开采、成型技术、烧制工艺、技术传承及生产管理等方面均已进入工业现代化,反观醴陵土瓷业则仍旧处于农业社会的纯手工业生产状态。相对工业化进程中的理化分析、实验等科学手段,手工业中以感性经验为主的生产模式弱势尽显,经业内人士统计分析得出以下 7 个方面的不足。"一、各窑户资本不足,每家田产不过数百串钱,难以延请上等工人制造新式;二、采取磁土毫无规则,率皆争挖浮土,捷足先得,未能深入,故多杂以黄泥等质;三、磁土未能漂细,每石百斤,只用水洗去一二成,所留八成,实余粗点;四、工价以器之多少为定,故工人贪多贪速,手法粗笨,又因价廉不能购用上等石墨绘画,所烧之色甚暗;五、釉药以糠灰调和,变成黑泥,故烧出磁器色均带青,而鲜洁白;六、近窑之山薪木斫伐净尽,所用柴料,购之远方,其价极昂,故磁器成本因之加重;七、窑户因无资本,必向运商预贷一二月购货之钱,运商借此抑勒,每洋一元作价一千二百余文,后因磁讼,乃改为每洋一元作价一千一百一十五文,窑户吃亏尚巨。"④面对这样的局面,那些终日与瓷相伴,且以之为生的窑户

---

① 罗玉东. 中国厘金史[M]. 北京:商务印书馆,2010:126.
② 胡宸. 晚清景德镇外销瓷贸易研究:以景粤贸易为中心[J]. 暨南史学,2019(2):218 – 234.
③ 熊寥,熊微. 中国陶瓷古籍集成[M]. 上海:上海文化出版社,2006:714.
④ 熊希龄为创兴醴陵瓷业呈端方文[N]. 长沙日报,1905 – 06 – 15.

和瓷工们也逐渐认识到了瓷业改良和革新的重要性,但由于阶级立场的局限性、知识结构的单一性和行业嗅觉的钝滞性,他们既固守既得的微薄利益,组行建帮,恪守陋规,同时又幻想着改变现状的"福星"降临。所以当熊希龄与文俊铎向当地窑户工人宣布醴陵瓷业必须改良时,即刻得到了众人的"围观延揽,络绎于途,鼓舞同声",在了解了国内外制瓷业的情况和如何改进当下瓷业生产时,他们又莫不"恍然于新旧之厉害,人心见解,豁然贯通"。这种矛盾现象的出现表明当地瓷业从业者内心并非真正排斥改革,而是由于成本安全问题无法妥善解决,所以无法破解当时所面对的困局,诚如向焌在《景德镇陶业纪事》中所述:"邻近工场之民,必能趋于本地之生活。所患无相当之教育,则不能适合新工业之需求,故必授予必须之知识与适用之技能,以增进其工艺程度,夫而后以所闻之学理,与既得之经验,融会贯通,乃能应用改良,而且日求进步。此工场中之急务也。"[1]所以当亏损的窑户、薄利的牙行等群体在听取了熊希龄等人宣讲的内容,即"援入政府资金建新式瓷业学堂,引入社会资金创建新式瓷业公司,并将新式技术义务传授于当地窑户"的瓷业改革方案后,他们无不"鼓舞同声",这也充分表明该瓷区不仅具备了改革的内在动因,而且已到了急迫的程度。而熊希龄等人的瓷业改革不仅没有损害到当地窑户等人群的利益,反而符合"帕累托最优"理论,受到"围观延揽,络绎于途"式的欢迎也就不难理解了。

四是近代均利思想的合理化探索与实践。我国近代最早提出创办陶瓷类专门学校设想的时间是光绪二十二年(1896)。时任两江总督的张之洞,在赣籍绅商蔡金台等人的建议下,上书光绪帝在江西创办新式瓷业学堂,即《江西绅商禀请办小火轮、瓷器及蚕桑学堂折》。此举比湘省提出创办瓷业学堂的设想早了将近 10 年。但由于地方固有势力的阻挠和缺乏强有力的实际践行者,江西的陶瓷类学堂直至宣统元年(1909)方才试运营。由于湘省士绅率先洞悉了改良瓷业的主要矛盾,即充分考虑到国家需要和社会需求之间、瓷业改良者与瓷业利益固有者等之间的对立统一关系,所以该瓷业学堂在创设之初便率先提出"均利"思想,并以之为原则进行筹建和后期建设。

"均利"思想首先体现在顶层设计上。熊希龄《为湘省创兴实业推广实业学堂办法上端方书》明确提出"欲兴工业……须分别专利公利两种,以定办法之次

---

① 熊寥,熊微. 中国陶瓷古籍集成[M]. 上海:上海文化出版社,2006:724.

第"，其中瓷业学堂的创办就属公利之举，公利就是为大众谋发展，为更多的人民谋福利，于是提出"儿童学成工艺，高等者可为国家及各大公司之技师，次者亦不难自营职业。如干分枝，如枝分叶，则物品之日臻繁美，又理有所必至矣。故为湘中实业计，当以设立学堂为先义"①。基于此，在振兴地方特色经济方面，熊希龄等人率先在湖南醴陵探索了一种在"均利"思想下教育、实业相迭为用的改革模式。

"均利"思想还体现在瓷业学堂的专业设置和生源构成方面。学堂初期次第开设了"速成科""艺徒科""永久科"，即半年制技术培训班和四年制专业技术班。"速成科"主要学习"选土""制釉""烧窑"等陶瓷工科类课程；"艺徒科"主要学习"模型""辘轳""陶画"等陶瓷艺术创作类课程。生源则在本地瓷业工人和窑户子弟中产生，"宜于各窑户中挑娴熟工作者数十人为速成科，又于各窑户工人中之子弟择其年在十五岁以内，文理清顺者为永久科"。最后在筹建学堂的过程中，始终不与民争利。在学堂创办资金的筹措中，熊希龄极力向地方政府申请"公款"，并附切实可行的调研报告，以有效消除官方的顾虑。"查醴陵现在粗磁（瓷）每年出数至少以三十万串钱计之，照厘局抽厘例，每碗价钱五十文，抽厘钱一文二毫，每百文应抽钱二文四毫，合计当有七千二百余串之入款。窑业若衰，即此亦不足恃，倘改良制成精器，其所收厘金必有二三倍于此者。公家此后所获之益可预卜也。"②而在瓷业学堂的日常办学经费方面，创办者们则主张从本地瓷业行帮、湘省盐业税和相关省份委培生中提取。如此一来，以造就新式瓷业人才、改良本地瓷业为目的的瓷业学堂，不仅没有从本已衰落的瓷业经营者中抽取"学款"，还免收学费，为本地瓷业工人和窑户子弟培养改良瓷业的人才。此外，"均利"思想也体现在瓷业公司的集资方案上。"该公司议招股本五万元，先有总理袁伯夔观察承认一万元，其余分寄长沙、常德、湘潭及醴陵本埠四处，招集以期利益普及。"③不仅如此，创办者为了实现本地区瓷业改良的可持续性，在学堂创办后即刻开始筹办新型瓷业公司，这种"前校后厂"的产教融合模式在当时的瓷业界实属首创。这种模式有4个方面的好处：一是学

---

① 熊希龄. 为湘省创兴实业推广实业学堂办法上端方书[J]. 东方杂志，1905，2（9）：228.

② 湖南熊庶常希龄上前抚端考察醴陵磁业书[J]. 东方杂志，1905（11）：136-142.

③ 醴陵磁业之发达[J] 北洋官报，1906（1174）：9.

堂为企业提供了必要的新型劳动者;二是学堂为企业前置研发、规划等方面的必要业务,为企业的发展奠定了基础条件;三是创办相关企业不仅有效解决了学堂学生实践实训问题,还有效解决学生的就业问题;四是通过企业人才质量反馈,切实改善提升学校人才培养方式方法。凡此种种,无不体现"均利"思想,也许正是这种思想的充分实施,才使得在清末毁学迭起期间该学堂得以率先顺利创办。

五是政府支持下官吏绅民间耦合发展的应然。清末"新政"推出后,教育方面"各省所有书院,于省城均改设大学堂,各府厅直隶州均设中学堂,各州县均设小学堂,并多设立蒙养学堂"(《筹办江南省学堂大略情形折》)。在教育现代化不可违逆的背景下,一场由国家政府主导,各级地方政府督办的"改制书院、兴办学堂"的兴学潮席卷而来。

在湖南实业教育方面,"新政"颁布的翌年,湘抚俞廉三便批准了湘绅王先谦、汤聘珍等请办工艺学堂的请求,办起了湘省第一所实业学堂——湖南农务工艺学堂。1903 年,革新派代表赵尔巽接任湖南巡抚,督湘期间,他把发展新学作为开展新政的"第一要务",对于关乎民生的实业教育他一贯认为:"实业学堂造就真才刻不容缓,湘省物产殷阜,众庶繁殖,尤非竭力扩张不足以奠根基而保利权。"同时他还进一步指出:"开风气,兴实学,莫要于求学外洋。"正是在地方大员的大力推动下,湖南新式教育取得了可喜的成绩,"据统计,1904 年仅长沙就有 34 所学堂,其中民立学校 19 所,官立 15 所"①。赵尔巽调离湖南后,端方受命担任湖南巡抚。端方也是一位锐意新学的人物,在湘任职半年便倡建了 80 余所新型小学堂,并且非常注重实业教育的发展。熊希龄在向其呈交的地方经济改革方案中提出:"以吾湘大势论之,目前欲兴工艺,不可遽求输出,宜先为模仿工业,以抵制外货之输入,则成本轻而收效易,人民之学识技能逐渐发达,必不患无新式机械之发明也。惟是风气未开,提倡维持,端在长官。"②端方欣然接受了熊希龄的建议,许之"次第进行",但又从稳妥考虑"先速办一二校以观厥成",并拨借善后银库官款 18000 两作为瓷业学堂的创办经费,随后的常年经费则在土瓷业行会及湘省盐税中抽取。

---

① 阳信生:赵尔巽与湖南近代教育的发展[J].船山学刊,2005(2):23.

② 琚鑫圭,童富勇,张守智.中国近代教育史资料汇编:实业教育 师范教育[M].上海:上海教育出版社,2007:72.

　　瓷业学堂在政、绅、士、工、商各界人士的合作博弈下,办学不久便取得了可喜的成绩:"湘省醴陵瓷业学堂所有试验小窑现已筑成,各色碗品本月底即当出现,其瓷质之佳美。……图画学生开学以来未及两月已觉日有进步。……诸生竞争优胜至于勤奋向学,恪守规则,尤为各中小普通学校之学生所不能及也。"(《醴陵瓷业学堂之进步》,载于 1906 年《申报》)瓷业学堂仅开学半年时间内,"学堂已制成试验品多件,呈各衙门局所考验均优质"[①]。两年后,学部鉴于该学堂办学成绩优良,札饬各省有窑业地方设法提倡。该倡议一经提出便得到了山东、云南、四川等地的积极响应,除云南、四川等地积极派生员前来学习外,山东省巡抚杨士骧更是以公文的形式敦促省内瓷区积极效法,并责令"提学使司统饬各属一体遵照等因到本部院准此,除分行外合行,饬札到该局即便查照分别移行,饬属一体遵照办理,勿违此札"[②]。由此不难看出瓷业学堂得以积极有效创建,并在短期内取得如此成绩的背后,是地方政府与国家的大力支持。

　　除了政府的有力支持,吏、绅、民之间的有效合作是该学堂得以率先创建的另一个重要因素。湖南维新知识分子皮锡瑞云:"近日湖南风气又为各省之最,是由地气变得益盛,亦由乡先贤之善变也。"[③]1904 年 9 月,熊希龄在端方的受命下考察日本的教育和实业,归国后便将考察报告即刻呈交给了湘抚端方,文中陈述了湖南当时穷困的现状:"徒以固有之物产,仰给受制于外人。推而至于日用寻常之器稍精者,非来自各省,即为东西洋货,湖南之孤陋如此。即竹、木、油硷,号称大宗,然人民只能贩卖生货,谓之为劳工则可,若云职业,彼固倚赖于人,无自立之权力也……则下游各庄相戒不敢收受。知识不通,即行之本国,亦觉其难,况与外人相争!……今时局日迫,财政日艰,即无外患相乘,亦不免有萧墙之祸。故'贫'之一字,实为今日莫大问题。救贫之术,工业其最要也。"[④]然而当时的湖南"农无可余之地利,工无可恃之技能,惰民遍野,器械窳败,无可称者。"[⑤]面对此种境况,熊希龄驳斥当时强兵为富强之道的观点,并以当时的

————————

　　①　醴陵磁业之发达[J].北洋官报,1906(1174):9.

　　②　湖南瓷业学堂办理有效,各省有窑业地方皆宜设法提倡[J].山东官报,1907(18):51.

　　③　皮锡瑞.师伏堂未刊日记[M]//湖南历史资料编辑委员会.湖南历史资料.长沙:湖南人民出版社,1959:105.

　　④　周秋光.熊希龄集:上册[M].长沙:湖南出版社,1996:97-98.

　　⑤　周秋光.熊希龄集:上册[M].长沙:湖南出版社,1996:95.

日俄战争为例,指出"俄之敌日,仅恃政府之力;日之敌俄,则直统全国之民以与之战",再次力证工业为富强之道。熊希龄在详细考察了国内外实际情况,兼听取具有维新思想的老成耆宿们"实业教育,众口同声,无有以为可缓者"的建议后,秉持"实业与教育相迭为用"的思想,详尽地向地方主官提出改革湖南地方产业经济的方案,首先便是提议在湖南创建"数百万人民所托命之源"的徒弟、染织、农林、陶器和图画学校。在得到端方"先速办一二校以观厥成"的指示后,熊希龄考虑到本省业已创建了徒弟学校和染织学校,而农林、陶器和图画学校还未有创建的实际情况,在"中国瓷业,素称精良,为著名土产之一种,而原料之丰富优美,甲于全球,惟以墨守成规,不知改良,故数千年只有退化而无进步。近来自洋瓷进口,销路几尽为所夺"①的民族工业危机的背景下,以"近夫因民之利而利,较易设法改良"为方针,以"学必期于用,用必适于地"为原则,在同科举人、时务学堂同仁文俊铎的提议下,他们将改良的对象聚焦在醴陵土瓷业上。一是醴陵具有瓷业改良的产业和社会基础,二是在此创办新式瓷业教育具有开创全国新式陶瓷教育先河之功效。熊希龄考察后得知:"醴陵瓷土资源丰富、产地甚多,当时,已开发出来的瓷土就有伪(沩)山、赤脚岭、青泥湾、老鸦(鸭)山、茶子山、唐山坳、邓家渡等 7 处,瓷器生产也有较好基础,伪(沩)山一处就有窑户 60 余家,每家年出瓷器值洋三千余元……加上其他 6 处统计,全县共年产瓷器值洋可达三四十余万元,实为大宗入款。"②此外,除了本地窑户内部资金体量、技术传承及生产管理等方面的普遍性问题,来自地域外部的问题也倒逼醴陵瓷业进行改革,如"江西景德镇私规甚严,不准工人佣于他省,又俗传景德镇承办御窑,可用红绿色,他省不准仿办,故醴陵业瓷者不敢设法改良;因江西萍乡亦有瓷土窑山,制成器皿销售汉口,又雇佣景德镇工人二名加工制造,比醴陵稍精,故醴陵贸易遂为所夺,日见减色"③。在洋瓷倾销和国内其他瓷区的竞争背景下,醴陵瓷业在这样内忧外患的境况下,改变被动局面是历史必然的需求。1905 年,熊希龄在乡绅文俊铎等人的陪同下考察醴陵瓷业时,得到当地窑户的"围观延揽,络绎于途,似人心见解,豁然贯通"式的热烈欢迎。所以瓷业学堂的

---

① 中国瓷业之荣誉[J].农商公报,1916(29):26.

② 文汉民.醴陵瓷业学堂[M]//湖南省教育史志编纂委员会.湖南近现代名校史料.长沙:湖南教育出版社,2012:2958-2959.

③ 湖南熊庶常希龄上前抚端考察醴陵磁业书[J].东方杂志,1905(11):136-142.

建立上不仅符合国家利益的需要，下亦顺应了基层民众的呼声。

六是近代维新思想的在地化发展。湖南醴陵瓷业学堂作为我国近代第一所新式瓷业专门学校，从动议到创办成功历时未到一年；而素有千年瓷都之美誉的景德镇，从 1896 年倡议筹建瓷器学堂到 1910 年中国陶业学堂的正式成立，前后耗费了 10 余年的时间。客观来讲，当时的醴陵与景德镇就瓷业方面来说相差很大，从各方面的历史档案来看，各级政府及社会人士对于景德镇瓷业的改良均抱有极大的期望，并给予了大力支持，这点从 1903 年江西巡抚柯逢时上奏的《开办江西瓷器公司折》和 1909 年在景德镇成立的景德镇商务总会便可窥见一斑。当时，湘人向喜军政之学，对工商业漠不关心，醴陵瓷业"工人素无教育，习染甚深，耗用即多，常以罢工加薪为要挟，继至控诉不已"，致使该业呈现颓废之势。在"其土瓷工作佣值尚得其资本不厚，获利亦微"的情况下，若贸然向瓷业从业者提取厘金创办瓷业学堂，势必会因与民争利而引发"闹学"风潮，为此熊希龄"日日奔走于道途，疲困于筹款"，先后多次向湖南督抚、两江总督、湖广总督、四川督抚等地方要员恳切求助，最终使得瓷业学堂的创建及常年经费得以暂时周全。在经费的使用上，熊希龄又苦口婆心地告诫学堂同仁，"谨慎则不敢以一次之效而放胆；不敢以一事之成而自足；不敢以商民之股本而虚掷；不敢以经费之充裕而分挪于他项实业"①。

面对上述困难，以熊希龄为代表的湘籍维新志士在民族危难和国家生死存亡之际，展现出了士不可以不弘毅的担当和视强国富民为己任的雄伟气魄，其特征有三：首先是强烈的维新思想。熊希龄在少年成名之后，并没有选择在翰林院庶吉士的位置上享受优越安逸的生活，而是选择了回到家乡加入湖南新政改革的队伍中来，先后参与及创办了"时务学堂"、"南学会"、《湘报》等极具时代前沿的意识形态阵地，并以"龄（熊希龄）本草人，生性最戆，不能口舌与争，惟有以性命从事，杀身成仁，何不可为"②的决心倡导并参与了清末的维新运动。在湖南维新运动中，熊希龄曾与反对派"直面相争，不避斧钺"，以血肉之躯践行《湖南时务学堂公启》之宣言："吾湘变，则中国变；吾湘立，则中国存。用可用之士气，开未开之民智，其以视今日之日本，宁有让焉！"面对列强环伺、民生凋敝、

① 周秋光.熊希龄与醴陵瓷业补论[J].湖南师范大学（社会科学学报），1990（2）：28 - 33.

② 周秋光.熊希龄集：上册[M].长沙：湖南出版社，1996：78.

实业屡弱的当下,熊希龄急切地指出:"此一二年内,西人未必即窥湖南,将来诸事办成,民智开通,或可冀其不来,即来而我属文明之国,不至受其鱼肉。特不可以闹教,一闹则彼必至,我事尚未办好,大势去矣。"①其迫切革新本省实业的愿望跃然纸上。其次是笃定民本思想的开拓与创新。甲午海战的惨败宣告了洋务运动的失败,同时也进一步加深了熊希龄等人对于如何发展实业的思考与认识,他们坚持认为"工苟不兴,国终无不贫之期,民永无不困之望"②,并通过国内外实地考察进一步完善自己的实业观。1904 年,他实地考察了日本的实业后形成了 6000 余字的调查报告,并结合湖南实际情况向督抚端方提出:"以吾湘大势论之,目前欲兴工艺,不可遽求输出,宜先为模仿工业,以抵制外货之输入,则成本轻而收效易,人民之学识技能逐渐发达,必不患无新式机械之发明也。"③庚子事变后,洋货全面倾销国内,就连内地士绅都"多喜用洋式杯盘,弃旧尚新,月异而岁不同",于是他奋笔疾呼:"近年来,土货滞销,窑户赔累几至歇业,皆有岌岌不可终日之势!"④由洋货倾销而带来的负面影响不胜枚举,在熊希龄等人看来,实业不发达将会导致普遍的贫困,进而导致大量流民的被迫出现,而"欲求所以消患未萌,致治未乱者",熊希龄认为"非广兴教育、实业不为功",所以新学和实业就成为熊氏一众首选的改良创新对象。最后是"苟欲兴工,必先兴学"的产教融合思想。熊希龄在积极推进湖南新政的过程中逐渐发觉湖南实业不兴的原因是相应实业教育的缺失,"所谓为民兴利之实业学堂,尚无一所是以成立者,徒日日胼手胝足,剥脂洒血……异日贫之一字,将为湖南莫大之患"⑤。这就是醴陵瓷业改良选择先创建瓷业学堂而后再创办瓷厂的原因,诚如熊希龄在总结瓷业学堂经验教训中所述:"查乙巳年龄与弟等勘定沩山磁土,禀请端宪颁给官款试办后,龄之宗旨在实验。又以磁土虽可改良,而办法尚无把握,骤招商股,恐无成效,则以后实业之信用必失。因拟定先开办学堂,

---

① 皮锡瑞.师伏堂未刊日记[M]//湖南历史资料编辑委员会.湖南历史资料.长沙:湖南人民出版社,1958:125.

② 周秋光.熊希龄集:1[M].长沙:湖南人民出版社,2008:402.

③ 琚鑫圭,童富勇,张守智.中国近代教育史资料汇编:实业教育 师范教育[M].上海:上海教育出版社,2007:72.

④ 熊希龄.为湘省创兴实业推广实业学堂办法上端方书[J].东方杂志,1905,2(9):224.

⑤ 周秋光.熊希龄集:1[M].长沙:湖南人民出版社,2008:188.

筹及常年经费,所延日本技师薪俸巨款,皆由学堂担任,俟有成绩,再设资本三、四万元之公司,职工均用学堂毕业生徒,技师均属学堂所支之修脯,公司每年可省以上两项费用,种种试验之危险,又经学堂再三通过,则公司开办之初,即可获利。以后股东信用,他项实业,亦可逐渐兴办。此龄当日设立学堂暨公司之深意也。"①事实证明,熊希龄等人对醴陵瓷业改良的探索与同时期江西景德镇瓷业改良的探索一样,他们犹如黑夜中的赶路人,虽有星辰指引,但脚下的障碍却无法免除。正是这种"立志猛勇,任事谨慎"的精神和遇事"不惮烦、不畏劳、不靠人"的个人品质,才使得我国近代的第一所陶瓷专门学堂得以在湖南率先创办。

（二）湖南醴陵瓷业学堂中道而止的原因分析

该学堂 1906 年 2 月正式开学,1910 年受限于常年经费,永久班学生转入湖南高等实业学堂,速成班则改办为艺徒培训机构,名为"湖南瓷业艺徒学堂",1915 年再度更名为"湖南省立乙等窑业学校"。1917 年,学校再度囿于经费而更名为"湖南窑业实验场";1923 年实验场又因战事摧残,最终无形终止。其历史原因大致有以下五个:

一是办学经费筹措困顿。梳理该学堂创办发展及停办过程史料,最为突出的问题莫过于经费的筹措问题。该学堂经费由永久经费和常年经费两项组成。永久经费为学堂初创软硬件设施的开销,在熊氏的积极运筹下,该款项由湖南厘金局借款银 18000 两填充;常年经费即为后期运营费,其数额较大,且无固定来源。"惟开办以来,将及一载,而常年经费并无的款可支。职道等虽竭力维持,苦心罗掘,无本之水,终有涸时,深虑一篑有亏,前功尽弃。"②"苟学堂经费允裕,则可求其扩张矣。此磁校将来推广之办法也。职道身膺委任,时思购造完全,力图进步,以期仰副裁成。值此亏累甚巨,筹措甚难,告贷无门。"③面对上述痛点,熊氏积极奔走呼告,多次向两江总督端方等地方大员陈述实业教育的重要性,并恳请在地方盐税、铁路交通税等税赋中抽取办学经费,在多次遇挫之后,继而转向厘金局、水电公司等单位借贷。在彼时社会环境风雨飘摇之际,

① 湖南师范大学文学院.湖湘文化论集:下册[M].长沙:湖南师范大学出版社,2000:1040.

② 熊希龄.明志阁遗著[M].上海:上海远东出版社,1995:123.

③ 熊希龄.明志阁遗著[M].上海:上海远东出版社,1995:196.

对于耗时耗力的民生工程,即便是政府机构也存诸多顾忌,如湖南厘金局在收到端方札文支持醴陵瓷业学校时,该局辩称"频年收数短绌,出入不敷,磁业公司旧借厘款壹万捌千金,尚未归还,现实无款可拨""本署司以湘省公项困竭,原属实在情形"①。在求助借贷无门的境况下,熊氏无奈发出磁校势必因此停办的感叹。"前款不敷甚巨,乃禀请湖南、湖北、四川各督抚宪设法协助,蒙湖南抚部院岑年给银六千两,又蒙调任湖北总督部堂赵年给银六千两,又蒙前护四川督部堂赵年给银二千两,合之四项,共入银二万两,学堂得以支持者两年。惟湖南、湖北两项,均只允以三年为限,限满停止,转瞬明年期满,此款仍属无着,磁校势必因此停办。"②

二是学堂创办者与实际主事者理念相悖。醴陵瓷业学堂的领导班底由熊希龄(正监督,实为名誉监督)、文俊铎(副监督)、常先(教务长)、沈明煦(庶务长,后任副监督)等人员组成。熊氏在学堂创办不到一年的时间内,便随载泽、端方等人一起出洋考察各国政治,学堂事务便交由沈明煦打理。从《为治理整顿醴陵瓷业学堂致沈明煦函》中可知,沈氏在管理上很不得法。一是账目不清,醴陵瓷业学堂与醴陵瓷业公司账目混淆,账册记录不规范且预算不明晰,"致有亏累";二是绩效考核无章,如"瓷校所延安田技师,年俸三千元,本年仅教专修科,每周时间教授只有八点钟,未免太少";三是统筹管理不力;四是预备谋划不足;五是精简核准不周;六是研究管理松弛。在面对熊希龄指出的上述亟须改善的问题时,尤其是对待学理与研究管理方面,沈明煦则认为"东洋技师学理虽多明者,然实不及西洋技师经验之富,西洋以德国为最"。这种认识在当时来讲可谓深刻,继而沈氏针对当时花重金聘请外洋技师与搞试验研究提出了与熊氏不同的设想:"在各省适中地方设一陶器试验场,聘一德国技师,由各省分任调查原料,凡遇有白色瓷土者,均送场试验,其试验之法,应请技师从经验入手,不必用化学的分析,免致稽延时日,且陶磁业之学理,屡有与实地经验不同之处,故不如由经验入手之较为确切。"③上述思想既是沈氏基于地方一线的判断,也为后续迫切改善本地瓷业落后局面的行为埋下了伏笔。囿于对时代发展的深

① 熊希龄.明志阁遗著[M].上海:上海远东出版社,1995:190.
② 熊希龄.明志阁遗著[M].上海:上海远东出版社,1995:237.
③ 湖南磁器公司经理沈明煦君上南洋劝业会研究会陈述华商仿造西式陶器意见书[J].华商联合会报,1910(13):124-128.

刻认知,最终消耗大量财力、精力也未能彻底扭转局势,在面对无法破解局势的情况下,沈氏甚至选择辞职来回避问题。由于学堂的管理失序,教务长常先(字少藩)这边也出现了严重的教学质量问题,从《就瓷校亏损替沈明煦辩白致文俊铎函》中可知:"自陈少芝由川回湘,运动少藩就蜀中每月两佰金之骋,少藩即有退志。忽留东,湖南学生来函,责以大义,斥其好利,少藩遂不敢发难。去冬弟回湘至醴考案功课,见校中课程仍系普通,毫未抱定工业宗旨,其他专科学生每日工课只有两时,教科只有理化、算学、制陶法三门。龄深不以为然,沅澧途中作一长函,饬令改良,少藩不悦,籍此告辞。"①

　　除了上述两位主要管理者决策失误之外,管理层内部也出现了互相猜忌和掣肘的情况。从《为公司新旧交接事至沈明煦函》中可知,文俊铎与沈明煦之间矛盾颇深。"前按文代耕(文俊铎)来函,痛诋吾弟,龄已复函,均抄呈览。此人心术不端,以弟之故未能染指于鼎,思以此为报复之计。蜂虿有毒,不可不防,望弟将其函中所指各节,逐条指驳,俾便转达。今年腊月初过,磁校即可先行放假,弟与向次班速来上海议定明年学堂办法,弟若不站稳脚步,必为醴人所攻击矣。"②从中不仅得出文俊铎与沈明煦有间隙,还可以窥见熊希龄对沈明煦十分信赖。面对熊氏的极大信赖,沈明煦最终还是在学堂与公司艰难困顿之际选择前往四川任职。熊氏在得此消息后不得不急电四川督抚进行阻止,"顷闻帅电调醴磁公司沈令明煦。该令前在公司约以三年义务,且学堂亦有经手未完事件,龄为磁事费尽心力,该令去则廿万金公司必倒,乞迅赐电阻,并谕复"③。在熊氏的极力阻止下,最终沈明煦赴四川任职一事方才作罢。此外,在与瓷业学堂休戚相关的瓷业公司用人方面也存在不当之处。"磁公司之失败全在芝生。芝生从前办事精细而有操守,名誉甚著,袁伯夔部郎到湘采之人言,而聘为坐办,非弟(熊希龄)意,亦非弟荐也。不料芝生老而变志,虽领公司薪水而时在省城料理私事,以致任听工人烧坏窑货至十八次之多,公司因此亏本。"(《就瓷校亏损替沈明煦辩白致文俊铎函》)"磁业公司失败,因迁就罗焕章接办。"④面对学堂与瓷业公司的困局,熊氏叹息说:"当时试验瓷器之初,沾沾自喜,既不通盘

<hr />

① 周秋光.熊希龄集:1[M].长沙:湖南人民出版社,2008:383.
② 周秋光.熊希龄集:1[M].长沙:湖南人民出版社,2008:387.
③ 周秋光.熊希龄集:1[M].长沙:湖南人民出版社,2008:586.
④ 周秋光.熊希龄集:1[M].长沙:湖南人民出版社,2008:541.

筹划,任情扩张,所用之人亦不得力,糜费在所不免。"而糜费之事则是"公款为象乾之意殆误矣"。

三是地方主官更迭下的政令不一。清末以来湖南学务在扶危救困思想的影响下,起初在地方大员赵尔巽、端方等人的积极推动下,总体呈现出积极向上态势。但问题是彼时时局动荡,地方大员调换频仍、改良派与保守派针锋相对,势如水火,由此出现了地方人事倾轧与政出多门的乱象。"大约前抚所任之学务绅士,后任必轻视之;前抚所重之学务委员,后任必参劾之;前抚所经营之学堂,后任必听其自生自灭,而不董理奖劝之。此其变局,如果改弦更张,确有进步,亦自与教育无妨。而无如湘中实在情形,皆由于不习时务之官绅见解太偏,议论太激,仇视新学,以保守为能。……乃臣闻近日湘中,不通时务之官绅,往往忌人之长,饰己之短,因口舌细故,媒孽善类,目西学为邪教,诋忠愤为痰魔,筹款则诬以殃民,出洋必疑其作乱,激令一时年少,解绶堕帻,踯弛不平。臣愚以为,此种风气,关系于风俗人心,良非浅鲜。且楚材劲悍,咸同以来,天下倚为安危,培植裁成,今兹孔急。"上述风气致使湖南学务废弛,实业教育成效乏善可陈。"自壬辰兴学至今,全省小学堂无一完全卒业之生。高等学堂预科办理五年,今其甲班学生不过十余人,实业学堂预科办理五年,今其甲班学生不过二十人,然均程度参差,未能完善。即由预科而升本科之办法,亦全未议及,监督、学生半心灰意懒,群谓来日大难。"出现该被动局面的原因熊希龄认为是由地方主官的主政观和有无开拓进取精神决定的,"故值热心变法强毅勇敢之巡抚,如赵尔巽、端方者,则惟有咨嗟太息,等诸无可如何。而遇有持重沉默,不谈新政之巡抚,如陆元鼎、庞鸿书及今岑春蓂者,则从中造作讹言,荧惑视听,使大使视学界如敌国,杯蛇市虎,在在惊人,志图报复"①。就瓷业学堂的发展建设而言,地方主官不是根据客观事实积极支持倡导,而是视该学堂为前任政绩而排挤。"磁校屡荷维持,职道再三之渎,实觉难于启齿,而其万不得已之苦衷,有不能不和盘托出者,盖磁校自乙巳年,荷钧座提拨一万八千金为开办费,因恐各校援例要求,乃于公牍上用借垫字样,借此杜各校之口也。岑五(岑春蓂)莅任,事事挑剔学款,授意厘局,谓此款乃磁校所借,意在索取股票,不知学堂成立两年,因帅出洋,末及筹有的款,遂将此一万八千金支销殆尽。嗣后设立公司,另招商股,

---

① 熊希龄.明志阁遗著[M].上海:上海远东出版社,1995:207.

与学堂绝不相干,何能以股票给予学堂,彼此相持?"①面对湖南学务变局太多、人心淆乱、莫衷一是的局面,学堂创办者唯有将希望寄托于清末朝廷,期望朝廷能慎选官员,严禁不肖官绅妄兴谣诼,恪守教育宗旨,以整理风励。

四是背离教育规律的速成愿望。首先是学堂实际践行者对于实业与教育的本质与联系认识不足,致使学堂与公司两相受困。依熊氏本意,设瓷业学堂之目的是振兴瓷业,瓷业发达后方可挽回利权,富国裕民,亦收反哺教育之功效。然而学堂的实际操盘手却未能彻察熊氏深意,而是急于"建功立业"。在瓷业学堂创办未及一年,各项试验均未成熟之际,学校便将取得的成绩溢美报端。"湘省醴陵县瓷业学堂所有试验小窑现已筑成,各色碗品本月底即当出见,其瓷质之佳美虽目前不能与外洋比较,而较之江西景德镇则可争一优点。"(《醴陵瓷业学堂之进步》,载于1906年《申报》)适逢袁伯夔观察莅湘,在闻知该地瓷业改良成效非凡,并亲自察看瓷业学堂试验品后,当即决定原定三万元之瓷业公司规模应扩充至六万元规模,"伯夔(两广总督袁树勋之子)勇于任事,乐于为善,到湘后往观磁校,喜形于色,遂力创大办之说,乃改为公司资本额六万元"(《总结磁校经验教训致沈象乾书》),并出任瓷业公司总经理,率先承认一万元股份。在"未预算经费能否敷用、出货得利能否支持"的情况下,一座近代规上新式瓷业公司就这样断然创建。学堂试验产品在未进行中试的情况下贸然上马,致使瓷业公司运营很快便出现了资金危机。"瓷品在学堂试验时,系用小窑,已觉可恃,乃换装大窑,火候炼法多与小窑不同,屡经改拆,一窑不熟,耗及千元。"(《总结磁校经验教训致沈象乾书》)且瓷业公司骨干员工大多属于一年之速成班毕业生,"程度既未能高,手法亦多欠敏"。此外,学堂高薪聘请的日本技师多理论而少实验,导致公司一经试产便暴露严重问题。"醴陵瓷业公司初开办之第一年,每烧一窑辄多损坏,估算成本亏至万余金之多。"②

其次是在创办实业教育的宗旨与规律上认识不足,导致学堂运行管理失效。实业教育与普通教育有着显著的区别。实业教育重在使学生专注于工业,所以各科皆以发展工业为宗旨,学校教授内容也以此为纲,如此才能引导学生对于发展工业事业生羡慕之心,而无厌倦之意,进而使学生能够由爱而专,由熟而巧,毕业后不仅可成为所学工业方面的高等技师,还可于洋教员教授范围之

---

① 周秋光.熊希龄集:1[M].长沙:湖南人民出版社,2008:390.
② 熊希龄.明志阁遗著[M].上海:上海远东出版社,1995:196.

外有所创新发明,达到青出于蓝而胜于蓝的目的。也就是说,瓷业教育的宗旨为"要在进步改良于外人所未及创造之物,而另辟一器一法,以战胜白人"。但当时湖南民众大多对于陆军、政治各学颇感兴趣,而屑于工商一道,因此各学生入瓷业学堂者,莫不以毕业奖励为宗旨。面对千余年遗留下来的读书致仕的传统习惯,熊氏无不心忧地指出:"然吾辈不从此关打破,则年年费掷无数之金钱,耗尽各职员教员之心力,迄其结果,半途而废,浅尝辄止,殊可忧矣。"而当时瓷业学堂实际的教学内容与运转情况却与普通学校无异。1907 年,熊氏致电学堂副监督沈明煦时指出:"磁校本年各科教授,与各学堂普通学无异。国文、地理、历史、算术、修身等学,多泛论常谈,且涉及于政治学院,实于学生工业之精神有所妨碍,而各教员又彼此不会商联络,学生不免枉费脑筋,无所温习,新理从何而出?"针对上述情况,熊氏提出改进策略:"磁学教科书固须采用普通课本,而宜于讲义中处处抱定工业宗旨。演说、算术、国文尤宜发明此义。历史、地理因不待言,即修身一科,亦须使各学生知个人能谋善良之生计,能为善良之职工,如克虏伯等之为人即是报国,不必躬经战阵,乃谓国民,乃谓忠孝也。毅亭善于教育,乞执事与之熟商,集合各职员、教员等开一教育会议,审定讲义,联络教法,务期与工业宗旨相合,如灌溉花木,日日而施之,则效果期矣。"①值得深思的是,当时学堂的操盘者不仅未将熊氏的饬令付诸实施,而且还"急功近利"地将为期三年的核心课程压缩至一年授完,且课时量安排严重不足,其教学质量很是一般。"见校中课程仍系普通,毫未抱定工业宗旨,其他专科学生每日工课只有两时,教科只有理化、算学、制陶法三门。……以日本技师教授制陶法须三年始毕,少藩(常先)冀其一年教完,而已得实受其益也,故于专科学生视为钓饵之具,既不令习图画,又不令实地练习,试问专科毕业生仅一制陶法即可以当教习谋生计乎?"②从中可知该学堂实际运营者未及时改进授课内容与教学方式方法等关键环节,尤其在重金聘用外籍教师上,不仅课时少得出奇,而且对他们的管理也非常松弛。

　　五是路径依赖下的产品结构失衡。学堂与瓷业公司创办时审时度势采取"模仿—创新—创造"的战略思想,顺应了时代发展的需求,因此该学堂与公司一经融合便获得武汉劝业奖进会第一等金质奖牌、南洋劝业会一等奖和意大利

① 周秋光.熊希龄集:上册[M].长沙:湖南出版社,1996:200-201.

② 周秋光.熊希龄集:上册[M].长沙:湖南出版社,1996:214.

都灵博览会最优奖等嘉奖。由于当时的国际国内环境和倡办者自身的认识局限性,学堂与瓷业公司不由自主地走向了艺术瓷主导的产业发展方向,在日用瓷、建筑瓷尤其是工业用瓷方面涉及较浅或几无涉及,致使该地的瓷业改革不够彻底。熊氏在考察日本瓷业后指出,华瓷在国际市场上不敌东西洋瓷的主要原因在于"华人不知美术工细,喜用吉利花样之物,故彼以粗糙之器而得我重价也"①。所以该学堂首要任务便是设法改良传统瓷质与瓷器画面。"校中科目分自在(画)、写生、用器(画),自在画之佳者合校中居其多类,已非寻常画工所能及,写生则须临摹花草禽鸟,并由日本技师安田君带赴野外指点,由水景——描写工夫较难,现在亦得八九人,其余理化算术亦各有所得。"②从中可知,该学堂的主要科目围绕瓷质与瓷画展开。"湘省醴陵瓷业公司出品瓷品虽极精美,而开办之初不无亏耗,去冬经公司坐办沈(沈明煦)令整顿,一切现已立表预算,大约每月可赢二千元上下,若多销美术品则每年可获余利在三万元以外。"(《瓷业公司之整顿》,载于1908年《申报》)由此得知,在公司陷入资金危机而谋求脱困时,其对外募集资金的亮点仍旧是艺术瓷这一主打产品。在后来的实践中,该学堂与公司也是这般贯彻的,以至于时人给出"江西瓷器以品质胜,与湖南瓷器专以外貌悦人者绝然不同"的评价。在产品结构上,瓷业公司与学堂的主导者认为"电用瓷器及平砖等,虽均为制陶最要之件,然必俟实验结果得有最好成绩之后,再行着手,庶费无虚糜,缓急先后,较有把握也"③。也就是说,当时的决策者认识到了产业结构的问题,但基于眼前利益和操作难度,未将电瓷、建筑瓷等产品研发提上重要日程,这与江西景德镇瓷业革新的路径呈现出了明显的区别。景德镇瓷业改革一开始便将艺术瓷、工业瓷与日用瓷融为一体,这也是江西瓷业公司率先得到交通部嘉奖的原因之一。"瓷业公司呈送电磁碗……由电气技术委员会细加考研,以所造直脚瓷碗一切较前均有进步,瓷质坚实,瓷油光厚,装立牢固,确与舶来品相仿,深堪嘉许。"④由于醴陵瓷业学堂、公司内部产业结构相对单一,且未能根据时代发展趋势进行超前谋划,导致在后期的市

---

① 湖南熊庶常希龄上前抚端考察醴陵磁业书[J].东方杂志,1905,2(11):136-142.

② 湖南熊庶常希龄上前抚端考察醴陵磁业书[J].东方杂志,1905,2(11):136-142.

③ 湖南磁器公司经理沈明煦君上南洋劝业会研究会陈述华商仿造西式陶器意见书[J].华商联合会报,1910(13):124-128.

④ 瓷业公司可嘉[J].电界,1908(21):40.

场竞争中逐渐趋于下风,加之自然灾害和战争的冲击,近代醴陵瓷业的改革不得已在万众瞩目下寂然退场。

(三)醴陵瓷业学堂兴废的历史启示

醴陵瓷业学堂的创建是我国近代瓷业改革中的典型案例,是基于国家存亡背景下自上而下的政治改良运动中国家意志导向的具体体现,也是基于民族危难自救下自下而上的社会治理中士绅力量凝聚的时代写照,更是基于安全成本衡量下民族工商业被迫转型调适蜕变中自觉意识的彰显。在两个一百年奋斗目标的历史交汇期、在百年未有之大变局的当下,回顾"三千年未有之大变局"背景下民族手工业转型的典型案例,其历史价值和经验启示非常值得时下思考和借鉴。主要体现在"改良创新陶瓷工业,战胜白人"的民族自觉意识的觉醒、"帕累托最优"思想的实践、"官吏绅民"互动机制的探索、"公司即学堂、学堂即公司"产教一体思想的践行、"因民之利而利"教育宗旨的确立、"由爱而专,由熟而巧"教育思想的形成,以及"急功近利"逆教育规律的行为对教育与产业等方面带来的危害,这些对当下职业教育改革和乡村振兴路径探索与实践具有一定的参考和借鉴意义。

二、四川蚕桑公社的建立与教育要素设计

四川蚕桑公社位于四川重庆府合州来里大河坝场左近之太和观,是一处为面向全省蚕桑农家而设的以民间力量为主体的蚕桑教育机构。该社是合州张式卿孝廉邀请日本领事议集股本 15000 金试办的,用东洋法改良旧业,以期挽回利权,全川获益。"本社招股集资系属民款,民办之举。与浙、苏、闽、鄂官款办之学堂体制不同,财力亦异,只能先从种桑养蚕下手藉立根本之计矣,然后股款充裕再行推广缫丝。"[①]而合州县令李子节对振兴本地蚕桑业也非常热心,于是两方迅速达成共识,并于光绪二十七年(1901)五月二十六日开始招股创办。同时张式卿先后到湖北、浙江和日本各相关学堂、工厂考察,并在浙江杭州蚕学馆购买了桑秧蚕种,聘请教习和购买相关机器。该社以"专以考验桑虫、蚕病、丝弊,讲求栽培养育、杀蛹制种、缫丝等法,为本省农家改良旧术,指授新学,以开风气,而扩利源"为宗旨,以"延聘教习,传授生徒,以为培植人才,扩充蚕桑之基础"为教育目的。该社设有事务部、教育部、试验部三部,聘社长、副社、总教

---

① 试办四川蚕桑公社推广集股[J].农学报,1901(2):1-3.

习、干事和会计各一名,教习二名。该社的运营管理采取民主集中制方式,社中会友理宜各尽责任,相互切磋,开浚蚕桑之利源,发扬建社之本意;社友有稔悉蚕桑中兴利除弊之法,可建议社长会商众社友议,可由社中量力承办;凡有关于蚕桑事业,不论何人均可向本社试问;每养蚕时节,妥派熟练蚕业之友,循行村落人家,观其合法与否,随宜指授改良;本社年选派社友游历各府州县有丝业处,采访丰耗利钝情形,以资比较;本社远购佳桑,改良土种,广为播植,以便农家购用,如有各项害虫,随时捕捉来社,详说情形,当为考求端末,代谋祛除之法;本社采行框制新法,精选无病蚕蛾制成佳种,遣人出外劝售,以期远近购买,依法饲养,多获良茧美丝,久之自有进境;本社获有新得之法,随时编辑简明说略,公布众览,以资取材;本社每于年终将是年养蚕成绩及社用各款缮成报告俾众咸知。这种将产学研用融为一体,充分团结一切可以团结的群体,调动一切可以调动的资源,发挥一切可以发挥的力量,融私利于公益的做法值得当下教育机构和相关企事业单位借鉴。

在教育教学的原则、内容、形式、方法与惩戒等制度的设计上,该社也有诸多特色。如:"(一)本社教授分为两科,一学理科,以两年为卒业;一实习科,以饲育两期春夏蚕为卒业。经济不立专科即寓二科之中,科别有表另列。(二)学理科收学生十人,实习科收学生二十人,别收粗工二十人以为学生之辅。(三)本社专教种桑、养蚕、制种、杀蛹、缫丝及关乎蚕业之学问等事。(四)本社为教授专门,凡本年招收之生统归一班教授,至翌年招收者分班另教。(五)本社每年正月二十五日开课,至夏蚕毕停课,是放暑假以二十日为限。复从八月初一日开课至十二月十五日停课,是放年假,以四十日为限。遇到闰月作课内日数。(六)本社非蚕忙期内,按每十日,给休沐假一日,此外,万寿、清明、端午、中秋、冬至及开社日均各给假一日。如遇蚕忙之期仍不给假。(七)本社除蚕期无讲外,每日开课时刻定以午前九点钟起至午后四点钟止,何点讲何项学,临期别有课程表为定。(八)本社教授实习于养春夏蚕外兼及栽桑、去虫、杀蛹、缫丝、考种等法。(九)学理科学生全课分为四期,以自八月开课至放年假为第一期,自次年正月开课至夏蚕毕事为第二期,又自八月开课至年终为第三期,自三年正月至夏蚕毕为第四期即卒业期。实习课学生全课亦分两期,但自初年正月算起,余与学习生同。(十)本社按月由教习将已讲各学已授各法随时命题考试,通校各科全月分数评定甲乙,以别优劣,又每期课终期考一次,四期满后大考一次。其实习生则于每期终后面试一次,初期但以桑地无虫、蚕丝无病、子种无毒为满分;次期则以每人种桑一亩,连年茂盛,养蚕蚁一两,迭次丰收,制种三百纸一律净健为满分,数无许有一不备。(十一)考试高下例以分数为凭,各课平均能满六十分以上者准及第,给予卒业证书。不满六十分者落第,不给卒业证书,留社学习,次年如再三落第除名出社。"(《四川蚕桑公社事宜通章》)

四川蚕桑公社课程课目一览表①

第一期	理化大意、数学大旨、气象论、显微镜使用法、东文初级、显微镜实习、栽桑实习
第二期	土壤论、肥料论、害虫论、应用数学、栽桑法、养蚕法、东文拼法、栽桑实习(并究虫害)、养蚕实习、制种实习、解剖实习
第三期	栽桑法、养蚕法、解剖论、杀蛹法、缫丝法、蚕体生理论、东文浅理、栽桑实习、考种实习、杀蛹实习、缫丝实习
第四期	缫丝法、蚕体生理论、蚕体病理论、蚕桑经济说、东文深理、养蚕实习、制种实习、检查茧丝实习
实习课目	栽桑法、去害虫法、养蚕法、杀蛹法、缫丝法、制种法、用显微镜法、检查茧丝法、蚕体生理、蚕体病理(以上随事口演)。栽桑(人各一亩)去害虫、养蚕(人各蚁一钱至五钱)杀蛹、制种、缫丝(兼究土法改良)、检查茧丝(以上实习)

该社课程内容充分体现了理论与实践相结合的办学特色,其中开设的外语课程最具历史研究价值。"东文拼法、东文浅理、东文深理"充分表明了该社虚心学习日本先进蚕业知识的决心和态度,也表明该时期由于国际局势的复杂性,日本出于自身利益最大化,综合考量后给予了我国在蚕业方面的支持。正是国际、国内各阶层的互动与探索,才使我国蚕业教育的近代化得到了突破性的尝试与实践。

三、上海女子蚕业学校的诞生与发展

光绪三十一年(1905),娄县人史量才(家修)集捐创办女子蚕桑学堂于上海西门外斜桥南桂墅里,民国后改为省立,迁址苏州浒墅关办学。上海女子蚕桑学堂以"注重栽桑、养蚕、制种、缫丝等实验,并改良旧法,兼授普通及专门学理,以扩充女子职业,挽回我国利权"为宗旨。该学堂分预科与本科及选科三种类型,入学年龄为15—35岁。预科授以国文、数学及蚕学大意等基础及简要专门科目,分甲乙两班,学习期为二年,考核通过给予毕业。本科为已具有普通学

---

① 四川蚕桑公社事宜通章[J].农学报,1901(5):1-6.

基础者而设立,授以理科及专门学理,学习期为三年,考核通过给予毕业。选科为已获得中学程度且有志于实业者而设立,不必全修本校课程,可选修专门科目及实习,学习期为半年,考核通过给予毕业。课程设置详见下表:

上海女子蚕业学校预科班课程表

学年＼学科	修身	国文	数学	蚕学	博物	习字	家政	合计
第一学年 每周时数	二	十二	珠算六	四	四	六		三四
第二学年 每周时数		十二	笔算九	四	四	六	一	三六

上海女子蚕业学校本科班课程表

学年＼学科	第一学年	每周时数	第二学年	每周时数	第三学年	每周时数
修身	人伦道德之要旨	二				
国文	读文、作文、写字	十二	文典、作文、写字	九	作论说	六
数学	算术	四	代数	四	几何、三角	六
蚕体解剖	内外部	四				
蚕体生理	卵体	三	蚕体、蛾体	四		
显微镜	使用法及论理	二				
蚕病理			病理	三		
栽桑法			桑树栽培论	三		
养蚕法					蚕新计法	四
缫丝法					上等丝(屑茧丝、双宫丝)	四
理科	动物、植物、物理	九	矿物、物理	六	化学	四
土壤学						二
肥料学						二
经济						二
图画					器械、着色	三
日文			文典	三	会话	三
合计		三六		三二		三六

实习实践环节内容为:催青、饲育春蚕、饲育夏蚕、肉眼考种、显微镜考种、

制种、解剖(第一年)、栽培(第二年)、缫上等丝、缫双宫丝、缫屑茧丝(第三年)、外国刺绣(预科)、织绒物、织线物(普通科)、铁机织缝(普通科)。该校的创建打破了传统女性无专门学校教育的局面,也成为我国首所女子实业学校。该校校长史量才先生毕业于浙江杭州蚕学馆,所以该校在教育理念及课程设置上均受到了蚕学馆的影响。史量才经过一段时间的社会历练后,独辟蹊径,决定从我国历来缺少关注的女性群体着手办教育,在当时来讲可谓是一大进步。在课程设置上也体现出创办者的思想,即实行多层级多类别的教育模式,学习内容也相对更加实用,只开设与蚕桑紧密相关的专业课程,而对于有利于学生后期发展的基础素质课程却未见于课表。这或许就是民间社会力量办学的局限性所在。囿于办学经费的不稳定,为了能够将"创业"进行下去,史量才只能请《时报》的编辑做半义务兼职教员。为保证他们能安心教学,他有时亲自上阵为他们的报纸代为编写一些文稿。在教学上他除了自己亲自担任多门课程教习外,还请其夫人庞明德担任校务,并为学生传授实践课,如孵蚕、喂蚕、桑叶清理、蚕屎清除、蚕匾上架等实践课程。正因如此,学校培养出的毕业生具有自我创业能力强、就业面广的特质,赢得了社会的尊重与认可。时任《时报》编辑的包天笑如此评价:"女子蚕校开办甚早,在那里毕业出来的学生,由各处聘请,或自设养蚕所。"鉴于学校办学成效良好,1911年,学堂被江苏巡抚改制为公立江苏省女子蚕业学堂,并在苏州吴县浒墅关新建校舍扩充办学。正待学校发展情况出现好转之际,辛亥革命爆发,学校再次陷入危机。孙中山先生认识到蚕业对于国民经济的重要性,也认识到蚕业的发展与蚕业教育的发展之间的关系,为此,强调应在各县设立"科学局所",以"指导农民,以无病蚕子供给之。此等局所,当受中央机关监督,同时司买收蚕茧之事,使农民可得善价"。1912年,北洋政府教育部公布实业学校规程,单独将蚕业学校认定为教育主体,以省一级为单位,成为省属甲类蚕业学校,以县乡为单位,成立乙类蚕业学校,从而构建出不同层级、互为补充的蚕业改良组织体系。至1918年,各省成立中等蚕校已有27所。基于对蚕桑业的整体认识,学校于1912年秋开学招生,但彼时仅设养蚕科,修业4年,其中预科1年、本科3年,每届招生40人,校长为章孔昭。1917年秋,侯鸿鉴接任校长。翌年元月,著名蚕丝教育家郑辟疆担任校长,任职后便提出了"启发学生的事业思想;树立技术革新的风尚;以自力更生和节约的办法,尽量充实实验设备及实习基地,提高教学质量;坚决向蚕丝业改进途径进军"(郑辟疆《浒墅关蚕校对蚕丝事业改进的经过》)的改革思想。该校在此后的蚕业教学和改进中秉承这种方针,设立短期培训性质的甲、乙两种蚕业传习所,逐渐成为苏南蚕业改进的基地。1922 年,民国政府实行"壬午学制",学校更名为江苏省高级蚕丝科职业学校,设高级养蚕科、中级养蚕科。高级养蚕科招收初中毕业生,学制 3 年。中级养蚕科招收小学毕业生,学制 3 年。从 1924 年起,学校开始按照新学制招生。正是该校前期自主办学,主动将教育与本地资源和教育对象结构进行有效对接,坚持"教、实、行政实行联合"的办学之路,才为我国蚕丝业与实业教育之间的融合发展积累了宝贵的经验。

　　除了上述传统特色产业实业教育外,江西等地在瓷、茶业等方面也积极地进行多路径的探索与实践。江西义宁州茶商及茶匠基于安全成本考虑,认为"宁茶制造筛、拣、焙……不必另购机器,浪费资本,但须精益求精,以图起色"。对于这样的问题该地茶业讲习所认为"山户造茶未尽合法,宜随时研究,步步改良,各督课员务须按照定规,认真劝导"。由于该地的茶业教育所依托的主体是江西义宁州茶业改良公司,所以该地的茶业教育形式和内容均有着较为明显的特征,其教育形式主要依靠督课员现场督导。其内容主要有:"山户采茶每岁谷雨前,须趁天气晴明,及早开园,各督课员不得听其失时,致茶业粗老减损价值。山户造茶须紧踩乾晒,紧踩则机体缩小,乾晒则霉气不生,大足保全色味。山户踩茶须令一律用桶,以保膏脂……山户造茶若偶遇阴雨,未及开晒,务宜焙以白炭,万不可施柴薪,致滋烟味。"为了以更少成本促进当地茶业教育发展以改良茶业,该公司还借助国家政策及地方政府政绩诉求,为热心教育公益事业者申请名誉奖励。"地方绅士不在办事之列,如能热心公益,劝令培植,查有成绩者,由地方官置赠匾额以示奖励。办事人员,三年期满,成效逾格者,应由地方官破格褒奖,以示卓异。"①此外,江西省在陶瓷教育方面也有出色的探索实践成绩。中国陶业学堂的创建更是为我国陶瓷教育建制化、系统化、体系化发展做出了不可磨灭的贡献,该项内容将在下一章内容中讲述,此不赘言。

---

① 江西义宁州改良茶业公司附设茶务讲习所章程[J]. 商务官报,1910(4):75 – 78.

第六章　觉醒与自立:传统教育观念的再革新与职业教育的探索实践

在经过洋务运动、维新运动和资产阶级革命运动的洗礼后,麻木的国人终于开始逐渐清醒,于是各行各业的民众纷纷以自身行业为凭借,演绎出了一场场民族觉醒运动,如实业救国、教育救国、科学救国等。在经过一系列轰轰烈烈的运动后,人们发现实业教育培养出来的人才并不能够带领大家奔向富强、民主、文明的理想世界,于是一些先贤们开始反思。他们面对当时的"有读书之惯习,无服劳之惯习。故授以理论,莫不欢迎;责以实习,莫不感苦"(《中国职业教育社宣言书》)的这一普遍现象,在经过深入一线多方调研后总结出一些具有共性的结论,即当时实业教育在专业设置上拘于教育系统而忽于社会供求,在课程设置上重视理论教学而轻视实习教育,在学生素质方面则出现了学生贫于能力而富于欲望。这和当时用人单位的"学力不足而欲望有余,不适于指挥,徒艰于待遇耳"观点不谋而合。于是一些社会精英们不得已再次踏上探索适合中国国情的"新实业教育",首先是清末状元张謇在南通的实践,他本着"学必期于用,用必适于地"的办学理念,先后在南通创办了三百余所学校,同时也为后来的职业教育开创了符合时代要求的教育模式,即"厂中校,校中厂"的职业教育模式。随后,蔡元培更是举国之力推行"实利教育",主张从根本上改革当时的普通教育和实业教育,即教育应以人民生计为中坚,以历史辩证唯物主义观点观之,此举实为切中当时教育乱象之要害,同时此举亦为随后的实用主义教育开辟了道路。实用主义教育源于西方近代资产阶级教育思想的一个分支,19世纪末出现于美国,教育家杜威是该流派的主要代表,其教育思想以学生为中心,重视学生的经验、兴趣和需要,强调学生的主动性,主张"教育即生活、学校即社会"的理念与我国当时的教育有着鲜明的对比。上述思想在黄炎培、马相伯等一批先贤们的吸收改造后,最终诞生了符合我国基本国情的教育——职业教育。这一时期的职业教育一度呈现出相对独立的自主权,同时在全国教育会联合会和中华职业教育社等教育团体的支持下,职业教育与相关科研院所、行业团体、行业企业等机构互通有无，逐渐形成了一个"大职业教育"体系，其中较具代表性的机构有浙江省立甲种蚕业学校、浙江女子蚕业讲习所、福安农业职业学校、江西省立窑业学校、中央研究院陶瓷试验场、萍乡瓷厂等。

第一节　职业教育思想的孕育与发展

一、实业教育发展困顿的原因分析

实业教育自癸卯学制实践以来，对我国农工商各业的规范化、科学化的发展起到了一定的推进作用，但囿于该学制是嫁接过来的一种教育模式，所以在引进和实践的过程中不可避免地出现一些"排异"现象，导致出现一些尴尬的教育现象，以至于时人戏称实业教育就是"失业教育"。民国新学制颁行后，经过数年的改良发展，仍然没能实现倡导者与社会各界的预期。民国初期实业学校和专门学校的毕业生，"则试观夫实业学校、专门学校，有以毕业于纺织专科，而为普通小学校图画教员者矣；有以毕业于农业专科，而为普通行政机关助理员者矣；甚有以留学欧美大学校专门毕业，归而应考试于书业机关，充普通编译员者矣……农场尝用农学生矣，其知识、其技能，或不如老农也；商店尝用商学生矣，其能力未足应商业用，而其结习，转莫能日一安也"①。面对这种现象，各界精英开始对实业教育的内容和目标进行审视与反思。

首先是从实业教育制度设计上找原因。壬子癸丑学制一经出台便有学者对其中的实业学校令宗旨提出质问："谓此校以教授农工商业必须之学识技能为宗旨。按诸下各条，则仅足教授技能，万不能及诸学识。盖实业上之学识，乃合各科学中可以施诸学用之理义为本，而以本业历来考验所得者辅成之。且本令第四条谓入此种学校者为小学毕业生。诚观小学校课程，则可决此种实业学校必不能言及实业必需之学识。"进而提出仅仅培养技能，不能称之为实业家，并通过举例诙谐地推论证明："专门家穷思竭虑，划策设谋，所作者一工也；匠人运锯转机，以成器具，所作者一工也；乃至一牛一马，或耕或驶，所作者亦一工也。今得合此三者，而概谓之工科研究家乎？人必大笑。吾故曰：仅有实业上

---

① 周汉民. 敬业乐群：黄炎培职业教育思想读本：教师篇[M].上海：上海科学技术文献出版社,2014:13.

之技能者,不能曰实业家,则仅授实业技能之学校,不得谓之实业学校也明矣。"面对这种名不副实的教育类型,学者建议将其改为职业学校或者技术学校:"因此种学校决非欲养成千百实业家,乃欲使贫寒子弟不能于小学毕业之后继入中学大学者,来此习一技一艺,为个人自立之地耳。小学校之目的,在使全国国民无一不识丁不辨粟麦之人。此种学校在使全国国民具有自存之道,不致成无业游民。惟然,则职业或技艺之名甚当。"①同时他们还认为农工商三字不足以包括一切职业,所以实业学校教授的范围也不能仅仅为农、工、商、商船、补习等类别,其中农学校又分为蚕、林、兽医、水产等类别。若参照工业学校的模式,农业学校则应该设有艺徒学校。但问题是若农业学校下设艺徒学校,则将实业教育和艺徒教育归属于一种类型的学校了,这样二者之间就出现了名不副实、不伦不类的矛盾现象。若将实业学校直接改名为职业学校或者技艺学校,也会出现名实分歧的现象,因为当时实业教育对象之农工商等范畴涵盖较窄,且与普通大学之农工商几乎没有什么区别,所以如何定名是一个值得商榷与研究的问题。如果改名称的话,那么其教育的种类也需要更改,就是说原来的农工商等业不足以支撑起职业或技术教育,因为职业种类非常多。"故职业学校不妨因地制宜,因时定事,酌量设之,而重大之科目不宜寓于其间(如商船学校)。"民国初期的壬子癸丑学制虽然对癸卯学制进行了一定程度的修改与完善,但本质上还是沿袭。以实业教育为例,此时实业教育分为甲种和乙种,甲种实业学校施以完全之普通实业教育,乙种则施以简易之普通实业教育。由于基础教育的缺失、实业产业的薄弱和读书为了升官发财的传统需求,各省沽名钓誉的行政长官及号称热心教育的士绅,纷纷在其省设立甲种实业学校,当然这也是办理专门学校难度太大的缘故。对于民国政府来讲,创办实业教育本身就是其职责所在,所以面对地方创办实业学校也乐得省事,对于某地是否符合设立某种实业教育则未进行详细考核,也就是说实业学校设立较为敷衍。同时,实业学校的选址也显得较为荒谬。按照民国教育部的规定,实业学校的设立应视地方之需要而创建,然而当时的甲种实业学校大部分设立于省府或者旧府治,与设立普通中学的情况基本相同,而在县乡设立者则寥寥无几。这样就出现了一个荒诞的现象,在县城以上行政区域设立的实业学校大多由士绅官僚阶层的人士创

---

① 庄启. 论实业学校令与专门学校令议决案[J]. 教育杂志,1912,4(7):145 - 149.

办,创办者大多是食禄阶层,对于社会发展亟须的实业或与民生休戚相关的职业知之甚少乃至毫不关心;在县级以下行政区域的大多数农民及相关产业需要现代科学知识与教育,却往往因缺少资金和相关士绅官僚的推动而无法创办学校。"甲种校可养成一不专门不具中学教育之人才,乙种校可养成一脑筋昏乱(无根底而强授以各专门学故)、识事无多(不若高等小学校)之人才。此殆将戕贼吾可贵之无数之青年,以为杯棬耳。……统观各科,甲种校与专门校所差之科,除实习外,不过十之二至十之三,且半非主要科。甲种校与乙种校之所差亦然。其相差较甚者,形似职业学校,而年限过长,怪怪奇奇,非驴非马,宜乎现有之实业学校,所定课表,往往与部定课表相违,甚有学科亦异者。总之,所谓实业学校者,既非专门学校,亦非职业学校。故毕业此种学校之学生,上之不足以言知识,下之无可用之技能,且毕业后,乙种校生能否入甲种校,甲种校生能否入专门校,原令未提及。照学校统系(民国元年九月二日公布),则乙种校与高等小学校年限同,应否作为与高等小学有同等之学力,不可得知。而甲种校较中学校少一年,且表中不直隶于专门校,是其不能入专门学校甚显。准此,其性质确系职业学校,省县、城镇、会社、公司皆可立之,既不别分甲乙,更不必教育部之代定规程(如钱铺、当铺、成衣店、剃发店等之收徒,即一种单级职业学校)。彼固能相省县、城镇、会社、公司之情形,而自有办法,即不然,亦甲校与乙校异,丙校与甲乙校异,欲有所厘定,非届时斟酌不为功。而学校统系,当如上式,职业学校与师范学校、音乐学校、外国语学校等,皆不在校系之内。故凡不依正当统系而设之学校,皆不入学校统系。临时教育会诸君,不明此理,或未加研究,抄袭某国成制,恐某国定此制者,其观念亦与我十年前办学堂者略同,而此制既行,乃有一班上不成技师下不若工匠之人,踟蹰于实业界中,幸其实业机关较多于我,故此辈尚有吃饭处耳。今我国教育初萌,乃引彼自害者以害我,是诚可太息痛恨者矣。"[①]时人评价从这种实业学校毕业所学到的内容大致有三个方面:一是学校缺少实地练习的机会,且无校外参观的机会,所以教师上课多属于纸上谈兵,甚至到授课结束之际,课中需要真实掌握的内容百不及一;二是由于社会动荡,军阀混战,知识分子相对缺少,所以教职员常有做官或谋利机会,不能专心校务;三是学生受当时社会不良风习的濡染,多得官气、纨绔之习

---

① 庄启.实业学校改制论[J].教育杂志,1916,8(8):117-128.

气,因而学业废弛,道德败坏。

其次是从社会切实需求中找原因。造成上述实业教育就业困境的原因,在时人看来,实业教育盲目办学,不适应经济社会发展需要,实业教育"建设之初,毫无计划,地方之情形,漫不措意,所设科目,未能适合地方需要"①。在黄炎培看来,实业学校毕业生失业情况如此严重,主要原因有三个方面:一是其设置拘统系而忽供求。实业教育的目的是为社会各产业科学化发展提供专门人才。"然则今时之社会,所需者何业? 某地之社会,所需者何业?"不是经过详细调查后立一校、设一科,而是按照相关政令法规进行在何处、何时设立多少农工商类实业学校,以及校内开设何种科目,政府与创办者在乎的是统系分明,表式完备,以便上级督查,下级汇报。二是功课重理论而轻实习。自学校有加设农、商科的规定后,各地设立者不少。但滑稽的是农科无相关农场,商课无相关商品,只不过是简单加设读农、商业教科书数册而已。而乙种农工商学校,也是如此。彼时的实业学校开设的科目基本偏重理论教学。"今之学生,有读书之惯习,无服劳之惯习。故授以理论,莫不欢迎;责以实习,莫不感苦。闻农学校最困难为延聘实习教师。夫实习既不易求之一般教师,则所养成之学生,其心理自更可想。而欲其与风蓑雨笠之徒,竞知识之短长、课功能于实际,不亦难乎?"三是学生"贫于能功而富于欲望"。实习原本是实业教育的重要教育教学环节,是能力养成的重要手段。然而青年受环境影响往往志大言大,不能够脚踏实地。"上海某银行行长,录用学校毕业生有年,一日,本其经验语人曰:'今之学生,学力不足而欲望有余,不适于指挥,徒艰于待遇耳!'夫银行,新式事业也,犹且如此,则凡大多数之旧式事业,学徒执役,则极其下贱,学成受俸,则极其轻微,其掉头不屑一顾可知。"②他同时指出,自 1897 年至 1916 年,20 年间的职业教育,虽然工商业有此方面的需要,但是没有得到一般当局和社会的重视,在教育统计上,"对于一般教育,并百分之一之地位而未曾取得,则其不发达之状况,概可知矣"③。于是一些志士仁人在实业教育不能满足社会对于相关人才需求的情况下,纷纷提出改革实业教育的口号。

---

① 俞启定,和震.中国职业教育发展史[M].北京:高等教育出版社,2012:75.

② 周汉民.敬业乐群:黄炎培职业教育思想读本:教师篇[M].上海:上海科学技术文献出版社,2014:14 – 15.

③ 庄俞,贺圣鼐.最近三十五年之中国教育[M].上海:商务印书馆,1931:56.

二、实利教育思想的导引与职业教育思想的形成

20 世纪初，美国教育家杜威的实利主义教育理念传入中国，在中国产生巨大反响。特别是大批留美学生学成归国，其中一批学者师从杜威深受其学说的影响，"教育即生活""在做中学"等杜威思想的重要观点，被带入中国教育改革的理论和实践当中。

张謇以"必求其适"为职业教育创建发展的理念。在其一生践行的实业职业生涯中，实事求是、实用适用是其创企业办教育的中心思想。他从生活实践中感悟，传递其职业教育思想，如"凡事必求其适，譬如常人置一冠，购一履，尚唯适之是求"，"在南通讲教育，先要想什么是南通需要的，什么是适合南通的。比如建筑一间房屋，取柱子的材料，一定要适合，倘若柱子过小，定然不能胜任，过大又是不经济。不经济还不要紧，要是不胜任，房屋便有倒坏的危险了"。这种通俗易懂的语言和事例让人很容易理解，进而争取了更多的拥护者和践行者。同时他提出了"厂中校、校中厂"工学结合的技能型人才培养范式，"南通办法本以实业、教育互相为助，故纺织学校就纱厂而成"，在教育教学过程中强调"注重实地练习，以养成切实应用之知识"。这不仅因为"诸生在校数年，科学知识，日就新异，然此为书籍上之研究，至实地作业，又重经验"，而且还在于"良知之学，重在知行并进。居今之世，舍知行并进，尚安有所谓学务哉"，于是他提出了"教授之实习，必备方案于实习之前，更加评论于既习之后"①的实践教学指导思想。

马相伯曾以"推广职业教育，解决生计问题"为职业教育核心理念，继而又提出了"使无业者有业，使有业者乐业"的口号。马相伯对职业教育有着较为独特的认识与实践，其中对于职业与实业的关系，他认为国家和社会应该先行发展实业，只有实业发展了才会有相关职业人才的需求。也就是说，一个国家，只有实业发展了，职业教育才有出路可言，解决生计问题才不至于落空。而要发展实业，振兴民族产业，首先必须在职业教育中倡导主人翁教育和创业教育，培养真正的实业家。如果仅把职业理解为"获取一份工作做"，丝毫没有主人翁精神，就会像旧式警察那样，仅为木头人，做一天和尚撞一天钟，完全违背了职业及职业教育的精神实质。马相伯称之为"有职无业"。他把职业中的"业"解释为"事业之业"。因此，拥有一份职业就是拥有一份实实在在的事业。真正的职

---

① 张謇研究中心，南通市图书馆，江苏古籍出版社.张謇全集：第 4 卷[M].南京：江苏古籍出版社,1994:163.

业,要依靠自己的能力与智慧去创造财富,"要为国家、种族、同类谋福利"①。马相伯认为,中国近代实业之所以不发达,是因为缺乏真正的实业家。他批评说,上海所谓实业家,并不能称为真正的实业家,实际上"不过代外人供奔走之劳耳,彼之买卖与租界者,更不堪问矣,终日营营,能于每月巡捕垃圾电灯等捐外,得沾余润以资生活,已为无量之幸福""须知真正的实业家,必为营业之主人翁,握有完全操绝之权,不为外人所利用,此等人物方谓实业大家"。马相伯提出的实业家,即有主人翁精神、创业精神和生利源能力,一如现今具有人文情怀的科学家和企业家的复合体。同时他还提出实业和职业教育都要讲求"科学与科学理性精神教育",不仅要"知其所以然",还要"求其所以然"。马相伯根据社会现象指出"中国实业由于根本上无教育,教育者在能致知,在能格物,非托命运而听其自然者也,西洋文明始得之中国指南针,即由此发明无数新事物,我国故步自封遂演成今日之现象,是皆不求所以然之故。……我国学问陈腐,程度幼稚,其病根皆在不求所以然,即如电气事业,我国亦造发明,独惜不求所以然,徒供文字上引用曰虎珀拾芥而已。稻虫之害只知捕捉不知祛除之法,且不知有虫可做肥料,此皆不求所以然养成此实业不进步"。在论证了实业和职业均需要科学及科学理性精神教育外,他还提出"今之大问题既在实业与教育互相联络,欲洗从前学费所用,用非所学之积习,则须教育家与实业家合而为一,则手足脑力相互为用,必能于世界成一极有关系之事业,呈一极有优美之成绩,生一极大之利益,开一极富之利源,可断言者,不然,舍实业而言求富,是何异土匪盗贼之夺人所有强为己有乎"。上述层面在马相伯看来均为表面现象,他认为实业进步之根本则在道德。职业,不仅是人在现世的唯一生存方式,也是要完成在现世所处地位赋予他的责任和义务。这是他的天职。于是他强调,在大力倡导提高和发展民族工商业的同时,必须建立与此相适应的新道德。他所倡导的新道德除了一些传统伦理道德外,还注重商业经济活动中应遵循的经济伦理和商业道德。他批评说:"中国工人多不道德,即坐椅说,彼不研究椅子之能合人卫生何处? 徒知脱货为其目的,使买其椅者不见舒服,此即无道德心之一证。"何谓道德? 马相伯解释为:"须知受人多少价值,即与人以多少相当之物品,能如是,则实业正以救国。可知救国之本在实业,实业之本在道德,教育者,

---

① 主席马相伯君良致词[J]. 教育与职业,1930(116):13 – 16.

除脑力运用外，而复以道德为依归，所谓职业教育如是而已。"①

蔡元培针对当时国家疲惫、社会经济萧条的局面，提出了"以民生计"为主要内容的"实利主义教育"。他认为当时经济落后是由于农工商实业没有充分发展，而农工商实业没有得到充分发展的根本原因在于相应的实业教育没有发挥应有的作用。所以蔡元培根据当时的实业教育发展情况，结合世界发达国家的职业教育经验，提出"实利主义教育"理念，并与其他四项一起列入民国时期"五育并举"的教育方针。"实利主义教育"实际上是发展资本主义生产的知识技能教育，属于职业教育范畴。与马相伯的职业教育思想不同的是，蔡元培将振兴国家实业经济的重任寄予有用之学，"诸生有志之士，学思自有生以来，一切养生之具，何事不仰给于农工商，而我所以与之通易者，何功何事？不患无位，患所以立，怵然脱应试求官之积习，而急致力于有用之学矣"②。学有用之学，从事制造财富的工作其实就指包含农工商等在内的各行各业。同时他与张謇、周馥、马相伯等人一样提出职业教育与实业不可分离的办学观点："试观美利坚一国，发明新器物，年至四万种，爱迪生一人发明新器物多至九百种，我未有一焉。无新学以应用于实际，无新人才以从事于改良，教育不与职业沟通，何怪百业之不进步。"③在面对社会各界所诟病的"学非所用，用非所学"问题上，蔡元培则认为"我国大多数的人，都是想求职业的，或者是已经取得了职业，而没有本领去做。另一方面，是有事而找不到合适的人去做"，只是由于教育种类的滞后导致"有人无事做，有事无人做"，要想改变这种结构性失业现象便需要职业教育去教给他们本领。④　于是蔡元培便秉承职业教育是一种基于就业的教育类型的本质属性理念，积极倡导职业教育来弥补普通教育和实业教育的缺憾。他说："职业教育好像一所房子，内分教室、寝室等，有各自的用处；普通教育则像一所房屋的地基，有了地基便可把楼台亭阁等建筑起来。"⑤同时他又提出了以就业本质为属性的办学观与课程教学观，将"五育"融入课程设置中，"其内容则国民主义当占百分之十，实利主义当占其四十，德育当占其二十，美育当

① 马湘伯先生演说教育与实业联络为救国根本[J].教育与职业,1918(7):1-9.
② 高平叔.蔡元培全集:第1卷[M].北京:中华书局,1984:94.
③ 高平叔.蔡元培全集:第1卷[M].北京:中华书局,1984:13.
④ 中国蔡元培研究会.蔡元培全集:第2卷[M].杭州:浙江教育出版社,1997:526.
⑤ 中国蔡元培研究会.蔡元培全集:第2卷[M].杭州:浙江教育出版社,1997:173.

占其二十五,而世界观则占其五"①。在实习实践方面,蔡元培与张謇、周馥等人的思想较为一致,认为教学结合实际是职业人才培养的主要途径,也只有把理论学习同实践相结合,才能培养出合格的职业人才。

黄炎培早在清末担任江苏省教育会副会长时便对实业教育进行过深入的调查研究,民国初年便完成了对安徽、江西、浙江、直隶、山东等地的教育调研,获得了国内教育尤其是实业教育的一手资料,形成了《黄炎培考察教育日记》。不仅如此,每次考察结束,黄炎培都认真总结、思考、探索,分析教育发展中有关教师、教材、教法等方面的问题,寻求中国教育改革的方向和出路。如第一次考察后,他认为三省教育情形和社会状况存在的共同问题有:"各种社会无一不困于生计,但求得过且过为佳,断无三年九年之蓄";"各地中等学校,其教材类有过多之病,于脑力上既患用之过度,于智识上尤患食而不化";大多数学校的教授以注入为主,"国文科命题作文,论说体占大多数,其材料史事占大多数,令习书信及其他日常应用文字者绝少;修身均用课本,专事讲演,于德育实际上殊无何等之影响"。② 第二次考察后,他更感叹"学校训练难言矣,教授大都用注入式""各种学校毕业生,除升学外几无他路,此为方今教育待研究之点,若中学校为尤甚"③。可见,两次国内教育考察,使黄炎培对中国教育的症结问题有了更明确、清醒的认识,而这个症结就是中国教育和实际相脱离,不能适应社会的需求。后来他又抱着"一为职业教育之状况,一为职业教育与普通教育联络问题"④的目的随团到美国考察教育,在亲眼见到"其教科课程,处处与生活关系,校内设施,处处与社会联络"后,赞叹"美国无中等实业学校,都是中学校;亦可称美国无中学校,都是中等实业学校"⑤,并总结出中美教育四个方面的差异:"彼之驾驭,大都取自然,而吾取强制也;彼之教育,大都取各别,而吾取划一也;彼之教育最重改造,而吾重模仿也;彼之教育,最重公众,而吾惟重一己也。"⑥在黄炎培看来,"方今世界竞争,日益剧烈,一国之教育,非注重生计,绝不适于

---

① 高平叔.蔡元培全集:第1卷[M].北京:中华书局,1984:135.
② 黄炎培.黄炎培考察教育日记:第1集[M].上海:商务印书馆,1914:205-207.
③ 黄炎培.黄炎培考察教育日记:第2集[M].上海:商务印书馆,1915:158.
④ 中华职业教育社.黄炎培教育文集:第1卷[M].北京:中国文史出版社,1994:165.
⑤ 中华职业教育社.黄炎培教育文集:第1卷[M].北京:中国文史出版社,1994:168.
⑥ 中华职业教育社.黄炎培教育文集:第1卷[M].北京:中国文史出版社,1994:184-186.

生存"①,基于此,黄炎培疾呼"职业教育为方今急务",并提出了"谋个性之发展;为个人谋生之准备;为个人服务社会之准备;为世界、国家增进生产力之准备"②的职业教育理念,进而提出了"使无业者有业,使有业者乐业"③的职业教育目的。他指出,职业教育须同时和一切教育界、职业界努力沟通和联络。他提倡职业教育积极参与社会运动的"大职业教育主义"方针,具体而言就是办学宗旨社会化、培养目标社会化、学制社会化、办学方式社会化、教育过程社会化,总之职业教育的办学须紧密结合社会需求。在办学原则上,他要求职业教育必须遵循"手脑并用""学做合一"的原则,做到"理论与实际并行""知识与技能并重",同时非常注重职业道德的培养。黄炎培认为职业教育不仅是为个人谋生的,也是为社会服务的,因此,职业教育不仅包含职业知识技能的传授和学习,而且要注重职业道德情操的训练。职业教育训练的第一要义,即为群服务。黄炎培又把职业道德教育的基本原则概括为"敬业乐群"。所谓敬业,是指对所学习的学业具有嗜好心,对所任的事业具有责任心,即热爱自己的专业和职业,对学业和工作都尽职尽责;所谓乐群,是指"具优美和乐之情操及共同协作精神"④。敬业与乐群密切联系,离开职业道德教育,职业知识技能的训练就没有任何意义。黄炎培把敬业乐群的职业道德教育思想全面贯彻在职业教育实践的每一个环节之中,他把"敬业乐群"作为中华职业学校的校训,并亲自书写成匾,挂在学校教工教育馆礼堂的讲台两侧,以便学生永远铭刻在心。后来,中华职业教育社根据黄炎培的思想,制定了《职业道德教育标准》(也称《训育标准》),把敬业乐群具体化、条例化。

此外,还有一大批仁人志士积极地从理论与实践上倡导践行职业教育,如顾树森、蒋维乔、穆藕初、任鸿隽、庄泽宣、廖世承、蒋梦麟、荣德生、陈嘉庚等。在他们的探索实践过程中也伴生了一系列的教育思潮,诸如平民教育思潮、国家主义思潮、共度主义思潮、科学教育思潮等,这些思想、思潮和实践彼此碰撞借鉴,对于职业教育的形成和发展起到了促进作用,更为我国近代传统特色手

---

① 中华职业教育社.黄炎培教育文集:第1卷[M].北京:中国文史出版社,1994:280.

② 黄炎培.我之人生观与吾人从事职业教育之基本理论[J].国讯,1939(193):2-3.

③ 黄炎培.中华职业教育社奋斗三十二年发见的新生命[J].教育与职业,1949(208):1-6.

④ 潘文安.最近之中华职业学校[J].新教育评论,1927,3(18):6-12.

工业教育的自适应发展擘画了蓝图,明晰了办学理念和教学原则,探索实践了教育教学的路径与方法。

第二节　职业教育制度的酝酿、创建与发展

一、职业教育制度的酝酿与创建

职业教育制度的酝酿、创建是在国内普通教育和实业教育不能有效满足社会广大青少年就业和产业发展需要,以及欧美等发达国家职业教育兴起的背景下做出的结构性改革。职业教育早在我国 19 世纪末便有学者提及,但彼时更多的是一种西方教育理念的传播,如早期的黄炎培、陆费逵、顾树森、庄泽宣等人。黄炎培倡导职业教育源于他儿时的一段经历。正值青少年时期的黄炎培路过县衙门时,看到官吏正在惩罚欠租的农民。那些欠租的农民像牲畜般被关进笼子施以酷刑,直到被活活吊死。这惨象使他大受刺激,从此他便埋下为生民立命的种子。知易行难,面对复杂的国内外环境,他茫茫探索,不知路在何方。1901 年,黄炎培进入南洋公学学习,受蔡元培先生的影响和指点,回川沙故乡后开始"兴教育,办学堂",开启了他终生不渝的教育事业。当时的旧中国,受"学而优则仕""劳心者治人,劳力者治于人"等传统思想观念的影响,读书做官成为教育界普遍的价值取向,整个社会普遍鄙视体力劳动和体力劳动者。黄炎培深知此等教育对国家对社会对个人的戕害,"往往所学不能致用,从实际应用上来说,可以说是所学一无所得","如果这一状况循是不变,学校普而百业废,社会生计绝矣"。为了继续寻找出路,他通过国内教育调查和国外教育考察的方式诊断中国教育之痼疾弊病,并撰写了大量介绍国外教育先进经验的文章。经过苦苦探索,许久以来郁积在黄炎培心头的中国民众出路问题,终于有了明确答案。这个答案就是实行职业教育,"用教育的方法,使人人依其个性,获得生活的供给和乐趣,同时,尽其对群的义务,名曰职业教育"。1915 年 12 月,在江苏省教育会做《美国中学校职业教育之状况》的报告时,黄炎培说道:"职业教育之科目,不外四大端,即工、农、商与家政是也。职业教育之施行,实在中等以下之学校。"①1916 年 1 月 3 日,他在松江讲演时提出:"凡提倡职业教育,宜先

---

① 田正平,李笑贤.黄炎培教育论著选[M].北京:人民教育出版社,1993:85.

从调查入手。其种类,一宜注意其至普通者,如男子木工、女子裁缝之类;一宜注意其至特别者,则根据地方状况与夫特殊之土宜物产而定之。……凡职业教育,一以经济为中心,而以教育为其手段可也。"①1916 年 9 月 12 日,他联合沈恩孚、庄俞、郭秉文等在江苏省教育会中附设职业教育研究会,专事研究各种职业教育之设施以及提倡推广方法。1917 年 1 月,他在《职业教育实施之希望》一文中,从理论上阐述了实施职业教育的可能性、可行性和重要性,认为实施职业教育,一是确立职业教育制度,一是审择职业的种类及其性质,而"今之教育,不能解决社会、国家最困难之生计问题",且"今后中国数年之间,民生尚不已其穷蹙,变故尚不已其纠纷。教育非不逐渐扩张,而其无补于社会、国家最困难之生计问题,将日益显明,其显明之区域,将日益推广;而社会、国家一切现象所以表示其对于改革教育之要求,将日益迫切,其迫切之程度,将日益增加。因而使教育讲演者不得不大发挥职业教育,著作者不得不大揭橥职业教育"②。经过一系列的调研、考察和实践后,他不仅联合教育界蔡元培、张伯苓、严修、蒋维乔等个中翘楚,还联合了实业界、出版界和政界等著名人士,如武廷芳、唐绍仪、汤化龙、王正延、张元济、陆费逵、史量才、蒋梦麟等 48 位各界精英,于 1917 年 5 月 6 日在上海成立"中华职业教育社",随后在《东方杂志》《教育杂志》等期刊上发表了他们共同署名的《中华职业教育社宣言书》:"本社之立,同人鉴于方今吾国最重要最困难问题,无过于生计,根本解决,惟有沟通教育与职业。同人认此为救国家救社会唯一方法,故于本社之立,矢愿相与终始之。"因此,宣言书中特别规定,职教社以推广职业教育、改良职业教育、改良普通教育为适于职业之准备为目的,规定其所办事业有:调查,研究,劝导,指示,讲演,出版,表扬,通讯答问,设立职业学校,设立教育博物院,组织职业介绍部。其中"调查"包括调查现行教育及职业界的状况,调查社会各业供求及学校毕业生的状况,调查各地已办职业教育的状况。"劝导"是指"劝政府使注意促办职业教育。劝导社会有力者倡办职业学校。劝普通学校之堪以兼办职业教育者,务注意办理并指导之。劝职业学校之有须改良其教育方法者,务注意改良并指导之。劝导学生与学生父兄,凡青年力不能升学者,速受职业教育。劝导社会,咸注意职业教育"③等

① 黄炎培. 黄炎培日记:第 1 卷[M]. 北京:华文出版社,2008:227 – 228.
② 田正平,李笑贤. 黄炎培教育论著选[M]. 北京:人民教育出版社,2018:139.
③ 田正平,李笑贤. 黄炎培教育论著选[M]. 北京:人民教育出版社,2018:150.

等。由此可见,该宣言书既是他们基于我国教育弊端所做的理性概括,也是他们借鉴发达国家教育经验改造国内教育的诊方。该社在职业教育理性分析方面取得了较为丰硕的成果,但要切实改变当时的教育状况,创新发展职业教育类型、实践载体是必不可少的。"同人鉴于我国今日教育之弊病,在为学不足以致用,而学生积习尤在轻视劳动服务而不屑为,致学生毕业于学校而失业于社会者比比。补救之道,惟在提倡职业教育,尊重劳动工作,以沟通教育与实际生活。虽然空言鲜效,欲举例以示人,不可无实施之机关……故特设此职业学校于上海。"基于学校职业属性,需将学校与社会各关乎国计民生的产业紧密联络,而"上海为通商巨埠,工厂林立,实业机关需材孔亟,苟无相当学校预为训练,造就适宜之人材,则其实业非特无发展希望"①。此外,江浙一带培养高层次人才的学校较多,但培养中等工业人才的学校寥寥,所以将学校地点同该社一并设在上海。该校以"为社会培养经济发展所急需的技能型人才"为目的,以"敬业乐群"为校训,以"劳工神圣"为口号,以"双手万能,手脑并用"为理念,以注重职业道德教育、强调实习和实地参观、强化讲演职业教育理论等内容为特色,切实培养社会急需的应用型人才。值得一提的是,该社将总部设在上海,除了交通便利易于联络外,还有就是江浙地域富庶,思想活跃,便于招募会员和资金的募集。除了理论研究、人才培养外,该社还开辟职业教育宣传阵地,如编印《社务丛刊》、创办《教育与职业》期刊、举办职教社年会和全国职业学校联合会年会、组织职业教育调查、开展职业教育演讲等,著书立说研讨职业教育基本问题,介绍国外先进经验,为职业教育制度化发展提供理论和实践上的经验。

陆费逵在戊戌变法后广泛阅读西学书籍,先后合办过新式学堂、书店和书业商会等新式文化教育传播机构,发表了多篇关于学校教育制度和语言文字改革方面的论文,就学堂之弊、教学用书及男女同校共学等问题提出了建议和意见;同时,为了吸纳日本、英国、法国、德国、美国等国教育制度之长编辑了《世界教育状况》一书。在该书中陆费逵着重强调了国民教育、职业教育与人才教育三育并重的理念:"吾国今日,丞宜注意者有三:国民教育,一也;职业教育,二也;人才教育,三也。国民程度之高下,恃国民教育;国民生计之赢绌,恃职业教育;而国势之隆替,教育之盛衰,厥惟人才教育。换言之,无国民教育,则国基不

---

① 中华职业学校设立之旨趣[J].教育与职业,1918(7).

固;无职业教育,则生活维艰;无人才教育,则国家无所倚,国民失向导,终于必亡而已矣。国民教育与职业教育,皆当注意普及。"①由于民国伊始之壬子癸丑学制更加重视国民教育,在北伐告成以前,中国教育发展"有些畸形的现象……侧重普通教育,忽视职业教育;高等教育偏重文、法、商科,轻视理、工、农、医等科"②。陆费逵又多次重申"三育"并举的重要性,并作《论人才教育、职业教育当与国家教育并重》一文呼吁当局重视职业教育。早在职教社成立之前,顾树森就已经开始对职业教育进行了卓有成效的理论探索,是我国早期职业教育理论的重要开拓者之一。后来加入职教社,在一群志同道合人士的探索实践下,他先后发表了一系列理论文章,如《德美英法四国职业教育之实况》《各国施行职业教育在学制系统上之位置》《论职业教育与普通教育之关系》《中学校增设第二部之商榷》《实施职业教育之入手办法》《职业教育与德育训练》等理论研究文章,在构建职业教育小学模块、积极建议设立职业指导组织、重视职业心理测验等方面做出了前瞻性的理论探索与实践。1922年10月至1925年4月期间,顾树森受职教社委派赴欧洲考察教育,并将考察所得写成《欧游丛刊》,其中多部为介绍西方国家职业教育的著作,对职业教育特别是职业指导的引入做出了较大的贡献。庄泽宣一生致力于探索"教育救国"的理论,且笔耕不辍,先后著有《职业指导实验》《职业教育概论》《职业教育通论》等数十本专著,并在《教育与职业》《教育丛刊》《新教育》《教育研究》等期刊上发表数百篇有关职业教育的文章,对职业教育的目的、范围、内容和方法进行了系统的阐述与论证。这些理论对于当时处于起步探索阶段的国内职业教育具有一定的参考指导价值。此外,还有邹韬奋、廖世承、刘湛恩等人,这些学者在努力介绍西方国家职业指导的经验和发展概况,努力倡导和宣传职业指导、躬身实践的同时,矢志于职业指导理论的探索,从而不仅促进了职业指导理论在我国的确立,而且对推动职业教育在全国的蓬勃发展做出了重要贡献。

1914年,直隶省教育会发起组织"全国教育会联合会",以聚集全国富有学识和经验的教育家和教育工作者,共同讨论教育改革和发展大计。翌年便得到教育部的批准,宣告成立。该会"以体察国内教育状况,并应世界趋势,讨论全

① 吕达.陆费逵教育论著选[M].北京:人民教育出版社,2000:89.
② 王建朗,黄克武.两岸新编中国近代史:民国卷[M].北京:社会科学文献出版社,2016:883.

国教育事宜,共同进行为宗旨",成立后,沿袭清末各省教育总会联合会的传统,每年定期召开会议。据统计,从 1915 年至 1925 年,全国教育会联合会共召开过 11 届年会,"凡全国教育上之大经大法,以及种种教育之实际问题,如新学制、职业教育、义务教育、乡村教育、公民教育、童子军教育等,与夫处置各国退还之庚款问题,靡不由该会研究讨论,建议于政府及各省教育机关,采择施行。其于全国教育,关系甚巨"①。如 1916 年 10 月 12 日至 25 日于北京召开的全国教育会联合会第二届年会,率先提出了职业教育的主张。鉴于自民国成立以来所规定的中学校以"完足普通教育"为原则的宗旨不仅有误,而且在这一宗旨指导下,造成对学生的训练不当,故建议将中学校的办学宗旨由"完足普通教育,造成健全国民"改为"以完足普通教育为主,而以职业教育预备教育为辅";其方法是,规定中学校"自第三学年起,就地方情形,酌授职业教科","断不宜以极少数人之升学,牺牲多数人之生计"。1917 年 3 月,根据全国教育会联合会所呈建议书,教育部考虑到"近年中学校卒业之升学人数,远不及不升学之人数",故认为中学校"在完足普通教育之时,于不求升学之学生,酌授以裨益生计之知识技能,自无不可",于是,特酌定中学校增设第二部办法五条,以草案形式通行各省、区征求意见。其中规定:"中学校自第三学年起,得设第二部";"中学校第二学年修业生志愿于中学毕业后从事职业者,得入第二部";"第二部应节减普通学科,视地方情形,加习农业或工业商业"②。教育部关于中学开设第二部的政令发出后,虽然各地中学校苦于无所参照,多注意研究此项制度的得失,但也有少数中学新设了职业科,如江苏省立第五中学开设了陶业科等。1917 年 10 月,全国教育会联合会在杭州召开的第三届年会上,特将职业教育列为与义务教育、体育同等重要的三大紧要问题之一,并专设职业教育组,专门就职业教育在调查、研究的基础上进行讨论。会议制定了《职业教育进行计划案》并呈请教育部,得到了教育部的充分肯定。《职业教育进行计划案》明确提出,中小学毕业生无力升学又缺乏生活能力者,和实业学校毕业生中用非所学或闲居无事者,均不知有多少,这些窘状无疑表明学校与社会不能相适,简言之,也即教育与职

---

① 行将开幕之全国教联会[J].教育杂志,1924(10):148-156.

② 李桂林,戚名琇,钱曼倩.中国近代教育史资料汇编:普通教育[M].上海:上海教育出版社,1995:796-797.

业不能相宜,而"欲救此弊,惟有提倡职业教育"①。鉴于我国幅员辽阔,情势万殊,该计划案特提出以下发展职业教育的方法:加强调查和研究,凡地方特设职业学校或职业补习学校,必先在所在地调查其何种职业最为需要,然后规定职业科目;重视师资培养,通过在高等师范学校酌设关于职业教育之专修科培养相关师资等。1918 年 10 月,全国教育会联合会第四届年会在上海召开。此次大会仍将职业教育问题列为讨论的重要内容,其中广东代表金曾澄提供的《提倡职业教育意见书》备受重视。该意见书认为要使职业教育得到很好的实施,有四件事亟须提前办理:通过印刷品等形式,大力鼓吹,"使我教育界中人,先明认职业教育为救助今日国民教育之不二方策";由各省教育会附设一职业教育研究会,在调查清楚各省经济情况的基础上,得出全国社会经济状况,"以为规画职业教育方案之基础";农、工、商各界若与教育界稍有隔膜,职业教育就无从着手,所以必须沟通农、工、商各界,以为实施职业教育之预备;由于职业教育的全面实施尚有时日,所以"须使国家先办职业学校以作模范而为众倡"②。此外,本届大会还决定将"注重学生毕业后前途"和"职业教育"一同列为下一届紧要问题。1919 年 10 月在太原召开的第五届年会通过了《教育会应联络农工商会以期教育实业并进案》和《普通教育应注重职业科目及实施方法案》,再次明确培养实业专门人才及职业教育为目前重要问题。1920 年 10 月召开的第六届年会中提出"延长中学教育修业年限,采用分科制或选科制,使不能升学的毕业生,可从事相当职业;多设职业学校和实业补习学校,以适应社会需要"。1921 年 10 月在广州召开的第七届年会上讨论的中心议题便是学制改革问题,形成的《学制系统草案》将学校系统分为三段,即初等教育段、中等教育段和高等教育段。其中初等教育段为六年,统称小学校,前四年为义务教育年限。中等教育段采取"三三制",分初、高两级,根据实际情况也可调整为"四二制"或"二四制";中等教育采用选科制,可设职业科和师范科。大学修业年限为四到六年,设单科者也可以大学称之;大学不设预科,大学毕业生可入不定年限的研究院。另外,该草案还规定,"为推行职业教育计,得于高级中学职业科内附设

---

① 璩鑫圭,童富勇,张守智.中国近代教育史资料汇编:实业教育 师范教育[M].上海:上海教育出版社,1994:194.

② 邰爽秋,等.历届教育会议议决案汇编[M].上海:教育编译馆,1935:23-27.

职业教员养成科"①。《学制系统草案》的议决,标志着自新文化运动后兴起的这场学制改革运动迈出了关键性的一步;其中关于中学教育的改革,特别是规定中等教育采用选科制,高级中学可设农、工、商、师范等职业科,较之"壬子癸丑学制"毫不顾及学生个性,无疑是一大进步,故尤为引人注目。1922 年 9 月 20 日,教育部召开学制改革会议,在各省充分酝酿讨论的基础上进一步明确学制改革的核心问题,最终在《学制系统草案》的基础上,完善制定并出台了《学校系统改革案》。为了充分论证方案的科学性和可行性,该改革方案又经过本年度的全国教育会联合会讨论,会议最终广泛吸取教育界对于该方案的意见和建议,结合学制会议所指定的改革案,择善而从,集思广益,制定了一个更加完备的《学校系统改革案》。1922 年 11 月 1 日,北洋政府以大总统令的形式公布了该方案,史称"壬午学制"。为了更好地践行新学制,让更多的大众清楚了解该学制,教育团体仍然发挥着主力军的作用,在全国教育会联合会举办第十届年会后,其协助政府推进职业教育的工作大部分移交给中华职业教育社开展。值得一提的是,其间诞生的中华教育改进社也对我国职业教育的健全发展起到过较为重要的推动作用,如先后为政府讨论拟定《促进各县职业教育案》《提倡军队职业教育案》等。

二、职业教育制度的改善与发展

"壬戌学制"在诸多方面都有了新的改革,特别是它第一次确立了职业教育在学制上的法律地位。它规定:"小学课程得于较高年级,斟酌地方情形,增置职业准备之教育";"初级中学施行普通教育,但得视地方需要,兼设各种职业科";"高级中学分普通、农、工、商、师范、家事等科",酌量地方情形,单设一科,或兼设数科;"依旧制设立之甲种实业学校,酌改为职业学校,或高级中学农、工、商等科","依旧制设立之乙种实业学校,酌改为职业学校";"职业学校之期限及程度,得酌量各地方实际需要情形定之";"为推广职业教育计,得于相当学校内酌设职业教员养成科";"大学校及专门学校得附设专修科,修业年限不等",招收志愿修习某种学术或职业且有相当程度者入学。可见,"新学制"在职业教育方面共有六种形式:小学校高年级的职业预备教育,初级中学兼设的职业科,高级中学兼设的职业科,职业学校,大学及专门学校附设的职业专修科,

① 璩鑫圭,唐良炎.中国近代教育史资料汇编:学制演变[M].上海:上海教育出版社,1991:864.

以及补习学校的职业科。至此，经过民初近十年教育界、实业界众多人士的努力，职业教育终于形成了一个完整的制度体系，取得了法律上的地位。但由于国内军阀割据，争战不断，所以"壬午学制"并未能如愿以偿地落实落地。"过去教育之弊害：一为学校教育与人民之实际生活分离。教育之设计，不为大多数不能升学之青年着想，徒提高其生活之欲望，而无实际能力以应之，结果使受教育之国民，增加个人生活之苦痛，以酿社会之不安。二为教育之功用不能养成身心健全之份子，使在国家社会之集合体中，发生健全份子之功用，以扶植社会之生存。三为各级教育偏注于高玄浅薄之理论，未能以实用科学促生产之发展，以裕国民之生计。四为教育制度与设施缺乏中心主义，只模袭流行之学说，随人流转，不知教育之真义应为绵延民族之生命。"①1929 年，国民政府颁布了《中华民国教育宗旨及其实施方针》，其中规定："中华民国之教育，根据三民主义，以充实人民生活、扶植社会生存、发展国民生计、延续民族生命为目的，务期民族独立，民权普遍，民生发展，以促进世界大同。"1931 年颁布了《确定教育实施趋向办法》，规定今后应"尽量增设职业学校及各种职业补习学校，职业教育之制度科目，应使富有弹性，并接近附近之经济情况，私人筹设职业学校者，国家应特别奖励"②。1932 年，教育部出台了《确立教育目标与改革教育制度案》，决定取消在普通中学设置职业科的规定，令职业学校单独设立，自成系统，以专门培养青年生活之技能，使其能自主生产，更好地为社会服务。此外，教育部还公布了实施生产教育的六条办法："各省市应尽量扩充职业学校，私人捐资兴学亦由省教育厅或市教育局劝其设立职业学校；私人办理有成绩之职业学校，由公家予以补助；公私立中学，成绩不佳或地方无此需要者，一律改办职业学校"；"职业学校应注重生产技能、劳动习惯，不必规定同样毕业年限，不必分农工商等科，应就地方之需要，注重专科单设"；"职业学校以不收费为原则，俾贫寒子弟，有入学之机会"；"高级职业学校，注重专门技能，训练必须与实习场所打成一片，而不仅为书本或理论教育"；"高级职业学校，应由教育部视察各省需要，斟酌缓急，逐渐添设"。1932 年 12 月，国民政府颁布了《职业学校法》，翌年教育部根据职业教育法制定了《职业学校规程》和《各省市施行中小学师范学校职业学校四种规程时应特别注意之事项》。上述法规的出台除了在职业学校的办

---

① 教育部教育年鉴编纂委员会.第二次中国教育年鉴[M].上海：商务印书馆，1948：2.
② 教育部.职业教育法令汇编[M].上海：商务印书馆，1935：5 - 6.

学与入学资格、培养目标、科目设置、师资选聘、实习规定及学校管理方面进行了制度性指导与规定外,主要还是想通过法规的指引,鼓励诱导社会各阶层力量积极创办职业教育。值得提及的是,1936 年,教育部颁布了《职业学校与建设机关协作大纲》,规定"各职业学校,应与实业机关商定学生实习详细计划及工作程序,尤应力谋校外实习与学校所受训练,有密切联络之关系",这是我国最早进行产教融合探索的法规。在此法规指导下,地方相关职业学校渐次探索了产教合作的实践,如德化陶瓷职业学校与省立陶瓷改良场合作,女子蚕业学校与地方合作育蚕等。1938 年,教育部颁布了《战时各级教育实施方案》,规定"职业学校教育应为发展生产事业之教育,以注重公民道德与职业道德之陶冶,劳动习惯之养成,职业知能之增进,创造精神之启发,俾养成各种职业界中创业及技术人才为目的";同年又颁布了《创设县市初级实用职业学校实施办法》。1948 年 3 月,教育部颁布了《推进中等职业学校计划》,规定中等职业学校的教育"以培养经济建设人才,实行民生主义,发展地方产业,完成国民经济建设为目标"。但奈何国民政府政治腐朽,人心涣散,终究无力回天。

值得提及的是,在该时期职业教育酝酿发展的过程中,美籍学者对美国职业教育的引介无疑起到了推波助澜的作用。首先是美国实用主义教育理论创始人、教育家杜威,他在其学生胡适、蒋梦麟、陶行知等人的邀请下,于 1919 年 4 月至 1921 年 7 月期间来华讲学。在向华介绍美国职业教育时,他通过"职业教育之精义""职业教育与劳动问题""普通教育与职业教育之关系"等演讲,剖析、倡导职业教育,并希望职业教育能够在中国得到广泛实践。其次是孟禄,这位曾任美国哥伦比亚大学师范学院院长的教育家在 1913 年至 1941 年间,曾十余次来华,与我国的职业教育发展有着较为紧密的关系。在孟禄看来,中国最需要的教育恰恰是"谋生产的教育,为生活的教育"[①]。他主张中国应仿照美国,在普通中学设置职业科,以解决中学生毕业即失业这一问题,进而提出办职业学校必须符合的标准:"一是须受过职业教育的人,更能谋有利益的生活,谋这种生活的能力,总须比未受过职业教育的时候高些。不然,谁又肯来受这种教育? 二是职业学校所造的物件,当有普遍的销路。三是学习职业的历程,必须有教育上的价值。不然,工厂中也可学种种技能,又何必进学校去学? 四是

---

① 汤茂如.孟禄看的得意的学校[J].新教育,1922,4(4):157 - 161.

各种制造的方法和手续,要时时改良,总要比老的方法好。如果不及老的方法好,又如何能算是职业教育?"①孟禄在得知当时国民政府《学制系统草案》接受了他的部分建议后十分高兴,同时还不忘劝诫当政者"如何使乡下人利用农隙或冬天多赚些钱,使他们得到丰裕的生活,更是职业教育家的责任。所以职业教育,不但要为城里人打算,更要为乡下人打算"②。正是他们对我国教育及即将开启的职业教育存在的问题直言不讳地针砭,并提出了建设性的改良意见,对指导我国职业教育改革的方向、确立职业教育在学制中的地位才起到了重要的推进作用,但囿于时代的局限性和国别差异性,注定我国的职业教育无法亦步亦趋地跟在美国后面发展,而是在历经艰苦的摸索实践后自适应地向前发展。

第三节　蚕丝职业教育的探索与实践

一、蚕业职业教育概述

蚕业历来受到社会各界的重视,不仅是它具有锦衣华服之功,更多的是它具有诸多其他社会属性,如商品属性、税赋属性、表彰属性和稳基属性等。蚕业教育由蚕桑局到蚕学馆到各蚕学堂到甲乙种蚕校以及各类传习所、讲习所、试验场等,这些名称上的变化也从另一个侧面表明了国家和社会对蚕桑教育的持续关注程度。从中华职业教育社成立至抗战前,我国各省蚕业教育呈现出一个先扬后抑的过程。从历史发展的角度来看,蚕业职业教育有广泛的社会需求,但不具备全面开花的综合国力,这一点与当时全国各省创办的普通学校相对照便可知,我国蚕业职业教育乃至整个职业教育无论在数量还是质量上均为孱弱。1930 年,全国有初中 1320 所,中学 554 所,而职业教育仅有 272 所,其中 85 所还属于附设中学或师范之内;该年度全国公、私立中等教育机构中,计有学生 514609 人,其中职业学校学生仅有 34852 人,占 6.77%。1931 年,全国有职业学校 266 所,学生 40393 人;1932 年,职业学校为 265 所,学生 38015 人,就学校数量来看不增反减。③ 事实上,长期以来,与中学普通教育相比,职业学校的

①　孟禄的中国教育讨论[J].新教育,1922,4(4).

②　孟禄的中国教育讨论[J].新教育,1922,4(4).

③　教育部教育年鉴编纂委员会.第二次中国教育年鉴[M].上海:商务印书馆,1948:32.

经费在中等教育中确实处于滞后状态,职业教育倡导者钟道赞就曾一针见血地指出:"在 1933 年之前,华北偏重师范,中学次之,职业又次之;华南、华中偏重中学,师范次之,职业又次之;边远省份,则中学、师范俱无显著之表现,职业更无论矣。"①为了应对资本主义工商业发展对于掌握一定技术知识和能力的人才需求,以及普通中学中相当多未能升学学生就业的压力,从 1932 年底到 1933 年 9 月,国民政府教育部连续颁布了数部职业教育法规,如 1932 年 12 月颁布的《职业学校法》、1933 年 3 月制定的《职业学校规程》、1933 年 4 月颁布的《各省市施行中小学师范学校职业学校四种规程时应特别注意之事项》、1933 年 9 月颁布的《职业补习学校规程》等。这些法规对于职业教育的有序、规模化发展具有较强的指导性,但只是进行法规式规范指导,显然不能充分调动全国各省创办职业教育的积极性。于是,1933 年 9 月教育部配套下发了《各省市中等学校设置及经费支配办法》,规定各省市对于中等教育经费分配至 1937 年应达到"职业教育不低于 35%,师范教育约占 25%,中学约占 40%"②。该经费分配方案一经印发,各地方反响强烈,反应迅速,全国绝大部分省市斟酌本省市经费情形,确定分年改革方案,但奈何好景不长,抗战爆发,一切筹划均告破产。在此背景下,我国蚕业教育也呈现出了与大环境趋于一致的情况。据 1918 年民国教育部调查,全国各省甲种蚕业学校及甲种农校设蚕科的有 28 所,全国各省乙种蚕业学校及乙种农校设蚕科的则多达 140 多所,还附设有蚕业讲习所和女子蚕业学校共十余处。

各省甲种蚕校及甲种农蚕科一览表

省份	校名	地点	立案年月
直隶	公立农业专门学校附设甲种蚕科	清苑	1912 年 8 月
奉天	省立甲种农业学校蚕科	沈阳	1913 年 8 月
山东	公立农业专门学校附设甲种蚕科	济南	1912 年 8 月
山东	省立第一甲种农业学校蚕科	益都	1914 年 5 月
山东	省立第二甲种农业学校蚕科	滋阳	1915 年 1 月
河南	省立河北甲种农业学校蚕科	沁阳	1912 年 5 月
河南	省立洛阳甲种蚕业学校	洛阳	1913 年 8 月
河南	省立长葛甲种蚕业学校	长葛	1913 年 8 月

---

① 钟道赞.华北五省市之职业教育[J].中华教育界,1935(3):49-105.
② 教育部.职业教育法令汇编[M].上海:商务印书馆,1935:128.

续表

省份	校名	地点	立案年月
河南	省立甲等农业学校蚕科	开封	1913 年 5 月
河南	省立汲县甲种农业学校蚕科	汲县	1913 年 12 月
河南	新郑县县立甲种蚕业学校	新郑	1914 年 2 月
河南	杞县县立甲种农业学校蚕科	杞县	1915 年 1 月
河南	太康县县立甲种蚕业学校	太康	1915 年 10 月
河南	商城县笔架山甲种蚕业学校	商城	1918 年 12 月
山西	省立第二甲种农业学校蚕科	运城	1914 年 1 月
山西	公立农业专门学校附设蚕科	阳曲	1917 年 3 月
江苏	省立第二农业学校蚕科	苏州	1914 年 6 月
安徽	省立第二农业学校蚕科	芜湖	1915 年 12 月
福建	省立甲种蚕业学校	闽侯	1915 年 3 月
浙江	省立甲种蚕业学校	西湖	1915 年 2 月
湖北	省立甲种农业学校蚕科	武昌	1914 年 2 月
湖南	省立甲种农业学校蚕科	长沙	1914 年 10 月
湖南	私立务实甲种蚕业学校	芷江	1915 年 5 月
河南	私立务训甲种农业学校蚕科	衡阳	1915 年 7 月
陕西	省立甲种农业学校蚕科	西安	1915 年 9 月
广西	省立甲种蚕业学校	苍梧	1914 年 10 月
云南	省立甲种农业学校蚕科	昆明	1914 年 10 月
贵州	松桃县县立甲种实业学校蚕科	松桃	1916 年 11 月

注:各省乙种蚕校及乙种农蚕科中以山东、河南两省居多,分别为47所和40所,占全国数量的一半以上。

各省蚕业讲习所一览表

省份	校名	地点
江苏	江南蚕业讲习所	南京
浙江	省立女子蚕业讲习所	杭州
安徽	省立第一蚕桑讲习所	贵池
安徽	省立第二蚕桑讲习所	阜阳
安徽	省立女子蚕桑讲习所	安庆
四川	高等蚕桑讲习所	成都
湖南	省立蚕业讲习所	长沙
陕西	省立蚕业讲习所	西安

注:该教育样式在教授层级上相当于甲种蚕校,只是其授业年限较短。普通为两年,亦有三年者。大多也是分为养蚕和制丝两科,其科目多偏于蚕桑实用方面,对于普通课程,能略尽略。此外,还有所谓别科者,其年限更短,普通为一年,或者只有十个月。

各省女蚕校及女职蚕科一览表

省份	校名	地点	立案年月
江苏	省立女子蚕业学校	苏州	1914 年 3 月
江西	省立女子职业学校蚕科	南昌	1916 年 2 月
奉天	铁岭县立女子蚕业学校	铁岭	1918 年 2 月
湖北	省立女子职业学校蚕丝科	武昌	1914 年 10 月
湖南	私立吴氏务本女子职业学校蚕科	平江	1917 年 11 月

注：该女子蚕校的学制、科目与甲种蚕校相同，也有甲种农业学校设女子制丝部的，其修业年限为两年。教授科目分为学理与技术两项。前者学习的内容有算术、制丝法、工场管理法、杀蛹乾茧贮茧法等。后者学习的内容有制丝、杀蛹乾茧、贮茧、茧质检查、生丝检查、生丝整理、屑物整理等。

壬午学制出台以后，虽然在制度上为蚕业职业教育的开展辟开新径，但奈何国内各省军阀混战，教育经费与场地难以保障，同时办蚕业教育本身就比办普通教育费时费力费财，出于各种历史原因，各种蚕业学校多被变更与停废。中等蚕业教育就是一个缩影，如广西省立甲种蚕业学校、江南蚕业讲习所、安徽省立第二蚕桑讲习所及内地之甲种蚕校等，多有反遭废弃者。至 1931 年，我国各省中等蚕校及蚕科学校仅有 12 处。

各省中等蚕校及蚕科学校一览表

省份	校名	地点
山东	省立农林专门学校蚕科	济南
四川	省立农业专门学校蚕科	成都
浙江	省立蚕业学校	杭州
江苏	省立苏州农业学校蚕科	苏州
江苏	省立淮阴农业学校蚕科	清江浦
安徽	省立第二职业学校蚕科	芜湖
安徽	省立第四职业学校蚕科	宿县
安徽	省立第五职业学校蚕科	贵池
四川	南充县立中学农蚕部	南充
河南	上蔡县立职业学校蚕科	上蔡
河北	清河县立蚕桑学校	清河
广东	仲恺农工学院蚕科	广州

在蚕业高等教育方面，幸亏国内一些大学设立了蚕桑一科，且都给予了相

当程度的重视,关于蚕种制造、蚕学研究与桑树栽培等皆努力进行教授与推广,培养的专门人才也多能以所学服务社会。开设的科目较为深奥,本书以中央大学蚕桑科为例。该校在本科一、二年级,都教授蚕学的基本理论知识,如蚕体生理学、蚕体解剖学、蚕体遗传学、蚕体病理学、蚕体组织学、蚕种学、蚕业经营学、蚕桑化学、真菌学、细菌学、制丝学等课程。属于选修的有蚕业泛论、农业微生物学、作物育种学、细胞学、胚胎学、组织学、农业经济学、合作学、农业统计、农业地理等课程。此外,在学生即将毕业的学期,须任选一项蚕业的研究工作,相当于现在的毕业设计与实践,以检验学生能否将理论运用到实践中和解决实际问题的能力,所有考核通过之后予以毕业。其他设有农学院的大学,其蚕桑科开设情况大同小异,各省的农业专门学校中,也有设蚕桑科的,即便没有单独设科,也多开设有相关课程。至 1931 年,我国大学中设有蚕桑科的有“国立中央大学农学院蚕桑科(南京)”“国立浙江大学农学院蚕桑科(杭州)”“国立中山大学农学院蚕桑科(广州)”“私立金陵大学农学院蚕桑科(南京)”“私立岭南大学农学院蚕桑科(广州)”。

在女子蚕业教育方面,各省均有提倡,伴随着新文化运动和新学制等文化东风,我国女子蚕业教育呈现出了与中等蚕业教育截然不同的局面。至 1931 年,女子蚕业学校不仅没有减少,反而增加至 8 所。

各省女蚕校及女职蚕科一览表

省份	校名	地点
江苏	省立女子蚕业学校	苏州
山东	省立女子蚕业学校	济南
安徽	省立第一职业学校蚕科女子部	安庆
浙江	省立女子蚕业讲习所	杭州
河北	省立女子蚕业讲习所	北平
贵州	省立女子蚕丝业传习所	贵阳
贵州	蜀山县立女子蚕丝学校	蜀山
江苏	私立镇江女子职业学校蚕科	镇江

除上述蚕业学校教育外,还有与之相应的蚕业机关为我国蚕业振兴研制了诸多新技术,培养了一大批专业技术人才。这些蚕业改良机关在有针对性地研究某些蚕业问题的同时,也为蚕业学校的学生提供了实习实践基地,并通过产

学研合作共赢的方式进一步加深二者之间的联系与互动,取得了较为显著的成绩。

各省蚕业改良机关一览表

省份	校名	地点
江苏	省立无锡蚕丝试验场	无锡
江苏	省立扬州蚕业试验场原种部	扬州
江苏	省立蚕桑模范场	扬州
江苏	吴江县立蚕桑场	吴江
江苏	武进县立蚕桑场	常州
江苏	无锡县立蚕桑场	无锡
江苏	吴县县立蚕桑场	吴县
江苏	丹阳县立蚕桑场	丹阳
江苏	江阴县立蚕桑场	江阴
江苏	昆山县立蚕桑场	昆山
江苏	金坛县立蚕桑场	金坛
浙江	省立蚕业改良场	杭州
浙江	原蚕种制造场	杭州
安徽	省立模范蚕桑场	安庆
安徽	省立蚕种制造场	黄泡
山东	省立蚕种制造所	青州
四川	合川县蚕务局	合川
四川	保宁蚕务局	保宁
四川	眉州蚕务局	眉州
广东	全省改良蚕丝局	广州
广东	惠阳蚕桑局	惠阳
广东	惠罗蚕桑局	惠罗
贵州	省立蚕业试验所	贵阳
河南	省立第一蚕桑局	开封
河南	省立第二蚕桑局	信阳
河南	省立第三蚕桑局	洛阳

续表

省份	校名	地点
河南	省立第四蚕桑局	汲县
山西	省农桑局	太原
山西	阳曲县农桑局	阳曲
湖北	武昌官丝局	武昌
新疆	和阗县蚕桑局	和阗

此外,还有中国合众蚕桑改良会、广东万国丝业改良会、各省蚕业公会、蚕业促进社、蚕业与丝业公所等蚕业团体建立,它们一起为我国近代蚕业的振兴发展贡献力量。由于该团体名目繁多且存世时间长短不一,囿于资料搜集困难,暂未予以整理。

二、浙江省立蚕桑科职业学校教育教学内容的自适性探索与发展

该校源于清末林启创办的浙江蚕学馆,后历经"浙江中等蚕桑学堂""浙江中等蚕桑学校""浙江公立甲种蚕桑学校""浙江省立甲种蚕业学校"的演变与发展,在壬午学制的要求下,于1926年更名为"浙江省立蚕桑科职业学校",开始了长达20余年的蚕业职业教育。其间先后更名为"浙江省立高级蚕桑科中学""浙江省立高级蚕桑科职业学校""浙江省立高级蚕丝科职业学校",1936年更名为"浙江省立杭州蚕丝职业学校",一直到解放时期均为该名称。1927年,学校改为五年制职业学校,从五年级起分设制丝、养蚕两系,并开始招收女生,实行男女同校。同时附设补习班一级,共设七个班。为了便于职业教育与普通教育兼容互通,翌年学校更名为浙江省立高级蚕桑科中学,学级编制由五年制职业学校改为三年制高级中学,同时将补习班改为初级职业训练班,两年毕业。其后学校名称虽有变化,但学级未有变动,即二年制和三年制。经过前期数十年的办学历练与数代人的精心哺育,该校课程体系与教材大纲逐渐发展完善。该校更名为蚕丝职业学校后,便依照《职业学校法》及《职业学校规程》,以"培育青年生活之知识与生产之技能,分高初两级;高级部以养成蚕丝生产及管理机构之干部、工作人员,初级部以养成改良农村养蚕之基层人员"为办学目的。根据壬午学制的办学标准,该校也制定了下列办学标准。

高级部实施下列训练:

(一)锻炼强健体格,养成劳动习惯。

（二）陶融公民道德，增进职业道德。

（三）授与蚕丝生产专门知识与技能。

（四）培养蚕丝生产过程管理之能力。

（五）充实科学知能，建立研究基础。

（六）启发蚕丝兴趣，鼓励创业精神。

初级部实施下列训练：

（一）锻炼强健体格，养成劳动习惯。

（二）陶融公民道德，增进职业道德。

（三）授与蚕丝生产简易知识与技能。

（四）培养从事栽桑养蚕之基本能力。

（五）充实农业知识，培植科学基础。

（六）启发蚕丝兴趣，鼓励创业精神。

该校各学级均秋季开学，必要时呈准教育厅，招收春季学生，每学级设一班，每班以 40 人为度，但至少须有 25 人，初级部不分系，高级部至三年级，分养蚕、制丝两系，分设二班。在办学目标和人才培养规格定下之后，该校发觉以往学校的课程设置及内容设计有些问题，虽说参考了国内外同性质学校的课程设置，结合自身需要而自行拟定，但总感觉课程庞杂，难免有重复之处。为此，该校于 1936 年春，召集厘定课程委员会修改高中课程，并拟定本学期新招三年制初级的教学科目与时数。现将其课程列表如下：

二年制初级职业科课程

学科及时数	第一学年		第二学年	
	第一学期	第二学期	第三学期	第四学期
纪念周	一	一	一	一
公民	一	一	一	一
国语	五	五	四	四
日语	三	三	三	三
算术	三	三	三	三
理化	三	三	三	三
生物学	三	三	/	/
图画	一	一	/	/

续表

学科及时数		第一学年		第二学年	
		第一学期	第二学期	第三学期	第四学期
农业		二	二	二	二
养蚕学		三	三	/	/
栽桑学		三	三	/	/
蚕体生理及解剖		二	二	二	二
商业大意		一	一	/	/
簿记及会计		/	/	一	一
制种学		/	/	三	三
蚕业经营		/	/	二	二
蚕体病理		/	/	二	二
桑树病虫害		/	/	一	一
制丝学		/	/	三	三
蚕事实习		三	三	/	/
桑园实习		三	三	三	三
解剖实习		三	三	三	三
制丝实习		/	/	三	三
养蚕实习		春蚕一季	秋蚕一季	春蚕一季	秋蚕一季
消毒检种实习		不定期	不定期	不定期	不定期
共计	学科	三十一小时	三十一小时	三十一小时	三十一小时
	实习	九小时	九小时	九小时	九小时
每周时数		四十小时	四十小时	四十小时	四十小时

三年制初级职业科课程

学科及时数	第一学年		第二学年		第三学年	
	第一学期	第二学期	第三学期	第四学期	第五学期	第六学期
纪念周	一	一	一	一	一	一
公民	一	一	一	一	一	一
童军	二	二	二	二	二	二
国语	四	四	四	四	四	四

续表

学科及时数	第一学年		第二学年		第三学年	
	第一学期	第二学期	第三学期	第四学期	第五学期	第六学期
英语	三	三	三	三	三	三
算术	三	三	三	三	三	三
理化	三	三	三	三	／	／
生物学	二	二	二	二	／	／
图画	二	二	／	／	／	／
商业大意	一	一	／	／	／	／
珠算簿记	／	／	一	一	／	／
农业	三	三	三	三	二	二
蚕体生理及解剖	一	一	二	二	二	二
生理及解剖实习	／	／	三	三	三	三
蚕业泛论	一					
养蚕学	三	三	／	／	／	／
栽桑学	三	三	／	／	／	／
蚕种学	／	／	三	三	／	／
蚕病学	／	／	三	三	／	／
制丝学	／	／	一	一	二	二
蚕业经营	／	／	／	／	二	二
蚕丝指导						
蚕丝业法规	／	／	／	／		
制丝经营及丝厂管理	／	／	／	／	一	一
生丝整理及检查	／	／	／	／	一	一
农场实习	三	三	三	三	三	三
桑园实习	三	三	三	三	三	三
制丝实习	／	／	／	／	一天	一天

续表

学科及时数		第一学年		第二学年		第三学年	
		第一学期	第二学期	第三学期	第四学期	第五学期	第六学期
养蚕实习	养蚕	/	春蚕一季	秋蚕一季	春蚕一季	秋蚕一季	春蚕一季
	制种	/	春蚕一季	秋蚕一季	春蚕一季	秋蚕一季	春蚕一季
	消毒	不定期	不定期	不定期	不定期	不定期	不定期
	催青	/	春蚕	秋蚕	春蚕	秋蚕	春蚕
	浴种	不定期	不定期	不定期	不定期	不定期	不定期
	浸酸	不定期	不定期	不定期	不定期	不定期	不定期
	整种	不定期	不定期	不定期	不定期	不定期	不定期
	检种	不定期	不定期	不定期	不定期	不定期	不定期
	蚕具制造	二	二	/	/	/	/
毕业旅行		/	/	/	/	/	/
共计	学科	三十三小时	三十三小时	三十二小时	三十二小时	二十六小时	二十六小时
	实习	八小时	八小时	九小时	九小时	十三小时	十三小时
每周时数		四十一小时	四十一小时	四十一小时	四十一小时	四十一小时	四十一小时

三年制高级职业科课程

学科及时数	第一学年		第二学年		第三学年			
					养蚕系		制丝系	
	第一学期	第二学期	第三学期	第四学期	第一学期	第二学期	第一学期	第二学期
纪念周	一	一	一	一	一	一	一	一
公民	一	一	一	一	一	一	一	一
军训	三	三	三	三	/	/	/	/
国语	三	三	三	三	三	三	三	三
日语	五	五	五	五	五	五	五	五
数学	三	三	三	三	/	/	/	/
物理	二	二	二	二	/	/	/	/
化学	二	二	二	二	/	/	/	/
生物	二	二	/	/	/	/	/	/
蚕业泛论	一	一	/	/	/	/	/	/

续表

学科及时数	第一学年		第二学年		第三学年			
					养蚕系		制丝系	
	第一学期	第二学期	第三学期	第四学期	第一学期	第二学期	第一学期	第二学期
养蚕学	三	三	／	／	／	／	／	／
栽桑学	三	三	／	／	／	／	／	／
显微镜使用法	一	一	／	／	／	／	／	／
农业	三	三	三	三	／	／	／	／
桑害学	／	／	一	一	／	／	／	／
制丝学	／	／	三	三	／	／	／	／
会计学	／	／	二	二	／	／	／	／
蚕种学	／	／	／	／	三	三	／	／
野蚕大意	／	／	／	／	一	一	／	／
蚕体解剖	／	／	／	／	三	三	／	／
蚕体解剖实习	／	／	／	／	四	四	／	／
蚕体生理	／	／	／	／	二	二	／	／
蚕体病理	／	／	／	／	二	二	／	／
蚕种遗传学	／	／	／	／	二	二	／	／
蚕业经营	／	／	／	／	二	二	／	／
蚕业法规	／	／	／	／	一	一	／	／
气象学	／	／	／	／	二	二	／	／
土壤肥料	／	／	／	／	二	二	／	／
蚕桑分析	／	／	／	／	二	二	／	／
微生物	／	／	／	／	二	二	／	／
纤维学	／	／	／	／	／	／	一	一
丝厂管理学	／	／	／	／	／	／	／	一
生丝整理及检查	／	／	／	／	／	／	一	一
制丝经营及贸易	／	／	／	／	／	／	二	二
绢丝分析	／	／	／	／	／	／	二	二
制丝用水	／	／	／	／	／	／	一	／
屑物整理	／	／	／	／	／	／	一	／
机械学	／	／	／	／	／	／	二	二
机械制图	／	／	／	／	／	／	三	三
乾茧学	／	／	／	／	／	／	一	一
农场实习	三	三	三	三	／	／	／	／

续表

学科及时数		第一学年		第二学年		第三学年			
		第一学期	第二学期	第三学期	第四学期	养蚕系		制丝系	
						第一学期	第二学期	第一学期	第二学期
桑园实习		三	三	三	三	三	三	/	/
养蚕实习	养蚕	/	春蚕一季	秋蚕一季	春蚕一季	秋蚕一季	春蚕一季	/	/
	制种	/	春蚕	秋蚕	春蚕	秋蚕	春蚕		
	消毒	无定时	无定时	无定时	无定时	无定时	无定时	/	/
	催青	无定时	无定时	无定时	无定时	无定时	无定时	/	/
	浴种	无定时	无定时	无定时	无定时	无定时	无定时	/	/
	浸酸	无定时	无定时	无定时	无定时	无定时	无定时	/	/
	整种	无定时	无定时	无定时	无定时	无定时	无定时	/	/
	检种	无定时	无定时	无定时	无定时	无定时	无定时	/	/
	蚕具制造	三	三	无定时	无定时	无定时	无定时	/	/
	蚕事指导	/	/	/	/	无定时	无定时		
制丝实习	购茧	/	/	无定时	无定时	/	/	无定时	无定时
	剥茧	/	/	无定时	无定时	/	/	无定时	无定时
	煮茧	/	/	无定时	无定时	/	/	无定时	无定时
	缫丝	/	/	一天	一天	/	/	二天	二天
	扬返	/	/	无定时	无定时	/	/	无定时	无定时
	生丝整理	/	/	无定时	无定时	/	/	无定时	无定时
	生丝检查	/	/	无定时	无定时	/	/	无定时	无定时
	屑物整理	/	/	无定时	无定时	/	/	无定时	无定时
	丝厂管理	/	/	无定时	无定时	/	/	无定时	无定时
修业旅行		/	/	/	/	/	两星期	/	两星期
共计	学科	三十三小时	三十三小时	二十九小时	二十九小时	三十七小时	三十七小时	二十六小时	二十六小时
	实习	九小时	九小时	十三小时	十三小时	三小时	三小时	十四小时	十四小时
每周时数		四十二小时	四十二小时	四十二小时	四十二小时	四十二小时	四十二小时	四十二小时	四十二小时

该时期的课程明显突出了养蚕实习和制丝实习的内容与时段,且增长了实习时长;删除了旧制中的英语、图画、有机化学、用器画、绢丝纺织、农村社会、商

业概论、簿记学、烘茧等课程。改良后的课程设置与内容，不仅减轻了学生在校期间所学的基础理论知识，而且还将各类相关实习融入整个学业过程中，力争达到"授与蚕丝生产专门知识与技能，培养蚕丝生产过程管理之能力"的预定教育目标。

关于课程教材的教授程度，该校该时期制定了较为详细的教材大纲，限于篇幅，本书只摘取教育部规定中等学校暂行课程标准之外、须酌情地方学校情形增设的专门课程的大纲，也就是该校自设的课程教材大纲。

蚕业泛论教材大纲：蚕业的起源及发达：（一）概说；（二）我国蚕业的起源及发达；（三）日本蚕业的起源及发达；（四）意法蚕业的起源及发达。我国蚕丝业的地位：（一）世界生丝生产上的地位；（二）我国贸易上的地位；（三）我国工业上的地位；（四）我国农业上的地位。蚕业经营及现状：（一）养蚕制丝的经营及现况；（二）蚕种制造业的经营及现状；（三）制丝业的经营及现况。蚕丝业的保护奖励：（一）蚕丝业行政机关；（二）蚕丝业教育研究机关；（三）生丝检查机关；（四）蚕丝业团体；（五）事业的奖励补助；（六）蚕病预防及取缔；（七）对外设施。蚕丝业的未来推测：（一）蚕丝消费的未来推测；（二）蚕丝生产的未来推测；（三）结论。

养蚕学教材大纲：（一）养蚕之目的；（二）由饲育季节以别养蚕之分类并饲育法（三）养蚕计划；（四）蚕种之选择及购入；（五）蚕室；（六）蚕具；（七）蚕室之洗涤及消毒；（八）蚕具之洗涤及消毒；（九）饲育法；（十）蚕种之催青；（十一）收蚁；（十二）蚕室内之气象；（十三）饲料；（十四）摘桑及贮桑；（十五）调理；（十六）给桑法；（十七）除沙；（十八）矿产分箔；（十九）眠起蚕之保护；（二十）上族；（二十一）收茧。

蚕种遗传学教材大纲：（一）总论；（二）孟德儿氏之业绩及其遗传法则；（三）遗传与细胞；（四）蚕之种种遗传形质；（五）蚕之遗传形质之实用的批评；（六）卵之形质遗传；（七）体色遗传；（八）血色与茧色之遗传；（九）眠性遗传；（十）有瘤性之遗传；（十一）石蚕与枝蚕之遗传；（十二）油蚕之遗传；（十三）畸形之遗传；（十四）茧色之遗传；（十五）茧形之遗传；（十六）同功茧之遗传；（十七）茧层量之遗传；（十八）茧绵之遗传；（十九）蛾之斑纹之遗传；（二十）卵黄色与血色与茧色；（二十一）遗传与雌雄；（二十二）遗传与饲育；（二十三）变异；（二十四）彷徨变异；（二十五）适应变异；（二十六）偶然变异。

蚕种学教材大纲:(一)绪论;(二)蚕之来源;(三)蚕种实用上之区别;(四)蚕之品种;(五)纯粹种;(六)春蚕种之性状;(七)秋蚕纯粹种之性状;(八)多化性种之性状;(九)固定种之性状;(十)各国蚕种之比较;(十一)交杂种之性状;(十二)一代交杂种之性状;(十三)蚕种制造与保护;(十四)生殖与蚕种;(十五)生殖器;(十六)生殖细胞;(十七)胚子的发育;(十八)蚕种之特性;(十九)蚕卵外观上之变化;(二十)蚕种之呼吸;(二十一)蚕种与外界;(二十二)蚕种之制造;(二十三)原种之选择;(二十四)原种之饲育;(二十五)种茧之选择及保护。

蚕体解剖学教材大纲:(一)蚕之外形;(二)蚁蚕之外形;(三)皮肤及腺;(四)绢丝腺;(五)消食管;(六)肾脏管;(七)呼吸器;(八)背脉管及血液;(九)脂肪;(十)筋肉;(十一)神经系;(十二)感觉器;(十三)生殖器;(十四)脱皮中之诸器官;(十五)蛹之外形;(十六)蛹之内形;(十七)蛾之外形;(十八)蛾之皮肤及腺;(十九)蛾之消化器及肾脏管;(二十)蛾之呼吸器背脉管及脂肪组织;(二十一)蛾之筋肉;(二十二)蛾之生殖器;(二十三)卵;(二十四)精虫;(二十五)胚子。

蚕体生理学教材大纲:(一)绪论;(二)家蚕之成分;(三)物质代谢;(四)营养;(五)食物;(六)消化;(七)吸收及同化;(八)血液及循环;(九)血液之色免性;(十)呼吸;(十一)排泄;(十二)成虫;(十三)变态;(十四)绢丝之生成;(十五)蚕;(十六)蚕之生殖与外界之关系;(十七)温度;(十八)湿度;(十九)光线;(二十)有害物;(二十一)势力代谢;(二十二)体温;(二十三)感觉;(二十四)运动;(二十五)趋移性本能及智能;(二十六)生殖;(二十七)生殖细胞及受精;(二十八)胚子;(二十九)再生;(三十)遗传。

蚕体病理学教材大纲:(一)绪论;(二)原因于节肢动物之蚕病;(三)蚤蛆病;(四)多化性;(五)金毛虫病;(六)孽虱病;(七)原因于原生动物病;(八)微粒子病;(九)脓病;(十)原因于菌类之蚕病;(十一)白僵病;(十二)绿僵病;(十三)原因于细菌之蚕病;(十四)猝倒病;(十五)起缩病;(十六)原因于非生物之蚕病;(十七)软叶病;(十八)中毒;(十九)外伤;(二十)蚕病预防。

栽桑学教材大纲:(一)绪论;(二)桑树的种类;(三)桑树的分布地;(四)桑树在植物分类学上的地位;(五)桑树的一般的性质形态;(六)植物分类学上桑树的种类;(七)养蚕实用上的桑树品种;(八)我国固有的品种;(九)日本著名

的栽培品种;(十)欧洲的实用品种;(十一)桑树品种的选择;(十二)品种选择的一般要件;(十三)春蚕用桑与夏蚕用桑;(十四)桑树的品种改良;(十五)自然杂种的选出法;(十六)偶然变异利用法;(十七)人为交杂法;(十八)纯系分离法;(十九)接木变异利用法;(二十)桑树的繁殖;(二十一)繁殖的种类;(二十二)播种法;(二十三)接种法;(二十四)压条法;(二十五)迁枝法;(二十六)复育法;(二十七)桑苗的审理及鉴定。

桑害学教材大纲:(一)绪论;(二)因菌类寄生而起的病害;(三)菌害防除概论;(四)根部的菌害;(五)干条的菌害;(六)叶的菌害;(七)花葚的菌害;(八)桑的细菌病;(九)因生理的障碍而起的病害;(十)萎缩病;(十一)挛枝病;(十二)斑叶;(十三)烟害;(十四)因虫类侵蚀而起的灾害;(十五)虫害驱除概说;(十六)食害桑树芽叶的昆虫;(十七)食害桑树干枝的昆虫。

蚕业经营教材大纲:(一)养蚕业之意义;(二)养蚕业发达之要件;(三)蚕丝业之分业及协力;(四)蚕业之性质;(五)养蚕经营与养蚕企业;(六)养蚕业之经营与要素;(七)养蚕经济与养蚕技术;(八)养蚕业之经营与养蚕技术;(九)养蚕业之经营与规模;(十)养蚕业之经营与蚕种;(十一)养蚕业之经营与育种法;(十二)养蚕业之经营与桑园;(十三)养蚕业之经营与夏秋蚕;(十四)养蚕与合作。养蚕合作:(一)总论;(二)养蚕合作社之利益;(三)养蚕合作社之种种;(四)养蚕合作社之业务;(五)养蚕合作社之组织;(六)养蚕合作社业务之分配。

制丝学教材大纲:(一)总论;(二)生丝之原料;(三)蚕丝之物理上性质;(四)茧之形状色泽紧缓缩皱重量丝长织度类节;(五)强力及伸度;(六)练茧量;(七)茧丝之化学上性质;(八)购茧之重要;(九)购茧之方法;(十)购茧地之选择;(十一)茧之买卖方法;(十二)茧质鉴定法;(十三)茧价之算定;(十四)茧之真价;(十五)生茧之处理;(十六)茧之搬运;(十七)茧行;(十八)煮茧之意义;(十九)煮茧之要旨;(二十)煮茧前之处理法;(二十一)煮茧作用;(二十二)茧腔吸水作用;(二十三)茧层渗透作用;(二十四)茧中物质之溶解作用;(二十五)丝胶之凝固作用;(二十六)煮茧方法;(二十七)茧之品质与煮茧方法;(二十八)煮茧之分量;(二十九)煮茧汤之浓度;(三十)煮茧温度及时间;(三十一)茧之煮熟程度;(三十二)煮熟茧之保护;(三十三)绷剩茧之处理;(三十四)煮茧用的蒸汽压力;(三十五)煮茧场与煮茧锅、煮茧台及其附属品;(三十六)丝法之种别；(三十七)缲丝前之准备工程；(三十八)座绰绰丝法；(三十九)足踏缫丝法；(四十)机械缫丝法；(四十一)整绪法；(四十二)施缴；(四十三)添绪；(四十四)断绪；(四十五)织度整齐法；(四十六)系丝；(四十七)缫桦之回转；(四十八)缫桦之缠丝量；(四十九)各种缫丝法之得失；(五十)浮沉缫之比较；(五十一)制丝技术之改良；(五十二)多条缫丝机械；(五十三)多条缫丝方法。

此外，还有野蚕论、乾茧学、制丝用水、屑物整理、生丝整理及检查、丝场管理学、制丝经营及贸易、纤维学、机械学(原动机、给水机、传动机、燃料、乾茧机、原料茧整理机、煮茧机、缫丝机、扬返机、生丝检查机、屑物整理机等)、气象学、土壤肥料学、蚕桑分析、绢丝分析、蚕丝业法规、微生物、农业大意教材大纲等，限于篇幅本书就不一一罗列。通过上述教材大纲的设计，我们可以较为清晰地感受到，当时该校课程教学已然摆脱了仿袭日本、欧美的窠臼，而是根据我国各地蚕业情形，运用科学的方法与理论制定出符合自身需要的课程与教材内容。其大纲的设计具有较为明显的科学性、严谨性、系统性和特色性，是我国近代传统特色手工产业教育自适应发展的一个力证。

第四节　陶瓷职业教育的探索与实践

一、陶瓷职业教育概述

我国陶瓷发明较早，尤其是瓷器的发明更是与国同名，明清时期之繁盛足以令世界为之迷狂。然而清末以来的百余年里，我国瓷业囿于技术上的保守、制瓷思想上的落后，导致进步迟缓，为西方反超。有识之士莫不为之忧心忡忡，继而提倡改进我国旧有瓷业，以挽回利权。考究改进瓷业方法，首先在于培养相应的技术人才，人才丰盈才能带动瓷业高质量发展。在壬午学制前，我国各地才俊纷纷通过多种形式获取瓷业先进技术，并积极地在产瓷区兴建陶瓷职业学校，培养现代化瓷业生产中等技术人才和管理人才，为我国陶瓷产业的现代化发展奠定了良好的基础。如江西、湖南、江苏、浙江、福建、四川、山西、陕西、甘肃等省份，或建立陶瓷专科职业学校，或设立陶瓷科于职业学校中，或在工业专门学校之中开辟课程，训练陶瓷人才。至 1945 年，我国各省陶瓷职业学校如下表所示：

各省中等陶瓷学校一览表

省份	校名	地点
江西	江西省立窑业学校	鄱阳
江西	浮梁县立初级陶瓷职业学校	浮梁
江苏	江苏宜兴初级陶瓷职业学校	宜兴
江苏	江苏省立瓷业学校	苏州
广东	广东省立高陂陶瓷科职业学校	大埔
福建	福建省立德化陶瓷职业学校	德化
四川	四川江津窑业学校	江津
四川	重庆高级陶瓷科职业学校	巴县
甘肃	甘肃省立华亭陶瓷职业学校	华亭
河北	国立北平艺术专科学校陶瓷科	北平
山西	山西省立高等工业学校陶瓷部	太原
陕西	陕西三原职业学校陶瓷部	三原

　　除了上述中等陶瓷职业学校外,一些产瓷区在中小学中设立陶瓷职业班,以便普通学校学生就业之考量,如景德镇市立中学饰瓷班、景德镇立女子公学陶瓷美术职业班、萍乡上埠小学陶瓷班等。

　　民国成立以来,国民政府对于陶瓷业较为提倡,在设立专门学校训练技术人才的同时着手开办相关试验所,以谋求瓷业改进。先后在北平、济南、天津、太原、南昌、广州、宜兴、南京、上海等地,设立陶瓷试验所,或于工业试验所内、研究院内设置陶瓷部,罗致专门人才,负责研究。然而当时战乱频仍,经济支绌,旋兴旋废,成效难以预期,但其瓷业现代化的自主实践为我国瓷业发展探索了方向。

各级各类陶瓷研究机关一览表

省份	陶瓷机关名称	地点
河北	北平工业试验所	北平
江苏	中央研究院陶瓷试验场	南京
江苏	中央工业实验所窑业实验室	南京
山东	山东省立工业试验所窑业科	济南
河北	河北省立工业试验所窑业科	天津
山西	山西省立工业试验所窑业部	太原
江西	江西省立陶业试验所	南昌
江西	江西省陶业管理局陶业人员养成所	景德镇

　　除上述官方组织的陶瓷试验机构外,还有一些民间自发组织的团体,他们也曾为我国陶瓷业的发展做出过一定的贡献,如江西景德镇民间艺人自发组织

的瓷业美术研究社以及后来的月圆会等。

二、江西省立窑业学校办学模式的自主探索与特色发展

壬午学制以来，各相关产瓷区陶瓷职业学校曾有一个短暂的发展时期，但随着北伐战争、抗日战争、人民解放战争等一系列战争的摧残与洗礼，能够完整地保留且坚持办学的确属寥寥，其中江西省立窑业学校便是创办时间最早、办学历时最长、办学过程最为曲折、办学样式最为丰富、办学层次最高的一所陶瓷职业学校。

1896 年，两江总督张之洞上书光绪帝《江西绅商禀请办小火轮、瓷器及蚕桑学堂折》，首次提出在江西办瓷业学堂。光绪二十九年（1903）五月四日，时任江西巡抚柯逢时，就开办景德镇瓷业公司一事，向内务部政务处、户部咨议，然后会同南洋通商大臣、两江总督魏光焘上书慈禧太后及光绪帝，在景德镇设立官商合办瓷业公司。景德镇瓷业公司成立后，因经费问题一度萧条。光绪三十二年（1906）江西候补道李嘉德请改景德镇瓷业公司为江西瓷业公司，并赴上海寻求上海道瑞澂集股，瑞澂请来张謇，张謇表示支持。光绪三十三年（1907），两江总督端方奏议该公司改为商办较有把握。议集股 20 万元，每股 5 元，计 4 万股。发起人张謇、瑞澂、李嘉德、康特璋认购 1.5 万股（其中张謇认购 1 万股），等批准后再招 2.5 万股。宣统元年（1909）三月，清廷农工商部批准立案，十月，四位发起人"计营江西瓷业公司"。由于该公司为新式瓷业公司，使用机械制瓷，该公司的工人就需要学习现代化制瓷技术及相关的煤窑烧造知识等，所以按照原计划，该公司便在鄱阳分厂创办新式瓷业学堂，以造就专门技术人才，改良瓷业。在当时的政府窘困之际，要想办好这件事情，较为可行的办法则是联合办学，于是该公司便联合相关产瓷区冀、鄂、苏、皖、赣五省协款创办中国陶业学堂。至此，中国陶业学堂于 1909 年在江西瓷业公司饶州分厂内试办学，并取得了较为理想的成绩，这一点可以在南洋劝业会的记载中得到印证。江西瓷业公司成立后，康特璋任总经理。康特璋又名康达，安徽祁门人，贡生，曾任内阁中书，为清末民初的社会活动家、实业家，赞成维新，主张改良。张浩为日本东京工业大学窑业毕业生，任该公司副总经理兼鄱阳分厂厂长。堂长为东乡举人徐凤钧。

对于该处陶瓷教育，《饶州之陶瓷教育》指出："该处人士今年以来，颇有改良陶瓷业之观念，故于四五年前由江西省实业司在该县设立陶器学校，校址在

江西瓷业公司园内,以五年为卒业期限,以养成陶瓷业学生。现有学生六十名,校长及教务长皆日本东京高等工业学校卒业生。校中设备甚为完全,实验室中设有汽机,多方研究,其制造品比前所有之生地甚为洁白。其绘画则以写生画为多,又其制造品在圣路易万国博览会受奖牌者不少。以前中国无铜板画,现该校亦能完全制成,此等制品不久当可与东洋品竞争也,至于转写画,目下尚在试验中,惟其绘师则乃为数年前旧绘师耳。"[①]

通过上述记载推知该校教育成绩大有可取之处。然而,不少学者研究提出该学校建在鄱阳是无奈之举,因为该学校原本是要建立在景德镇的,由于景德镇地方顽固守旧,所以被迫选址在鄱阳县。

笔者通过史料分析与田野考察发现,该观点有待商榷。众所周知,景德镇不仅是我国著名的瓷都,也是享誉世界的制瓷圣地,陶瓷文化的汇聚地。据可考史料记载,景德镇自汉代就开始了制瓷业,而上饶鄱阳的制瓷业在历史上没有明确记载,但中国陶业学堂偏偏选择在此办学,经过调查分析得出以下两个方面的原因。第一,景德镇手工业者因循守旧、故步自封、惧怕革新。1914 年,中国现代教育家黄炎培在调研景德镇陶瓷职业教育发展状况时认为:"景德镇制瓷者,墨守成规不可改,担心一经改良,手工技术竟被淘汰而无啖饭,势且出于合群抵制之一途,故迁地以避之。"该校首任校长张浩也认为:"景德镇只知守旧,反对改良,只知烧柴,不肯烧煤,陶业没有前途,陶瓷教育也没有前途。"这是中国陶业学堂当时没有选址在景德镇的原因之一。第二,中国陶业学堂成立之初为厂办学校,其主要目的就是为江西瓷业公司培养现代科学技术人才,所以中国陶业学堂的选址在很大程度上取决于江西瓷业公司的决定。从商业的角度来分析,景德镇与鄱阳一衣带水,鄱阳的水运较景德镇发达,从商人经营的角度考虑,鄱阳便利的交通、廉价的水运是当时该校选址鄱阳的一个重要原因。鄱阳县在景德镇的西南方仅百余公里,西面毗邻鄱阳湖,鄱阳湖自古至今都是赣东北、皖西南通江达海的黄金水道、重要的交通枢纽。景德镇的昌江与乐平的乐安河在鄱阳姚公渡处交汇成饶河。饶河经鄱阳城南注入鄱阳湖。在民国版《鄱阳县志》中就有这样的记载:"鄱阳清末有安徽祁门人康达,原本实业专家,锐意以改良景德镇陶瓷为己任,乃集资创办江西瓷业公司,设总厂于景德

---

① 张仁任.饶州及景德镇之陶瓷业[J].农商公报,1918(2):154-161.

镇,分厂鄱阳高门,最初以瓷业原料均非景德镇所产,须从星子、都昌、鄱阳、余干等经昌江进原料,沿途滩险,运费又高,成本增加,而后制成的成品又需要溯江运至鄱阳,换船出口,几经辗转,破损较多,于是乃在鄱阳高门购置地皮,建设房屋,开办中国陶业学堂。"此为中国陶业学堂当初选址在鄱阳的第二个原因。

选择在鄱阳办学是不是一个非常理想的校址呢? 校长邹俊章归纳该校有四个方面的困难:其一,交通不便且多匪患;其二,距制瓷中心较远,不便学生考察实习;其三,报考学生,多属附近农家子弟,对于陶业兴趣较寡;其四,鄱阳中学较多,职业类学校招生不易。于是该校在大革命后为了谋求更好的发展而引发了迁移校址的讨论,留美派代表邹俊章等人认为,学校应迁往制瓷圣地景德镇,而以张浩为代表的留日派则认为学校应该迁往交通更加便利的九江或者湖口县。主张迁移九江者,认为九江交通便利,容易招纳全国有志于陶学之士;主张迁移湖口者,则认为湖口扼鄱阳湖之口,将来鄱阳港建成,湖口工业繁盛,交通便利可以预断,且有景湖马路直达景德镇,学校迁建于此,既在交通便利之地,易于招纳全国有志之士,也接近景德镇,学生往来景德镇陶瓷工厂参观学习,可收直接观感之效果。但上述两地与当下学校面临的困难一样,就是陶瓷职业班学生招生不易。然而,学校若要迁往景德镇,则有以下诸多方面的优势:一是陶校在景德镇能直接感受景德镇厚重的陶瓷文化氛围,生产实习方便;二是景德镇的陶瓷工厂也能直接受到学校科学技术与艺术的影响,景德镇自明清以来成为全国制瓷中心,改良陶业先从景德镇开始,取得了突破,影响也较大;三是贫穷学生可以用暇时或假日去厂里打工,以籍资补助;四是景德镇鼎盛时期有窑户四千,工人二十万,就学者多有陶业子弟,对陶学充满兴趣;五是毕业生毕业谋工作较易;六是景德镇人口稠密,小学多而中学少,招生较易;七是提倡女子职业以景德镇为宜,如艺术组招收女生,毕业后可绘瓷谋生;八是在景德镇还可附办艺徒补习班,教导失学儿童学艺;九是景德镇交通虽不太便利,但宁湘铁路有过景计划,且公路景湖段正在修建,年内可通车;十是景德镇大生树畜产公司将里村八股山山地赠送学校,稍加平整足可建校,新建校舍经费与旧校舍修缮扩建开支不会增加太多。其实该校早在 1916 年便在景德镇建立了分校。民国五年(1916),鉴于江西瓷业公司饶州分厂的倒闭,同时江西省立第二甲种工业学校已具规模、学生人数增加,为了便于学生的实习、感观等情况,学校向官厅请得前清御窑厂(景德镇)内房屋一部,添设乙种分校,名为江西省立乙种工业学校,以培养成瓷与画瓷技术人才为目的。校址在毕家上弄原御窑厂西南部,校务主任(校长)由清末秀才、两江师范学堂美工科毕业生汤有光担任。分校属于初级(高校级)实业学校,招初小毕业生,学制三年。其招生范围广及安徽、浙江、江西等省,学生免费入学,并由学校供给膳宿;本地走读学生每月发三百钱充伙食费。学校设饰瓷班和成瓷班,建新式方形煤窑一座,为景德镇柴窑改革煤窑之始,在校学生曾一度多达百余人。课程设置按饰瓷和成瓷两种专业开设,文化基础课设置有修身、国文、算术、历史、理化、体操等。文化课的时间不超过教学总量的三分之一,学生每周一半时间在课堂,一半时间在工厂。专业课教师多由本部的优秀毕业生和景德镇的陶瓷名家担任,其中美术教师邹筱松,四川人,就是当时瓷艺界的名家。文化课则由地方学识渊博者担任,如国文由前清举人余兆麟教授,教学成绩优良,社会反响较好。"附属乙种工校,取实地练习窑业之便利,设景德镇。实习时间占三分之二。不待毕业为人争聘以去者,时有所闻,是职业需要教育之好现象也。"[1]民国十三年(1924),分校停止单独招生,只接待校本部的师生来景德镇实习。失去了便利的实习平台,学校的办学质量便得不到有效保障,同时也不符合教育部的要求,所以邹俊章决心要将学校迁址景德镇,达到一举多得的目的。于是他借助省教育厅厅长陈礼江是其美国伊利诺伊大学同学的关系,很快迁校景德镇的计划便被批准,并获得迁校经费 15000 元。然而,不巧的是,正待该计划如火如荼地进行时,邹俊章校长却因病去世,随后陈礼江也他调,该校迁址景德镇的计划也就不了了之,取而代之的是,学校于 1934 年迁往九江办学。

在鄱阳办学期间,该校在邹俊章等人的带领下锐意进取,面对战火洗劫后零落衰败的局面,尤其是学校相关教育教学表册、卷帙、规程多无留存,即使有也缺略不足。所以邹俊章上任以后先从制定表册、整理校务、订立规章、改进校风入手。例如:制定了《本校简章》,简章分校名、校址,编制、宗旨,学科、课程,学年、学期,休假日,入学、在学、转学、休学、退学、续学,请假、缺席、旷课,考试、升级、毕业、补考,奖励,管训,寄宿,纳费,离校手续等 13 章和 1 个附则;各项规则条例,分行政、教务、组务及工场、训育、事务、附录 6 个方面共 46 项。在行政概况的职权分配表中,明确规定全校设置校长、教务主任、训育主任、事务主任、

---

① 朱有瓛.中国近代学制史料:第 3 辑:下册[M].上海:华东师范大学出版社,1992:416 – 417.

学术组及艺术组主任等 15 个岗位和分校保管员、驻省领费员两个不支薪只给津贴的岗位；同时明确各个岗位的职责和权限。为实现校务公开、民主决策，规定重要校务决议由校长领导下的教职员会议决定。教职员会议学生自治会可派代表 2—3 名列席。设经济委员会，由全体教职员选举 5—7 名委员组成，但校长、事务主任、会计不得当选委员。经济委员会的主要职责是监督本校经济，审查收支账目、预算和特别费用。总之，整理校务、订立规程的目的是务必使全校各方面的工作和每项工作的各个环节都做到有章可循，违章必究。

改革学制，即从 1927 年开始高初级本科班"三三"学制改为设艺术组和学术组，招收高小毕业生。艺术组 4 年，学术组 6 年，称"四六"学制。学术组 6 年等同普通中学的"三三"学制，考虑到学生毕业升学方便，适当增加普通科目，减少陶学科目。艺术组招收有志于陶业的青年，授以陶业技艺和普通知识，毕业后能在陶业工厂担任技术工作。学术组招收有志于陶业的青年，授以普通知识、陶学理论和陶业技术，毕业后能够用学理改良陶业，又可升入专科学校或大学。正如邹俊章所述："按双轨制要求，一方面，变更课程，注重实际以便造就使用技术人才。""另一方面，提高学级，介绍欧西新著，籍图陶业学术深造。"这一改革方案经省教育厅核准后，于 1928 年教学年度开始执行。此时学校有 6 个班，在校生 101 名（其中女生 8 名），首次改男女分班授课为合班授课。1929 年学生增至 122 名，其中高级三年级 6 名，初级三年级 14 名，选科生 3 名；学术组二年级 26 名，一年级 29 名；艺术组二年级 18 名，一年级 26 名。

各科课程按学科性质分必修和选修，第一学期课程一律必修，自第二学期再实施选修。按学分制，凡课外预备一学时以上的科目每周授课一学时，满一学期为一学分，课外预备时间较少的科目（如图画、体育、实习等）每周授课一学时，一学期半学分。艺术组 4 年平均每学期须修满 27 学分，共修满 216.5 学分方可毕业；学术组 6 年平均每学期修满 28 学分以上，共修满 343.5 学分方能毕业。若有天资优异与资质淹迟者，视其上学期成绩的优劣，本学期可酌量增减若干学分（每学期增减最多 4 学分）。选修学科在两星期内若学习感觉困难者，经学科教员及教务主任许可，可以改修或取消，但以一次为限。每学期各科缺席时数超过该学科授课时数三分之一者不给学分。

按"四六"学制编制各科教程纲要。教程纲要分：

A. 普通科目　三民主义、工业经济（经济原理、工厂管理）、英语、日语、物理(学、高级,艺、初级)、化学(学、初高级,艺、初级)、生理卫生、地质、矿物、科学发展史、数学(学、艺内容上要求不同)、体育、机械工程图、音乐。

B.陶学科目　陶学及陶学计算(学、艺、必,但内容不同)、陶学实验一(学、艺、必)、陶学实验二(学、必)、珐琅及景泰蓝(学、必,艺、选)、玻璃(学、艺、选)、士敏土(学、必)、耐火器材(学、必)、电瓷(学、选)、特种彩釉实验(学、选)、制瓷实习(学、必,艺三四均选)、筑窑及制图(学、必)、燃料及测热学(学、必)、机械学(学、选)、实地参观(学、艺、必)。

C.艺术科目　国画(学一必;艺一、二、三必,四选)、写生(艺、选)、西画(艺一、二、三必,学一、艺四选)、图案(艺四必)、饰瓷(艺一、二、三、四必,学二、三、四必)、雕塑(艺四必)、美术史(艺三、四选)、艺术概论(艺三选)、色彩学(艺三选)、透视学(艺二选)、解剖学(艺四选)。

在此需要说明的是:一、二、三、四表明第几学年;"学"代表学术组,"艺"代表艺术组;"必"代表必修,"选"代表选修。

从以上课程纲要,可以归纳出两个显著特点:"脑手并用",注重动手能力的培养;"科艺结合""艺工管结合",注重复合型人才的培养。

江西省立陶业学校学术组必修科目学分表（1930年夏）

			三民主义	国语	历史	地理	英语	算数	代数	几何	三角平面	高等代数	解析几何	微积分大意	物理	初级普通化学	工业分析	定量分析	陶学	陶学计算	陶学实验一	陶学实验二	筑窑及制图	燃料及测热	地质	矿物	图画	机械工程画	生理卫生	工业经济	国画	西画	音乐	珠算	体育附国术	童子军	军事训练	实地参观	必修统计	备注
一	上	时数	二	五	三	三	六	五																					一		二	二	一	二	一	一	一		35	
		学分	2	5	3	3	6	5												1									1	1	1	0.5	1	1	1		30	
	下	时数	二	五	三	三	六	五																					一		二	二	一	二	一	一	一		35	
		学分	2	5	3	3	6	5					四							1										1	1	1	0.5					30	
二	上	时数	二	五		六			五					4				四		二														一	一			30	
		学分	2	5		6			5					4				四		2														1	1			27	
	下	时数	二	五		六		五						4				四		二														一	一			30	
		学分	2	5		6		5					四							2														1	1			27	
三	上	时数	二	五		六			五			4					四						二	四					2	2					一		二	32	第一、二学年内体育或童子军任选一种
		学分	2	5		6			5			四											2	2					2	2					1		二	29	
	下	时数	二	五		六			六					二								二	二						2						一		二	29	
		学分	2	5		6			6				二									二	二												1		二	29	
四	上	时数	二	三			五					二		二							四											一			二	29	
		学分	2	3			5		2	2		二		二							2									1		一			二	24	
	下	时数	二	三			四					二		二							四											一			二	29	
		学分	2	3			4					二		二							2									1					二	24	
五	上	时数					四					三	2	四				四													一				二	26	
		学分					四						2					四														1				二	26	
	下	时数					四					三	2	四				四													一				二	26	
		学分					四						3	2	3			四														1				二	26	
六	上	时数					四					三		五				四													一				二	20	
		学分					四					三		五				四														1				二	16	
	下	时数					四					三		五				四																1	1	二	20	
		学分					四					三		五				四							3									1	1	16.5		
总计		时数	24	40	6	6	62	10	10	12	4	14	12	4	4	14	12	4	3	4	12	8	4	4	4	4	4	2	2	12	8	14			304.5	
		学分	24	40	6	6	62	10	10	12	4	14	12	4	4	14	12	4	3	4	12	8	4	4	4	4	4	2	2	12	8	14	7	0.5	304.5	

江西省立陶业学校艺术组必修科目（1930年夏）																										
			三民主义	国语	历史	地理	英语	数学科目				物理	化学	陶瓷学	陶学计算	陶瓷实验	国画	西画	图案	饰瓷	用器画	薄记	珠算	音乐	体育附国术	童子军	军事训练	实地参观	总计
								算数	代数	几何	三角大要																		
第一学年	上	时数	二	四	二	二	三	四									四	四					一	一	一	二	二		36
		学分	2	4	2	2	3	4									2	2					1	0.5	0.5	1	1		27
	下	时数	二	四	二	二	三	四									四	四					一	一	一	二	二		36
		学分	2	4	2	2	3	4									2	2					1	0.5	0.5	1	1		27
第二学年	上	时数	二	四			三		四					三			四	二			四								32
		学分	2	4			3		4					3			2	2			2								24
	下	时数	二	四			三		四					三			四	二			四								32
		学分	2	4			3		4					3			2	2			2								24
第三学年	上	时数	二	四						二	一	三		二						二						二			28
		学分	2	4						2	1	3		2						1						1	1		22
	下	时数	二	四						二	一	三		二						二						二			28
		学分	2	4						2	1	3		2						1						1	1		22
第四学年	上	时数	二	二									二		四		二			二						二		16
		学分	2	2									2		2		1			2						1		12
	下	时数	二	二											四		二			二						二	0.5	16
		学分	2	2											四													0.5	12.5
总计		时数	16	28	4	4	12	8	8	4	2	6	4	24		8	24	24	4		8		2	2	2	8	6		170.5
		学分	16	28	4	4	12	8	8	4	2	6	4	24		8	8	8	2		4		2	1	1	4	4	0.5	170.5

　　张浩1934年复任校长后，他并不是不想，而是不能迁景德镇，因为景德镇保守势力之强大和顽固对于他可以说是刻骨铭心。省里计划在九江设新式机械化瓷厂，他内情洞悉，又恰逢九江圣公会所办圣约翰中学于1933年停办。该校面积约50亩，内有西式二层洋房三栋及教员住室、门房、厨房共计18间，位于九江城东门口（现171医院内）。所遗留校舍正适合陶校使用，于是学校抓住时机向教育厅呈请迁校，几经与圣公会磋商，以全部价格22000元成交，教育厅拨付6000元，其余由财政厅借垫。1934年下半年，学校正式迁往九江，校名改为"江西省立九江陶瓷科职业学校"。学校改学术组、艺术组双轨制"四六"学制为高初级"三五"学制，即高级班招收初中毕业生，学制三年；初级班招收小学毕业生，学制五年。

　　学校迁九江后，校舍坚固美观，环境优美，交通便利，皆大欢喜。大家总结以往办学经验，展望未来的规划设想，认为在专业方面，"以后应注意明、清两代仿古瓷器之制法及花纹颜色之保存与改善，并着手各项谱式之搜集，将固有瓷器之精美要点，要保持而发挥，当较之仿造舶来品味有实益。此外手工制瓷之中，应注意简单机械工具之利用与创制，勿令安于从来之熟练手工技术而不思设法改进,是为不妥";在训育方面,"由于之前培养的学生在其思想和身体上均有不能正确对待此专业,出现了学生不愿入工厂工作,工厂亦不欢迎学生的尴尬局面"。究其原因,张浩认为有三:"一是学生在校时未能养成刻苦耐劳之习惯,故毕业后不能与工厂相安;二是学生在校内实习,偏于研究性质,但期技精不求工速,演成惰性,工作不能敏捷;三是社会上封建思想依然如故,视学校如科举,入读学校志在升官发财。"根据这种现象,应结合国家提出的"三民主义教育",将军事训练融入训育中。经过实践,学校在这方面取得了良好的进展,曾获教育部嘉奖。

1935 年 5 月 21 日,由张公权(中央银行副总裁)、李石曾(中国农工银行董事长)、杜月笙(中国银行董事长)、杜重远(中华国货协会总干事)等 8 人发起,筹设九江光大股份有限公司,专营瓷器制造及销售业务,额定资本 100 万元,分做 2 万股。张公权等商人认购 5400 股,计 27.2 万元,其余 14600 股,计 72.8 万元,拟向外募集。社会认购踊跃,资金很快到位,九江瓷厂正式筹建。1937 年 3 月 27 日,由省建设厅全部出资 22000 元,购置圣公会面积 51.18908 亩土地,房屋 79.754 平方米。将其中圣约翰中学 23.6890 亩土地,房屋 73.1847 平方米归学校,其余的土地与房屋归九江光大股份有限公司。但意想不到的是,1937 年"七七事变",日本侵华战争急转直下,工厂尚未投产,便被迫拆迁重庆,后又迁泸州。

1938 年 8 月,由于时局关系,原在景德镇的江西陶业管理局、江西省陶业研究所和江西省立九江陶瓷科职业学校迁来萍乡上埠,10 月 10 日陶业管理局接管了萍乡瓷厂,更名为"江西陶业管理局萍乡瓷厂",陶业管理局局长张浩推荐汪璠担任厂长。留学日本东京工业大学窑业系的邹如圭任电瓷部主任,留学法国巴黎国立美术学院图案系的彭友贤任美术瓷部主任,留学日本东京工业大学窑业系的汪琛任普通瓷部主任。下设五个股,厂长汪璠为技术股主任,原先技术骨干班子成员均留厂工作,陶业局、陶校、陶研所工程技术员和管理人员 40 多人也都来厂工作,该萍乡瓷厂一时人才荟萃,也是该厂发展兴旺的时期。学校学生的工厂实习,低年级在本校实习工厂进行,第一学期不分制瓷、绘瓷,实习内容相同,第二学期则依学生兴趣选定一种,以后不能更改,以便专一、熟练。高年级为培养技士及管理骨干人才,实习内容包括原料分析、坯釉颜料的配制,还有绘瓷、烧窑等。高年级实习均在萍乡瓷厂进行。考核工厂实习成绩则根据质与量两个方面,视其实习品的多寡及技术之精细而定成绩。实习品的售价,除酌量收回成本外,概归学生。学生汪大纲在其回忆性文章中写道:"瓷厂是陶校学生经常光顾的地方,慢慢地对整个生产流程和各种加工工艺都比较熟悉,学到了许多课本上学不到的知识。那时陶瓷生产大都用手工辘轳,只有电瓷厂生产实现了机械化,用一台内燃机带动天轴,再用皮带带动各种辘轳,使我初步获得了机械生产的知识。此外,看工人们用巧妙的双手生产各种精美的艺术陶瓷也非常有趣。工人们很多都认识我,让我自己动手操作。我记得做过一个瓷盆,完成了全部工艺,最后还送进瓷窑烧成了成品。"

"实习设备实为职业学校之命脉"。萍乡瓷厂的实习设备和陶瓷种类堪称当时中国一流。据黄尚仁《江西陶瓷沿革》介绍:1938—1940 年萍乡瓷厂有煤窑两座,柴油发电机一部,粉碎机三部,压榨机一部,泥浆吸桶及吸水机三部,球磨机、搅拌机三部,电动辘轳 20 部,脚踏鼓风吹釉机等,已稍具现代瓷厂之雏形。萍乡瓷厂以电瓷生产为主,兼顾美术瓷,美术瓷产品为瓷板挂盘、花瓶及雕塑等细工陈列品。普通瓷部分分设圆器、脱胎、琢器,制造各种饮食用品。

萍乡瓷厂除安排高年级所有实习科目外,还成为学校毕业生的蓄水池。尽量吸收毕业生担任技术工作和管理工作,经过实际锻炼后,再支援各地。毕业生谢谷初、汪珏、方时经过萍乡瓷厂的实际工作,再去湖北恩施创办瓷厂;黄履行去了四川,熊全去了广西,都是搞陶瓷。自然吸纳高年级同学实习对于萍乡瓷厂而言,不是包袱而是帮手。

萍乡瓷厂的领导和技术人员如汪璠、邹如圭、汪琛等也到学校兼课,大大充实了学校的师资队伍,提高了学校的教学质量。

校企结合,亲如一家,是因为厂里的领导和技术骨干或曾任学校的领导和教师,或是学校历届的毕业生,或是从赣东北来,亲不亲故乡人,同为天涯沦落人,这种亲缘、地缘关系和相同境遇,本来不是一家人,胜似一家人。

第五节　茶业职业教育的探索与实践

一、茶业职业教育概述

我国历代劳动人民创造了很多的制茶方法,制茶技术发展很快,居于世界产茶国家的前列。但近百年来,由于外受帝国主义抢掠,内遭封建主义摧残,制茶技术不仅停滞不前,而且落后于他国,茶业几乎破产。世界资本主义产茶国家,制茶历史很短,方法单调,而且近百年来都是引入我国制茶技术,加以资本化和机械化而开始本国的茶叶生产的。虽然成本很低,但品质远不及我国茶叶。因此这些国家想尽办法,采取种种野蛮手段,力图控制我国的茶叶生产和销售,阻碍我国制茶技术向前发展。国内反动统治阶级对茶工茶农进行残酷剥削,只知巧取豪夺,不管茶叶生产。从 1910 年开始,各地军阀长期混战,茶农大批逃亡,不少茶园荒芜。自 1937 年至 1949 年,国民党的外汇政策是奖励入口,压制出口,使出口茶商蒙受很大打击。农商茶叶交易停滞不前,茶农生活日益穷困,茶叶生产日趋衰落。在这种内困外忧的情况下,我国有识之士携各产茶区人民通过多种方式和方法在夹缝中改良我国茶业,在茶业教育方面采取了校场(厂)联合的模式,充分斟酌地方情形,采取"长短结合"的方式培育茶农,充分利用因地制宜、因材施教的方法培育新式茶业人才,为我们留下了宝贵的茶业人才探索经验。

茶业教育的自适应体系化是近代中国茶业革新的重要内容,是在晚清民国时期不断深化、渐次完成的。一方面是专业人才的培养,从最初的讲习所、职业学校逐步发展到大学科系,为茶业现代化培养了学术和应用型人才;另一方面,由生产、科研兼顾的茶业改良场一类的示范机构逐步发展出专业茶叶科学研究机构。此外,还有围绕着茶业改良和茶学研究创办的茶学期刊,在普及推广现代茶学知识方面做出了一定的贡献;茶业研究会、茶务学会等不同学术程度的早期学术组织逐渐发展成熟,最终促进了全国茶叶学会和部分省份分会的成立。

民国以后,茶务讲习所的建设进程得以延续。1917 年湖南长沙成立湖南茶业讲习所,1918 年安徽创办休宁茶务讲习所和屯溪"安徽第一茶务讲习所",讲习所延续至 1923 年关闭,培养了一批茶叶专业人才,同时在科技上也起到了一定的示范和促进作用。1923 年"安徽六安省立第三农业学校"创设茶业专业，1920 年云南昆明设立茶务讲习所。这些茶务讲习所的开办对各地茶业人才的培养起到了一定的积极作用，但受各种不利因素掣肘，大多存在的时间不长且收效有限。例如，安徽茶务讲习所仅开办 3 年，羊楼峒茶务讲习所更是 2 年不到便告停闭。当时有人曾在《中华农学会报》上撰文评论安徽茶务讲习所，认为其未能持续的原因在于"既无成熟的教材，亦无实习的茶园，未做好充分的准备就草草招生讲习"①。叶知水在评价这一时期全国各茶务讲习所人才培养工作时认为："除安徽茶务讲习所于毕业学员中选成绩优良之二三学员，实习归国后对中国茶业有所建树外，余均学非所用。二十余年来之茶业教育，如斯而已。"②

此后，随着民国教育事业的发展，茶业职校替代了传统的茶务讲习所。1921 年，四川成都设立四川高等茶业学校，后迁至灌县。1923 年，安徽六安的第三农校设立茶科。③ 1935 年，福建省为改良茶业，在福安县设立了福建省立福安初级农业职业学校。1936 年后，随着全国经济委员会茶业统制政策的施行，茶业人才短缺进一步凸显。为应对这一问题，当年全国经济委员会召开茶业技术讨论会的决议就提出："重要产茶地之大学、农学院，应筹设茶业专科，或附设专系，以训练专门人才；各农业职业学校应添设茶业科，以培养实际经营与推广人才。"④此提案得到了全国经济委员会和教育部的重视。加之抗战爆发后，政府对茶叶研究支持力度加大，各地大学也开始着手筹设茶学专业，茶叶科系开始在中国出现。最先付诸行动的是国立复旦大学。1940 年，西迁至重庆北碚的复旦大学与中国茶叶股份有限公司合作，筹设中国第一个茶业系及茶业专修科。时任中茶公司总经理寿景伟、复旦大学校长吴南轩、教务长孙寒冰、贸易委员会茶叶处处长吴觉农 4 人组成茶叶教育委员会，筹备茶业系和茶业专修科的开办事宜。寿景伟在给经济部递交的报告中对创办茶业系的原因做了如下解释："窃查茶叶为我国出口重要商品，对平衡出口贸易、挽回利权所关至巨。

① 养真.停开了的安徽茶务讲习所的印象记[J].中华农学会报，1923(37)：175-180.
② 叶知水.近十年来中国之茶业[J].中农月刊，1944，5(5/6)：112-137.
③ 王振择.中国茶业三年建设计划[J].闽茶，1947(2)：4-21.
④ 熊式辉.江西省政府训令：教字第一三九七号[J].江西省政府公报，1936(474)：8-9.

惟事关专门技术,栽培、制造、运销各项人才颇为难得,而东南旧茶区与西南新茶区及国内外茶业市场之范围又复甚广,自非广植干部不能勉图……本公司负有改进全国茶业之使命,统筹办理责无旁贷,爰经与复旦大学双方议定,合办茶业系及茶业专修科。以培植茶业专门人才、改进国茶产制技术及扩展国内外贸易为宗旨。"按双方约定,由中茶公司负担全部开办费9万元和第一年经费5.8万元。第二年开始,经费由中茶公司负担2/3,复旦大学负担1/3,但经费之外的研究消耗费则全部由中茶公司负担。尽管中茶公司和复旦大学上报的方案中计划单独设立茶业系,但国民政府教育部在审核时认为其初期规模较小,暂不适宜单独设系,因此最终茶学专业被设置在复旦大学农艺系下属茶业组(四年制)和茶业专修科(两年制)。茶业组一、二学年所修课程为共同必修课程,三、四学年分为产制、贸易两个方向。产制组重点学习茶叶栽培、制造、分析等课程,而贸易组则偏重茶叶运销、管理等相关知识的学习。由于有中茶公司的财力支持,复旦茶业组经费十分雄厚。考入茶业组的学生均免费入学,毕业后中茶公司优先聘任,成绩优异者还可保送留美。[1] 此外,茶业组还附设茶业研究室,内分产制、化验与经济三组。该研究室不仅负责茶业组和茶业专修科所用教材书籍的编辑,还负责带领学生开展茶叶科学的研究活动。[2] 除了复旦大学外,这一时期创办茶学专业的还有英士大学和福建农学院。1940年,江西省农业院婺源茶业改良场创办了江西省茶校,同年英士大学农学院特产专修科开设茶叶班,著名茶学家陈橼便在英士大学教授茶学课程。1942年,由福建农学院代办的苏皖技艺专科学校于崇安设立茶叶专修科。该校地处茶区,实验条件优越,理论与技术兼备,具有茶学专业教学和实习的特殊优势。可惜仅开办一期,培养学生16名,便告停顿。[3] 为了便于直观了解该时期我国茶业专门教育的情况,本书将部分茶业专门教育开设情况列表如下:

---

① 王方维. 报导复旦大学茶业组情况[J]. 修农,1943(43/44):4.
② 复旦大学茶业研究室[J]. 安徽茶讯,1941,1(6):7-12.
③ 王振择. 中国茶业三年建设计划[J]. 闽茶,1947(2):4-21.

茶业学校及茶科开设情况一览表(部分)

省份	名称	地点
湖南	湖南茶业讲习所	长沙市
安徽	安徽茶务讲习所	休宁县
安徽	安徽省立第一茶务讲习所	屯溪
湖北	羊楼峒茶务讲习所	赤壁市
云南	云南茶务讲习所	昆明市
安徽	安徽第三农校茶科	六安县
四川	四川高等茶业学校	灌县
福建	福建省立福安初级农业职业学校茶科	福安县
江西	江西省立茶业职业学校	婺源县
四川	国立复旦大学茶业系	重庆北碚
福建	崇安县初级茶叶学校	崇安县
安徽	安徽省立徽州农业职业学校茶科	绩溪县
广东	广东中山大学农学院茶作课	广州
福建	苏皖技艺专科学校茶业科	崇安县
福建	英士大学特产专修科附设茶业专修班	松阳县

此外,国民政府农村部部长陈济棠为改变我国茶区落后的现状,计划在各茶区设立茶业讲习所,训练茶业传习人员。广东开平县率先根据本县的实际情况,适时地在茶业试验场附设茶业传习人员工读班,招收乡间茶农子弟或有志青年入学,授以茶树栽培制造的各项知识并令在场学习各种技术,学有所成后,便被分赴各产地宣传指导,以茶业基础学识为教学内容。产茶大县鹤山"为栽培茶业技术人才计,特设立茶业讲习班,招收已受初中教育之学生,授以改良茶业之技术及知识,一年毕业,授业期间随时到茶地及制茶厂实习工作,将来可前往各产地工作。为节省办学资金,讲习地点,在沙坪借用学校教室及宿舍"(《实业部令拟具茶叶生产详细报告及改进茶叶具体计划》)。茶业讲习班为学员免费传授先进的专门茶叶生产知识,为了节省经费,高薪聘请种茶及制茶技士两人,学员们的伙食费由学员自理。1930年,为了挽救濒临破产的茶叶生产,在茶界人士的倡导下,中山大学农学院设立茶蔗部,由林家齐教授主持,开设茶作学

选修课,培养茶叶专业人才。这是中国高等农业院校设置茶学专业的开始。①1940 年前后,"中央大学、浙江大学、安徽大学、金陵大学、中山大学等大学都在农学院开设过特作或茶作的课程"②。

总体来看,茶叶教育在当时中国的发展较为曲折,但茶业科系的及时设立却有效保证了茶学研究人才结构的延续性,并为后来尤其是 20 世纪下半叶中国茶学界和茶业界培养了大批骨干人才。在茶业学校中,"江西省立制茶科初级实用职业学校"与"福安农业职业学校"在茶业人才培养方面较为突出。

二、江西省立制茶科初级实用职业学校之建教特色实践

江西从事茶叶生产的经营者,对于栽培方法如何实施,各产茶地的制造如何改良,各需要茶叶的国家需求情况是否发生变化,都不去探究,也不知道改革,制作技巧非常落后。吴觉农先生曾提出"久有历史并广有基础的中国茶业,未能随着时代进化,目前全般有关的事业……这没有无量的专门人才,不足担负一应的工作"③。因此必须要将人才培养作为重点,而创办茶叶学校是最好的解决办法。《茶校创设之目的与教导之方针》一文对创立"江西省立制茶科初级实用职业学校"的原因有如下记述:

任何事业之创立而于成功,必须合乎时代之要求。教育乃国家重要事业,尤须切合国家需要,与国家建设计划相配合,始能发生效用,成为国家生命力之主要因素。本校之创设即为应乎抗战之需及为建国而储才,吾人深知,当前吾国最迫切之工作,莫过于抗战建国,而抗战必须建国,建国必须抗战,在此抗战建国,同时,并进之际,一方面要求增加战时的力量,一方面要求奠定建国的基础,是以政府于集中全国力量以抵抗敌人侵略之余,复竞竞于后方之生产建设,并设立各种职业学校,以造就生产建设之干部人才。茶业既为我国普遍巨大产业,茶叶又为我土产出口大宗,则其关系国民经济,抗战资源,自甚密切,为争取物资,换取外汇,增强抗战金融,安全农村生活,及为树立茶业之百年大计,对于茶业之扶助发展,实急不容缓。本省也是产茶主要区域,尤应急起直追,力图改良发展,惟因生产技术落后,茶业人才缺乏,谈及改良发展者,莫不以培植技术人才为先。因此,本省教育当局于设立各科实用职业学校之初,首设立本校,其

---

① 广东省地方史编委会.广东省志·农业志[M].广州:广东人民出版社,2002:281.
② 陈宗懋.中国茶经[M].上海:上海文化出版社,1992:49.
③ 吴觉农,胡浩川.中国茶业复兴计划[M].上海:商务印书馆,1932:187.

目的即在"培养种茶与制茶实用技术人才，辅导本省各县茶业之发展及改良，以供给内地需要，争取国际茶业市场"（见本校创设计划），而最终目的，无非谋充实抗战之经济力量，树立建国之一份基础。①

茶校成立之初是由茶业改良场负责运管，改良场主任方翰周担任筹备主任。在设计创办茶叶学校之初，定名为"江西省立婺源初级实用职业学校"，校址定在婺源。这一安排，是为了能更好地与茶业改良场联系，更好地促进江西茶业的改良和发展；此外，也是符合课程的设定，方便给学生安排实习和现场学习。

在筹备茶业学校之时，为了节省经费，"校舍除必须建筑者外，暂时利用祠宇民房加以装修，求其切合实用"。因此，创办初期学生上课，暂时租借学校附近的彭公庙。茶校创办后，江西省政府每年为茶业学校拨款 24000 元，以作学校运行经费。② 而茶校的学生，则是由各地产茶区挑选报送，同时学校方面也设置了一定的要求：

一是入学资格须曾在小学毕业或具有相当程度，在十四岁以上二十岁以下而属茶农子弟或确有从事茶业之志愿者。

二是招生时先考取原有产茶县份之茶农子弟，由各该县长选送来投甄。如该县无茶农子弟时，即招收有志茶业青年入学，以资造就。

三是招生名额视种茶制茶事业之需要而定，由该校于招生以前调查实际情况，根据部定标准呈请省政府核定之，但以产茶主要县份茶农子弟占百分之七十为原则。③

根据以上标准可以看出，此茶业学校目标非常明确，并不是为了普及茶叶知识，而是为复兴江西各县茶业。各县所甄选的学生必须有一定的学习基础，至少小学毕业，并且百分之七十是各主要产茶县茶农的子弟，即使不是茶农子弟，也必须是今后有强烈的愿望想要从事茶业事业，对茶业有自己的想法。年龄也控制在 14—20 周岁，这个年龄段的年轻人相对独立同时接受新知识的能力又较强。为了更好地培养出社会所需要的茶业专门人才，该校在创办之初便精心设计了教学方针、教育目标和教学内容等。

---

① 朱焜. 茶校创设之目的与教导之方针[J]. 茶讯,1940,2(4):1.

② 赣茶校积极筹备开办:常年经费二万四千,学生由各产茶县选送[J]. 茶讯,1939(2):11.

③ 创设制茶科初级实用职业学校计划[J]. 茶讯,1940,2(1):6.

做用合一的教学方针　该校的教育目的在于打造种茶与制茶的实用技术人才,因此对于教学注重实做,坚持"教学做用合一",实习的课程占了课程内容的一半。学生将理论与实践相结合,半工半读,每天半天上课,半天实习。到了茶季,学校完全停课。一部分学生参加茶业改良场做茶的活动,一部分去茶厂服务。"如本年派出一部分学生往各特约茶农联合制茶厂担任驻茶员。"①在建立茶业学校之初,设置为两年制学校,暑期不放假,到了冬天放假两周。但是在假期学生不是留在学校实习,就是在省内各个农村做茶业调查工作。

内外兼修的教育目标　学校对于学生的培养目标,除了在技术方面的学习训练外,也要培养学生拥有健全的人格以及强健的体魄。为了茶业未来的发展,同时要培养学生的创业精神,让他们有开拓创新的意识足以应对将来的工作。茶业学校的学生要成为茶业技术人才,应该在校时养成勤劳的习惯,不怕吃苦,不怕流汗,培养自立经营的能力,"对技术改进能有相当贡献,并不完全依赖政府安排出路,能够自行经营茶园或茶厂,以发展其事业"②。在茶校的学习,生活即教育,除了上课的内容外,本校成立学生自治会,宗旨在培养学生自己的管理能力,养成其自觉自动自治自立的精神。其工作可分为三个部分:(1)课外活动:如组织各项运动队,举行讲演会、辩论会、座谈会、游艺会、娱乐会,编辑壁报,进行抗敌宣传等;(2)生活处理:扫地、开饭、烧水等都由学生自己担任,不需要他人服侍;(3)生产自给:喂猪、饲鸡、种茶、捡柴、组织消费合作社等。

实学致用的教学内容　学校为了让教学切合种茶、制茶技术改良的需要,力求培养实用的茶业技术人员,课程的设计都是实学致用的课程内容。主要有四个方面的内容:主科是直接与茶业有关的知识,辅科是对茶业知识的辅助,普通科是常识,实习科是将所学习的知识相结合,应用于实践中。高级部的课程相比较而言直接与茶业相关的课程更多,而且较初级课程更具体和细化,升级了课程设置。同时辅科更加全面,还增加了外国语课程,这是结合国际市场的情况,做到知己知彼地改良发展我国茶业。③

爱岗敬业的教育初衷　茶校培养的大部分学生毕业后绝大多数均从事农

---

①　创设制茶科初级实用职业学校计划[J].茶讯,1940,2(1):8.

②　茶校创设之目的与教导之方针[J].茶讯,1940,2(4):1.

③　张志强,刘文祥.浅析民国时期江西省立茶叶职业学校[J].农业考古,2015(5):117－123.

业本业，即与茶业相关的工作，或继续升学深造或参加抗战。根据就业情况，完全符合茶校设立的初衷，详见下表。虽然茶业学校在战时经历了非常艰难的时刻，但是依然为振兴江西茶业培养了一大批优秀的专门技术人才，并为推动近代江西茶业的发展做出了重要贡献。

江西省立婺源初级实用职业学校前五届毕业生去向一览表

届别		一	二	三	四	五	共计	百分比
人数		36	23	23	9	20	111	100
就业情形	农业本业	27	14	13	7	7	68	61.26
	升学	5	5	2	1	7	20	18.02
	从军		3	3			6	5.40
	死亡	2			1		3	2.70
	其他		1	2		4	7	6.31
	不明	2		3		2	7	6.31

三、福安农业职业学校茶业教育之校场合一模式探索

吴觉农先生在《中国茶业改革方准》一文中痛陈中国茶业失败的原因，即没有茶业方面的人才。而在如何培养人才上，他建议设立茶业专科，派遣留学生，"亟设巡回教师，成立茶叶传习所，在甲、乙种农校中加设茶叶专业"[①]。福建省根据茶学家张天福提出的"欲振兴茶业，则培养专才，设立茶业研究机关，谋栽培与制造上之改良"的主张，1935 年，福建省财政厅厅长陈体诚与教育厅厅长郑贞文为恢复和发展福建省茶叶生产，设立"省立福安农业职业学校"。该校共有教员、讲师 12 人，校务及实验员 6 人[②]，下设主管教学的教导部和负责农场实践的农业部[③]。1937 年，福建省建设厅为进一步加强茶业人才培养，又将该校由初级职业学校改为高级职业学校，并增设高级茶业科。[④] 作为茶业人才的职业教育单位，该校一是为了培育茶业人才，二是为了改进茶叶技术，开始了"校场一体，教研融合"的发展模式。1938 年福建省教育厅将福安农校合并到福建农学院。

---

① 王旭烽. 茶者圣：吴觉农传[M]. 杭州：浙江人民出版社，2003：25.
② 福建省立福安初级农业职业学校教职员一览表[J]. 安农校刊，1937(2)：68－70.
③ 福建省立福安初级农业职业学校组织系统表[J]. 安农校刊，1937，1(2)：80.
④ 福安农职设高级茶业科[J]. 闽政月刊，1937，2(2)：100－101.

福安农业职业学校开办以来积极探索实践茶业振兴改良的地方样式,首先是选择了校场一体的办学模式,其次是探索实践了教研融合的教育路径,最后是打造大茶业科教育模块。

校场一体的办学模式 为了能够快速有效地达到改良福建茶业的目的,茶业专家张天福提出了学校与茶业试验场相结合的办学模式。"照目前的情势,必须中央先有一个通盘的计划,用统治的手段,从消极方面,先除去国内一切茶业经营上的弊端,和茶业发展上的阻力。积极方面,从改良生产技术,与运销制度着手,在国际贸易上,尤应急谋出路,达到直接输出的目的。至于产茶各省,则按地方情形,设立茶业改良机关,以改良栽制,组织合作社,以改善贸易,办理茶业职业教育,以栽培人才。如此则内外相维,然后才有复兴的可言。不然,只见彼此的无组织,无主张,各自为政,互不相关,那(哪)里能敌得过侵略者的打击呢!""所以根本的改良,还是从职业教育,同时入手。惟有职业教育,才能培养推广和自营茶业的人才。最后,职业教育的使命,可以说是把教育和生产者联系起来,使他们成为一家,做到受教育的人都是生产者,生产者都受过教育。那才尽了职业教育的使命,才能达到我们改进茶业的目的。"①也就是该校教师童衣云所讲:"以树复兴福建茶业之根基,且校场两方密切合作,一负培育茶业人才之责任,一任改进茶业技术之使命,双管齐下,相辅而行,俾收复兴福建茶业之实效。"②茶业改良场和示范茶厂当时引进了大量的专业人才资源。这些科研人员既作为茶场的科研攻关技术力量,又兼任该校专业教师。现列举部分成员如下表。

科研机构和茶厂的技术力量(部分)

技术人员	职务	日后成就	技术人员	职务	日后成就
李联标	技师,兼农校讲师	茶业专家	陈椽	制茶所所长	茶业专家
庄灿彰	技师,兼农校讲师	茶业专家	林馥泉	制茶所所长	茶业专家
庄晚芳	技师,兼农校讲师	茶业专家	陈时中	技师	
童衣云	技师,兼农校讲师	茶业专家	梁达新	技师	
张天福	茶场负责人	茶业专家	王世亿	技师	

① 张天福.改良福建茶业与职业教育的实施[J].安农校刊,1937(2):2-6.
② 衣芸.介绍福安茶业改良场[J].安农校刊,1937(2):49.

从上表可以看出,后来中国茶业界的十大专家有三位曾就职于此,他们是国内屈指可数的茶业方面的专家型科研人士。可见当时福建省为了茶业发展,吸引了全国顶尖茶业人才进入茶场进行研究,而这种前瞻性的政策,也为我国日后茶业的发展奠定了相当的基础。其中李联标先生在 1935 年从金陵大学农艺系毕业后,就参与了福安茶业改良场的创设。在 1945 年之前,他还参与了贵州省湄潭实验茶场及福建省崇安实验茶场的建设和科研工作。

教研融合的教育路径　学校与茶业改良场互相合作,互为依托。1939 年,茶业管理局招收了 50 名学员,又借调了学生 30 余名(其中有福安农职学校的学生)到茶业管理局进行训练,然后"分派到各县及长驻各茶号负责指导"①,还在福安茶业改良场招收了技术人员,组成"制茶巡回工作队,到各乡区办理宣传调查指导事宜,并携带简单制造工具,实施表演改良方法"②。不但如此,他们还取缔了茶叶生产中的掺假行为,并且对茶农的生活状况做了调查。为期 6 个月的实践,使学生们认识到了当时生产中的很多弊端,比如山价过高、擅用大秤等。

学校不但要培养茶业人才,而且肩负着复兴福建茶业的重担。所以在师资力量方面除了茶场的科研人员作为农校讲师之外,学校还聘请了当时能够挖掘到的技术骨干,以确保茶业人才培养质量。该校部分教师如下表所示。

福安农职学校的师资(部分)

师资	学历状况	所授学科
江中诞	福建协和大学教育学士	国文,公民,英文
李廷缓	福建协和大学理学士	数理,机械学
陈桂荣	福建协和大学理学士	生物化学,农产制造,茶树病虫害,养蜂学
林传光	河南大学农学士	农学大意,作物学,畜牧学,茶业经营
王世浩	留日回国	
范则尧	金陵大学农业专修科毕业	造林学,果树花,茶业地理
刘仰文	毕业于金陵大学农专	

① 黄锦.复兴道上之福建茶业概观:上[J].闽政月刊,1939(4):33－41.
② 黄锦.复兴道上之福建茶业概观:上[J].闽政月刊,1939(4):33－41.

续表

师资	学历状况	所授学科
王预纪	大夏大学高等师范专修科毕业	国文,茶业史
游通情	福建协和大学肄业	体育
张天福	金陵大学农学士	茶叶栽制,茶业研究
庄圳彩	金陵大学农学士	茶树育种及栽培
童衣云	苏州博文中学毕业	制茶及检验
陈汉杰	福建省立甲种农业学校毕业	茶叶栽制,蔬菜园艺

资料来源:《福建省立福安初级农业职业学校教职员一览表》,《安农校刊》,1937年第2期。

从上表得出,该校师资力量较为雄厚,尤其是在抗日战争中,福建处于沦陷区,能够集中如此多的人才实属不易,表中的教师大都是从相关大学中毕业的教育和科研人才。

大茶业科教育模块打造　该校茶业科以培养基本的茶业推广和自营茶业人才为目的,课程追求精制得当,在乎致用,使学生毕业后能以科学的方法指导茶农改良茶叶,并具有实际从事茶业经营的能力。对入学资格、学级编制、修业期限、师资队伍、课程编制、学校设备等内容进行了详细规定,其中课程编制原则为"课程中,除普通基本学科外,其职业学科,应以茶业各门学科为主,而以普通农业学科为辅;在教学方面,则以实习为主,以教读为辅"。同时还设立茶业职业补习学校,招收失学的茶农,使其养成科学头脑,破除迷信,接受新的茶业知识。其入学资格并无限制,凡属中年失学农人,均可免费入学。学级实行单级教学制,修业期限暂定十一、十二、一月三个月为一期,期满,由校授给毕业证书,此后可享受学校和茶场的一切优待。其课程概要为:"课程力求普通,因茶农既为失学中年,故不能以课本方式教习一切,请授均以讨论方式出之。其内容则由教师斟酌情形,自行编拟,但以兴趣为中心,务期生动,灵活,力避晦涩,所授功课内容,可按性质分为普通常识,茶业学科,并普通农业常识三种。"总之,此种补习学校,切不可拘泥于一定方式,当根据实际情形,因材施教,随时将教材变通运用。该校茶业科课程设置及教材大纲如下:

福安农职学校茶业科课程及课时设置一览表

科目		第一学年 第一学期 讲授	实习	第一学年 第二学期 讲授	实习	第二学年 第一学期 讲授	实习	第二学年 第二学期 讲授	实习	第三学年 第一学期 讲授	实习	第三学年 第二学期 讲授	实习
普通学科	国文	4		4		4		4		4		4	
	公民	1		1		1		1		1		1	
	动物	2		2									
	植物	2		2									
	化学					3		3					
	物理									3		3	
	算学	3		3		3		3		3		3	
	英文	2		2		2		2		2		2	
	体育	每日 20 分钟											
职业学科	茶业史	3		3									
	茶业地理					3		3					
	茶树栽培	3	8	3	8								
	茶业制造					3	8	3	8				
	茶业经营									3	8	3	8
	茶树病虫害					1	4	1	4				
	茶业检验									1	4	1	4
	各国茶业研究									2		2	
	制造机械学									2	4	2	4
	茶学大意	3	8										
	作物学			3	8								
	蔬菜园艺					3	8						
	果树及花卉							3	8				
	森林学									3	8		
	牧畜学											3	8
	养蜂学	1	7	1	7								
	农产制造					1	4	1	4				
每周总共时数		47		47		48		48		48		48	

福安农职学校茶业科教材大纲一览表

教材名称	教材大纲内容
茶业史	一、绪论 1.茶的概说(名称、种类、产地);2.茶的起源;3.茶的发展;4.茶与历史的关系;5.世界历代茶业鸟瞰 二、本论 6.中国茶业的沿革(上古、中古、近代);7.中国茶的贸易史;8.国内及国际市场的前瞻和后顾;9.茶税的一瞥;10.近年来世界茶运的趋势及华茶积衰的原因;11.复兴华茶的新途径
茶业地理	1.茶业与地理的关系;2.茶业的发源地及其蔓延地带;3.本国各省市茶业生产分布的状况;4.本国各省市茶业贸易的区域及状况;5.世界各国茶业的分布及贸易状况
茶树栽培	1.绪论;2.一般农家的普通植茶概况;3.茶的性能及品种;4.茶树的蕃殖;5.茶的气候与土壤;6.茶的肥料;7.茶的管理;8.茶树的病虫害及防治法;9.茶的育种;10.茶叶的采摘;11.茶的品质;12.茶的生产与贸易;13.茶业的改良
茶业制造	1.绪论;2.制茶的种类(绿茶、红茶、乌龙茶);3.制茶的成分;4.手工制茶法;5.机械制茶法;6.我国制茶业的将来
茶业经营	1.绪论;2.世界茶业概况;3.中国茶业概况;4.茶业的国际及国内市场;5.华茶失败的原因与复兴办法;6.茶园的经营;7.各种茶业合作社的组织;8.市场常识
茶树病虫害	一、茶树的病害 1.茶树病害研究的历史;2.病害发生的原因;3.病害种类;4.病害的治疗 二、茶树的虫害 1.昆虫的构造;2.昆虫的分类;3.茶树害虫的种类;4.病树害虫的防除
茶业检验	1.茶业检验的意义;2.检验种类(干检验、湿检验、水分检验、水浸出物检验、其他检验);3.检验的方法及设备
各国茶业研究	一、泛论 1.各国茶业沿革;2.各国茶的产地及产额;3.各国茶业栽制的比较;4.各国茶业贸易概况 二、各论 1.印度的茶业;2.锡兰的茶业;3.荷印的茶业;4.日本的茶业;5.台湾的茶业;6.苏俄的茶业
制茶机械学	1.机械传动的机件与原理;2.工厂的建筑;3.原动机的选择与配置;4.制茶机械的选择与配置
农学大意	1.农业和农学;2.农业概况;3.气象;4.土壤;5.肥料;6.整地;7.苗床;8.种子;9.播种;10.中耕和除草;11.灌溉和排水;12.收积调制和储藏;13.病虫害;14.农用药剂;15.农业经营法

续表

教材名称	教材大纲内容
作物学	1.作物的意义和范围；2.栽种顺序；3.各论（稻、麦、玉蜀黍、高粱、棉、麻、甘蔗、大豆、落花生、甘蔗、烟草、牧草等）；4.作物品种改良
蔬菜园艺	1.蔬菜概论；2.影响蔬菜品质的要素；3.各论（葡萄类、白菜类、瓜类、茄类、地下茎类、百合类、豆类、生菜类等）；4.蔬菜软化栽培；5.蔬菜的储藏；6.蔬菜促成栽培；7.蔬菜的制造
果树及花卉	1.果树和花卉概论；2.果树选择；3.果树的栽种；4.芽枝和结果习性；5.整枝和修剪；6.果树的繁殖法；7.各论（桃、梨、苹果、柑橘、枇杷、栗、荔枝等）；8.宿根花卉和观赏树木；9.一二年生花卉；10.花园管理；11.草地和花坛
森林学	1.森林和林业的意义沿革；2.森林的效用；3.森林的种类；4.森林树木的分类；5.森林的特性；6.林木和土壤的关系；7.天然造林法；8.人工造林法；9.森林作业法；10.森林的管理；11.森林的保护；12.林地的保养；13.森林的采伐；14.木材的性质；15.木材搬运；16.林产制造；17.森林经营；18.各论（杉木、圆柏、马尾松、樟、油桐、油茶、漆树、梧桐、白杨等）
畜牧	1.畜牧的起源和畜牧学的意义；2.世界及中国畜牧学概况；3.家畜的遗传与育种；4.家畜的鉴别；5.家畜的饲养；6.饲料的种类调制及配合；7.卫生和疾病；8.各论（牛、马、羊、猪、鸡等）
养蜂学	1.养蜂的重要；2.蜜蜂的种类和选择；3.蜂群的组织；4.蜂体内外的构造；5.养蜂器具；6.蜂群的管理（四季管理法、分封、合并、介绍蜂王、人工饲养、防止盗蜂、养王、越冬等）；7.采蜜和制蜡
农产制造	1.总论（农产制造的意义、重要、原料、分类、原理、方法等）；2.殖产制造（淀粉、饴糖、面包、大豆制品、果汁、果膏、烟草、樟脑、薄荷、燃料、咖啡等）；3.畜产制造（乳制品、肉制品、卵制品、骨制品等）

从上述课程与课时及教材大纲设计可以直观看出，该校在普通学科与职业学科的设计安排上将更多的学科内容与课时量倾向于职业学科，而在职业科的设置上则明确体现了大茶业科的概念，将与茶业相关的农业科课程融入茶业科课程体系中，使得学生在学校期间能够更加全面地了解茶学知识，并使之体系化。同时，在教育教学过程中，该校非常重视实习实践课时的安排，尤其在高年级阶段的专业课上，实践课时的安排远远超过理论课时的课时数。

除了对农业和茶业方面专业知识的学习，该校还非常注重学生综合素质的培养，为此，他们根据当地实际情形特别提出了"好汉精神、合作精神和劳动精神"，坚定"以农业为职业，以拯救农民痛苦为己任，打破不良风俗和习惯，认识科学的真价值以改进农业生产"的决心；并通过丰富多彩的课外生活，锻炼同学们的身体,增强体能,提高团队合作意识。除了日常的早操之外,学校有"力士团",参加者多为身体健壮的学生;还常常进行篮球比赛,分为学生球队和教职员球队;有时还进行拳击和摔跤、拔河比赛。在日常的课堂学习之外,学生们也去田间进行工作,亲自实践农业生产。在国难当头的时代,他们还在街头进行募捐活动。学校还制作了"学生自治会会歌"和"作息歌",以使学生养成良好的自律习惯。这些教育内容,都体现了当时除了培养学生的专业技能外,也对学生的体育、美育和德育相当重视,在民族生死存亡的关头,激发学生们的爱国心。这些都完善了学生的人格,达到了教育的目的,使得学生成为茶叶生产中的后备人才。但是也有一些问题,比如,学校只有男性学员,没有女性学员,体现了女子教育的缺失。

该校在国内外局势异常艰苦的环境中,不负众望地培养出了一批优秀学生,其中有很多人成为大陆和台湾地区的茶业界知名人士。部分学生如下表所示。

福安农职学校培养出的茶业人才(部分)

学生姓名	日后成就
吴振锋	台湾茶业界知名人士
林 复	台湾茶业界知名人士
李孟昌	台湾茶业界知名人士
李文庆	台湾茶业界知名人士
蔡润生	中国科学院上海药物研究所研究员
仇郑重	晋江地区工商联民建主委
李润梅	政和茶厂厂长
黄麟琪	福安茶厂工程师
陈士雄	福安茶厂工程师
黄桐孙	宁德地区茶叶学会代表
张步韩	毕业后即为茶厂技师
张鸿经	毕业后即为茶厂技师
吴肇麟	毕业后即为茶厂技师
朱龙文	福建茶厂总工程师
邰大传	江苏省农业厅工程师
朱鸿寿	江苏省农业厅工程师

资料来源:张天福《福建茶叶科研机构和茶叶职业教育的历史资料(1935—1942年)》,武夷山市档案馆,1978年。

　　由上表可见,很多学生在日后对中国的茶叶生产做出了贡献。特别是吴振锋和林复两位学生,成为台湾茶业界的泰斗。很多学生毕业后留在茶业改良场从事科研工作,或者进入福安茶厂指导工人生产。这里只列举了少数学生。1935—1941 年,正值日本侵略势力步步侵入中华大地之时,职业学校却为发展战争期间的茶业培育了大量技术骨干。这些接受了职业教育的毕业生,前往祖国各地,发挥自己的所学,成为中坚力量。

四、茶业改良机构中茶业教育的多元化探索

　　茶业改良机构的设立使得茶业科研、教育在中国得以有计划、成体系地开展,对中国茶学的发展具有重要的意义。同时,由于当时大部分茶业改良机构都建设在茶叶主产区,也对华茶生产的科学化起到了普遍的示范作用。此外,各地茶业改良机构建立以后,随着科研活动的大量开展,还直接促进了茶学期刊的产生。而各茶叶研究机构之间通过人员与学术交流形成了一个学术共同体的雏形,为我国茶业教育的体系化发展奠定了基础。

　　1929 年,湖北省建设厅对停闭中的羊楼峒茶场进行改组,月拨经费 1019元,以刘伯轩任场长,陈迁任技士。① 1932 年,原浙江省建设厅厅长程振钧调任安徽省建设厅厅长,到任后随即邀请吴觉农、胡浩川、方翰周等人讨论祁门茶场的改组事宜。1933 年,安徽省建设厅正式改组祁门茶叶改良场并增拨经费。②翌年,全国经济委员会农业处与实业部、安徽省建设厅三方联合改组祁门茶业试验场,吴觉农任场长,胡浩川任技士。1933 年 4 月,实业部下属的中央农业试验所联合上海、汉口两地商检局,于修水县白鹏坑设立了修水茶叶改良场,月拨经费 1000 元③,俞海清任主任兼技师,冯绍裘、方翰周先后任技术员。④ 1933年,实业部制定了以科技振兴茶业的相关计划,提出了通过建设茶叶试验场以谋求茶业改进的设想。⑤ 1935 年 1 月,为进一步推进茶叶科研机构建设,实业部长陈公博签署了致江苏、浙江等 11 省实业厅和建设厅的部令,要求全面推进茶叶试验场的建设:"令江苏、浙江等十一省实业、建设厅:查茶叶一项,原为吾

① 羊楼峒茶业试验场调查表[J].湖北建设月刊,1931,3(5):201.
② 皖省设立茶叶改良场[J].工商半月刊,1933,5(8):84.
③ 陈公博.实业部训令:农字第二三九六号[J].实业公报,1933(121/122):25.
④ 江西茶业改良之新贡献[J].国际贸易导报,1933,5(7):240.
⑤ 实部筹谋改进茶产[J].农业周报,1933,2(50):15.

国特产,向居对外贸易主要地位。年来因栽培不良,调制未宜,品质未能改善;加以日本及英属锡兰等地新兴茶业,突飞猛进,遂致海外市场渐受排挤,销路日滞,亟应改良整顿,以谋救济。应由该厅按照省内茶产情形,对于栽培及烘制方法力谋改进,并划分区域,设场试验。如已设立试验场者,亦应积极整顿,励行指导及推广工作。并将省内茶产情形,拟具详细报告及改进茶产具体计划,送部审核。案关整顿全国茶产,除分令外,合行令仰遵照办理,并将遵办情形迅行具报为要。此令。"①

　　基于上述政策与现实茶业亟待改良的情况,1935 年全国经济委员会农业处在安徽祁门开设训练班,招收初中学生,用以指导茶农合作事业。翌年上海商检局产地检验处举办茶业训练班,招收高中学生进行培训。1938 年国民政府实行茶叶统制统购,贸易委员会富华公司在香港和上海招收 20 余人,经数月培训后派往内地工作。1940 年公司改组后,也开办高级及中级茶训班 1 次,共 20 余人,派往各厂实地工作。此外,其他各省如江西、湖南、福建、浙江、安徽的茶管处、改良场、茶厂也都举办过类似的训练班,其中安徽、浙江尤为突出。1937—1941 年浙江省三界茶叶改良场在嵊县三界举办茶叶技术训练班 3 期,学制 2 年。1938—1941 年安徽省茶叶管理处在祁门茶叶改良场举办 2 年茶叶高级技术人员训练班,学制 1 年;1939—1942 年又在屯溪茶叶改良场举办了 1 期茶叶初级技术人员训练班,学制 3 年;1936 年,浙江省建设厅联合实业部、全国经济委员会农业处在浙江平水县三界设立浙江茶业改良场,吴觉农任场长。浙江茶业改良场其课程颇为完备,茶业课程有栽茶学、制茶学、制茶机械、制茶化学、茶业史地、茶业概论、茶树育种、茶树病虫害、茶业合作、茶叶检验,还有基础学科如国文、数学、理化等,各科均注重实习。1938 年浙江绍兴平水、章家岭等地办有茶业讲习会,1939 年浙江省油茶棉丝管理处茶叶部主办驻茶厂管理员训练班。这些训练班开设了茶树栽培、茶叶制造、茶树病虫害、茶业经济等课程,并设有试验茶场和实验茶厂,培养了一批急需的茶叶人才。学员毕业后大都从事茶叶生产、教育和科研工作,而且反映良好,"当时颇能在行政及技术方面多有贡献"②。

　　抗战时期,新建的茶叶科研机构主要集中在江西、湖南、云南、贵州等后方

---

① 陈公博.实业部训令:农字第四一四四号[J].实业公报,1935(213):26 - 27.

② 中国茶叶学会.吴觉农选集[M].上海:上海科技出版社,1987:266。

省份。国民政府先后在江西河口、浮梁、婺源,湖南沅陵、高桥、桃源,四川灌县,云南思茅,贵州湄潭,福建崇安等地建成十余所茶业改良场,其中最具代表性的是贵州湄潭的中央实验茶场和福建崇安的财政部贸易委员会茶叶研究所。1939 年初,浙江大学校长竺可桢在与时任贵州省主席吴鼎昌等人商谈后,决定将几经辗转的浙大西迁至贵州的遵义和湄潭。同年 9 月,经济部下属的中央农业实验所联合中茶公司、国立浙江大学在湄潭成立了中央实验茶场,由张天福主持场务。半年后,浙江大学农学院完成搬迁,由浙江大学农学院的昆虫学家刘淦芝任场长。中央实验茶场是近代第一个由大学参与建设的茶叶科研机构,由浙江大学与当地政府协同建设了 200 多亩的试验场地,其研究内容涉及茶树病虫害、茶树品种统计与调查、制茶学等。1941 年 2 月,财政部贸委会为促进茶叶科学研究,于浙江衢县筹建东南茶业改良总场,8 月奉令改名为财政部贸委会茶叶研究所,1942 年元旦宣布正式成立,4 月又改迁至福建崇安。① 财政部贸委会茶叶研究所科研活动涉及茶树选种和繁殖试验、茶树光照与抗冻试验、病虫害防治试验、红茶及武夷岩茶制造试验、茶叶分级标准试验、茶叶化学成分分析试验、制茶机械发明及改造试验、肥料及土壤成分分析试验等。② 该时期我国主要茶业改良机构如下:

茶业改良场(厂)

省份	名称	地点
安徽	农商部安徽模范种茶场	祁门县
安徽	安徽省立茶叶改良场	祁门县
江西	江西省农业院婺源茶业改良场	婺源县
福建	福建省农业改进处崇安茶叶改良场	崇安县
福建	福建省示范茶厂	崇安县
浙江	浙江省茶业改良场	嵊县
湖南	湖南安化茶场	安化县
广东	广东茶业试验场	开平县
广东	鹤山茶业改良所	鹤山县

---

① 贸委会茶叶研究所近况[J]. 贸易月刊,1942,4(2/3):83 - 84.
② 茶叶研究所两年来工作概述[J]. 茶叶研究,1943,1(6):4 - 56.

上述茶业改良机构在设法改良我国各茶区茶业质量和产量的同时,也积极培养新式茶业专门人才。1924年广东政府率先在昆仑山林场内设立茶场,聘请中山大学农学院教授林家齐主持建立茶业改良所,制定振兴鹤山茶业规划。① 茶业改良所主要是从事改良茶叶的栽培、制造以及售销贩卖的环节,并负责茶区各种茶叶生产设施的改良以及茶农奖励政策指导等事宜的总机关。该所人员安排简单,设所长一员由技师兼任,技士一员,另设校助二员;同时分设栽培制造股、调查推广股和事务股三股。栽培制造股设主任一员,由技士兼任,主理一切栽培制造等事宜;调查推广股设主任一员,由校助兼任,办理调查、宣传、推广、编辑等事项;事务股设股主任一员,由校助兼任,办理文书庶务等事项。

茶业改良所成立之初,便将人才培养作为一件大事来抓,训练茶业传习人员。"欲事茶业改良非有茶业专门人材不为功,而下级专门人材尤属迫切需要,故拟于适当时期,设立茶业传习人员工读班,附属于茶业改良所,招收各地茶农子弟,或有志茶业青年学生在初中毕业及以上者,每期招十人至二十人,授以茶树栽培制造各项新式学理技术,并令在场学习各种技术,等到学有所成即派遣各产茶地担任宣传指导工作,而收改良大效焉。"(《实业部令拟具茶叶生产详细报告及改进茶叶具体计划》)

1935年之后,包括广东省在内的全国其他许多产茶省份,纷纷成立茶业改良场。这些场所都是由全国经委会农业处拨经费辅助建成的,如安徽祁门茶场、平水三界茶业改良场、福建福安茶业改良场、湖南安化茶业改良场、江西修水茶场等,后因农业处被取消,整个茶业改良计划也受到打击。② 尽管如此,这些茶业改良所在当时国内政治动乱的情况下,为茶业复兴所做的有益尝试是值得肯定的。1935年12月17日,《大公报》登载有关祁门县开办冬季合作制茶训练班的消息,具体内容如下:

农暇之时,将在安徽祁门县开办冬季合作制茶训练班,招收祁门附近茶农,施以简浅训练,请转饬贵池、石埭两县,各保送学生二名,至另保送五名,祁门每保各保送一名,并指明须由红茶区城居民中选派,务于(民国)二十五年一月二日以前,迳赴祁门方家祠堂报到,省府已准如所请,分令贵、石、至、祁等县府,一

---

① 鹤山县志编纂委员会. 鹤山县志[M]. 广州:广东人民出版社,2001:202.
② 庄晚芳. 中国茶史散论[M]. 北京:科学出版社,1988:229.

体遵照办理云云。①

　　祁门茶业改良场高级班设茶树栽培、土壤肥料、品种改良、病虫害防治、茶叶制造、茶叶品评、茶叶化学、茶叶历史、茶叶政策、茶叶贸易等课程。除教学外，还进行田间和工厂实习。先后招收练习生 10 多人，学习 3—5 年，接受省内外茶业部门派来的实习人员也很多，以 1939—1941 年为多。祁门茶业改良场通过举办茶叶培训班等形式，促进了茶叶技术人才的培养，如程世瑞、汪瑞琦等人就是其中的杰出代表。祁门茶业改良场对祁门职业教育的发展起到了很大的推动作用。

　　福建福安茶业改良场引进德国大型制茶机械加工红茶，向日本伊达工厂定购全套红茶机械制造设备，1936 年运到并安装，1937 年投产。这是福建省制茶史上由手工过渡到机械制茶的开端。当年即"制茶 81 箱，由英商裕昌洋行每百斤银七十五两成交"。此茶比以往的茶价高出了 34%，这就意味着，机械制茶能带来更多的利润，并且制成的茶叶"外表形状香味水色，均较一般手工制造者为优"。1938 年除留作罐装及袋泡茶外，其余制茶 28 箱，经中国茶叶公司、商检局、汪裕泰茶号，以及专家吴觉农、冯绍裘等审评，认为比过去"建红"茶的品质更高，堪与"祁红"媲美。此产品"由茶业管理局在香港以百斤港币 130 元出售，比当年福安、寿宁各县出售的红茶最高价港币 95 元，高出 37%"（张天福《福建茶叶科研机构和茶叶职业教育的历史资料》）。一年之后，茶叶的品质就得到了提高，茶价差也从之前的 34% 增长到了 37%，增长了 3 个百分点。

　　丰厚的利润，使得当时福安茶业改良场使用机械制茶的消息广为传播，许多厂家都来向其请教生产方法。这是福建茶场技术改良后的第一次技术传播。先进的技术，让许多制茶商纷纷效仿，增加了使用机械制茶的比例，也坚定了各地茶叶生产者研究先进的制茶技术以提高茶叶品质的决心。

　　1940 年春，复旦大学内迁重庆，财政部贸易委员会茶叶处、中茶公司与复旦大学共同商定，决定三方共同在复旦大学设立茶叶系、茶叶专修科和茶叶研究室。由中茶公司提供 2/3 经费，校方筹 1/3 经费，毕业生先由中茶公司选用。开设的主要课程有茶叶概论、经济学、作物通论、化学、土壤学、肥料学、植物生理学、茶树栽培、茶叶制造、茶叶化学、茶叶贸易、茶叶检验、茶树病虫害防治、遗

---

① 祁门县开办冬季合作制茶训练班[N].大公报,1935 - 12 - 17.

传育种、茶厂实习等。此外,4 年制的茶叶组加强基础理论课程,2 年制茶叶专修科精简了部分基础课或学时[1]。茶叶组创办时招收西南及东南地区学生本专科近 30 人,1942 年毕业了 20 多名专科生,均由中茶公司任用。[2] 这可以说是抗战时期校—地—政府多方合作办学的可贵探索。

① 中国农业百科全书编辑部. 中国农业百科全书:茶业卷[M].北京:农业出版社,1988:194.

② 中国茶叶学会. 吴觉农选集[M].上海:上海科学技术出版社,1987:267.

第七章 余 论

　　中国近代传统特色产业教育体系是教育发展体系中一个不可分割的组成部分。中国近代传统特色产业教育体系的发展历程,充满着屈辱、悲壮和隐忍,与近代中国的发展同甘共苦,诠释着中华儿女在各个行业艰苦卓绝斗争与奋斗的精神。中国近代传统特色产业教育从列强逐利背景下工业化技术的附送,到民族产业经营者的自觉自发探索,到实业教育思想的引入、制度的创建、学堂的设立等系列探索发展,再到引入实利教育和职业教育对实业教育进行改造和改进。从表面呈现出的现象来看,我国近代传统特色产业教育体系的发展应是一种否定之否定的波浪式前进的状态,但从历史唯物主义和辩证唯物主义视角来看,其发展更多时候是处于一种线性和非线性的螺旋式上升的状态之中。

　　苏联学者休金娜认为:"人的活动是社会及其全部价值存在与发展的本原,是人的生命以及人作为个性的发展与形成的源泉。"中国近现代传统特色产业教育自适应发展活动,其本质上是有目的的人的活动,也是一种基础性与发展性的活动,即线性活动与非线性活动的辩证统一。纵观我国近代传统特色产业教育体系的自适应演化史,笔者明显感受到两股特别强大的力量在相互对抗、博弈和耦合:一股力量是来自传统农耕文化孕育下的传统技艺教育的自组织性,该教育体系依附于传统儒家教育系统,并在其"规范"下,形成了具有自身属性的产业教育特性与特质,即具有较强烈的社会差序性、技术差别性、传承差异性和趋稳性等特质。这种特性与特质在有效满足社会对于茶、丝、瓷等传统特色产业产品的需求外,还对上述产业的技术传承发展和产业结构,乃至社会稳定发展发挥着必要的内生技术力量。这种力量的底层逻辑是超稳定的农耕文明与社会、超经济模式的亦工亦农佣工制度、超精细化的分工协作工艺体系、超隐晦的"工—商—绅—官"生态寄样模式间的彼此依附与制衡关系。上述要素虽有时也会发生要素间的迭压与掣肘,但总体仍然呈现出彼此有限度的进步的自适应发展模式。囿于这种超稳定的生活生产模式,在这种模式中生活的人们自然而然地遵循着最为"便利"的路径惯习地生活着。当这种自以为舒适的模式一旦被人为打破,便会有相关产业群体强烈地抵制,因为他们"担心一经改良,手工技术竟被淘汰而无唻饭,势且出于合群抵制之一途"。所以在风气未开之彼时,传统手工产业群体会自觉不自觉地对抗着外来物种对传统产业教育的"现代化",而且这种力量足以滞止一个产业的迭代进程。景德镇近代几次瓷业工人的罢工运动,广东、上海等地的丝织业工人的罢市运动和杭州锡箔金行业的"食人"事件,足以证实这股力量的强大。

另一种则是基于工业革命全球化背景下的具有他组织性的传统产业现代化的力量。该股力量借助产业结构和技术与商业融合的优势,对产业结构相对单一的农耕社会形成了技术与商业上的绝对优势势能打击。这种势能打击在一定程度上既强烈打击了超稳定的传统产业,同时也对传统产业教育的自适应发展造成了颠覆性的震荡。得益于中华传统文化的深厚和开放包容性,致使这种外力不仅没有颠覆传统产业教育,还在一定程度上形成了传统特色产业教育自适应发展的原动力。无论是洋务运动中的蚕桑局,还是进步官员倡办的蚕学馆,抑或是清末新政时期的瓷业学堂,再则是后期的实业学校、职业学校、高等专门学校,传统特色产业教育体系发展的每一段历史时期均与来自内外部的两股强大力量有关。在这两股力量的较量中演绎出了复杂的传统特色产业教育自适应发展逻辑,即中国近代传统特色产业教育体系自适应发展是在中西文化差异与意识形态矛盾中,在产业国际市场激烈竞争对抗中,在基于农耕文明的王朝政权的扬弃中,在基于人的个性自由发展的人本主义和工业化大生产的标准化物本主义的教育革新中,我国近代传统特色产业教育凭借着五千年深厚文化底蕴的给养和外部矛盾间的对立统一间隙,自主艰难地探索出一条符合中国近代实际情况的路径——"前厂后园→厂校合一→官产学研商相结合"特色的传统产业教育路径,并不断发展,最终形成民间社所式教育、社会团体馆场式教育、官方学校式教育等各级各类、相互分工又交叉融合的,具有中国特色的传统特色产业教育体系。

上述内容可以视为我国近代传统特色产业教育体系自适应的线性发展路径,其非线性的发展路径也是本书所要探讨的一个内容。混沌学理论指出:"一切事物的原始状态,都是一堆看似毫不关联的碎片,但是这种混沌状态结束后,这些无机的碎片会有机地汇集成一个整体。"但就像其理论实验单摆波一样,其第一动力是谁给予的呢? 学者吴康宁给出了社会变迁是教育变迁的根本动力的答案,而社会变迁与教育的关系又是怎样的呢? 目前学界归纳为三种类型,即社会渐变与教育微调型、社会剧变与教育重构型、社会混变与教育失范型。这三种类型是从宏观的历史视角做出的分类,但若就近代中国来看,这三种类型几乎同时出现,并各自既相互耦合又相互冲突,且暂时共存于现代化的进程之中。在整个近代社会转型期间,传统手工产业中的传统与现代要素间的冲突几乎无时不在,无处不在,不时地形成传统的固执和现代的强挟、传统与现代的渐融以及非传统与非现代的潮流丛生,几乎每种潮流实际上都不占主导地位的格局,但每种潮流似乎都举足轻重。从分解的角度来看,不论是旧体制尚未完全打破,新体制尚未完全建立,新体制一时间取代不了旧体制;还是旧体制虽已在形式上被基本打破,但新体制仍未完全建立,导致旧体制实际上仍在"执政";抑或是旧体制虽已在形式上被完全打破,新体制也已经基本上建立,但新体制仍存有诸多问题,导致旧体制实际上仍然发挥"余热"。处于混变之中的社会和教育体制,仍旧包括新、旧两部分。若从综合的角度来分析,处于混变之中的社会与教育体制既非完全的新体制,也非完全的旧体制,它是一个新旧对立统一体,或者称其为大杂烩。其不同部分之间相互矛盾乃至相互冲突的现象较为普遍,总体整合程度低,致使体制的权威无限消弱。这就导致了传统特色产业教育在解决社会特定问题时陷入无章可循、有章难依或随意选择的困境,结果产生失范行为。这些失范行为,对于统治阶级所倡导的教育价值或文化价值,几无例外地具有弱化乃至对抗作用。这就是当时的实业学校被称为"失业学校",批评职业教育的学生"贫于能力,富于欲望"的一个重要原因所在。关于这种非线性的现象和问题,本人在《中国近现代陶瓷教育史》中曾予以探讨。首先便是坚定国家思想。教育尤其是行业教育应具备国家思想,这不仅是因为教育对于政治具有促进作用,有利于政治的社会化实现,从而实现政治、制度自信,更多的是政治对于教育有着先天的制约性,为此行业教育必须深谙国家思想和时代变化,以便及时做出相应的战略与战术上的调整,从而实现行业教育的兴盛。其次,从工、学、商相济思想,目标定位思想,手脑相应、科艺结合、人文情怀思想,区域与行业方向的辩证思想,数量与质量的辩证思想,体系建制化思想等方面进行了探析。

正是在对上述现象、问题与思想的探索下,笔者愈发清晰地感受到我国近代传统特色产业教育体系自适应发展的思想路线,即"师夷长技以制夷→中学为体、西学为用→国非富不强、富非工不张→苟欲兴工必先兴学→父教育、母实业→工学相济→产教城融合→教学做合一"的近代传统特色产业教育思想。该思想历经了多种社会变迁的洗礼,凝聚了无数仁人志士的心血,是近代中国苦难与荣耀的象征,亦是中华儿女不畏强权、不甘落后、不怕困难和牺牲的精神写照。这种精神底色下的传统特色产业教育思想不论在其先进性、实用性、适应性还是在社会伦理与社会需求上均能历久弥新,给予时代奋进者以文化滋养和精神引导。

诚然,囿于个人的学识及阅历,在一些观点的提炼上仍存有诸多不足,在比较研究分析上还不够全面和深入。本人将不断深入、继续探索、不断完善,恳请读者予以批评和指导,以实现新的突破。